SCRIPTORVM CLASSICORVM
BIBLIOTHECA OXONIENSIS

OXONII

E TYPOGRAPHEO CLARENDONIANO

Oxford University Press, Walton Street, Oxford OX2 6DP

Oxford New York Toronto
Delhi Bombay Calcutta Madras Karachi
Petaling Jaya Singapore Hong Kong Tokyo
Nairobi Dar es Salaam Cape Town
Melbourne Auckland

and associated companies in
Berlin Ibadan

Published in the United States
by Oxford University Press, New York

Oxford is a trade mark of Oxford University Press

ISBN 0 19 814505 5

© *Oxford University Press 1901*

First edition 1901
Second edition 1907
Sixteenth impression 1991

Printed in Great Britain by
St Edmundsbury Press
Bury St Edmunds, Suffolk

ARISTOPHANIS

COMOEDIAE

RECOGNOVERVNT
BREVIQVE ADNOTATIONE CRITICA INSTRVXERVNT

F. W. HALL

W. M. GELDART

TOMVS II

LYSISTRATAM, THESMOPHORIAZVSAS
RANAS, ECCLESIAZVSAS, PLVTVM
FRAGMENTA, INDICEM NOMINVM

CONTINENS

OXONII

E TYPOGRAPHEO CLARENDONIANO

Sicut in volumine primo apparatum criticum ad exemplaria photographica codicum R et V examinavimus. Item fragmenta aliquot in appendice adiecimus quae ex novo codice Berolinensi, a R. Reitzenstein edito, nuperrime accesserunt.

F. W. H.
W. M. G.

Mense Novembri MCMVII.

ORDO FABVLARVM

SIGLA

R = cod. Ravennas 137. 4 a.   saec. xi
V = cod. Venetus inter Marcianos 474   saec. xii
A = cod. Parisinus inter Regios 2712   saec. xiii
Γ = { cod. Laurentianus plut. 31. 15 }   saec. xiv
    { cod. Leidensis Voss. Gr. F. 52 }
Θ = cod. Laurentianus 2779. 140   saec. xiv
B = cod. Parisinus inter Regios 2715   saec. xvi
C = cod. Parisinus inter Regios 2717   saec. xvi
Δ = cod. Laurentianus plut. 31. 16   saec. xvi

Ald. = editio Aldina (A.D. 1498)
  γρ. = scriptura signo γρ(άφεται) addito adscripta
vulg. = plerique codices

ΛΥΣΙΣΤΡΑΤΗ

ΥΠΟΘΕΣΕΙΣ

I

Λυσιστράτη τις Ἀθήνησιν τῶν πολιτίδων καὶ τῶν Πελοποννησίων ἔτι
δὲ καὶ Βοιωτίων γυναικῶν σύλλογον ἐποιήσατο, διαλλαγὰς μηχανω-
μένη τοῖς Ἕλλησιν. ὀμόσαι δὲ ἀναπείσασα μὴ πρότερον τοῖς ἀνδράσι
συνουσιάζειν πρὶν ἂν πολεμοῦντες ἀλλήλων παύσωνται τὰς μὲν † ἐξω-
5 πίους ἐμπριλὰς † καταλιποῦσα ὀπίσω, αὐτὴ δὲ πρὸς τὰς κατειληφυίας
τὴν ἀκρόπολιν μετὰ τῶν οἰκείων ἀπαντᾷ. συνδραμόντων δὲ πρεσβυτῶν
πολιτῶν μετὰ λαμπάδων καὶ πυρὸς πρὸς τὰς πύλας, τὴν ἀναστολὴν
ποιεῖται ἐξελθοῦσα, καὶ προβούλου τινὸς μετ᾽ ὀλίγον παραβιάσασθαι
μετὰ τοξοτῶν ὁρμήσαντος, εἶτα δὲ ἀποκρουσθέντος καὶ διαπυνθανο-
10 μένου τί βουλόμεναι ταῦτα δεδράκασι, τὸ μὲν πρῶτόν φασιν ὅτι ἐγκρα-
τεῖς γενόμεναι τοῦ ἀργυρίου μὴ ἐπιτρέπουσι τοῖς ἀνδράσιν ἀπὸ τούτου
πολεμεῖν, δεύτερον δὲ ὅτι πολὺ ἄμεινον ταμιεύσονται καὶ τὸν παρόντα
πόλεμον τάχιστα καταπαύσουσιν. οὗτος μὲν οὖν καταπληγεὶς τὸ
θράσος ὡς τοὺς συμπροβούλους οἴχεται, ταῦτα μὴ παύσας, οἱ δὲ
15 γέροντες ὑπομένοντες ταῖς γυναιξὶ λοιδοροῦνται. μετὰ ταῦτα αὐτῶν
τινες αὐτομολοῦσαι μάλα γελοίως δι᾽ ἀκρασίαν ὡς τοὺς ἄνδρας ἁλί-
σκονται, ἐγκαρτεροῦσι δὲ Λυσιστράτης ἱκετευούσης. Κινησίας τις
τῶν πολιτῶν, ἀκρατῶς ἔχων τῆς γυναικὸς παραγίνεται. ἡ δὲ χυτροτο-
μοῦσα αὐτὸν ἐπαγγέλλεται μέν, τὰ περὶ τῶν διαλλαγῶν δὲ σπουδάζει.
20 ἀφικνοῦνται δὲ καὶ παρὰ Λακεδαιμονίων, περὶ σπονδῶν κήρυκες,
ἐμφανίζοντες ἅμα καὶ τὰς προτέρας γυναῖκας. συνταχθέντες δὲ σφίσιν
⟨οἱ Ἀθηναῖοι⟩ πρέσβεις αὐτοκράτορας ἀποστέλλουσιν. οἱ δὲ γέροντες
εἰς ταὐτὸν ταῖς γυναιξὶν ἀποκαταστάντες ἕνα χορὸν ἐκ τῆς διχορίας
ἀποστέλλουσι. καὶ Λυσιστράτη τοὺς παραγενομένους πρὸς αὐτὴν ἐκ

4 ἀλλήλοις Brunck   fort. τὰς μὲν ἐξαποστέλλει, ὁμήρους καταλι-
ποῦσας, ὀπίσω   10 φασιν] φησιν Wilamowitz   13 τὸ θράσος corr. ex
τοῦ θράσους R   18 χυτροτομοῦσα] κερτομοῦσα Brunck : ἐχυροφρονοῦσα
Rutherford   21 τὰς προτέρας] τὰ περὶ τὰς σφετέρας Ruth.   22 οἱ
Ἀθηναῖοι add. Kuster   24 fort. συστέλλουσι (cf. v. 1042)

2

Λακεδαίμονος πρέσβεις ὀργῶντας διαλλάττεσθαι προσέλκει, καὶ ἑκατέ-
ρους ἀναμνήσασα παλαιᾶς εἰς ἀλλήλους γενομένης ⟨εὐνοίας⟩ διαλ-
λάττει ἐν φανερῷ, καὶ ξενίσασα κοινῇ παραδίδωσι τὰς γυναῖκας ἑκάστοις
ἄγεσθαι.
Ἐδιδάχθη ἐπὶ Καλλίου ἄρχοντος τοῦ μετὰ Κλεόκριτον ἄρξαντος. 5
εἰσῆκται δὲ διὰ Καλλιστράτου. ἐκλήθη Λυσιστράτη παρὰ τὸ λῦσαι
τὸν στρατόν.

II

Λυσιστράτη καλέσασα τὰς πολίτιδας,
ὑπέθετο φεύγειν μηδὲ μίγνυσθ᾽ ἄρρεσιν,
ὅπως, γενομένης νῦν στάσεως ἐμφυλίου,   10
τὸν πρὸς Λάκωνας πόλεμον αἴρωσιν λόγῳ
μένωσί τ᾽ οἴκοι πάντες. ὡς δὲ συνέθετο,
τινὲς μὲν αὐτῶν τὴν ἀκρόπολιν διεκράτουν,
τινὲς δ᾽ ἀπεχώρουν. αἵ τ᾽ ἀπὸ Σπάρτης πάλιν
ταὐτὸν διεβουλεύοντο. κῆρυξ ἔρχεται   15
λέγων περὶ τούτων. τῆς δ᾽ ὁμονοίας γενομένης,
σπονδὰς θέμενοι τὸν πόλεμον † ἐξέρρησαν. †

3 εὐνοίας add. Kuster   17 ἐξώρισαν Brunck : ἐξεώρτασαν
Rutherford

3

ΤΑ ΤΟΥ ΔΡΑΜΑΤΟΣ ΠΡΟΣΩΠΑ

ΛΥΣΙΣΤΡΑΤΗ

ΚΑΛΟΝΙΚΗ

ΜΥΡΡΙΝΗ

ΛΑΜΠΙΤΩ

ΧΟΡΟΣ ΓΕΡΟΝΤΩΝ

ΧΟΡΟΣ ΓΥΝΑΙΚΩΝ

ΠΡΟΒΟΥΛΟΣ

ΓΥΝΑΙΚΕΣ ΤΙΝΕΣ

ΚΙΝΗΣΙΑΣ

ΠΑΙΣ ΚΙΝΗΣΙΟΥ

ΚΗΡΥΞ ΛΑΚΕΔΑΙΜΟΝΙΩΝ

ΠΡΕΣΒΕΙΣ ΛΑΚΕΔΑΙΜΟΝΙΩΝ

ΑΘΗΝΑΙΟΙ ΤΙΝΕΣ

ΛΥΣΙΣΤΡΑΤΗ

ΛΥΣΙΣΤΡΑΤΗ
  Ἀλλ' εἴ τις ἐς Βακχεῖον αὐτὰς ἐκάλεσεν,
  ἢ 'ς Πανὸς ἢ 'πὶ Κωλιάδ' ἢ 'ς Γενετυλλίδος,
  οὐδ' ἂν διελθεῖν ἦν ἂν ὑπὸ τῶν τυμπάνων.
  νῦν δ' οὐδεμία πάρεστιν ἐνταυθοῖ γυνή·
  πλὴν ἥ γ' ἐμὴ κωμῆτις ἥδ' ἐξέρχεται.   5
  χαῖρ' ὦ Καλονίκη.

ΚΑΛΟΝΙΚΗ
                       καὶ σύ γ' ὦ Λυσιστράτη.
  τί συντετάραξαι; μὴ σκυθρώπαζ' ὦ τέκνον.
  οὐ γὰρ πρέπει σοι τοξοποιεῖν τὰς ὀφρῦς.
Λυ. ἀλλ' ὦ Καλονίκη κάομαι τὴν καρδίαν,
  καὶ πόλλ' ὑπὲρ ἡμῶν τῶν γυναικῶν ἄχθομαι,   10
  ὅτιὴ παρὰ μὲν τοῖς ἀνδράσιν νενομίσμεθα
  εἶναι πανοῦργοι—   Κα. καὶ γάρ ἐσμεν νὴ Δία.
Λυ. εἰρημένον δ' αὐταῖς ἀπαντᾶν ἐνθάδε
  βουλευσομέναισιν οὐ περὶ φαύλου πράγματος,
  εὕδουσι κοὐχ ἥκουσιν.   Κα. ἀλλ' ὦ φιλτάτη   15
  ἥξουσι· χαλεπή τοι γυναικῶν ἔξοδος.
  ἡ μὲν γὰρ ἡμῶν περὶ τὸν ἄνδρ' ἐκύπτασεν,
  ἡ δ' οἰκέτην ἤγειρεν, ἡ δὲ παιδίον
  κατέκλινεν, ἡ δ' ἔλουσεν, ἡ δ' ἐψώμισεν.
Λυ. ἀλλ' ἕτερά τἄρ' ἦν τῶνδε προυργιαίτερα   20
  αὐταῖς.   Κα. τί δ' ἐστὶν ὦ φίλη Λυσιστράτη,

Codd. hos citavimus. Ρ Γ Β C   5 ἢ γ' ἐμὴ] εἴ γε μὴ Suid.
20 τἄρ' Herm. : γὰρ codd.

5

ἐφ᾿ ὅ τι ποθ᾿ ἡμᾶς τὰς γυναῖκας συγκαλεῖς;
τί τὸ πρᾶγμα; πηλίκον τι;   Λυ. μέγα.   Κα. μῶν
   καὶ παχύ;
Λυ. καὶ νὴ Δία παχύ.   Κα. κᾆτα πῶς οὐχ ἥκομεν;
Λυ. οὐχ οὗτος ὁ τρόπος· ταχὺ γὰρ ἂν ξυνήλθομεν.   25
   ἀλλ᾿ ἔστιν ὑπ᾿ ἐμοῦ πρᾶγμ᾿ ἀνεζητημένον
   πολλαῖσί τ᾿ ἀγρυπνίαισιν ἐρριπτασμένον.
Κα. ἦ πού τι λεπτόν ἐστι τοὐρριπτασμένον.
Λυ. οὕτω γε λεπτὸν ὥσθ᾿ ὅλης τῆς Ἑλλάδος
   ἐν ταῖς γυναιξίν ἐστιν ἡ σωτηρία.   30
Κα. ἐν ταῖς γυναιξίν; ἐπ᾿ ὀλίγου γ᾿ ὠχεῖτ᾿ ἄρα.
Λυ. ὡς ἔστ᾿ ἐν ἡμῖν τῆς πόλεως τὰ πράγματα,
   ἢ μηκέτ᾿ εἶναι μήτε Πελοποννησίους—
Κα. βέλτιστα τοίνυν μηκέτ᾿ εἶναι νὴ Δία.
Λυ. Βοιωτίους τε πάντας ἐξολωλέναι.   35
Κα. μὴ δῆτα πάντας γ᾿, ἀλλ᾿ ἄφελε τὰς ἐγχέλεις.
Λυ. περὶ τῶν Ἀθηνῶν δ᾿ οὐκ ἐπιγλωττήσομαι
   τοιοῦτον οὐδέν· ἀλλ᾿ ὑπονόησον σύ μοι.
   ἢν δὲ ξυνέλθωσ᾿ αἱ γυναῖκες ἐνθάδε
   αἵ τ᾿ ἐκ Βοιωτῶν αἵ τε Πελοποννησίων   40
   ἡμεῖς τε, κοινῇ σώσομεν τὴν Ἑλλάδα.
Κα. τί δ᾿ ἂν γυναῖκες φρόνιμον ἐργασαίατο
   ἢ λαμπρόν, αἳ καθήμεθ᾿ ἐξηνθισμέναι,
   κροκωτοφοροῦσαι καὶ κεκαλλωπισμέναι
   καὶ Κιμμερίκ᾿ ὀρθοστάδια καὶ περιβαρίδας;   45
Λυ. ταῦτ᾿ αὐτὰ γάρ τοι κἄσθ᾿ ἃ σώσειν προσδοκῶ,
   τὰ κροκωτίδια καὶ τὰ μύρα χαἰ περιβαρίδες
   χἤγχουσα καὶ τὰ διαφανῆ χιτώνια.
Κα. τίνα δὴ τρόπον ποθ᾿;   Λυ. ὥστε τῶν νῦν μηδένα

24 καὶ νὴ] νὴ τὸν B C: νὴ Γ   31 γ᾿ ὠχεῖτ᾿ ἄρα Dobr. : γὰρ (vel
γ᾿ ἄρ᾿) εἴχετο codd.   38 ἀλλ᾿ Brunck   42 ἐργασαίμεθα Clemens
Alexandrinus   43 ἐξανθισμέναι Cl. Alex.   44 κροκωτὰ φοροῦ-
σαι R   45 καὶ . . . περιβαρίδας;] τί . . . περιβαρίδες; Bentl.
κιμβερινκορθοστάδια R   47 χαὶ Reisig: καὶ codd.   48 ante
v. 46 habet R

ΛΥΣΙΣΤΡΑΤΗ

ἀνδρῶν ἐπ' ἀλλήλοισιν αἴρεσθαι δόρυ—   50
Κα. κροκωτὸν ἄρα νὴ τὼ θεὼ 'γὼ βάψομαι.
Λυ. μηδ' ἀσπίδα λαβεῖν—   Κα. Κιμμερικὸν ἐνδύσομαι.
Λυ. μηδὲ ξιφίδιον.   Κα. κτήσομαι περιβαρίδας.
Λυ. ἆρ' οὐ παρεῖναι τὰς γυναῖκας δῆτ' ἐχρῆν;
Κα. οὐ γὰρ μὰ Δί' ἀλλὰ πετομένας ἥκειν πάλαι.   55
Λυ. ἀλλ' ὦ μέλ' ὄψει τοι σφόδρ' αὐτὰς 'Αττικάς,
ἅπαντα δρώσας τοῦ δέοντος ὕστερον.
ἀλλ' οὐδὲ Παράλων οὐδεμία γυνὴ πάρα,
οὐδ' ἐκ Σαλαμῖνος.   Κα. ἀλλ' ἐκεῖναί γ' οἶδ' ὅτι
ἐπὶ τῶν κελήτων διαβεβήκασ' ὄρθριαι.   60
Λυ. οὐδ' ἃς προσεδόκων κἀλογιζόμην ἐγὼ
πρώτας παρέσεσθαι δεῦρο τὰς 'Αχαρνέων
γυναῖκας, οὐχ ἥκουσιν.   Κα. ἡ γοῦν Θεογένους
ὡς δεῦρ' ἰοῦσα θοὐκάταιον ἤρετο.
ἀτὰρ αἵδε καὶ δή σοι προσέρχονταί τινες.   65
αἱδί θ' ἕτεραι χωροῦσί τινες. ἰοὺ ἰού,
πόθεν εἰσίν;   Λυ. 'Αναγυρουντόθεν.   Κα. νὴ
      τὸν Δία·
ὁ γοῦν ἀνάγυρός μοι κεκινῆσθαι δοκεῖ.

ΜΥΡΡΙΝΗ

μῶν ὕστεραι πάρεσμεν ὦ Λυσιστράτη;
τί φῄς; τί σιγᾷς;   Λυ. οὔ σ' ἐπαινῶ Μυρρίνη   70
ἥκουσαν ἄρτι περὶ τοιούτου πράγματος.
Μυ. μόλις γὰρ ηὗρον ἐν σκότῳ τὸ ζώνιον.
ἀλλ' εἴ τι πάνυ δεῖ, ταῖς παρούσαισιν λέγε.
Λυ. μὰ Δί' ἀλλ' ἐπαναμείνωμεν ὀλίγου γ' οὕνεκα
τάς τ' ἐκ Βοιωτῶν τάς τε Πελοποννησίων   75
γυναῖκας ἐλθεῖν.   Μυ. πολὺ σὺ κάλλιον λέγεις.
ἡδὶ δὲ καὶ δὴ Λαμπιτὼ προσέρχεται.

52 κιμβερικὸν R   62-131 desunt in ΓΒC   63 θεαγένους codd. :
rectum habet schol. Rav.   64 τ' ἀκάτιον R : corr. Bentl. ex Suid.
66 αἰδ' αὖθ' ἕτεραι R : corr. Dobr.   70 οὔ σ' Pökel : οὐκ codd.
μυρρίνηι R : Μυρρίνην Invernizi

7

ΑΡΙΣΤΟΦΑΝΟΥΣ

Λυ. ὦ φιλτάτη Λάκαινα χαῖρε Λαμπιτοῖ.
οἷον τὸ κάλλος γλυκυτάτη σου φαίνεται.
ὡς δ' εὐχροεῖς, ὡς δὲ σφριγᾷ τὸ σῶμά σου.   80
κἂν ταῦρον ἄγχοις.

ΛΑΜΠΙΤΩ

            μάλα γ' οἰῶ ναὶ τὼ σιώ·
γυμνάδδομαι γὰρ καὶ ποτὶ πυγὰν ἅλλομαι.
Λυ. ὡς δὴ καλὸν τὸ χρῆμα τιτθίων ἔχεις.
Λα. ἇπερ ἱερεῖόν τοί μ' ὑποψαλάσσετε.
Λυ. ἡδὶ δὲ ποδαπή 'σθ' ἡ νεᾶνις ἡτέρα;   85
Λα. πρέσβειρά τοι ναὶ τὼ σιὼ Βοιωτία
ἵκει ποθ' ὑμέ.   Λυ. νὴ μὰ Δία Βοιωτία,
καλόν γ' ἔχουσα τὸ πεδίον.   Κα. καὶ νὴ Δία
κομψότατα τὴν βληχὼ γε παρατετιλμένη.
Λυ. τίς δ' ἡτέρα παῖς;   ᾽Λα. χαΐα ναὶ τὼ σιώ,   90
Κορινθία δ' αὖ.   Λυ. χαΐα νὴ τὸν Δία
δήλη 'στὶν οὖσα ταυταγὶ τἀντευθενί.
Λα. τίς δ' αὖ ξυναλίαξε τόνδε τὸν στόλον
τὸν τᾶν γυναικῶν;   Λυ. ἧδ' ἐγώ.   Λα. μύ-
      σιδδέ τοι
ὅ τι λῇς ποθ' ἁμέ.   Μυ. νὴ Δί' ὦ φίλη γύναι,   95
λέγε δῆτα τὸ σπουδαῖον ὅ τι τοῦτ' ἐστί σοι.
Λυ. λέγοιμ' ἂν ἤδη.   πρὶν λέγειν ⟨δ'⟩, ὑμᾶς τοδὶ
ἐπερήσομαί τι μικρόν.   Μυ. ὅ τι βούλει γε σύ.
Λυ. τοὺς πατέρας οὐ ποθεῖτε τοὺς τῶν παιδίων
ἐπὶ στρατιᾶς ἀπόντας; εὖ γὰρ οἶδ' ὅτι   100
πάσαισιν ὑμῖν ἐστιν ἀποδημῶν ἀνήρ.
Κα. ὁ γοῦν ἐμὸς ἀνὴρ πέντε μῆνας ὦ τάλαν
ἄπεστιν ἐπὶ Θρᾴκης φυλάττων Εὐκράτη.
Μυ. ὁ δ' ἐμός γε τελέους ἑπτὰ μῆνας ἐν Πύλῳ.

79 ὦ γλυκυτάτη R : corr. Biset   81 μάλα γὰρ οἰῶ ναὶ σιὼ R : corr. Reisig   82 γὰρ Halbertsma : γε R   83 τῶν τιτθίων R : corr. Bentl.   87 νὴ μὰ Δία Mein. : νὴ Δΐ ὦ codd.   89 τὴν Bentl. : τὰν R   90 ναὶ Bentl. : μὲν ναὶ R   94 ἧδ' Brunck : ἅδ' R μύσιδδέ τοι Bentl. : μυσιδδέτω R   97 δ' add. Brubachiana

Λα. ὁ δ' ἐμός γα καί κ' ἐκ τᾶς ταγᾶς ἔλσῃ ποκά,   105
πορπακισάμενος φροῦδος ἀμπτάμενος ἔβα.
Λυ. ἀλλ' οὐδὲ μοιχοῦ καταλέλειπται φεψάλυξ.
ἐξ οὗ γὰρ ἡμᾶς προὔδοσαν Μιλήσιοι,
οὐκ εἶδον οὐδ' ὄλισβον ὀκτωδάκτυλον,
ὃς ἦν ἂν ἡμῖν σκυτίνη 'πικουρία.   110
ἐθέλοιτ' ἂν οὖν, εἰ μηχανὴν εὕροιμ' ἐγώ,
μετ' ἐμοῦ καταλῦσαι τὸν πόλεμον;   Μυ. νὴ τὼ θεώ·
ἔγωγ' ἂν ⟨οὖν⟩ κἂν εἴ με χρείη τοὔγκυκλον
τουτὶ καταθεῖσαν ἐκπιεῖν αὐθημερόν.
Κα. ἐγὼ δέ γ' ἂν κἂν ὡσπερεὶ ψῆτταν δοκῶ   115
δοῦναι ἂν ἐμαυτῆς παρατεμοῦσα θἤμισυ.
Λα. ἐγὼ δὲ καί κα ποττὸ Ταΰγετόν γ' ἄνω
ἔλσοιμ' ὅπᾳ μέλλοιμί γ' εἰράναν ἰδεῖν.
Λυ. λέγοιμ' ἄν· οὐ δεῖ γὰρ κεκρύφθαι τὸν λόγον.
ἡμῖν γὰρ ὦ γυναῖκες, εἴπερ μέλλομεν   120
ἀναγκάσειν τοὺς ἄνδρας εἰρήνην ἄγειν,
ἀφεκτέ' ἐστὶ— Μυ. τοῦ; φράσον.   Λυ. ποιήσετ' οὖν;
Μυ. ποιήσομεν, κἂν ἀποθανεῖν ἡμᾶς δέῃ.
Λυ. ἀφεκτέα τοίνυν ἐστὶν ἡμῖν τοῦ πέους.
τί μοι μεταστρέφεσθε; ποῖ βαδίζετε;   125
αὗται τί μοιμνᾶτε κἀνανεύετε;
τί χρὼς τέτραπται; τί δάκρυον κατείβεται;
ποιήσετ' ἢ οὐ ποιήσετ'; ἢ τί μέλλετε;
Μυ. οὐκ ἂν ποιήσαιμ', ἀλλ' ὁ πόλεμος ἑρπέτω.
Κα. μὰ Δί' οὐδ' ἐγὼ γάρ, ἀλλ' ὁ πόλεμος ἑρπέτω.   130
Λυ. ταυτὶ σὺ λέγεις ὦ ψῆττα; καὶ μὴν ἄρτι γε
ἔφησθα σαυτῆς κἂν παρατεμεῖν θἤμισυ.
Κα. ἀλλ' ἀλλ' ὅ τι βούλει· κἂν με χρῆ διὰ τοῦ πυρὸς
ἐθέλω βαδίζειν· τοῦτο μᾶλλον τοῦ πέους.

105 καί κ' ἐκ Blaydes : κὰν ἐκ R   106 πορπατισάμενος R : corr.
Kuster   113 οὖν add. Dobr.   χρείη Dawes : χρεῖ ἢ Suid. : χρὴ ἢ R
116 παρταμοῦσα R : corr. Elmsl.   117 γ' ἄνω R : κ' ἄνω Elmsl.
124 ἡμῖν ἐστὶν R : corr. Bentl.   130 ἐγὼ γάρ R : ἔγωγ' ἂν Reisig

οὐδὲν γὰρ οἷον ὦ φίλη Λυσιστράτη.   135

Λυ. τί δαὶ σύ;

ΑΛΛΗ

κἀγὼ βούλομαι διὰ τοῦ πυρός.

Λυ. ὦ παγκατάπυγον θἠμέτερον ἅπαν γένος,
οὐκ ἐτὸς ἀφ' ἡμῶν εἰσιν αἱ τραγῳδίαι.
οὐδὲν γάρ ἐσμεν πλὴν Ποσειδῶν καὶ σκάφη.
ἀλλ' ὦ φίλη Λάκαινα, σὺ γὰρ ἐὰν γένῃ   140
μόνη μετ' ἐμοῦ, τὸ πρᾶγμ' ἀνασωσαίμεσθ' ἔτ' ⟨ἄν⟩,
ξυμψήφισαί μοι.   Λα.   χαλεπὰ μὲν ναὶ τὼ σιὼ
γυναῖκάς ἐσθ' ὕπνων ἄνευ ψωλᾶς μόνας.
ὅμως γα μάν· δεῖ τᾶς γὰρ εἰράνας μάλ' αὖ.

Λυ. ὦ φιλτάτη σὺ καὶ μόνη τούτων γυνή.   145

Κα. εἰ δ' ὡς μάλιστ' ἀπεχοίμεθ' οὗ σὺ δὴ λέγεις,
ὃ μὴ γένοιτο, μᾶλλον ἂν διὰ τουτογὶ
γένοιτ' ἂν εἰρήνη;   Λυ.   πολύ γε νὴ τὼ θεώ.
εἰ γὰρ καθοίμεθ' ἔνδον ἐντετριμμέναι,
κἂν τοῖς χιτωνίοισι τοῖς Ἀμοργίνοις   150
γυμναὶ παρίοιμεν δέλτα παρατετιλμέναι,
στύοιντο δ' ἄνδρες κἀπιθυμοῖεν σπλεκοῦν,
ἡμεῖς δὲ μὴ προσίοιμεν ἀλλ' ἀπεχοίμεθα,
σπονδὰς ποιήσαιντ' ἂν ταχέως, εὖ οἶδ' ὅτι.

Λα. ὁ γῶν Μενέλαος τᾶς Ἑλένας τὰ μᾶλά πα   155
γυμνᾶς παραϊδὼν ἐξέβαλ', οἰῶ, τὸ ξίφος.

Κα. τί δ' ἢν ἀφιῶσ' ἄνδρες ἡμᾶς ὦ μέλε;

Λυ. τὸ τοῦ Φερεκράτους, κύνα δέρειν δεδαρμένην.

Κα. φλυαρία ταῦτ' ἐστὶ τὰ μεμιμημένα.
ἐὰν λαβόντες δ' ἐς τὸ δωμάτιον βίᾳ   160

136 Ἄλλη Γ: Λα. vulg   137 παγ- Reiske: πᾶν codd.   141 ἂν
σωσαίμεσθ' R   ἔτ' ἂν Brunck : ἔτι codd.   143 ὕπνων ἐστ' codd. :
corr. Dawes   144 γα Scaliger : γε codd.   ὅμως γα μὰν δεῖ· δεῖ
γὰρ Toup   149 καθῆμεθ' vulg. : corr. Brunck   152 στύοιντο
δ' Bothe : στύοιντ' ἂν codd.   σπλεκοῦν Dind.: πλεκοῦν codd. : σπε-
κλοῦν Scaliger quod agnoscunt Pollux et Hesychius   153 προσ-
ίοιμεν] προσείμεθ' Halbertsma   156 παραϊδὼν Mein.: παρευιδὼν
R Γ: παρ<ε>ιδὼν B C   157 ἀφίωσ' R : ἀφίωσιν vulg.

ΛΥΣΙΣΤΡΑΤΗ

ἕλκωσιν ἡμᾶς;   Λυ.   ἀντέχου σὺ τῶν θυρῶν.
Κα. ἐὰν δὲ τύπτωσιν;   Λυ.   παρέχειν χρὴ κακὰ κακῶς.
οὐ γὰρ ἔνι τούτοις ἡδονὴ τοῖς πρὸς βίαν.
κἄλλως ὀδυνᾶν χρή· κἀμέλει ταχέως πάνυ
ἀπεροῦσιν. οὐ γὰρ οὐδέποτ᾽ εὐφρανθήσεται   165
ἀνήρ, ἐὰν μὴ τῇ γυναικὶ συμφέρῃ.
Μυ. εἴ τοι δοκεῖ σφῷν ταῦτα, χἠμῖν ξυνδοκεῖ.
Λα. καὶ τὼς μὲν ἁμῶν ἄνδρας ἁμὲς πείσομες
παντᾷ δικαίως ἄδολον εἰράναν ἄγειν·
τὸν τῶν ᾽Ασαναίων γα μὰν ῥυάχετον   170
πᾷ κά τις ἀμπείσειεν αὖ μὴ πλαδδιῆν;
Λυ. ἡμεῖς ἀμέλει σοι τά γε παρ᾽ ἡμῖν πείσομεν.
Λα. οὐχ ἇς πόδας κ᾽ ἔχωντι ταὶ τριήρεες,
καὶ τὠργύριον τὤβυσσον ᾖ πὰρ τᾷ σιῷ.
Λυ. ἀλλ᾽ ἔστι καὶ τοῦτ᾽ εὖ παρεσκευασμένον·   175
καταληψόμεθα γὰρ τὴν ἀκρόπολιν τήμερον.
ταῖς πρεσβυτάταις γὰρ προστέτακται τοῦτο δρᾶν,
ἕως ἂν ἡμεῖς ταῦτα συντιθώμεθα,
θύειν δοκούσαις καταλαβεῖν τὴν ἀκρόπολιν.
Λα. παντᾷ κ᾽ ἔχοι, καὶ τᾷδε γὰρ λέγεις καλῶς.   180
Λυ. τί δῆτα ταῦτ᾽ οὐχ ὡς τάχιστ᾽ ὦ Λαμπιτοῖ
ξυνωμόσαμεν, ὅπως ἂν ἀρρήκτως ἔχῃ;
Λα. πάρφαινε μὰν τὸν ὅρκον, ὡς ὁμιόμεθα.
Λυ. καλῶς λέγεις. ποῦ ᾽σθ᾽ ἡ Σκύθαινα; ποῖ βλέπεις;
θὲς ἐς τὸ πρόσθεν ὑπτίαν τὴν ἀσπίδα,   185
καί μοι δότω τὰ τόμιά τις.   Κα.   Λυσιστράτη
τίν᾽ ὅρκον ὁρκώσεις ποθ᾽ ἡμᾶς;   Λυ.   ὅντινα;
εἰς ἀσπίδ᾽, ὥσπερ φάσ᾽ ἐν Αἰσχύλῳ ποτέ,

170 ῥυάχετον Hesychius : ῥυγχάχετον R : ῥυχάχετον vulg.   171 κά
Dobr.: καὶ codd.   ἀμπείσειεν Hirschig : ἂν πείσειεν codd.   173 ἇς
πόδας κ᾽ ἔχωντι Bergk post Valck. : ας σπουδὰς ἔχοντι R : ἁς σποδᾶς γ᾽
ἔχοντι ΓC : ὣς σποδὰς ἔχοντι B   174 τἀργύριον codd. : corr.
Enger   πὰρ Koen : παρὰ codd.   176 καταληψόμεσθα τὴν πόλιν
γὰρ Cobet   179 τὴν πόλιν καταλαμβάνειν Cobet   183 ὁμιώμεθα
codd. : corr. Elmsl.   188 φάσ᾽ ἐν Αἰσχύλῳ R : φασιν (φησὶν B)
Αἰσχύλος ΓBC : φασὶν ἔπτ᾽ ἐν Αἰσχύλῳ (om. ποτέ) Bentl.

II

μηλοσφαγούσας.   Κα.   μὴ σύ γ' ὦ Λυσιστράτη
εἰς ἀσπίδ' ὀμόσῃς μηδὲν εἰρήνης πέρι.   190
Λυ. τίς ἂν οὖν γένοιτ' ἂν ὅρκος;   Κα.   εἰ λευκόν ποθεν
ἵππον λαβοῦσαι τόμιον ἐντεμοίμεθα.
Λυ. ποῖ λευκὸν ἵππον;   Κα.   ἀλλὰ πῶς ὀμούμεθα
ἡμεῖς;   Μυ.   ἐγώ σοι νὴ Δί', ἢν βούλῃ, φράσω.
θεῖσαι μέλαιναν κύλικα μεγάλην ὑπτίαν,   195
μηλοσφαγοῦσαι Θάσιον οἴνου σταμνίον
ὀμόσωμεν ἐς τὴν κύλικα μὴ 'πιχεῖν ὕδωρ.
Λα. φεῦ δᾶ τὸν ὅρκον ἄφατον ὡς ἐπαινίω.
Λυ. φερέτω κύλικά τις ἔνδοθεν καὶ σταμνίον.
Κα. ὦ φίλταται γυναῖκες, ⟨ὁ⟩ κεραμεὼν ὅσος.   200
ταύτην μὲν ἄν τις εὐθὺς ἡσθείη λαβών.
Λυ. καταθεῖσα ταύτην προσλαβοῦ μοι τοῦ κάπρου.
δέσποινα Πειθοῖ καὶ κύλιξ φιλοτησία,
τὰ σφάγια δέξαι ταῖς γυναιξὶν εὐμενής.
Κα. εὔχρων γε θαῖμα κἀποπυτίζει καλῶς.   205
Λα. καὶ μὰν ποτόδδει γ' ἁδὺ ναὶ τὸν Κάστορα.
Μυ. ἐᾶτε πρώτην μ' ὦ γυναῖκες ὀμνύναι.
Κα. μὰ τὴν Ἀφροδίτην οὔκ, ἐάν γε μὴ λάχῃς.
Λυ. λάζυσθε πᾶσαι τῆς κύλικος ὦ Λαμπιτοῖ·
λεγέτω δ' ὑπὲρ ὑμῶν μί' ἅπερ ἂν κἀγὼ λέγω·   210
ὑμεῖς δ' ἐπομεῖσθε ταὐτὰ κἀμπεδώσετε.
οὐκ ἔστιν οὐδεὶς οὔτε μοιχὸς οὔτ' ἀνήρ—
Κα. οὐκ ἔστιν οὐδεὶς οὔτε μοιχὸς οὔτ' ἀνήρ—
Λυ. ὅστις πρὸς ἐμὲ πρόσεισιν ἐστυκώς.   λέγε.
Κα. ὅστις πρὸς ἐμὲ πρόσεισιν ἐστυκώς.   παπαῖ   215
ὑπολύεταί μου τὰ γόνατ' ὦ Λυσιστράτη.
Λυ. οἴκοι δ' ἀταυρώτη διάξω τὸν βίον—
Κα. οἴκοι δ' ἀταυρώτη διάξω τὸν βίον—
Λυ. κροκωτοφοροῦσα καὶ κεκαλλωπισμένη,—

200-267 desunt in ΓΒC   200 ὁ add. Tyrwhitt   ⟨ὁ⟩ κεραμὼν
Reiske   201 Myrrhinae dat Hamaker   202 μοι Brunck :
μου R   212, 213 οὐδὲ . . . οὐδ' R : corr. Bekker

ΛΥΣΙΣΤΡΑΤΗ

Κα. κροκωτοφοροῦσα καὶ κεκαλλωπισμένη,— 220
Λυ. ὅπως ἂν ἀνὴρ ἐπιτυφῇ μάλιστά μου·
Κα. ὅπως ἂν ἀνὴρ ἐπιτυφῇ μάλιστά μου·
Λυ. κοὐδέποθ' ἑκοῦσα τἀνδρὶ τὠμῷ πείσομαι.
Κα. κοὐδέποθ' ἑκοῦσα τἀνδρὶ τὠμῷ πείσομαι.
Λυ. ἐὰν δέ μ' ἄκουσαν βιάζηται βίᾳ,— 225
Κα. ἐὰν δέ μ' ἄκουσαν βιάζηται βίᾳ,—
Λυ. κακῶς παρέξω κοὐχὶ προσκινήσομαι.
Κα. κακῶς παρέξω κοὐχὶ προσκινήσομαι.
Λυ. οὐ πρὸς τὸν ὄροφον ἀνατενῶ τὼ Περσικά.
Κα. οὐ πρὸς τὸν ὄροφον ἀνατενῶ τὼ Περσικά. 230
Λυ. οὐ στήσομαι λέαιν' ἐπὶ τυροκνήστιδος.
Κα. οὐ στήσομαι λέαιν' ἐπὶ τυροκνήστιδος.
Λυ. ταῦτ' ἐμπεδοῦσα μὲν πίοιμ' ἐντευθενί·
Κα. ταῦτ' ἐμπεδοῦσα μὲν πίοιμ' ἐντευθενί·
Λυ. εἰ δὲ παραβαίην, ὕδατος ἐμπλῇθ' ἡ κύλιξ. 235
Κα. εἰ δὲ παραβαίην, ὕδατος ἐμπλῇθ' ἡ κύλιξ.
Λυ. συνεπόμνυθ' ὑμεῖς ταῦτα πᾶσαι;   Μυ.   νὴ Δία.
Λυ. φέρ' ἐγὼ καθαγίσω τήνδε.   Κα.   τὸ μέρος γ' ὦ φίλη,
ὅπως ἂν ὦμεν εὐθὺς ἀλλήλων φίλαι.
Λα. τίς ὠλολυγά;   Λυ.   τοῦτ' ἐκεῖν' οὑγὼ 'λεγον· 240
αἱ γὰρ γυναῖκες τὴν ἀκρόπολιν τῆς θεοῦ
ἤδη κατειλήφασιν. ἀλλ' ὦ Λαμπιτοῖ
σὺ μὲν βάδιζε καὶ τὰ παρ' ὑμῶν εὖ τίθει,
τασδὶ δ' ὁμήρους κατάλιφ' ἡμῖν ἐνθάδε·
ἡμεῖς δὲ ταῖς ἄλλαισι ταῖσιν ἐν πόλει 245
ξυνεμβάλωμεν εἰσιοῦσαι τοὺς μοχλούς.
Κα. οὔκουν ἐφ' ἡμᾶς ξυμβοηθήσειν οἴει
τοὺς ἄνδρας εὐθύς;   Λυ.   ὀλίγον αὐτῶν μοι μέλει.
οὐ γὰρ τοσαύτας οὔτ' ἀπειλὰς οὔτε πῦρ

13

ἥξουσ' ἔχοντες ὥστ' ἀνοῖξαι τὰς πύλας   250
ταύτας, ἐὰν μὴ 'φ' οἷσιν ἡμεῖς εἴπομεν.
Κα. μὰ τὴν Ἀφροδίτην οὐδέποτέ γ'· ἄλλως γὰρ ἂν
ἄμαχοι γυναῖκες καὶ μιαραὶ κεκλῄμεθ' ἄν.

ΧΟΡΟΣ ΓΕΡΟΝΤΩΝ

χώρει Δράκης, ἡγοῦ βάδην, εἰ καὶ τὸν ὦμον ἀλγεῖς
κορμοῦ τοσουτονὶ βάρος χλωρᾶς φέρων ἐλάας.   255

ἦ πόλλ' ἄελπτ' ἔνεστιν ἐν τῷ μακρῷ βίῳ φεῦ,   [στρ.
ἐπεὶ τίς ἄν ποτ' ἤλπισ' ὦ Στρυμόδωρ' ἀκοῦσαι
    γυναῖκας, ἃς ἐβόσκομεν   260
    κατ' οἶκον ἐμφανὲς κακόν,
    κατὰ μὲν ἅγιον ἔχειν βρέτας,
    κατὰ δ' ἀκρόπολιν ἐμὰν λαβεῖν
    μοχλοῖς δὲ καὶ κλῄθροισι
      τὰ προπύλαια πακτοῦν;   265

ἀλλ' ὡς τάχιστα πρὸς πόλιν σπεύσωμεν ὦ Φιλοῦργι,
ὅπως ἄν, αὐταῖς ἐν κύκλῳ θέντες τὰ πρέμνα ταυτί,
ὅσαι τὸ πρᾶγμα τοῦτ' ἐνεστήσαντο καὶ μετῆλθον,
μίαν πυρὰν νήσαντες ἐμπρήσωμεν αὐτόχειρες
πάσας, ὑπὸ ψήφου μιᾶς, πρώτην δὲ τὴν Λύκωνος.   270

οὐ γὰρ μὰ τὴν Δήμητρ' ἐμοῦ ζῶντος ἐγχανοῦνται·   [ἀντ.
ἐπεὶ οὐδὲ Κλεομένης, ὃς αὐτὴν κατέσχε πρῶτος,
    ἀπῆλθεν ἀψάλακτος, ἀλλ'   275
    ὅμως Λακωνικὸν πνέων
    ᾤχετο θὤπλα παραδοὺς ἐμοί,
    σμικρὸν ἔχων πάνυ τριβώνιον,
    πινῶν ῥυπῶν ἀπαράτιλτος,
      ἐξ ἐτῶν ἄλουτος.   280

255 φέρων βάρος χλωρᾶς R : corr. Bentl.   256 ἔνεστιν Reisig :
ἐστὶν R   259 Στρυμόδωρ' Pors. (cf. schol. ad v. 254) : στυμμόδωρ' R
263 δ' Dind. : τ' R   264 μοχλοῖσιν δὲ καὶ κλήθροισιν R : corr.
Brunck   267 αὐτὰς Reisig   277 ᾤχετ' ὅπλα R

ΛΥΣΙΣΤΡΑΤΗ

οὕτως ἐπολιόρκησ' ἐγὼ τὸν ἄνδρ' ἐκεῖνον ὠμῶς
ἐφ' ἑπτακαίδεκ' ἀσπίδων πρὸς ταῖς πύλαις καθεύδων.
τασδὶ δὲ τὰς Εὐριπίδῃ θεοῖς τε πᾶσιν ἐχθρὰς
ἐγὼ οὐκ ἄρα σχήσω παρὼν τολμήματος τοσούτου;
μή νυν ἔτ' ἐν ⟨τῇ⟩ τετραπόλει τοὐμὸν τροπαῖον εἴη.   285

ἀλλ' αὐτὸ γάρ μοι τῆς ὁδοῦ   [στρ.
    λοιπόν ἐστι χωρίον
τὸ πρὸς πόλιν τὸ σιμόν, οἳ σπουδὴν ἔχω·
    χὤπως ποτ' ἐξαμπρεύσομεν
        τοῦτ' ἄνευ κανθηλίου.   290
ὡς ἐμοῦ γε τὼ ξύλω τὸν ὦμον ἐξιπώκατον·
    ἀλλ' ὅμως βαδιστέον,
    καὶ τὸ πῦρ φυσητέον,
μή μ' ἀποσβεσθὲν λάθῃ πρὸς τῇ τελευτῇ τῆς ὁδοῦ.
    φῦ φῦ.
    ἰοὺ ἰοὺ τοῦ καπνοῦ.   295

ὡς δεινὸν ὦναξ Ἡράκλεις   [ἀιτ.
    προσπεσόν μ' ἐκ τῆς χύτρας
ὥσπερ κύων λυττῶσα τὠφθαλμὼ δάκνει·
    κἄστιν γε Λήμνιον τὸ πῦρ
        τοῦτο πάσῃ μηχανῇ.   300
οὐ γὰρ ⟨ἂν⟩ ποθ' ὧδ' ὀδὰξ ἔβρυκε τὰς λήμας ἐμοῦ.
    σπεῦδε πρόσθεν ἐς πόλιν
    καὶ βοήθει τῇ θεῷ.
ἢ πότ' αὐτῇ μᾶλλον ἢ νῦν ὦ Λάχης ἀρήξομεν;
    φῦ φῦ.
    ἰοὺ ἰοὺ τοῦ καπνοῦ.   305

τουτὶ τὸ πῦρ ἐγρήγορεν θεῶν ἕκατι καὶ ζῇ.
οὔκουν ἄν, εἰ τὼ μὲν ξύλω θείμεσθα πρῶτον αὐτοῦ,

281 ὠμῶς B: ὅμως vulg.   282 ἀσπίδας lemma schol.   285 τῇ
add. Mein.   ἐν τετραπτόλει Brunck   301 οὐ γὰρ ἄν Brunck:
οὐ γάρ vulg.: οὐδὲ γάρ R   304 ἢ πότ' Bothe: εἴ ποτ' codd.

τῆς ἀμπέλου δ᾽ ἐς τὴν χύτραν τὸν φανὸν ἐγκαθέντες
ἅψαντες εἶτ᾽ ἐς τὴν θύραν κριηδὸν ἐμπέσοιμεν;
κἂν μὴ καλούντων τοὺς μοχλοὺς χαλῶσιν αἱ γυναῖκες,
ἐμπιμπράναι χρὴ τὰς θύρας καὶ τῷ καπνῷ πιέζειν. 311
θώμεσθα δὴ τὸ φορτίον.   φεῦ τοῦ καπνοῦ βαβαιάξ.
τίς ξυλλάβοιτ᾽ ἂν τοῦ ξύλου τῶν ἐν Σάμῳ στρατη-
γῶν;
ταυτὶ μὲν ἤδη τὴν ῥάχιν θλίβοντά μου πέπαυται.
σὸν δ᾽ ἔργον ἐστὶν ὦ χύτρα τὸν ἄνθρακ᾽ ἐξεγείρειν, 315
τὴν λαμπάδ᾽ ἡμμένην ὅπως πρώτιστ᾽ ἐμοὶ προσοίσεις.
δέσποινα Νίκη ξυγγενοῦ τῶν τ᾽ ἐν πόλει γυναικῶν
τοῦ νῦν παρεστῶτος θράσους θέσθαι τροπαῖον ἡμᾶς.

ΧΟΡΟΣ ΓΥΝΑΙΚΩΝ

λιγνὺν δοκῶ μοι καθορᾶν καὶ καπνὸν ὦ γυναῖκες
ὥσπερ πυρὸς καομένου· σπευστέον ἐστὶ θᾶττον.   320

    πέτου πέτου Νικοδίκη,   [στρ.
    πρὶν ἐμπεπρῆσθαι Καλύκην
    τε καὶ Κρίτυλλαν περιφυσήτω
    †ὑπό τε νόμων† ἀργαλέων
    ὑπό τε γερόντων ὀλέθρων.   325
ἀλλὰ φοβοῦμαι τόδε, μῶν ὑστερόπους βοηθῶ.
νῦν δὴ γὰρ ἐμπλησαμένη τὴν ὑδρίαν κνεφαία
μόλις ἀπὸ κρήνης ὑπ᾽ ὄχλου καὶ θορύβου καὶ πατάγου
    χυτρείου,
δούλαισιν ὠστιζομένη   330
. . . .
    στιγματίαις θ᾽, ἁρπαλέως
    ἀραμένη ταῖσιν ἐμαῖς
    δημότισιν καομέναις
    φέρουσ᾽ ὕδωρ βοηθῶ.

316 ὅπως πρώτιστ᾽ Enger: ὅπως πρῶτον R : πρῶτος (vel πρώτως)
ὅπως vulg.   προσοίσεις] συνοίσεις ΓΒC   330 δούλησιν codd.:
corr. Dind.   331 στιγματίαις θ᾽ R : μαστιγίαις θ᾽ vulg.

ΛΥΣΙΣΤΡΑΤΗ

ἤκουσα γὰρ τυφογέρον-   [ἀντ.

τας ἄνδρας ἔρρειν, στελέχη   336

φέροντας ὥσπερ βαλανεύσοντας

ἐς πόλιν ὡς τριτάλαντον βάρος,

δεινότατ᾽ ἀπειλοῦντας ἐπῶν

ὡς πυρὶ χρὴ τὰς μυσαρὰς γυναῖκας ἀνθρακεύειν· 340

ἃς ὦ θεὰ μή ποτ᾽ ἐγὼ πιμπραμένας ἴδοιμι,

ἀλλὰ πολέμου καὶ μανιῶν ῥυσαμένας Ἑλλάδα καὶ

πολίτας,

ἐφ᾽ οἷσπερ ὦ χρυσολόφα

πολιοῦχε σὰς ἔσχον ἕδρας.   345

καί σε καλῶ ξύμμαχον ὦ

Τριτογένει᾽, εἴ τις ἐκεί-

νας ὑποπίμπρησιν ἀνήρ,

φέρειν ὕδωρ μεθ᾽ ἡμῶν.

ἔασον ὦ. τουτὶ τί ἦν; ὦνδρες πόνῳ πόνηροι· 350

οὐ γάρ ποτ᾽ ἂν χρηστοί γ᾽ ἔδρων οὐδ᾽ εὐσεβεῖς τάδ᾽

ἄνδρες.

Χο^{γε}. τουτὶ τὸ πρᾶγμ᾽ ἡμῖν ἰδεῖν ἀπροσδόκητον ἥκει·

ἑσμὸς γυναικῶν οὑτοσὶ θύρασιν αὖ βοηθεῖ.

Χο^{γυ}. τί βούλλεθ᾽ ἡμᾶς; οὔ τί που πολλαὶ δοκοῦμεν εἶναι;

καὶ μὴν μέρος γ᾽ ἡμῶν ὁρᾶτ᾽ οὔπω τὸ μυριοστόν. 355

Χο^{γε}. ὦ Φαιδρία ταύτας λαλεῖν ἐάσομεν τοσαυτί;

οὐ περικατᾶξαι τὸ ξύλον τύπτοντ᾽ ἐχρῆν τιν᾽ αὐταῖς;

Χο^{γυ}. θώμεσθα δὴ τὰς κάλπιδας χἠμεῖς χαμᾶζ᾽, ὅπως ἂν

ἢν προσφέρῃ τὴν χεῖρά τις μὴ τοῦτό μ᾽ ἐμποδίζῃ.

Χο^{γε}. εἰ νὴ Δί᾽ ἤδη τὰς γνάθους τούτων τις ἢ δὶς ἢ τρὶς 360

ἔκοψεν ὥσπερ Βουπάλου, φωνὴν ἂν οὐκ ἂν εἶχον.

Χο^{γυ}. καὶ μὴν ἰδοὺ παταξάτω τις· στᾶσ᾽ ἐγὼ παρέξω,

338 ἐς πόλιν ὡς τριτάλαντον βάρος] δεῦρο τριτάλαντόν τι βάρος Reisig
340 γυναῖκας : τὰς κύνας Mein. metri gratia   345 σὰς πολιοῦχ᾽ Bentl.
347 εἴ Reisig : ἤν codd.   348 ὑποπί(μ)πρησιν Β C   357 αὐταῖς
schol.: αὐτάς codd.   361 εἶχον R : ἔσχον Β : εὗρον C : εὗρε (γρ.
εἶχον) Γ

17

ΑΡΙΣΤΟΦΑΝΟΥΣ

κοὐ μή ποτ' ἄλλη σου κύων τῶν ὄρχεων λάβηται.
Χο̅.ᵞᵉ εἰ μὴ σιωπήσει, θενών σου 'κκοκκιῶ τὸ γῆρας.
Χο̅.ᵞᵛ ἅψαι μόνον Στρατυλλίδος τῷ δακτύλῳ προσελθών. 365
Χο̅.ᵞᵉ τί δ' ἦν σποδῶ τοῖς κονδύλοις; τί μ' ἐργάσει τὸ δεινόν;
Χο̅.ᵞᵛ βρύκουσά σου τοὺς πλεύμονας καὶ τἄντερ' ἐξαμήσω.
Χο̅.ᵞᵉ οὐκ ἔστ' ἀνὴρ Εὐριπίδου σοφώτερος ποιητής·
     οὐδὲν γὰρ οὕτω θρέμμ' ἀναιδές ἐστιν ὡς γυναῖκες.
Χο̅.ᵞᵛ αἱρώμεθ' ἡμεῖς θοὔδατος τὴν κάλπιν ὦ 'Ροδίππη. 370
Χο̅.ᵞᵉ τί δ' ὦ θεοῖς ἐχθρὰ σὺ δεῦρ' ὕδωρ ἔχουσ' ἀφίκου;
Χο̅.ᵞᵛ τί δαὶ σὺ πῦρ ὦ τύμβ' ἔχων; ὡς σαυτὸν ἐμπυρεύσων;
Χο̅.ᵞᵉ ἐγὼ μὲν ἵνα νήσας πυρὰν τὰς σὰς φίλας ὑφάψω.
Χο̅.ᵞᵛ ἐγὼ δέ γ' ἵνα τὴν σὴν πυρὰν τούτῳ κατασβέσαιμι.
Χο̅.ᵞᵉ τοὐμὸν σὺ πῦρ κατασβέσεις;   Χο̅.ᵞᵛ τοὔργον τάχ'
                                     αὐτὸ δείξει. 375
Χο̅.ᵞᵉ οὐκ οἶδά σ' εἰ τῇδ' ὡς ἔχω τῇ λαμπάδι σταθεύσω.
Χο̅.ᵞᵉ εἰ ῥύμμα τυγχάνεις ἔχων, λουτρόν ⟨γ'⟩ ἐγὼ παρέξω.
Χο̅.ᵞᵉ ἐμοὶ σὺ λουτρὸν ὦ σαπρά;   Χο̅.ᵞᵛ καὶ ταῦτα νυμφικόν γε.
Χο̅.ᵞᵉ ἤκουσας αὐτῆς τοῦ θράσους;   Χο̅.ᵞᵛ ἐλευθέρα γάρ εἰμι.
Χο̅.ᵞᵉ σχήσω σ' ἐγὼ τῆς νῦν βοῆς.   Χο̅.ᵞᵛ ἀλλ' οὐκέθ'
                                     ἡλιάζει. 380
Χο̅.ᵞᵉ ἔμπρησον αὐτῆς τὰς κόμας.   Χο̅.ᵞᵛ σὸν ἔργον ὦχελῷε.
Χο̅.ᵞᵉ οἴμοι τάλας.   Χο̅.ᵞᵛ μῶν θερμὸν ἦν;
Χο̅.ᵞᵉ ποῖ θερμόν; οὐ παύσει; τί δρᾷς;
Χο̅.ᵞᵛ ἄρδω σ' ὅπως ἂν βλαστάνῃς.
Χο̅.ᵞᵉ ἀλλ' αὖός εἰμ' ἤδη τρέμων. 385
Χο̅.ᵞᵛ οὐκοῦν ἐπειδὴ πῦρ ἔχεις, σὺ χλιανεῖς σεαυτόν.

ΠΡΟΒΟΥΛΟΣ

ἆρ' ἐξέλαμψε τῶν γυναικῶν ἡ τρυφὴ
χὠ τυμπανισμὸς χοἰ πυκνοὶ Σαβάζιοι,
ὅ τ' Ἀδωνιασμὸς οὗτος οὑπὶ τῶν τεγῶν,

---

364 σου post γῆρας codd. : transp. Reisig   365 ἅψαι] ἅπτου R
366 κονδύλοις] δακτύλοις R   369 οὕτω] ὡδὶ R   377 γ' add. Bentl.
380 ἡλιάζεις B : ἡλιάζεις vulg. : corr. Cobet   384 ἀναβλαστάνῃς codd. :
corr. Brunck   388 χὠ τυμπανισμοὶ Lex. Messanense

18

οὗ 'γώ ποτ' ὢν ἤκουον ἐν τἠκκλησίᾳ;   390
ἔλεγε δ' ὁ μὴ ὥρασι μὲν Δημόστρατος
πλεῖν ἐς Σικελίαν, ἡ γυνὴ δ' ὀρχουμένη
' αἰαῖ Ἄδωνιν ' φησίν, ὁ δὲ Δημόστρατος
ἔλεγεν ὁπλίτας καταλέγειν Ζακυνθίων·
ἡ δ' ὑποπεπωκυῖ' ἡ γυνὴ 'πὶ τοῦ τέγους   395
' κόπτεσθ' Ἄδωνιν ' φησίν· ὁ δ' ἐβιάζετο
ὁ θεοῖσιν ἐχθρὸς καὶ μιαρὸς Χολοζύγης.
τοιαῦτ' ἀπ' αὐτῶν ἐστιν ἀκόλαστ' ᾄσματα.
Χο. τί δῆτ' ἂν εἰ πύθοιο καὶ τὴν τῶνδ' ὕβριν;
αἳ τἄλλα θ' ὑβρίκασι κἀκ τῶν καλπίδων   400
ἔλουσαν ἡμᾶς, ὥστε θαἰμάτίδια
σείειν πάρεστιν ὥσπερ ἐνεουρηκότας.
Πρ. νὴ τὸν Ποσειδῶ τὸν ἁλυκὸν δίκαιά γε.
ὅταν γὰρ αὐτοὶ ξυμπονηρευώμεθα
ταῖσιν γυναιξὶ καὶ διδάσκωμεν τρυφᾶν,   405
τοιαῦτ' ἀπ' αὐτῶν βλαστάνει βουλεύματα.
οἳ λέγομεν ἐν τῶν δημιουργῶν τοιαδί·
' ὦ χρυσοχόε τὸν ορμον ὃν ἐπεσκεύασας,
ὀρχουμένης μου τῆς γυναικὸς ἑσπέρας
ἡ βάλανος ἐκπέπτωκεν ἐκ τοῦ τρήματος.   410
ἐμοὶ μὲν οὖν ἔστ' ἐς Σαλαμῖνα πλευστέα·
σὺ δ' ἢν σχολάσῃς, πάσῃ τέχνῃ πρὸς ἑσπέραν
ἐλθὼν ἐκείνῃ τὴν βάλανον ἐνάρμοσον.'
ἕτερος δέ τις πρὸς σκυτοτόμον ταδὶ λέγει
νεανίαν καὶ πέος ἔχοντ' οὐ παιδικόν·   415
' ὦ σκυτοτόμε μου τῆς γυναικὸς τοῦ ποδὸς
τὸ δακτυλίδιον ξυμπιέζει τὸ ζυγὸν
ἅθ' ἁπαλὸν ὄν· τοῦτ' οὖν σὺ τῆς μεσημβρίας
ἐλθὼν χάλασον, ὅπως ἂν εὐρυτέρως ἔχῃ.'
τοιαῦτ' ἀπήντηκ' ἐς τοιαυτὶ πράγματα,   420
ὅτε γ' ὢν ἐγὼ πρόβουλος, ἐκπορίσας ὅπως

398 ἀπ'] ὑπ' R   ἀκολαστάσματα Dobr.   416 μου τῆς Mein.: τῆς μου codd.   417 ξυμπιέζει Dobr.: πιέζει codd.

κωπῆς ἔσονται, τἀργυρίου νυνὶ δέον,
ὑπὸ τῶν γυναικῶν ἀποκέκλημαι ταῖς πύλαις.
ἀλλ᾽ οὐδὲν ἔργον ἑστάναι. φέρε τοὺς μοχλούς,
ὅπως ἂν αὐτὰς τῆς ὕβρεως ἐγὼ σχέθω.   425
τί κέχηνας ὦ δύστηνε; ποῖ δ᾽ αὖ σὺ βλέπεις,
οὐδὲν ποιῶν ἀλλ᾽ ἢ καπηλεῖον σκοπῶν;
οὐχ ὑποβαλόντες τοὺς μοχλοὺς ὑπὸ τὰς πύλας
ἐντεῦθεν ἐκμοχλεύσετ᾽; ἐνθενδὶ δ᾽ ἐγὼ
ξυνεκμοχλεύσω. Λυ. μηδὲν ἐκμοχλεύετε·   430
ἐξέρχομαι γὰρ αὐτομάτη. τί δεῖ μοχλῶν;
οὐ γὰρ μοχλῶν δεῖ μᾶλλον ἢ νοῦ καὶ φρενῶν.
Πρ. ἄληθες ὦ μιαρὰ σύ; ποῦ ᾽σθ᾽ ὁ τοξότης;
ξυλλάμβαν᾽ αὐτὴν κὠπίσω τὼ χεῖρε δεῖ.
Λυ. εἰ τἄρα νὴ τὴν Ἄρτεμιν τὴν χεῖρά μοι   435
ἄκραν προσοίσει δημόσιος ὤν, κλαύσεται.
Πρ. ἔδεισας οὗτος; οὐ ξυναρπάσει μέσην
καὶ σὺ μετὰ τούτου κἀνύσαντε δήσετον;

ΓΥΝΗ Α

εἰ τἄρα νὴ τὴν Πάνδροσον ταύτῃ μόνον
τὴν χεῖρ᾽ ἐπιβαλεῖς, ἐπιχεσεῖ πατούμενος.   440
Πρ. ἰδού γ᾽ ἐπιχεσεῖ. ποῦ ᾽στιν ἕτερος τοξότης;
ταύτην προτέραν ξύνδησον, ὁτιὴ καὶ λαλεῖ.

ΓΥΝΗ Β

εἴ τἄρα νὴ τὴν Φωσφόρον τὴν χεῖρ᾽ ἄκραν
ταύτῃ προσοίσεις, κύαθον αἰτήσεις τάχα.
Πρ. τουτὶ τί ἦν; ποῦ τοξότης; ταύτης ἔχου.   445
παύσω τιν᾽ ὑμῶν τῆσδ᾽ ἐγὼ τῆς ἐξόδου.

ΓΥΝΗ Γ

εἰ τἄρα νὴ τὴν Ταυροπόλον ταύτῃ πρόσει,
ἐκκοκκιῶ σου τὰς στενοκωκύτους τρίχας.
Πρ. οἴμοι κακοδαίμων· ἐπιλέλοιφ᾽ ὁ τοξότης.

423 ταῖς πύλαις Hamaker : τῶν πυλῶν codd.   448 ἐκκοκκιῶ] ἐγὼ
᾽κποκιῶ Blaydes

ΛΥΣΙΣΤΡΑΤΗ

ἀτὰρ οὐ γυναικῶν οὐδέποτ᾽ ἔσθ᾽ ἡττητέα   450
ἡμῖν· ὁμόσε χωρῶμεν αὐταῖς ὦ Σκύθαι
ξυνταξάμενοι.   Λυ. νὴ τὼ θεὼ γνώσεσθ᾽ ἄρα
ὅτι καὶ παρ᾽ ἡμῖν εἰσι τέτταρες λόχοι
μαχίμων γυναικῶν ἔνδον ἐξωπλισμένων.
Πρ. ἀποστρέφετε τὰς χεῖρας αὐτῶν ὦ Σκύθαι.   455
Λυ. ὦ ξύμμαχοι γυναῖκες ἐκθεῖτ᾽ ἔνδοθεν,
ὦ σπερμαγοραιολεκιθολαχανοπώλιδες,
ὦ σκοροδοπανδοκευτριαρτοπώλιδες,
οὐχ ἕλξετ᾽, οὐ παιήσετ᾽, οὐκ ἀράξετε;
οὐ λοιδορήσετ᾽, οὐκ ἀναισχυντήσετε;   460
παύσασθ᾽, ἐπαναχωρεῖτε, μὴ σκυλεύετε.
Πρ. οἴμ᾽ ὡς κακῶς πέπραγέ μου τὸ τοξικόν.
Λυ. ἀλλὰ τί γὰρ ᾤου; πότερον ἐπὶ δούλας τινὰς
ἥκειν ἐνόμισας, ἢ γυναιξὶν οὐκ οἴει
χολὴν ἐνεῖναι;   Πρ. νὴ τὸν Ἀπόλλω καὶ μάλα 465
πολλήν γ᾽, ἐάνπερ πλησίον κάπηλος ᾖ.
Χο. ὦ πόλλ᾽ ἀναλώσας ἔπη πρόβουλε τῆσδε ⟨τῆς⟩ γῆς,
τί τοῖσδε σαυτὸν ἐς λόγους τοῖς θηρίοις συνάπτεις;
οὐκ οἶσθα λουτρὸν οἷον αἵδ᾽ ἡμᾶς ἔλουσαν ἄρτι
ἐν τοῖσιν ἱματιδίοις, καὶ ταῦτ᾽ ἄνευ κονίας;   470
Χο. ἀλλ᾽ ὦ μέλ᾽ οὐ χρὴ προσφέρειν τοῖς πλησίοισιν εἰκῇ
τὴν χεῖρ᾽· ἐὰν δὲ τοῦτο δρᾷς, κυλοιδιᾶν ἀνάγκη.
ἐπεὶ 'θέλω 'γὼ σωφρόνως ὥσπερ κόρη καθῆσθαι,
λυποῦσα μηδέν᾽ ἐνθαδί, κινοῦσα μηδὲ κάρφος,
ἢν μή τις ὥσπερ σφηκιὰν βλίττῃ με κἀρεθίζῃ.   475

Χο. ὦ Ζεῦ τί ποτε χρησόμεθα τοῖσδε τοῖς κνωδάλοις; [στρ.
οὐ γὰρ ἔτ᾽ ἀνεκτὰ τάδε γ᾽, ἀλλὰ βασανιστέον
τόδε σοι τὸ πάθος μετ᾽ ἐμοῦ

476-483 = 541-548

459 ἀρήξετε codd. : corr. Wakefield   461 παύεσθ᾽ Suid.
467 τῆς add. Bentl.   468 εἰς λόγον R   475 κἀρεθίζε· R¹
477 τάδε γ᾽ C : τάδ᾽ vulg.

21

ΑΡΙΣΤΟΦΑΝΟΥΣ

ὅ τι βουλόμεναί ποτε τὴν   480
Κραναὰν κατέλαβον, ἐφ' ὅ τι τε
μεγαλόπετρον ἄβατον ἀκρόπολιν
ἱερὸν τέμενος.

ἀλλ' ἀνερώτα καὶ μὴ πείθου καὶ πρόσφερε πάντας ἐλέγ-
χους,
ὡς αἰσχρὸν ἀκωδώνιστον ἐᾶν τὸ τοιοῦτον πρᾶγμα με-
θέντας.   485
Πρ. καὶ μὴν αὐτῶν τοῦτ' ἐπιθυμῶ νὴ τὸν Δία πρῶτα πυθέσθαι,
ὅ τι βουλόμεναι τὴν πόλιν ἡμῶν ἀπεκλήσατε τοῖσι μο-
χλοῖσιν.
Λυ. ἵνα τἀργύριον σῶν παρέχοιμεν καὶ μὴ πολεμοῖτε δι' αὐτό.
Πρ. διὰ τἀργύριον πολεμοῦμεν γάρ;   Λυ. καὶ τἄλλα γε
πάντ' ἐκυκήθη.
ἵνα γὰρ Πείσανδρος ἔχοι κλέπτειν χοἱ ταῖς ἀρχαῖς ἐπ-
έχοντες,   490
ἀεί τινα κορκορυγὴν ἐκύκων.   οἱ δ' οὖν τοῦδ' οὕνεκα
δρώντων
ὅ τι βούλονται· τὸ γὰρ ἀργύριον τοῦτ' οὐκέτι μὴ καθ-
έλωσιν.
Πρ. ἀλλὰ τί δράσεις;   Λυ. τοῦτό μ' ἐρωτᾷς; ἡμεῖς
ταμιεύσομεν αὐτό.
Πρ. ὑμεῖς ταμιεύσετε τἀργύριον;   Λυ. τί ⟨δὲ⟩ δεινὸν
τοῦτο νομίζεις;   494
οὐ καὶ τἄνδον χρήματα πάντως ἡμεῖς ταμιεύομεν ὑμῖν;
Πρ. ἀλλ' οὐ ταὐτόν.   Λυ. πῶς οὐ ταὐτόν;   Πρ. πολε-
μητέον ἔστ' ἀπὸ τούτου.
Λυ. ἀλλ' οὐδὲν δεῖ πρῶτον πολεμεῖν.   Πρ. πῶς γὰρ
σωθησόμεθ' ἄλλως;
Λυ. ἡμεῖς ὑμᾶς σώσομεν.   Πρ. ὑμεῖς;   Λυ. ἡμεῖς
μέντοι.   Πρ. σχέτλιόν γε.

486 αὐτῶν] πάντων Hamaker   487 ἡμῶν] οὕτως ἡμῶν Β   τοῖς
μοχλοῖς R: μοχλοῖς vulg.: corr. Fl. Christianus   494 δὲ add.
Bentl.

Λυ. ὡς σωθήσει, κἂν μὴ βούλῃ.   Πρ. δεινόν ⟨γε⟩ λέγεις.
    Λυ. ἀγανακτεῖς,
ἀλλὰ ποιητέα ταῦτ' ἐστὶν ὅμως.   Πρ. νὴ τὴν Δήμητρ'
    ἄδικόν γε.   500
Λυ. σωστέον ὦ τᾶν.   Πρ. κεἰ μὴ δέομαι;   Λυ. τοῦδ'
    οὕνεκα καὶ πολὺ μᾶλλον.
Πρ. ὑμῖν δὲ πόθεν περὶ τοῦ πολέμου τῆς τ' εἰρήνης ἐμέλησεν;
Λυ. ἡμεῖς φράσομεν.   Πρ. λέγε δὴ ταχέως, ἵνα μὴ κλάῃς,
    Λυ. ἀκροῶ δή,
καὶ τὰς χεῖρας πειρῶ κατέχειν.   Πρ. ἀλλ' οὐ
    δύναμαι· χαλεπὸν γὰρ
ὑπὸ τῆς ὀργῆς αὐτὰς ἴσχειν.   Γυ.ᵃ κλαύσει τοίνυν
    πολὺ μᾶλλον.   505
Πρ. τοῦτο μὲν ὦ γραῦ σαυτῇ κρώξαις· σὺ δέ μοι λέγε.
Λυ. ταῦτα ποιήσω.
    ἡμεῖς τὸν μὲν πρότερον πόλεμον †καὶ τὸν χρόνον ἠνε-
    σχόμεθα†
    ὑπὸ σωφροσύνης τῆς ἡμετέρας τῶν ἀνδρῶν ἅττ' ἐποιεῖτε.
    οὐ γὰρ γρύζειν εἰᾶθ' ἡμᾶς.   καίτοὐκ ἠρέσκετέ γ' ἡμᾶς.
    ἀλλ' ᾐσθανόμεσθα καλῶς ὑμῶν, καὶ πολλάκις ἔνδον ἂν
    οὖσαι   510
    ἠκούσαμεν ἄν τι κακῶς ὑμᾶς βουλευσαμένους μέγα
    πρᾶγμα·
    εἶτ' ἀλγοῦσαι τἄνδοθεν ὑμᾶς ἐπανηρόμεθ' ἂν γελάσασαι,
    'τί βεβούλευται περὶ τῶν σπονδῶν ἐν τῇ στήλῃ παρα-
    γράψαι
    ἐν τῷ δήμῳ τήμερον ὑμῖν;' 'τί δὲ σοὶ ταῦτ';' ἦ δ' ὃς ἂν ἀνήρ.
    'οὐ σιγήσει;' κἀγὼ 'σίγων.   Γυ. ἀλλ' οὐκ ἂν ἐγώ
    ποτ' ἐσίγων.   515
Πρ. κἂν ᾤμωζές γ', εἰ μὴ 'σίγας.   Λυ. τοιγὰρ ἔγωγ'
    ἔνδον ἐσίγων.

499 γε add. Brunck   507 καὶ χρόνον ἠνεσχόμεθ' ὑμῶν Pors.
508 ἅττ' ἐποιεῖτε B : ἅττ' ἂν ποιεῖτε (vel ποῆτε) vulg.   509 καί-
τοὐκ Reiske : κᾆτ' οὐκ vel similia codd.   514 ταῦτ'] τοῦτ(ο) ΓΒC
516 ᾤμωξας codd. praeter R   p. h. v. unus versus excidisse videtur

23

... ἕτερόν τι πονηρότερον βούλευμ' ἐπεπύσμεθ' ἂν
ὑμῶν·
εἶτ' ἠρόμεθ' ἄν· ' πῶς ταῦτ' ὦνερ διαπράττεσθ' ὧδ'
ἀνοήτως;'
ὁ δέ μ' εὐθὺς ὑποβλέψας ⟨ἂν⟩ ἔφασκ', εἰ μὴ τὸν στήμονα
νήσω,
ὀτοτύξεσθαι μακρὰ τὴν κεφαλήν· ' πόλεμος δ' ἄνδρεσσι
μελήσει.'   520
Πρ. ὀρθῶς γε λέγων νὴ Δί' ἐκεῖνος.   Λυ. πῶς ὀρθῶς ὦ
κακόδαιμον,
εἰ μηδὲ κακῶς βουλευομένοις ἐξῆν ὑμῖν ὑποθέσθαι;
ὅτε δὴ δ' ὑμῶν ἐν ταῖσιν ὁδοῖς φανερῶς ἠκούομεν ἤδη,
' οὐκ ἔστιν ἀνὴρ ἐν τῇ χώρᾳ;' ' μὰ Δί' οὐ δῆτ',' ⟨εἶφ'⟩
ἕτερός τις·   524
μετὰ ταῦθ' ἡμῖν εὐθὺς ἔδοξεν σῶσαι τὴν Ἑλλάδα κοινῇ
ταῖσι γυναιξὶν συλλεχθείσαις. ποῖ γὰρ καὶ χρῆν ἀνα-
μεῖναι;
ἢν οὖν ἡμῶν χρηστὰ λεγουσῶν ἐθελήσητ' ἀντακροᾶσθαι
κἀντισιωπᾶθ' ὥσπερ χἠμεῖς, ἐπανορθώσαιμεν ἂν ὑμᾶς.
Πρ. ὑμεῖς ἡμᾶς; δεινόν γε λέγεις κοὐ τλητὸν ἔμοιγε.
Λυ. σιώπα.
Πρ. σοί γ' ὦ κατάρατε σιωπῶ 'γώ, καὶ ταῦτα κάλυμμα φο-
ρούσῃ   530
περὶ τὴν κεφαλήν; μή νυν ζῴην.   Λυ. ἀλλ' εἰ τοῦτ'
ἐμπόδιόν σοι,
παρ' ἐμοῦ τουτὶ τὸ κάλυμμα λαβὼν
ἔχε καὶ περίθου περὶ τὴν κεφαλήν,
κᾆτα σιώπα
καὶ τοῦτον τὸν καλαθίσκον.   535
κᾆτα ξαίνειν ξυζωσάμενος

517 δήπου ante βούλευμα add. B   519 ἂν ἔφασκ' εἰ Pors. :
ἔφασκε κ' εἰ R : εἰ vel κεἰ (om. ἔφασκε) vulg.   εὐθὺς ἔφασκεν ὑπο-
βλέψας Valckenaer   νήσεις B   524 εἶφ' add. Dobr. : ἔφη in
marg. R   528 κἀντισιωπᾶν Kuster   535 τοῦτον] τουτονὶ R :
τουτονγὶ Elmsl.

ΛΥΣΙΣΤΡΑΤΗ

κυάμους τρώγων·
πόλεμος δὲ γυναιξὶ μελήσει.

Χο. αἰρώμεθ᾽ ὦ γυναῖκες ἀπὸ τῶν καλπίδων, ὅπως ἂν
ἐν τῷ μέρει χἠμεῖς τι ταῖς φίλαισι συλλάβωμεν.   540

ἔγωγε γὰρ ⟨ἂν⟩ οὔποτε κάμοιμ᾽ ἂν ὀρχουμένη,   [ἀντ.
†οὐδὲ τὰ γόνατα κόπος ἕλοι μου καματηρός†·
ἐθέλω δ᾽ ἐπὶ πᾶν ἰέναι
μετὰ τῶνδ᾽ ἀρετῆς ἕνεχ᾽, αἷς
ἔνι φύσις, ἔνι χάρις, ἔνι θράσος,   545
ἔνι δὲ σοφόν, ἔνι ⟨δὲ⟩ φιλόπολις
ἀρετὴ φρόνιμος.

ἀλλ᾽ ὦ τηθῶν ἀνδρειοτάτων καὶ μητριδίων ἀκαληφῶν,
χωρεῖτ᾽ ὀργῇ καὶ μὴ τέγγεσθ᾽· ἔτι γὰρ νῦν οὔρια
θεῖτε.   550

Λυ. ἀλλ᾽ ἥνπερ ὅ ⟨τε⟩ γλυκύθυμος Ἔρως χἠ Κυπρογένει᾽
Ἀφροδίτη
ἵμερον ἡμῶν κατὰ τῶν κόλπων καὶ τῶν μηρῶν κατα-
πνεύσῃ,
κᾆτ᾽ ἐντήξῃ τέτανον τερπνὸν τοῖς ἀνδράσι καὶ ῥοπα-
λισμούς,
οἶμαί ποτε Λυσιμάχας ἡμᾶς ἐν τοῖς Ἕλλησι καλεῖ-
σθαι.

Πρ. τί ποιησάσας;   Λυ. ἢν παύσωμεν πρώτιστον μὲν
ξὺν ὅπλοισιν   555
ἀγοράζοντας καὶ μαινομένους.   Γυ.ᵃ νὴ τὴν Παφίαν
Ἀφροδίτην.

539 αἰρώμεθ᾽ Bentl. : αἴρεσθ᾽ codd. : αἴροισθ᾽ ἂν Mein.   541 ἔγωγε
γὰρ ἂν Enger : ἐγὼ γὰρ codd.   542 οὐδὲ R : οὔτε vulg.   ἕλοι
B : ἐλεῖ R C : εἷλε legisse videtur schol.   οὐδὲ γόνατ᾽ ἂν κόπος
ἕλοι με καματηρὸς ἂν Enger   καματηφόρος schol. Rav.   545 ἔνι
χάρις om. Zonaras et Suid.   546 δὲ alterum add. Reisig   549 ἀν-
δρειοτάτων codd. (λείπει παῖδες schol. Rav) : ἀνδρειοτάτη Athenaeus et
Suid.   551 τε add. Pors.   553 ἐντήξῃ B : ἐντέξῃ R Γ C : ἐνστάξῃ
Hirschig

25

Λυ. νῦν μὲν γὰρ δὴ κἂν ταῖσι χύτραις κἂν τοῖς λαχάνοισιν
    ὁμοίως
    περιέρχονται κατὰ τὴν ἀγορὰν ξὺν ὅπλοις ὥσπερ Κορύ-
    βαντες.

Πρ. νὴ Δία· χρὴ γὰρ τοὺς ἀνδρείους.   Λυ. καὶ μὴν τό
    γε πρᾶγμα γέλοιον,
    ὅταν ἀσπίδ᾽ ἔχων καὶ Γοργόνα τις κᾆτ᾽ ὠνῆται κορα-
    κίνους.   560

Γυ. νὴ Δί᾽ ἐγὼ γοῦν ἄνδρα κομήτην φυλαρχοῦντ᾽ εἶδον ἐφ᾽
    ἵππου
    ἐς τὸν χαλκοῦν ἐμβαλλόμενον πῖλον λέκιθον παρὰ γραός·
    ἕτερος δ᾽ ⟨αὖ⟩ Θρᾷξ πέλτην σείων κἀκόντιον ὥσπερ ὁ
    Τηρεύς,
    ἐδεδίσκετο τὴν ἰσχαδόπωλιν καὶ τὰς δρυπεπεῖς κατέπινεν.

Πρ. πῶς οὖν ὑμεῖς δυναταὶ παῦσαι τεταραγμένα πράγματα
    πολλὰ   565
    ἐν ταῖς χώραις καὶ διαλῦσαι;   Λυ. φαύλως πάνυ.
    Πρ. πῶς; ἀπόδειξον.

Λυ. ὥσπερ κλωστῆρ᾽, ὅταν ἡμῖν ᾖ τεταραγμένος, ὧδε λα-
    βοῦσαι,
    ὑπενεγκοῦσαι τοῖσιν ἀτράκτοις τὸ μὲν ἐνταυθοῖ τὸ δ᾽
    ἐκεῖσε,   568
    οὕτως καὶ τὸν πόλεμον τοῦτον διαλύσομεν, ἤν τις ἐάσῃ,
    διενεγκοῦσαι διὰ πρεσβειῶν τὸ μὲν ἐνταυθοῖ τὸ δ᾽ ἐκεῖσε.

Πρ. ἐξ ἐρίων δὴ καὶ κλωστήρων καὶ ἀτράκτων πράγματα δεινὰ
    παύσειν οἴεσθ᾽ ὦ ἀνόητοι;   Λυ. κἂν ὑμῖν γ᾽ εἴ τις
    ἐνῆν νοῦς,
    ἐκ τῶν ἐρίων τῶν ἡμετέρων ἐπολιτεύεσθ᾽ ἂν ἅπαντα.

Πρ. πῶς δή; φέρ᾽ ἴδω.   Λυ. πρῶτον μὲν ἐχρῆν, ὥσπερ
    πόκου ἐν βαλανείῳ

557 κἂν utroque loco Brunck : καὶ codd.   563 δ᾽ αὖ Brunck :
δὲ codd.   Τήρης Kaehler   564 ἐδεδίττετο Maltby   δρυπέτεις
Β Γ γρ.   565 δυναταὶ Pors. : δύνασθαι Γ : δύνασθε vulg.   568 ἐπε-
νεγκοῦσαι Γ Β   ἐνταυθὶ R   570 ἐνταυθὶ R   574 πόκου
Kuster : πόκον codd.

ΛΥΣΙΣΤΡΑΤΗ

ἐκπλύναντας τὴν οἰσπώτην, ἐκ τῆς πόλεως ἐπὶ κλίνης 575
ἐκραβδίζειν τοὺς μοχθηροὺς καὶ τοὺς τριβόλους ἀπολέξαι,
καὶ τούς γε συνισταμένους τούτους καὶ τοὺς πιλοῦντας
  ἑαυτοὺς
ἐπὶ ταῖς ἀρχαῖσι διαξῆναι καὶ τὰς κεφαλὰς ἀποτῖλαι·
εἶτα ξαίνειν ἐς καλαθίσκον κοινὴν εὔνοιαν, ἅπαντας
καταμιγνύντας τούς τε μετοίκους κεἴ τις ξένος ἢ φίλος
  ὑμῖν, 580
κεἴ τις ὀφείλει τῷ δημοσίῳ, καὶ τούτους ἐγκαταμεῖξαι·
καὶ νὴ Δία τάς γε πόλεις, ὁπόσαι τῆς γῆς τῆσδ' εἰσὶν
  ἄποικοι,
διαγιγνώσκειν ὅτι ταῦθ' ἡμῖν ὥσπερ τὰ κατάγματα κεῖται
χωρὶς ἕκαστον· κᾆτ' ἀπὸ τούτων πάντων τὸ κάταγμα
  λαβόντας 584
δεῦρο ξυνάγειν καὶ συναθροίζειν εἰς ἕν, κἄπειτα ποιῆσαι
τολύπην μεγάλην κᾆτ' ἐκ ταύτης τῷ δήμῳ χλαῖναν
  ὑφῆναι.
Πρ. οὔκουν δεινὸν ταυτὶ ταύτας ῥαβδίζειν καὶ τολυπεύειν,
αἷς οὐδὲ μετῆν πάνυ τοῦ πολέμου; Λυ. καὶ μὴν ὦ
  παγκατάρατε
πλεῖν ἤ γε διπλοῦν αὐτὸν φέρομεν, πρώτιστον μέν γε
  τεκοῦσαι
κἀκπέμψασαι παῖδας ὁπλίτας. Πρ. σίγα, μὴ
  μνησικακήσῃς. 590
Λυ. εἶθ' ἡνίκα χρῆν εὐφρανθῆναι καὶ τῆς ἥβης ἀπολαῦσαι,
μονοκοιτοῦμεν διὰ τὰς στρατιάς. καὶ θἠμέτερον μὲν
  ἐᾶτε,
περὶ τῶν δὲ κορῶν ἐν τοῖς θαλάμοις γηρασκουσῶν
  ἀνιῶμαι.
Πρ. οὔκουν χἄνδρες γηράσκουσιν; Λυ. μὰ Δί' ἀλλ' οὐκ
  εἶπας ὅμοιον.

577 τοὺς om. Γ C   πιλοῦντας Γ Suid. : πωλοῦντας BC: θλίβοντας R
592 κᾆθ' (κᾆθ' R) ἡμέτερον codd.: corr. Dind.   594 κἄνδρες vulg. :
γ' ἄνδρες R : corr. Reisig

27

ὁ μὲν ἥκων γάρ, κἂν ᾖ πολιός, ταχὺ παῖδα κόρην γε-
γάμηκεν·   595
τῆς δὲ γυναικὸς σμικρὸς ὁ καιρός, κἂν τούτου μὴ ᾿πιλά-
βηται,
οὐδεὶς ἐθέλει γῆμαι ταύτην, ὀττευομένη δὲ κάθηται.

Πρ. ἀλλ᾽ ὅστις ἔτι στῦσαι δυνατὸς—
Λυ. σὺ δὲ δὴ τί μαθὼν οὐκ ἀποθνήσκεις;
     †χωρίον ἐστί·† σορὸν ὠνήσει·   600
     μελιτοῦτταν ἐγὼ καὶ δὴ μάξω.
     λαβὲ ταυτὶ καὶ στεφάνωσαι.
Γυ.ᵃ καὶ ταυτασὶ δέξαι παρ᾽ ἐμοῦ.
Γυ.ᵝ καὶ τουτονγὶ λαβὲ τὸν στέφανον.
Λυ. τοῦ δεῖ; τί ποθεῖς; χώρει ᾿ς τὴν ναῦν·   605
     ὁ Χάρων σε καλεῖ,
     σὺ δὲ κωλύεις ἀνάγεσθαι.

Πρ. εἶτ᾽ οὐχὶ ταῦτα δεινὰ πάσχειν ἔστ᾽ ἐμέ;
     νὴ τὸν Δί᾽ ἀλλὰ τοῖς προβούλοις ἄντικρυς
     ἐμαυτὸν ἐπιδείξω βαδίζων ὡς ἔχω.   610
Λυ. μῶν ἐγκαλεῖς ὅτι οὐχὶ προὐθέμεσθά σε;
     ἀλλ᾽ ἐς τρίτην γοῦν ἡμέραν σοὶ πρῷ πάνυ
     ἥξει παρ᾽ ἡμῶν τὰ τρίτ᾽ ἐπεσκευασμένα.

Χο.ᵞᵉ οὐκέτ᾽ ἔργον ἐγκαθεύδειν ὅστις ἔστ᾽ ἐλεύθερος, [στρ.
     ἀλλ᾽ ἐπαποδυώμεθ᾽ ἄνδρες τουτῳὶ τῷ πράγματι.   615
     ἤδη γὰρ ὄζειν ταδὶ πλειόνων καὶ μειζόνων
          πραγμάτων μοι δοκεῖ,
     καὶ μάλιστ᾽ ὀσφραίνομαι τῆς Ἱππίου τυραννίδος·
     καὶ πάνυ δέδοικα μὴ τῶν Λακώνων τινὲς   620
     δεῦρο συνεληλυθότες ἄνδρες ἐς Κλεισθένους
     τὰς θεοῖς ἐχθρὰς γυναῖκας ἐξεπαίρωσιν δόλῳ

598 ἔτι Fl. Christianus : ἐστὶ codd.   600 χωρίον ἐστί] καίριόν ἐστι
ed. Zanetti : ὥριόν ἐστιν Bentl. : χοιρίον ἔσται Elmsl.   601 μάζω R
604 τουτονγὶ Elmsl. : τουτονὶ codd.   605 δεῖ Bentl. : δέει vel δέῃ
codd.   615 ἄνδρες ΓΒC : ἄνθρωποι R   621 ἐκ κλεισθένους R

καταλαβεῖν τὰ χρήμαθ᾽ ἡμῶν τόν τε μισθόν,
ἔνθεν ἔζων ἐγώ.   625

δεινὰ γάρ τοι τάσδε γ᾽ ἤδη τοὺς πολίτας νουθετεῖν,
καὶ λαλεῖν γυναῖκας οὔσας ἀσπίδος χαλκῆς πέρι,
καὶ διαλλάττειν πρὸς ἡμᾶς ἀνδράσιν Λακωνικοῖς,
οἷσι πιστὸν οὐδὲν εἰ μή περ λύκῳ κεχηνότι.
ἀλλὰ ταῦθ᾽ ὕφηναν ἡμῖν ἄνδρες ἐπὶ τυραννίδι.   630
ἀλλ᾽ ἐμοῦ μὲν οὐ τυραννεύσουσ᾽, ἐπεὶ φυλάξομαι
καὶ φορήσω τὸ ξίφος τὸ λοιπὸν ἐν μύρτου κλαδί,
ἀγοράσω τ᾽ ἐν τοῖς ὅπλοις ἑξῆς ᾽Αριστογείτονι,
ὧδέ θ᾽ ἑστήξω παρ᾽ αὐτόν· †αὐτὸς† γάρ μοι γίγνεται
τῆς θεοῖς ἐχθρᾶς πατάξαι τῆσδε γραὸς τὴν γνάθον. 635

Χο. οὐκ ἄρ᾽ εἰσιόντα σ᾽ οἴκαδ᾽ ἡ τεκοῦσα γνώσεται.   [ἀντ.
ἀλλὰ θώμεσθ᾽ ὦ φίλαι γρᾶες ταδὶ πρῶτον χαμαί.
ἡμεῖς γὰρ ὦ πάντες ἀστοὶ λόγων κατάρχομεν
τῇ πόλει χρησίμων·
εἰκότως, ἐπεὶ χλιδῶσαν ἀγλαῶς ἔθρεψέ με.   640
ἑπτὰ μὲν ἔτη γεγῶσ᾽ εὐθὺς ἡρρηφόρουν·
εἶτ᾽ ἀλετρὶς ἦ δεκέτις οὖσα τἀρχηγέτι·
κᾆτ᾽ ἔχουσα τὸν κροκωτὸν ἄρκτος ἦ Βραυρωνίοις·   645
κἀκανηφόρουν ποτ᾽ οὖσα παῖς καλὴ ᾽χουσ᾽
ἰσχάδων ὁρμαθόν·

ἆρα προὐφείλω τι χρηστὸν τῇ πόλει παραινέσαι;
εἰ δ᾽ ἐγὼ γυνὴ πέφυκα, τοῦτο μὴ φθονεῖτέ μοι,
ἢν ἀμείνω γ᾽ εἰσενέγκω τῶν παρόντων πραγμάτων.   650
τοὐράνου γάρ μοι μέτεστι· καὶ γὰρ ἄνδρας ἐσφέρω,
τοῖς δὲ δυστήνοις γέρουσιν οὐ μέτεσθ᾽ ὑμῖν, ἐπεὶ
τὸν ἔρανον τὸν λεγόμενον παππῷον ἐκ τῶν Μηδικῶν
εἶτ᾽ ἀναλώσαντες οὐκ ἀντεσφέρετε τὰς ἐσφοράς,
ἀλλ᾽ ὑφ᾽ ὑμῶν διαλυθῆναι προσέτι κινδυνεύομεν.   655

634 αὐτὸς] αὐτὸ Scaliger : ταὐτὸ Blaydes   636 οὐκ ἄρ᾽ Dobr. :
οὐ γὰρ codd.   εἰσιόντας codd. : corr. Bentl.   645 κατέχουσα
ΓΒϹ : καταχέουσα R : corr. Bentl.   653 λεγόμενον] γενόμενον Geel

ΑΡΙΣΤΟΦΑΝΟΥΣ

ἆρα γρυκτόν ἐστιν ὑμῖν; εἰ δὲ λυπήσεις τί με,
τῷδέ γ᾽ ἀψήκτῳ πατάξω τῷ κοθόρνῳ τὴν γνάθον.

Χο͂. ταῦτ᾽ οὖν οὐχ ὕβρις τὰ πράγματ᾽ ἐστὶ   [στρ.
πολλή; κἀπιδώσειν μοι δοκεῖ τὸ χρῆμα μᾶλλον.   660
ἀλλ᾽ ἀμυντέον τὸ πρᾶγμ᾽ ὅστις γ᾽ ἐνόρχης ἔστ᾽ ἀνήρ.
ἀλλὰ τὴν ἐξωμίδ᾽ ἐκδυώμεθ᾽, ὡς τὸν ἄνδρα δεῖ
ἀνδρὸς ὄζειν εὐθύς, ἀλλ᾽ οὐ ἐντεθριῶσθαι πρέπει.
ἀλλ᾽ ἄγετε λευκόποδες, οἵπερ ἐπὶ Λειψύδριον ἤλθο-
    μεν ὅτ᾽ ἦμεν ἔτι,   665
νῦν δεῖ νῦν ἀνηβῆσαι πάλιν κἀναπτερῶσαι
πᾶν τὸ σῶμα κἀποσείσασθαι τὸ γῆρας τόδε.   670

εἰ γὰρ ἐνδώσει τις ἡμῶν ταῖσδε κἂν σμικρὰν λαβήν,
οὐδὲν ἐλλείψουσιν αὗται λιπαροῦς χειρουργίας,
ἀλλὰ καὶ ναῦς τεκτανοῦνται, κἀπιχειρήσουσ᾽ ἔτι
ναυμαχεῖν καὶ πλεῖν ἐφ᾽ ἡμᾶς ὥσπερ Ἀρτεμισία· 675
ἢν δ᾽ ἐφ᾽ ἱππικὴν τράπωνται, διαγράφω τοὺς ἱππέας.
ἱππικώτατον γάρ ἐστι χρῆμα κἄποχον γυνή,
κοὐκ ἂν ἀπολίσθοι τρέχοντος· τὰς δ᾽ Ἀμαζόνας σκόπει,
ἃς Μίκων ἔγραψ᾽ ἐφ᾽ ἵππων μαχομένας τοῖς ἀνδράσιν.
ἀλλὰ τούτων χρῆν ἁπασῶν ἐς τετρημένον ξύλον   680
ἐγκαθαρμόσαι λαβόντας τουτονὶ τὸν αὐχένα.

Χο͂. εἰ νὴ τὼ θεώ με ζωπυρήσεις,   [ἀντ.
λύσω τὴν ἐμαυτῆς ὗν ἐγὼ δή, καὶ ποιήσω
τήμερον τοὺς δημότας βωστρεῖν σ᾽ ἐγὼ πεκτούμενον. 685
ἀλλὰ χἠμεῖς ὦ γυναῖκες θᾶττον ἐκδυώμεθα,
ὡς ἂν ὄζωμεν γυναικῶν αὐτοδὰξ ὠργισμένων.
νῦν πρὸς ἔμ᾽ ἴτω τις, ἵνα μή ποτε φάγῃ σκόροδα, μηδὲ
    κυάμους μέλανας.   690
ὡς εἰ καὶ μόνον κακῶς ἐρεῖς, ὑπερχολῶ γάρ,
αἰετὸν τίκτοντα κάνθαρός σε μαιεύσομαι.   695

657 τῷδε τἀψήκτῳ Cobet   665 λυκόποδες codd. : corr. Herm.
676 διαγράφω lemma schol. : διαγράψω R : διαγράψαι vulg.

30

ΛΥΣΙΣΤΡΑΤΗ

οὐ γὰρ ὑμῶν φροντίσαιμ' ἄν, ἢν ἐμοὶ ζῇ Λαμπιτὼ
ἥ τε Θηβαία φίλη παῖς εὐγενὴς Ἰσμηνία.
οὐ γὰρ ἔσται δύναμις, οὐδ' ἢν ἑπτάκις σὺ ψηφίσῃ,
ὅστις ὦ δύστην' ἀπήχθου πᾶσι καὶ τοῖς γείτοσιν.
ὥστε κἀχθὲς θἠκάτῃ ποιοῦσα παιγνίαν ἐγὼ   700
τοῖσι παισὶ τὴν ἑταίραν ἐκάλεσ' ἐκ τῶν γειτόνων,
παῖδα χρηστὴν κἀγαπητὴν ἐκ Βοιωτῶν ἔγχελυν·
οἱ δὲ πέμψειν οὐκ ἔφασκον διὰ τὰ σὰ ψηφίσματα.
κοὐχὶ μὴ παύσησθε τῶν ψηφισμάτων τούτων, πρὶν ἂν
τοῦ σκέλους ὑμᾶς λαβών τις ἐκτραχηλίσῃ φέρων.   705

ἄνασσα πράγους τοῦδε καὶ βουλεύματος,
τί μοι σκυθρωπὸς ἐξελήλυθας δόμων;
Λυ. κακῶν γυναικῶν ἔργα καὶ θήλεια φρὴν
ποιεῖ μ' ἄθυμον περιπατεῖν τ' ἄνω κάτω.
Χο. τί φῄς; τί φῄς;   710
Λυ. ἀληθῆ, ἀληθῆ.
Χο. τί δ' ἐστὶ δεινόν; φράζε ταῖς σαυτῆς φίλαις.
Λυ. ἀλλ' αἰσχρὸν εἰπεῖν καὶ σιωπῆσαι βαρύ.
Χο. μή νύν με κρύψῃς ὅ τι πεπόνθαμεν κακόν.
Λυ. βινητιῶμεν, ᾗ βράχιστον τοῦ λόγου.   715
Χο. ἰὼ Ζεῦ.
Λυ. τί Ζῆν' αὐτεῖς; ταῦτα δ' οὖν οὕτως ἔχει.
ἐγὼ μὲν οὖν αὐτὰς ἀποσχεῖν οὐκέτι
οἵα τ' ἀπὸ τῶν ἀνδρῶν· διαδιδράσκουσι γάρ.
τὴν μέν γε πρώτην διαλέγουσαν τὴν ὀπὴν   720
κατέλαβον ᾗ τοῦ Πανός ἐστι ταὐλίον,
τὴν δ' ἐκ τροχιλείας αὖ κατειλυσπωμένην,
τὴν δ' αὐτομολοῦσαν, τὴν δ' ἐπὶ στρούθου †μίαν†
ἤδη πέτεσθαι διανοουμένην κάτω
ἐς Ὀρσιλόχου χθὲς τῶν τριχῶν κατέσπασα.   725

699 πᾶσι] παισὶ Bentl.   705 φέρων] θέλων Suid.: θενών
Bentl.   719 ἀποδιδράσκουσι R   720 πρώτην] πρώην Bachmann
722 τροχ(ε)ιλίας codd.: corr. ex titulis   725 ἀνέσπασα Mein.

31

ΑΡΙΣΤΟΦΑΝΟΥΣ

πάσας τε προφάσεις ὥστ' ἀπελθεῖν οἴκαδε
ἕλκουσιν.   ἤδη γοῦν τις αὐτῶν ἔρχεται.
αὕτη σὺ ποῖ θεῖς;   Γυ? οἴκαδ' ἐλθεῖν βούλομαι.
οἴκοι γάρ ἐστιν ἔριά μοι Μιλήσια   729
ὑπὸ τῶν σέων κατακοπτόμενα.   Λυ.   ποίων σέων;
οὐκ εἶ πάλιν;   Γυ? ἀλλ' ἥξω ταχέως νὴ τὼ θεὼ
ὅσον διαπετάσασ' ἐπὶ τῆς κλίνης μόνον.
Λυ. μὴ διαπετάννυ, μηδ' ἀπέλθῃς μηδαμῇ.
Γυ? ἀλλ' ἐῶ 'πολέσθαι τἄρι';   Λυ.   ἢν τούτου δέῃ.
Γυ.ᵝ τάλαιν' ἐγώ, τάλαινα τῆς Ἀμοργῖδος,   735
ἢν ἄλοπον οἴκοι καταλέλοιφ'.   Λυ.   αὐθῆτέρα
ἐπὶ τὴν Ἄμοργιν τὴν ἄλοπον ἐξέρχεται.
χώρει πάλιν δεῦρ'.   Γυ.ᵝ ἀλλὰ νὴ τὴν Φωσφόρον
ἔγωγ' ἀποδείρασ' αὐτίκα μάλ' ἀνέρχομαι.
Λυ. μή μἀποδείρῃς.   ἢν γὰρ ἄρξῃς τοῦτο σύ,   740
ἑτέρα γυνὴ ταὐτὸν ποιεῖν βουλήσεται.
Γυ? ὦ πότνι' Εἰλείθυι' ἐπίσχες τοῦ τόκου,
ἕως ἂν εἰς ὅσιον μόλω 'γὼ χωρίον.
Λυ. τί ταῦτα ληρεῖς;   Γυ? αὐτίκα μάλα τέξομαι.
Λυ. ἀλλ' οὐκ ἐκύεις σύ γ' ἐχθές.   Γυ? ἀλλὰ τήμερον.
ἀλλ' οἴκαδέ μ' ὡς τὴν μαῖαν ὦ Λυσιστράτη   746
ἀπόπεμψον ὡς τάχιστα.   Λυ.   τίνα λόγον λέγεις;
τί τοῦτ' ἔχεις τὸ σκληρόν;   Γυ? ἄρρεν παιδίον.
Λυ. μὰ τὴν Ἀφροδίτην οὐ σύ γ', ἀλλ' ἢ χαλκίον
ἔχειν τι φαίνει κοῖλον· εἴσομαι δ' ἐγώ.   750
ὦ καταγέλαστ' ἔχουσα τὴν ἱερὰν κυνῆν
κυεῖν ἔφασκες;   Γυ? καὶ κυῶ γε νὴ Δία.
Λυ. τί δῆτα ταύτην εἶχες;   Γυ? ἵνα μ' εἰ καταλάβοι
ὁ τόκος ἔτ' ἐν πόλει, τέκοιμ' ἐς τὴν κυνῆν
ἐσβᾶσα ταύτην, ὥσπερ αἱ περιστεραί.   755

727 ἕλκουσιν] πλέκουσιν Wakefield   ἤδη] ἠδὶ Elmsl.   730 κατα-
καπτόμενα Brunck   735 ἀμόργιδος C   737 ἀμοργίδα B
739 ἀνέρχομαι Enger : ἀπέρχομαι R B : ἐπέρχομαι C   740 ἄρξῃ
codd. : corr. Cobet   742 εἰλήθυ' R : Ἰλείθυα legitur in titulis

ΛΥΣΙΣΤΡΑΤΗ

Λυ. τί λέγεις; προφασίζει· περιφανῆ τὰ πράγματα.
οὐ τἀμφιδρόμια τῆς κυνῆς αὐτοῦ μενεῖς;

Γυ. ἀλλ' οὐ δύναμαι 'γωγ' οὐδὲ κοιμᾶσθ' ἐν πόλει,
ἐξ οὗ τὸν ὄφιν εἶδον τὸν οἰκουρόν ποτε.

Γυ. ἐγὼ δ' ὑπὸ τῶν γλαυκῶν γε τάλαιν' ἀπόλλυμαι   760
ταῖς ἀγρυπνίαισι κακκαβαζουσῶν ἀεί.

Λυ. ὦ δαιμόνιαι παύσασθε τῶν τερατευμάτων.
ποθεῖτ' ἴσως τοὺς ἄνδρας· ἡμᾶς δ' οὐκ οἴει
ποθεῖν ἐκείνους; ἀργαλέας γ' εὖ οἶδ' ὅτι
ἄγουσι νύκτας. ἀλλ' ἀνάσχεσθ' ὦγαθαί,   765
καὶ προσταλαιπωρήσατ' ἔτ' ὀλίγον χρόνον,
ὡς χρησμὸς ἡμῖν ἐστιν ἐπικρατεῖν, ἐὰν
μὴ στασιάσωμεν· ἔστι δ' ὁ χρησμὸς οὑτοσί.

Γυ. λέγ' αὐτὸν ἡμῖν ὅ τι λέγει.   Λυ. σιγᾶτε δή.
ἀλλ' ὁπόταν πτήξωσι χελιδόνες εἰς ἕνα χῶρον,   770
τοὺς ἔποπας φεύγουσαι, ἀπόσχωνταί τε φαλήτων,
παῦλα κακῶν ἔσται, τὰ δ' ὑπέρτερα νέρτερα θήσει
Ζεὺς ὑψιβρεμέτης—   Γυ. ἐπάνω κατακεισόμεθ' ἡμεῖς;

Λυ. ἢν δὲ διαστῶσιν καὶ ἀναπτῶνται πτερύγεσσιν
ἐξ ἱεροῦ ναοῖο χελιδόνες, οὐκέτι δόξει   775
ὄρνεον οὐδ' ὁτιοῦν καταπυγωνέστερον εἶναι.

Γυ. σαφής γ' ὁ χρησμὸς νὴ Δί'.   Λυ. ὦ πάντες θεοί,
μή νυν ἀπείπωμεν ταλαιπωρούμεναι,
ἀλλ' εἰσίωμεν. καὶ γὰρ αἰσχρὸν τουτογὶ
ὦ φίλταται, τὸν χρησμὸν εἰ προδώσομεν.   780

Χο. μῦθον βούλομαι λέξαι τιν' ὑμῖν, ὅν ποτ' ἤκουσ'   [στρ.
αὐτὸς ἔτι παῖς ὤν.
οὕτως ἦν νεανίσκος Μελανίων τις,   785
ὃς φεύγων γάμον ἀφίκετ' ἐς ἐρημίαν,
κἂν τοῖς ὄρεσιν ᾤκει·

---

760 γε del. Bentl.   761 κακκαβαζουσῶν Γ Β² : κακκαβιζουσῶν
R Γ² Β C   764 γ' Dobr. : τ' R : om. vulg.   777 Λυ. add. Beer
788 ᾤκει] ἐνώκει Γ Β C

33

κᾆτ' ἐλαγοθήρει
πλεξάμενος ἄρκυς,   790
καὶ κύνα τιν' εἶχεν,
κοὐκέτι κατῆλθε πάλιν οἴκαδ' ὑπὸ μίσους.
οὕτω τὰς γυναῖκας ἐβδελύχθη
'κεῖνος, ἡμεῖς τ' οὐδὲν ἧττον   795
τοῦ Μελανίωνος οἱ σώφρονες.

Γε.   βούλομαί σε γραῦ κύσαι—
Γυ.   κρόμμυόν τἄρ' οὐκ ἔδει.
Γε.   κἀνατείνας λακτίσαι.
Γυ.   τὴν λόχμην πολλὴν φορεῖς.   800
Χο.ᵞᵉ καὶ Μυρωνίδης γὰρ ἦν
      τραχὺς ἐντεῦθεν μελάμπυ-
      γός τε τοῖς ἐχθροῖς ἅπασιν,
      ὣς δὲ καὶ Φορμίων.   804

Χο.ᵞᵛ κἀγὼ βούλομαι μῦθόν τιν' ὑμῖν ἀντιλέξαι   [ἀντ.
      τῷ Μελανίωνι.
      Τίμων ἦν ἀΐδρυτός τις ἀβάτοισιν
      ἐν σκώλοισι τὸ πρόσωπον περιειργμένος,   810
      Ἐρινύων ἀπορρώξ.
      οὗτος οὖν ὁ Τίμων

      ·   ·   ·

      ᾤχεθ' ὑπὸ μίσους
      πολλὰ καταρασάμενος ἀνδράσι πονηροῖς.   815
      οὕτω 'κεῖνος ὑμῶν ἀντεμίσει
      τοὺς πονηροὺς ἄνδρας ἀεί,
      ταῖσι δὲ γυναιξὶν ἦν φίλτατος.   820
Γυ.   τὴν γνάθον βούλει θένω;
Γε.   μηδαμῶς· †ἔδεισά γε.†
Γυ.   ἀλλὰ κρούσω τῷ σκέλει;

798 κρομμύων ἄρ' Blaydes   799 τὸ σκέλος ante λακτίσαι codd. : del.
Bentl.   809 ἦν τις ἀΐδρυτος ΓΒC Suid. : τις ἦν ἀΐδρυτος vulg. : corr.
Bentl.   810 τὰ πρόσωπα Herm. : fort. ἀπρόσικτα   820-889 de-
sunt in ΓΒC

34

Γε.　τὸν σάκανδρον ἐκφανεῖς.

Χο.ʸᵛ　ἀλλ' ὅμως ἂν οὐκ ἴδοις　　　　　　　825
καίπερ οὔσης γραὸς ὄντ' αὐ-
τὸν κομήτην, ἀλλ' ἀπεψι-
λωμένον τῷ λύχνῳ.

Λυ.　ἰοὺ ἰοὺ γυναῖκες ἴτε δεῦρ' ὡς ἐμὲ　　　　829
ταχέως.　　Γυ.　τί δ' ἔστιν; εἰπέ μοι τίς ἡ βοή;

Λυ.　ἄνδρ' ⟨ἄνδρ'⟩ ὁρῶ προσιόντα παραπεπληγμένον,
τοῖς τῆς Ἀφροδίτης ὀργίοις εἰλημμένον.
ὦ πότνια Κύπρου καὶ Κυθήρων καὶ Πάφου
μεδέουσ', ἴθ' ὀρθὴν ἥνπερ ἔρχ‹ι τὴν ὁδόν.

Γυ.　ποῦ δ' ἐστὶν ὅστις ἐστί;　　Λυ.　παρὰ τὸ τῆς Χλόης.

Γυ.　ὦ νὴ Δί' ἔστι δῆτα.　τίς κἀστίν ποτε;　　　836

Λυ.　ὁρᾶτε· γιγνώσκει τις ὑμῶν;　　Μυ.　νὴ Δία
ἔγωγε· κἀστὶν οὑμὸς ἀνὴρ Κινησίας.

Λυ.　σὸν ἔργον ἤδη τοῦτον ὀπτᾶν καὶ στρέφειν
κἀξηπεροπεύειν καὶ φιλεῖν καὶ μὴ φιλεῖν,　　840
καὶ πάνθ' ὑπέχειν πλὴν ὧν σύνοιδεν ἡ κύλιξ.

Μυ.　ἀμέλει ποιήσω ταῦτ' ἐγώ.　　Λυ.　καὶ μὴν ἐγὼ
ξυνηπεροπεύσω ⟨σοι⟩ παραμένουσ' ἐνθαδί,
καὶ ξυσταθεύσω τοῦτον.　ἀλλ' ἀπέλθετε.

ΚΙΝΗΣΙΑΣ

οἴμοι κακοδαίμων, οἷος ὁ σπασμός μ' ἔχει　　　845
χὠ τέτανος ὥσπερ ἐπὶ τροχοῦ στρεβλούμενον.

Λυ.　τίς οὗτος οὑντὸς τῶν φυλάκων ἑστώς;　　Κι.　ἐγώ.

Λυ.　ἀνήρ;　Κι.　ἀνὴρ δῆτ'.　Λυ.　οὐκ ἄπει δῆτ' ἐκποδών;

Κι.　σὺ δ' εἶ τίς ἡκβάλλουσά μ';　　Λυ.　ἡμεροσκόπος.

Κι.　πρὸς τῶν θεῶν νυν ἐκκάλεσόν μοι Μυρρίνην.　　850

Λυ.　ἰδοὺ καλέσω 'γὼ Μυρρίνην σοι· σὺ δὲ τίς εἶ;

Κι.　ἀνὴρ ἐκείνης, Παιονίδης Κινησίας.

824 σάκανδρον Suid. : σάκανδρ' R　　831 ἄνδρ' iteravit Fl. Christia-
nus　　832 εἰλυμμένον R : corr. Kuster　　839 ἤδη Dobr. :
εἴη R　　843 σοι add. Pors.　　852 Πεονίδης Bentl. ex schol.

Λυ. ὦ χαῖρε φίλτατ'· οὐ γὰρ ἀκλεὲς τοὔνομ
τὸ σὸν παρ' ἡμῖν ἐστιν οὐδ' ἀνώνυμον.
ἀεὶ γὰρ ἡ γυνή σ' ἔχει διὰ στόμα.   855
κἂν ᾠὸν ἢ μῆλον λάβῃ, ' Κινησίᾳ
τουτὶ γένοιτο,' φησίν.   Κι. ὦ πρὸς τῶν θεῶν.
Λυ. νὴ τὴν Ἀφροδίτην· κἂν περὶ ἀνδρῶν γ' ἐμπέσῃ
λόγος τις, εἴρηκ' εὐθέως ἡ σὴ γυνὴ
ὅτι λῆρός ἐστι τἄλλα πρὸς Κινησίαν.   860
Κι. ἴθι νυν κάλεσον αὐτήν.   Λυ. τί οὖν; δώσεις τί μοι;
Κι. ἔγωγέ ⟨σοι⟩ νὴ τὸν Δί', ἢν βούλῃ γε σύ·
ἔχω δὲ τοῦθ'· ὅπερ οὖν ἔχω, δίδωμί σοι.
Λυ. φέρε νυν καλέσω καταβᾶσά σοι.   Κι.   ταχύ νυν
πάνυ.
ὡς οὐδεμίαν ἔχω γε τῷ βίῳ χάριν,   865
ἐξ οὗπερ αὕτη 'ξῆλθεν ἐκ τῆς οἰκίας·
ἀλλ' ἄχθομαι μὲν εἰσιών, ἔρημα δὲ
εἶναι δοκεῖ μοι πάντα, τοῖς δὲ σιτίοις
χάριν οὐδεμίαν οἶδ' ἐσθίων· ἔστυκα γάρ.
Μυ. φιλῶ φιλῶ 'γὼ τοῦτον· ἀλλ' οὐ βούλεται   870
ὑπ' ἐμοῦ φιλεῖσθαι. σὺ δ' ἐμὲ τούτῳ μὴ κάλει.
Κι. ὦ γλυκύτατον Μυρρινίδιον τί ταῦτα δρᾷς;
κατάβηθι δεῦρο.   Μυ.   μὰ Δί' ἐγὼ μὲν αὐτόσ' οὔ.
Κι. ἐμοῦ καλοῦντος οὐ καταβήσει Μυρρίνη;
Μυ. οὐ γὰρ δεόμενος οὐδὲν ἐκκαλεῖς ἐμέ.   875
Κι. ἐγὼ οὐ δεόμενος; ἐπιτετριμμένος μὲν οὖν.
Μυ. ἄπειμι.   Κι.   μὴ δῆτ', ἀλλὰ τῷ γοῦν παιδίῳ
ὑπάκουσον· οὗτος οὐ καλεῖς τὴν μαμμίαν;
ΠΑΙΣ ΚΙΝΗΣΙΟΥ
μαμμία, μαμμία, μαμμία.
Κι. αὕτη τί πάσχεις; οὐδ' ἐλεεῖς τὸ παιδίον   880
ἄλουτον ὂν κἄθηλον ἕκτην ἡμέραν;
Μυ. ἔγωγ' ἐλεῶ δῆτ'· ἀλλ' ἀμελὴς αὐτῷ πατὴρ

862 σοι add. Bentl.   866 'ξῆλθεν Fl. Christianus : ξυνῆλθεν R

ἔστιν.   Κι.   κατάβηθ' ὦ δαιμονία τῷ παιδίῳ.

Μυ. οἷον τὸ τεκεῖν· καταβατέον. τί γὰρ πάθω;

Κι. ἐμοὶ γὰρ αὕτη καὶ νεωτέρα δοκεῖ   885
πολλῷ γεγενῆσθαι κἀγανώτερον βλέπειν·
χἀ δυσκολαίνει πρὸς ἐμὲ καὶ βρενθύεται,
ταῦτ' αὐτὰ δή 'σθ' ἃ κἄμ' ἐπιτρίβει τῷ πόθῳ.

Μυ. ὦ γλυκύτατον σὺ τεκνίδιον κακοῦ πατρός,
φέρε σε φιλήσω γλυκύτατον τῇ μαμμίᾳ.   890

Κι. τί ὦ πονήρα ταῦτα ποιεῖς χἀτέραις
πείθει γυναιξί, κἀμέ τ' ἄχθεσθαι ποιεῖς
αὐτή τε λυπεῖ;   Μυ.   μὴ πρόσαγε τὴν χεῖρά μοι.

Κι. τὰ δ' ἔνδον ὄντα τἀμὰ καὶ σὰ χρήματα
χεῖρον διατίθης.   Μυ.   ὀλίγον αὐτῶν μοι μέλει.

Κι. ὀλίγον μέλει σοι τῆς κρόκης φορουμένης   896
ὑπὸ τῶν ἀλεκτρυόνων;   Μυ.   ἔμοιγε νὴ Δία.

Κι. τὰ ⟨δὲ⟩ τῆς Ἀφροδίτης ἱέρ' ἀνοργίαστά σοι
χρόνον τοσοῦτόν ἐστιν. οὐ βαδιεῖ πάλιν;

Μυ. μὰ Δί' οὐκ ἔγωγ', ἢν μὴ διαλλαχθῆτέ γε   900
καὶ τοῦ πολέμου παύσησθε.   Κι.   τοιγάρ, ἢν δοκῇ,
ποιήσομεν καὶ ταῦτα.   Μυ.   τοιγάρ, ἢν δοκῇ,
κἄγωγ' ἄπειμ' ἐκεῖσε· νῦν δ' ἀπομώμοκα.

Κι. σὺ δ' ἀλλὰ κατακλίνηθι μετ' ἐμοῦ διὰ χρόνου.

Μυ. οὐ δῆτα· καίτοι σ' οὐκ ἐρῶ γ' ὡς οὐ φιλῶ.   905

Κι. φιλεῖς; τί οὖν οὐ κατεκλίνης ὦ Μύρριον;

Μυ. ὦ καταγέλαστ' ἐναντίον τοῦ παιδίου;

Κι. μὰ Δί' ἀλλὰ τοῦτό γ' οἴκαδ' ὦ Μανῆ φέρε.
ἰδοὺ τὸ μέν σοι παιδίον καὶ δὴ 'κποδών,   909
σὺ δ' οὐ κατακλίνει.   Μυ.   ποῦ γὰρ ἄν τις καὶ τάλαν
δράσειε τοῦθ';   Κι.   ὅπου; τὸ τοῦ Πανὸς καλόν.

Μυ. καὶ πῶς ἔθ' ἁγνὴ δῆτ' ἂν ἔλθοιμ' ἐς πόλιν;

Κι. κάλλιστα δήπου λουσαμένη τῇ Κλεψύδρᾳ.

898 δὲ addidimus   901, 902 ἢν Dind.: ἂν codd.   904 κατα-
κλίθητι codd.: corr. Elmsl.   906 ὦ μυρρίον ΓΒC : ὦ μυρρίνιον R :
Μυρρινίδιον Dobr.   913 τῇ] 'ν τῇ Dobr.

ΑΡΙΣΤΟΦΑΝΟΥΣ

Μυ. ἔπειτ' ὀμόσασα δῆτ' ἐπιορκήσω τάλαν;

Κι. εἰς ἐμὲ τράποιτο· μηδὲν ὅρκου φροντίσῃς.　915

Μυ. φέρε νυν ἐνέγκω κλινίδιον νῷν.　Κι. μηδαμῶς.

ἀρκεῖ χαμαὶ νῷν.　Μυ. μὰ τὸν Ἀπόλλω μή σ' ἐγὼ

καίπερ τοιοῦτον ὄντα κατακλινῶ χαμαί.

Κι. ἦ τοι γυνὴ φιλεῖ με, δήλη 'στὶν καλῶς.

Μυ. ἰδοὺ κατάκεισ' ἀνύσας τι, κἀγὼ 'κδύομαι.　920

καίτοι, τὸ δεῖνα, ψίαθός ἐστ' ἐξοιστέα.

Κι. ποία ψίαθος; μὴ 'μοί γε.　Μυ. νὴ τὴν Ἄρτεμιν,

αἰσχρὸν γὰρ ἐπὶ τόνου γε.　Κι. δός μοί νυν κύσαι.

Μυ. ἰδού.　Κι. παπαιάξ· ἧκέ νυν ταχέως πάνυ.

Μυ. ἰδοὺ ψίαθος· κατάκεισο, καὶ δὴ 'κδύομαι.　925

καίτοι, τὸ δεῖνα, προσκεφάλαιον οὐκ ἔχεις.

Κι. ἀλλ' οὐδὲ δέομ' ἔγωγε.　Μυ. νὴ Δί' ἀλλ' ἐγώ.

Κι. ἀλλ' ἢ τὸ πέος τόδ' Ἡρακλῆς ξενίζεται.

Μυ. ἀνίστασ', ἀναπήδησον.　Κι. ἤδη πάντ' ἔχω.

Μυ. ἅπαντα δῆτα.　Κι. δεῦρό νυν ὦ χρύσιον.　930

Μυ. τὸ στρόφιον ἤδη λύομαι.　μέμνησό νυν·

μή μ' ἐξαπατήσῃς τὰ περὶ τῶν διαλλαγῶν.

Κι. νὴ Δί' ἀπολοίμην ἆρα.　Μυ. σισύραν οὐκ ἔχεις.

Κι. μὰ Δί' οὐδὲ δέομαί γ', ἀλλὰ βινεῖν βούλομαι.

Μυ. ἀμέλει ποιήσεις τοῦτο· ταχὺ γὰρ ἔρχομαι.　935

Κι. ἄνθρωπος ἐπιτρίψει με διὰ τὰ στρώματα.

Μυ. ἔπαιρε σαυτόν.　Κι. ἀλλ' ἐπῆρται τοῦτό γε.

Μυ. βούλει μυρίσω σε;　Κι. μὰ τὸν Ἀπόλλω μὴ 'μέ γε.

Μυ. νὴ τὴν Ἀφροδίτην ἤν τε βούλῃ γ' ἤν τε μή.

Κι.· εἴθ' ἐκχυθείη τὸ μύρον ὦ Ζεῦ δέσποτα.　940

Μυ. πρότεινέ νυν τὴν χεῖρα κἀλείφου λαβών.

Κι. οὐχ ἡδὺ τὸ μύρον μὰ τὸν Ἀπόλλω τουτογί,

εἰ μὴ διατριπτικόν γε κοὐκ ὄζον γάμων.

---

927 οὐδὲ] οὐ R B　ἔγωγε Bentl. : οὐδὲν ἔγωγε codd.　934 οὐδὲ
δέομαί γ' Dobr. : οὐδὲ δέομαι ΓC : οὐ δέομαί γ' R : οὐ δέομαι δῆτ' B
940 ὦ Ζεῦ] ὦ Bδεῦ Bentl. coll. περὶ κωμῳδ. (ix a Dübn.)　941 νυν]
δὴ R

ΛΥΣΙΣΤΡΑΤΗ

Μυ. τάλαιν' ἐγὼ τὸ 'Ρόδιον ἤνεγκον μύρον.　　　944
Κι. ἀγαθόν· ἔα αὖτ' ὦ δαιμονία.　　Μυ.　ληρεῖς ἔχων.
Κι. κάκιστ' ἀπόλοιθ' ὁ πρῶτος ἐψήσας μύρον.
Μυ. λαβὲ τόνδε τὸν ἀλάβαστον.　　Κι.　ἀλλ' ἕτερον ἔχω.
ἀλλ' ᾦζυρὰ κατάκεισο καὶ μή μοι φέρε
μηδέν.　　Μυ.　ποιήσω ταῦτα νὴ τὴν Ἄρτεμιν.
ὑπολύομαι γοῦν.　　ἀλλ' ὅπως ὦ φίλτατε　　　950
σπονδὰς ποιεῖσθαι ψηφιεῖ.　　Κι.　βουλεύσομαι.
ἀπολώλεκέν με κἀπιτέτριφεν ἡ γυνὴ
τά τ' ἄλλα πάντα κἀποδείρασ' οἴχεται.
　　　οἴμοι τί πάθω; τίνα βινήσω
　　　τῆς καλλίστης πασῶν ψευσθείς;　　　955
　　　πῶς ταυτηνὶ παιδοτροφήσω;
　　　　　ποῦ Κυναλώπηξ;
　　　　　μίσθωσόν μοι τὴν τίτθην.
Χο. ἐν δεινῷ γ' ὦ δύστηνε κακῷ
　　　τείρει ψυχὴν ἐξαπατηθείς.　　　960
　　　κἄγωγ' οἰκτίρω σ' αἰαῖ.
　　　ποῖος γὰρ ἂν ἢ νέφρος ἀντίσχοι,
　　　ποία ψυχή, ποῖοι δ' ὄρχεις,
　　　ποία δ' ὀσφῦς, ποῖος δ' ὄρρος
　　　　κατατεινόμενος　　　965
　　　καὶ μὴ βινῶν τοὺς ὄρθρους;
Κι. ὦ Ζεῦ δεινῶν ἀντισπασμῶν.
Χο. ταυτὶ μέντοι νυνί σ' ἐποίησ'
　　　ἡ παμβδελυρὰ καὶ παμμυσαρά.
Χο. μὰ Δί' ἀλλὰ φίλη καὶ παγγλυκερά.　　　970
Χο. ποία γλυκερά; μιαρὰ μιαρά.
Κι. ⟨μιαρὰ⟩ δῆτ' ὦ Ζεῦ ὦ Ζεῦ·
　　　εἴθ' αὐτὴν ὥσπερ τοὺς θωμοὺς
　　　μεγάλῳ τυφῷ καὶ πρηστῆρι

944 ῥόδινον Bergk　　　946 πρῶτον R　　　950 ὑπολύομαι] ἀπο
δύομαι B　　　956 ταυτηνὶ Reisig : ταύτην codd.　　　958 τὴν] τινα
Seager　　τίτθην ΓC : τίθην B : κύστην R　　　964 ποῖος δ' schol ad
Ran. 224 : ποῖος ἂν ΓC : ποῖος δ' ἂν R B　　　972 μιαρὰ add. Elmsl.

39

ΑΡΙΣΤΟΦΑΝΟΥΣ

ξυστρέψας καὶ ξυγγογγύλας   975
οἴχοιο φέρων, εἶτα μεθείης,
ἡ δὲ φέροιτ' αὖ πάλιν ἐς τὴν γῆν,
κᾆτ' ἐξαίφνης
περὶ τὴν ψωλὴν περιβαίη.

ΚΗΡΥΞ ΛΑΚΕΔΑΙΜΟΝΙΩΝ

πᾷ τᾶν 'Ασανᾶν ἐστιν ἁ γερωχία   980
ἢ τοὶ πρυτάνιες; λῶ τι μυσίξαι νέον.
Πρ. σὺ δ' εἶ πότερον ἄνθρωπος ἢ κονίσαλος;
Κη. κᾶρυξ ἐγὼν ὦ κυρσάνιε ναὶ τὼ σιὼ
ἔμολον ἀπὸ Σπάρτας περὶ τᾶν διαλλαγᾶν.
Πρ. κἄπειτα δόρυ δῆθ' ὑπὸ μάλης ἥκεις ἔχων;   985
Κη. οὐ τὸν Δί' οὐκ ἐγών γα.   Πρ. ποῖ μεταστρέφει;
τί δὴ προβάλλει τὴν χλαμύδ'; ἢ βουβωνιᾷς
ὑπὸ τῆς ὁδοῦ;   Κη. παλαιόρ γα ναὶ τὸν Κάστορα
ὤνθρωπος.   Πρ. ἀλλ' ἔστυκας ὦ μιαρώτατε.
Κη. οὐ τὸν Δί' οὐκ ἐγών γα· μηδ' αὖ πλαδδίη.   990
Πρ. τί δ' ἐστί σοι τοδί;   Κη. σκυτάλα Λακωνικά.
Πρ. εἴπερ γε χαὔτη 'στὶ σκυτάλη Λακωνική.
ἀλλ' ὡς πρὸς εἰδότ' ἐμὲ σὺ τἀληθῆ λέγε.
τί τὰ πράγμαθ' ὑμῖν ἐστι τᾶν Λακεδαίμονι;
Κη. ὀρσὰ Λακεδαίμων πᾶα καὶ τοὶ σύμμαχοι   995
ἅπαντες ἐστύκαντι· Πελλάνας δὲ δεῖ.
Πρ. ἀπὸ τοῦ δὲ τουτὶ τὸ κακὸν ὑμῖν ἐνέπεσεν;
ἀπὸ Πανός;   Κη. οὔκ, ἀλλ' ἆρχεν οἰῶ Λαμπιτώ,
ἔπειτα τἄλλαι ταὶ κατὰ Σπάρταν ἅμα
γυναῖκες ᾇπερ ἀπὸ μιᾶς ὑσπλαγίδος   1000
ἀπήλααν τὼς ἄνδρας ἀπὸ τῶν ὑσσάκων.
Πρ. πῶς οὖν ἔχετε;   Κη. μογίομες. ἂν γὰρ τὰν πόλιν

---

975 ξυγγογγυλίσας codd. : corr. Cobet   980 γερωχία R Γ C :
γερωσία B : γερωϝία Valckenaer   982 τίς post εἶ add. R : unde σὺ δ'
εἶ τί; πότερ' Bentl.   988 πάλαι ὄργα R : παλεός γα Γ B   998 ἆρχεν
Elmsl. : ἀρχὰ μὲν codd.   999 τἄλλαι Elmsl. : δ' ἄλλαι vel ἄλλαι
codd.   1001 ἀπήλασαν B : ἀπήλαον vel ἀπήλων vulg. : corr. Elmsl.

40

ᾇπερ λυχνοφορίοντες ἐπικεκύφαμες.
ταὶ γὰρ γυναῖκες οὐδὲ τῶ μύρτω σιγεῖν
ἐῶντι, πρίν γ᾽ ἅπαντες ἐξ ἑνὸς λόγω   1005
σπονδὰς ποιησώμεσθα ποττὰν Ἑλλάδα.

Πρ. τουτὶ τὸ πρᾶγμα πανταχόθεν ξυνομώμοται
ὑπὸ τῶν γυναικῶν· ἄρτι νυνὶ μανθάνω.
ἀλλ᾽ ὡς τάχιστα φράζε περὶ διαλλαγῶν
αὐτοκράτορας πρέσβεις ἀποπέμπειν ἐνθαδί.   1010
ἐγὼ δ᾽ ἑτέρους ἐνθένδε τῇ βουλῇ φράσω
πρέσβεις ἑλέσθαι τὸ πέος ἐπιδείξας τοδί.

Κη. ποτάομαι· κράτιστα γὰρ παντᾷ λέγεις.

Χο. οὐδέν ἐστι θηρίον γυναικὸς ἀμαχώτερον,
οὐδὲ πῦρ, οὐδ᾽ ὧδ᾽ ἀναιδὴς οὐδεμία πόρδαλις.   1015

Χο. ταῦτα μέντοι ⟨σὺ⟩ ξυνιεὶς εἶτα πολεμεῖς ἐμοί,
ἐξὸν ὦ πόνηρε σοὶ βέβαιον ἔμ᾽ ἔχειν φίλην;

Χο. ὡς ἐγὼ μισῶν γυναῖκας οὐδέποτε παύσομαι.

Χο. ἀλλ᾽ ὅταν βούλῃ σύ· νῦν δ᾽ οὖν οὔ σε περιόψομαι
γυμνὸν ὄνθ᾽ οὕτως. ὁρῶ γὰρ ὡς καταγέλαστος εἶ.   1020
ἀλλὰ τὴν ἐξωμίδ᾽ ἐνδύσω σε προσιοῦσ᾽ ἐγώ.

Χο. τοῦτο μὲν μὰ τὸν Δί᾽ οὐ πονηρὸν ἐποιήσατε·
ἀλλ᾽ ὑπ᾽ ὀργῆς γὰρ πονηρᾶς καὶ τότ᾽ ἀπέδυν ἐγώ.

Χο. πρῶτα μὲν φαίνει γ᾽ ἀνήρ, εἶτ᾽ οὐ καταγέλαστος εἶ.
κεῖ με μὴ ᾽λύπεις, ἐγώ σου κἂν τόδε τὸ θηρίον   1025
τοὐπὶ τὠφθαλμῷ λαβοῦσ᾽ ἐξεῖλον ἂν ὃ νῦν ἔνι.

Χο. τοῦτ᾽ ἄρ᾽ ἦν με τοὐπιτρῖβον, δακτύλιος οὑτοσί·
ἐκσκάλευσον αὐτό, κᾆτα δεῖξον ἀφελοῦσά μοι·
ὡς τὸν ὀφθαλμόν γέ μου νὴ τὸν Δία πάλαι δάκνει.

Χο. ἀλλὰ δράσω ταῦτα· καίτοι δύσκολος ἔφυς ἀνήρ.   1030

1003 ἐπικεκύφαμες Reiske: ἀποκεκύφαμες codd.   1004 σιγεῖν
ΓΒC : θιγῆν R   1005 πρίν γ᾽] πρίν χ᾽ Elmsl.   1013 πωτάομαι R
1016 σὺ add. Bentl.   ἐμοί Herm. : εἰπέ μοι codd.   1017 βεβαίαν
μ᾽ ἔχειν codd. : corr. Herm.   1020 ὁρῶ] ὅρα Dobr.   1025 κεῖ
με μὴ ᾽λύπεις Dobr. et Fl. Christianus : κὰν μή με λυπῇς (-εῖς C) codd.
1030 δύσκολός γ᾽ codd. : corr. Fl. Christianus

ΑΡΙΣΤΟΦΑΝΟΥΣ

ἦ μέγ᾽ ὦ Ζεῦ χρῆμ᾽ ἰδεῖν τῆς ἐμπίδος ἔνεστί σοι.
οὐχ ὁρᾷς; οὐκ ἐμπίς ἐστιν ἥδε Τρικορυσία;
Χο^{γε}. νὴ Δί᾽ ὤνησάς γέ μ᾽, ὡς πάλαι γέ μ᾽ ἐφρεωρύχει,
ὥστ᾽ ἐπειδὴ ᾽ξηρέθη, ῥεῖ μου τὸ δάκρυον πολύ.
Χο^{γυ}. ἀλλ᾽ ἀποψήσω σ᾽ ἐγώ, καίτοι πάνυ πονηρὸς εἶ,   1035
καὶ φιλήσω.   Χο^{γε}. μὴ φιλήσῃς.   Χο^{γυ}. ἤν τε
βούλῃ γ᾽ ἤν τε μή.
Χο^{γε}. ἀλλὰ μὴ ὥρασ᾽ ἵκοισθ᾽· ὡς ἐστὲ θωπικαὶ φύσει,
κᾆστ᾽ ἐκεῖνο τοὔπος ὀρθῶς κοὐ κακῶς εἰρημένον,
οὔτε σὺν πανωλέθροισιν οὔτ᾽ ἄνευ πανωλέθρων.
ἀλλὰ νυνὶ σπένδομαί σοι, καὶ τὸ λοιπὸν οὐκέτι   1040
οὔτε δράσω φλαῦρον οὐδὲν οὔθ᾽ ὑφ᾽ ὑμῶν πείσομαι.
ἀλλὰ κοινῇ συσταλέντες τοῦ μέλους ἀρξώμεθα.

Χο.   οὐ παρασκευαζόμεσθα   [στρ.
        τῶν πολιτῶν οὐδέν᾽ ὦνδρες
        φλαῦρον εἰπεῖν οὐδὲ ἕν.   1045
ἀλλὰ πολὺ τοὔμπαλιν πάντ᾽ ἀγαθὰ καὶ λέγειν
καὶ δρᾶν· ἱκανὰ γὰρ τὰ κακὰ καὶ τὰ π ρακείμενα.
ἀλλ᾽ ἐπαγγελλέτω πᾶς ἀνὴρ καὶ γυνή,
    εἴ τις ἀργυρίδιον δεῖ-   1050
    ται λαβεῖν μνᾶς ἢ δύ᾽ ἢ τρεῖς,
        ὡς †πόλλ᾽ ἔσω ᾽στὶν†
    κἄχομεν βαλλάντια.
    κἂν ποτ᾽ εἰρήνη φανῇ,
    ὅστις ἂν νυνὶ δανείσῃ-   1055
        ται παρ᾽ ἡμῶν,
    ἂν λάβῃ μηκέτ᾽ ἀποδῷ.

    ἑστιᾶν δὲ μέλλομεν ξέ-
    νους τινὰς Καρυστίους, ἄν-
    δρας καλούς τε κἀγαθούς.   1060

1043-1071 = 1189-1215 (1043-1057 = 1058-1071)
1034 hic desinit Γ   1035 καίτοι γε codd. : corr. Fl. Christianus
1037 ὥρας codd. : corr. Dind.   1052 ὡς πλέα ᾽στὶν | ἄχομεν Burges

42

ΛΥΣΙΣΤΡΑΤΗ

κἄστιν ⟨ἔτ'⟩ ἔτνος τι· καὶ δελφάκιον ἦν τί μοι,
καὶ τοῦτο τέθυχ', ὡς τὰ κρέ' ἔδεσθ' ἁπαλὰ καὶ καλά.
ἥκετ' οὖν εἰς ἐμοῦ τήμερον· πρῲ δὲ χρὴ
τοῦτο δρᾶν λελουμένους αὐ-
τούς τε καὶ τὰ παιδί', εἶτ' εἴ-   1065
σω βαδίζειν,
μηδ' ἐρέσθαι μηδένα,
ἀλλὰ χωρεῖν ἄντικρυς
ὥσπερ οἴκαδ' εἰς ἑαυτῶν
γεννικῶς, ὡς   1070
ἡ θύρα κεκλήσεται.

καὶ μὴν ἀπὸ τῆς Σπάρτης οἰδὶ πρέσβεις ἕλκοντες ὑπήνας
χωροῦσ', ὥσπερ χοιροκομεῖον περὶ τοῖς μηροῖσιν ἔχοντες.
ἄνδρες Λάκωνες πρῶτα μέν μοι χαίρετε,
εἶτ' εἴπαθ' ἡμῖν πῶς ἔχοντες ἥκετε.   1075

ΛΑΚΩΝ

τί δεῖ ποθ' ὑμὲ πολλὰ μυσίδδειν ἔπη;
ὁρῆν γὰρ ἔξεσθ' ὡς ἔχοντες ἵκομες.

Χο. βαβαί· νενεύρωται μὲν ἥδε συμφορὰ
δεινῶς, †τεθερμῶσθαί γε† χεῖρον φαίνεται.

Λα. ἄφατα. τί κα λέγοι τις; ἀλλ' ὅπᾳ σέλει   1080
παντᾷ τις ἐλσὼν ἀμὶν εἰράναν σέτω.

Χο. καὶ μὴν ὁρῶ καὶ τούσδε τοὺς αὐτόχθονας
ὥσπερ παλαιστὰς ἄνδρας ἀπὸ τῶν γαστέρων
θαἰμάτι' ἀποστέλλοντας· ὥστε φαίνεται
ἀσκητικὸν τὸ χρῆμα τοῦ νοσήματος.   1085

ΑΘΗΝΑΙΟΣ

τίς ἂν φράσειε ποῦ 'στιν ἡ Λυσιστράτη;

1061 ἔτ' add. Reisig   1062 ἔδεσθ' Reisig: ἔξεσθ' vulg.:
γένεσθ' C et schol.   1070 ὡς Β C: ἴσως δ' R   1076 δεῖ] δή R
ὑμὲ Enger: ὑμὴν C: ὕμμε vel ὕμμε vulg.   1077 ἵκομες Elmsl.: ἥκο-
μεσθ' (θ del.) R: ἥκομες (vel ·μεν) vulg.   1079 ἀντὶ τοῦ χεῖρον τῆς
τάσεως τοῦ Ἑρμοῦ φαίνεται schol.   1080 κα Enger: καὶ vel κἂν
codd.   1082 ὁρῶ καὶ R: ὁρῶ γε vulg.   1083 ἄνδρας R: παῖδας vulg.

ὡς ἄνδρες ἡμεῖς οὑτοιὶ τοιουτοιί.

Χο. χαὔτη ξυνᾴδει χἠτέρα ταύτῃ νόσῳ.
ἦ που πρὸς ὄρθρον σπασμὸς ὑμᾶς λαμβάνει;

Αθ. μὰ Δί᾽ ἀλλὰ ταυτὶ δρῶντες ἐπιτετρίμμεθα.   1090
ὥστ᾽ εἴ τις ἡμᾶς μὴ διαλλάξει ταχύ,
οὐκ ἔσθ᾽ ὅπως οὐ Κλεισθένη βινήσομεν.

Χο. εἰ σωφρονεῖτε, θαἰμάτια λήψεσθ᾽, ὅπως
τῶν Ἑρμοκοπιδῶν μή τις ὑμᾶς ὄψεται.

Αθ. νὴ τὸν Δί᾽ εὖ μέντοι λέγεις.   Λα.   ναὶ τὼ σιὼ
παντᾷ γα.   φέρε τὸ ἔσθος ἀμβαλώμεθα.   1096

Αθ. ὦ χαίρετ᾽ ὦ Λάκωνες· αἰσχρά γ᾽ ἐπάθομεν.

Λα. ὦ Πολυχαρείδα δεινά κ᾽ αὖ ᾽πεπόνθεμες,
αἰ εἶδον ἀμὲ τὤνδρες ἀμπεφλασμένως.

Αθ. ἄγε δὴ Λάκωνες αὖθ᾽ ἕκαστα χρὴ λέγειν.   1100
ἐπὶ τί πάρεστε δεῦρο;   Λα.   περὶ διαλλαγᾶν
πρέσβεις.   Αθ.   καλῶς δὴ λέγετε· χἠμεῖς τουτογί.
τί οὐ καλοῦμεν δῆτα τὴν Λυσιστράτην,
ἥπερ διαλλάξειεν ἡμᾶς ἂν μόνη;

Λα. ναὶ τὼ σιὼ κἂν λῆτε τὸν Λυσίστρατον.   1105

Χο. ἀλλ᾽ οὐδὲν ἡμᾶς, ὡς ἔοικε, δεῖ καλεῖν·
αὐτὴ γάρ, ὡς ἤκουσεν, ἥδ᾽ ἐξέρχεται.
χαῖρ᾽ ὦ πασῶν ἀνδρειοτάτη· δεῖ δὴ νυνί σε γενέσθαι
δεινὴν ⟨δειλὴν⟩ ἀγαθὴν φαύλην σεμνὴν ἀγανὴν πολύ-
πειρον·   1109
ὡς οἱ πρῶτοι τῶν Ἑλλήνων τῇ σῇ ληφθέντες ἴυγγι
συνεχώρησάν σοι καὶ κοινῇ τἀγκλήματα πάντ᾽ ἐπέτρεψαν.

1088 χἀτέρα R   νόσῳ] νόσος Reisig   1093 θοἰμάτια codd. :
corr. Dawes   1095 ναὶ diserte R : νὴ vulg.   1096 γα
Reisig : γε codd.   ἐμβαλώμεθα codd. : corr. Brunck   1098-
1236 desunt in B C   1098 πολυχαρίδα R : corr. Mein.   γ᾽ αὖ
πεπόνθαμες R : corr. Enger   1099 αἰ εἶδον Ahrens : αἴ κ᾽ ἴδον R
ἀμὲ Enger : ἁμὲς R   ἄνδρες R : corr. Elmsl.   ἀναπεφασμένως
R : ἀναπεφλασμένως ed. Zanetti (cf. schol.) : corr. Blaydes   fort.
γ᾽ αὖ πεπόνθαμες· | αἰκιδδον (i.e. ἤκιζον) ἀμὲ τὤνδρες ἀμπεφασμένως.
1102 τουτογί] οὑτοιί Cobet   1105 κἂν λῆτε R² cum schol. :
καλεῖτε R¹   τὰν Λυσιστράταν Hirschig   1108 πολυχ. praef. R
1109 δειλὴν add. Bentl.

ΛΥΣΙΣΤΡΑΤΗ

Λυ. ἀλλ' οὐχὶ χαλεπὸν τοὔργον, εἰ λάβοι γέ τις
ὀργῶντας ἀλλήλων τε μὴ 'κπειρωμένους.
τάχα δ' εἴσομαι 'γώ.   ποῦ 'στιν ἡ Διαλλαγή;
πρόσαγε λαβοῦσα πρῶτα τοὺς Λακωνικούς,   1115
καὶ μὴ χαλεπῇ τῇ χειρὶ μηδ' αὐθαδικῇ,
μηδ' ὥσπερ ἡμῶν ἄνδρες ἀμαθῶς τοῦτ' ἔδρων,
ἀλλ' ὡς γυναῖκας εἰκός, οἰκείως πάνυ,
ἢν μὴ διδῷ τὴν χεῖρα, τῆς σάθης ἄγε.
ἴθι καὶ σὺ τούτους τοὺς Ἀθηναίους ἄγε,   1120
οὗ δ' ἂν διδῶσι πρόσαγε τούτους λαβομένη.
ἄνδρες Λάκωνες στῆτε παρ' ἐμὲ πλησίον,
ἐνθένδε δ' ὑμεῖς, καὶ λόγων ἀκούσατε.
ἐγὼ γυνὴ μέν εἰμι, νοῦς δ' ἔνεστί μοι,
αὐτὴ δ' ἐμαυτῆς οὐ κακῶς γνώμης ἔχω,   1125
τοὺς δ' ἐκ πατρός τε καὶ γεραιτέρων λόγους
πολλοὺς ἀκούσασ' οὐ μεμούσωμαι κακῶς.
λαβοῦσα δ' ὑμᾶς λοιδορῆσαι βούλομαι
κοινῇ δικαίως, οἳ μιᾶς ἐκ χέρνιβος
βωμοὺς περιρραίνοντες ὥσπερ ξυγγενεῖς   1130
Ὀλυμπίασιν, ἐν Πύλαις, Πυθοῖ (πόσους
εἴποιμ' ἂν ἄλλους, εἴ με μηκύνειν δέοι;)
ἐχθρῶν παρόντων βαρβάρων στρατεύματι
Ἕλληνας ἄνδρας καὶ πόλεις ἀπόλλυτε.
εἷς μὲν λόγος μοι δεῦρ' ἀεὶ περαίνεται.   1135
Αθ. ἐγὼ δ' ἀπόλλυμαί γ' ἀπεψωλημένος.
Λυ. εἶτ' ὦ Λάκωνες, πρὸς γὰρ ὑμᾶς τρέψομαι,
οὐκ ἴσθ' ὅτ' ἐλθὼν δεῦρο Περικλείδας ποτὲ
ὁ Λάκων Ἀθηναίων ἱκέτης καθέζετο
ἐπὶ τοῖσι βωμοῖς ὠχρὸς ἐν φοινικίδι   1140
στρατιὰν προσαιτῶν; ἡ δὲ Μεσσήνη τότε
ὑμῖν ἐπέκειτο χὠ θεὸς σείων ἅμα.

1117 μηδ' Dind. : μήθ' R   1121 τούτους R : τούτου Dobr.
1123 δ' Bergk: τ' R   1129 ἐκ Bentl. : τε R   1138 περι-
κλείδης (a supra) R   1142 ἅμα] μέγα schol.

45

ΑΡΙΣΤΟΦΑΝΟΥΣ

ἐλθὼν δὲ σὺν ὁπλίταισι τετρακισχιλίοις
Κίμων ὅλην ἔσωσε τὴν Λακεδαίμονα.
ταυτὶ παθόντες τῶν Ἀθηναίων ὕπο   1145
δῃοῦτε χώραν, ἧς ὑπ' εὖ πεπόνθατε;
Αθ. ἀδικοῦσιν οὗτοι νὴ Δί' ὦ Λυσιστράτη.
Λα. ἀδικίομες· ἀλλ' ὁ πρωκτὸς ἄφατον ὡς καλός.
Λυ. ὑμᾶς δ' ἀφήσειν τοὺς Ἀθηναίους ⟨μ'⟩ οἴει;
οὐκ ἴσθ' ὅθ' ὑμᾶς οἱ Λάκωνες αὖθις αὖ   1150
κατωνάκας φοροῦντας ἐλθόντες δορὶ
πολλοὺς μὲν ἄνδρας Θετταλῶν ἀπώλεσαν,
πολλοὺς δ' ἑταίρους Ἱππίου καὶ ξυμμάχους,
ξυνεκμαχοῦντες τῇ τόθ' ἡμέρᾳ μόνοι,
κἠλευθέρωσαν κἀντὶ τῆς κατωνάκης   1155
τὸν δῆμον ὑμῶν χλαῖναν ἠμπέσχον πάλιν;
Λα. οὔπα γυναῖκ' ὄπωπα χαϊωτέραν.
Αθ. ἐγὼ δὲ κύσθον γ' οὐδέπω καλλίονα.
Λυ. τί δῆθ' ὑπηργμένων γε πολλῶν κἀγαθῶν
μάχεσθε κοὐ παύεσθε τῆς μοχθηρίας;   1160
τί δ' οὐ διηλλάγητε; φέρε τί τοὐμποδών;
Λα. ἁμές γε λῶμες, αἴ τις ἁμὶν τὦγκυκλον
λῇ τοῦτ' ἀποδόμεν. Λυ. ποῖον ὦ τᾶν;   Λα. τὰν
        Πύλον,
ἅσπερ πάλαι δεόμεθα καὶ βλιμάττομες.
Αθ. μὰ τὸν Ποσειδῶ τοῦτο μέν γ' οὐ δράσετε.   1165
Λυ. ἄφετ' ὦγάθ' αὐτοῖς.   Αθ.   κᾆτα τίνα κινήσομεν;
Λυ. ἕτερόν γ' ἀπαιτεῖτ' ἀντὶ τούτου χωρίον.
Αθ. τὸ δεῖνα τοίνυν παράδοθ' ἡμῖν τουτονὶ
πρώτιστα τὸν Ἐχινοῦντα καὶ τὸν Μηλιᾶ

1148 ἀδικιοῦμες R : corr. Dind.   ἄφατον ὡς Bentl. : ἄφατος καὶ R
1149 μ' add. Dobr.   1151 ἐλθόντας R : corr. in ed. Junt.
1153 Ἱππίου Suid. : ἱππίους R   1156 ἤμπισχον R : corr. Blaydes
1159 γε Reisig : τε R   1162 λώμεσθ' R : corr. Bentl.   τοὔγ-
κυκλον R : corr. Ahrens   1163 ἀποδῶμεν R : corr. Brunck
1164 ἅσπερ Elmsl. : ὥσπερ R   βλιμάδδομες Brunck   1165 δράσο-
μεν Cobet   1167 χωρίον Fl. Christianus : τοῦ χωρίου R

κόλπον τὸν ὄπισθεν καὶ τὰ Μεγαρικὰ σκέλη.   1170
Λα. οὐ τὼ σιὼ οὐχὶ πάντα γ' ὦ λισσάνιε.
Λυ. ἐᾶτε, μηδὲν διαφέρου περὶ σκελοῖν.
Αθ. ἤδη γεωργεῖν γυμνὸς ἀποδὺς βούλομαι.
Λα. ἐγὼ δὲ κοπραγωγεῖν γα †πρῶτα† ναὶ τὼ σιώ.
Λυ. ἐπὴν διαλλαγῆτε, ταῦτα δράσετε.   1175
ἀλλ' εἰ δοκεῖ δρᾶν ταῦτα, βουλεύσασθε καὶ
τοῖς ξυμμάχοις ἐλθόντες ἀνακοινώσατε.
Αθ. ποίοισιν ὦ τᾶν ξυμμάχοις; ἐστύκαμεν.
οὐ ταὐτὰ δόξει τοῖσι συμμάχοισι νῷν
βινεῖν ἅπασιν;   Λα.   τοῖσι γῶν ναὶ τὼ σιὼ   1180
ἁμοῖσι.   Αθ.   καὶ γὰρ ναὶ μὰ Δία Καρυστίοις.
Λυ. καλῶς λέγετε. νῦν οὖν ὅπως ἁγνεύσετε,
ὅπως ἂν αἱ γυναῖκες ὑμᾶς ἐν πόλει
ξενίσωμεν ὧν ἐν ταῖσι κίσταις εἴχομεν.
ὅρκους δ' ἐκεῖ καὶ πίστιν ἀλλήλοις δότε.   1185
κἄπειτα τὴν αὑτοῦ γυναῖχ' ὑμῶν λαβὼν
ἄπεισ' ἕκαστος.   Αθ.   ἀλλ' ἴωμεν ὡς τάχος.
Λα. ἄγ' ὅπᾳ τυ λῇς.   Αθ.   νὴ τὸν Δι' ὡς τάχιστ' ἄγε.

Χο.   στρωμάτων δὲ ποικίλων καὶ   [ἀντ.
   χλανιδίων καὶ ξυστίδων καὶ   1190
   χρυσίων, ὅσ' ἐστί μοι,
οὐ φθόνος ἔνεστί μοι πᾶσι παρέχειν φέρειν
τοῖς παισίν, ὁπόταν τε θυγάτηρ τινὶ κανηφορῇ.
πᾶσιν ὑμῖν λέγω λαμβάνειν τῶν ἐμῶν
   χρημάτων νῦν ἔνδοθεν, καὶ   1195
   μηδὲν οὕτως εὖ σεσημάν-
     θαι τὸ μὴ οὐχὶ
   τοὺς ῥύπους ἀνασπάσαι,

1171 λυσσάνιε R : corr. I. Voss ex Hesych.   1172 τοῖν ante
σκελοῖν add. Bentl.   1174 κοπραγωγεῖν scripsimus : κοπραγωγὴν R
πρῶτα] πρῶτον schol. : πρῷ Biset : λῶ Reisig   1180 γῶν Ahrens :
γοῦν R   1188 τάχιστά γε R : corr. Beer   1193 κανηφορεῖ R :
corr. Brunck   1198 ῥύπους R : τύπους ed. Zanetti

χἄττ' ⟨ἂν⟩ ἔνδον ᾖ φορεῖν.
ὄψεται δ' οὐδὲν σκοπῶν, εἰ   1200
μή τις ὑμῶν
ὀξύτερον ἐμοῦ βλέπει.

εἰ δέ τῳ μὴ σῖτος ὑμῶν
ἔστι, βόσκει δ' οἰκέτας καὶ
σμικρὰ πολλὰ παιδία,   1205
ἔστι παρ' ἐμοῦ λαβεῖν πυρίδια λεπτὰ μέν,
ὁ δ' ἄρτος ἀπὸ χοίνικος ἰδεῖν μάλα νεανίας.
ὅστις οὖν βούλεται τῶν πενήτων ἴτω
εἰς ἐμοῦ σάκκους ἔχων καὶ
κωρύκους, ὡς λήψεται πυ-   1210
ρούς· ὁ Μανῆς δ'
οὑμὸς αὐτοῖς ἐμβαλεῖ.
πρός γε μέντοι τὴν θύραν
προαγορεύω μὴ βαδίζειν
τὴν ἐμήν, ἀλλ'
εὐλαβεῖσθαι τὴν κύνα.   1215

Αθ.ᵃ ἄνοιγε τὴν θύραν· παραχωρεῖν οὐ θέλεις;
ὑμεῖς τί κάθησθε; μῶν ἐγὼ τῇ λαμπάδι
ὑμᾶς κατακαύσω; φορτικὸν τὸ χωρίον.
οὐκ ἂν ποιήσαιμ'. εἰ δὲ πάνυ δεῖ τοῦτο δρᾶν,
ὑμῖν χαρίσασθαι, προσταλαιπωρήσομεν.   1220

ΑΘΗΝΑΙΟΣ Β
χἠμεῖς γε μετὰ σοῦ ξυνταλαιπωρήσομεν.
Αθ.ᵃ οὐκ ἄπιτε; κωκύσεσθε τὰς τρίχας μακρά.
οὐκ ἄπιθ', ὅπως ἂν οἱ Λάκωνες ἔνδοθεν
καθ' ἡσυχίαν ἀπίωσιν εὐωχημένοι;
Αθ.ᵝ οὔπω τοιοῦτον συμπόσιον ὄπωπ' ἐγώ.   1225
ἦ καὶ χαρίεντες ἦσαν οἱ Λακωνικοί·

1199 ἂν add. Elmsl.   1212 αὐτοῖς οὑμὸς R : transp. Bentl.
1216 οὐ παραχωρεῖν R : transp. Scaliger   1220 χαρίζεσθαι, προσ-
ταλαιπωρήσαιμεν R : corr. Bentl.

ΛΥΣΙΣΤΡΑΤΗ

ἡμεῖς δ᾽ ἐν οἴνῳ συμπόται σοφώτατοι.

Αθ. ὀρθῶς γ᾽, ὁτιὴ νήφοντες οὐχ ὑγιαίνομεν·
ἢν τοὺς Ἀθηναίους ἐγὼ πείσω λέγων,
μεθύοντες ἀεὶ πανταχοῖ πρεσβεύσομεν.   1230
νῦν μὲν γὰρ ὅταν ἔλθωμεν ἐς Λακεδαίμονα
νήφοντες, εὐθὺς βλέπομεν ὅ τι ταράξομεν·
ὥσθ᾽ ὅ τι μὲν ἂν λέγωσιν οὐκ ἀκούομεν,
ἃ δ᾽ οὐ λέγουσι, ταῦθ᾽ ὑπονενοήκαμεν,
ἀγγέλλομεν δ᾽ οὐ ταὐτὰ τῶν αὐτῶν πέρι.   1235
νυνὶ δ᾽ ἅπαντ᾽ ἤρεσκεν· ὥστ᾽ εἰ μέν γέ τις
ᾄδοι Τελαμῶνος, Κλειταγόρας ᾄδειν δέον,
ἐπῃνέσαμεν ἂν καὶ προσεπιωρκήσαμεν.
ἀλλ᾽ οὑτοιὶ γὰρ αὖθις ἔρχονται πάλιν
ἐς ταὐτόν. οὐκ ἐρρήσετ᾽ ὦ μαστιγίαι;   1240

Αθ. νὴ τὸν Δί᾽ ὡς ἤδη γε χωροῦσ᾽ ἔνδοθεν.

Λα. ὦ Πολυχαρείδα λαβὲ τὰ φυσατήρια,
ἵν᾽ ἐγὼ διποδιάξω τε κἀείσω καλὸν
ἐς τὼς Ἀσαναίως τε †καὶ ἐς ἡμᾶς ἅμα†.

Αθ. λαβὲ δῆτα τὰς φυσαλλίδας πρὸς τῶν θεῶν,   1245
ὡς ἥδομαί γ᾽ ὑμᾶς ὁρῶν ὀρχουμένους.

Χο.ᵛᵃ   ὅρμαον
τὼς κυρσανίως ὦ Μναμοῦνα
τάν τ᾽ ἐμὰν Μῶαν, ἅτις
οἶδεν ἁμὲ τώς τ᾽ Ἀσαναίως,   1250
ὅκα τοὶ μὲν ἐπ᾽ Ἀρταμιτίῳ
πρώκροον σιοείκελοι
ποττὰ κᾶλα τὼς Μήδως τ᾽ ἐνίκων,

1228 ὁτιὴ Bentl.: ὅτι R   1230 πανταχοῦ R: corr. Brunck
1243 τε Bergk: γε codd.   κᾳείσω] καὶ κινήσω BC   1244 καὶ ἐς
ἡμᾶς ἅμα BC: καὶ ἡμᾶς ἅμα R: χᾆμ᾽ ᾄεισμ᾽ ἀμᾷ Mein.   1246 ὁρῶν
ὑμᾶς R: ὑμᾶς (om. ὁρῶν) BC: corr. Bentl.   1248 τοῖς κυρ-
σανίοις Mein.   μναμόνα R: μναμοσύνα BC: corr. Enger
1249 τάν τ᾽ ἐμὰν] τὰν τεὰν R   1250 τούς τ᾽ ἀσαναίους codd.:
corr. Brunck   1252 πρόκροον codd.: corr. Ahrens   σιοείκελοι
Mein.: θείκελοι codd.   1253 τοὺς μήδους codd.: corr. Kuster

49

ἀμὲ δ' αὖ Λεωνίδας
ἆγεν ᾇπερ τὼς κάπρως   1255
θάγοντας οἷῶ τὸν ὀδόντα·
πολὺς δ' ἀμφὶ τὰς γένυας ἀφρὸς †ἤνσει†,
πολὺς δ' ἀμᾷ καττῶν σκελῶν ἀφρὸς ἵετο.
ἦν γὰρ τῶνδρες οὐκ ἐλάσσως   1260
τᾶς ψάμμας τοὶ Πέρσαι.
ἀγροτέρα σηροκτόνε
μόλε δεῦρο παρσένε σιὰ
ποττὰς σπονδάς,
ὡς συνέχῃς πολὺν ἀμὲ χρόνον.   1265
νῦν δ' αὖ φιλία τ' αἰὲς εὔπορος εἴη
ταῖς συνθήκαις,
καὶ τᾶν αἰμυλᾶν ἀλωπέκων παυσαίμεθα.
ὦ δεῦρ' ἴθι δεῦρ' ὦ
κυναγὲ παρσένε.   1270

Λυ. ἄγε νυν ἐπειδὴ τἄλλα πεποίηται καλῶς,
ἀπάγεσθε ταύτας ὦ Λάκωνες, τάσδε τε
ὑμεῖς· ἀνὴρ δὲ παρὰ γυναῖκα καὶ γυνὴ   1275
στήτω παρ' ἄνδρα, κᾆτ' ἐπ' ἀγαθαῖς συμφοραῖς
ὀρχησάμενοι θεοῖσιν εὐλαβώμεθα
τὸ λοιπὸν αὖθις μὴ 'ξαμαρτάνειν ἔτι.

Χο.ᵃᵝ πρόσαγε χορόν, ἔπαγε ⟨δὲ⟩ Χάριτας,
       ἐπὶ δὲ κάλεσον Ἄρτεμιν,   1280
       ἐπὶ δὲ δίδυμον ἀγέχορον
       Ἰήιον
       εὔφρον', ἐπὶ δὲ Νύσιον,
       ὃς μετὰ μαινάσι Βάκχιος ὄμμασι δαίεται,

1257 ἤνσει] ἦρσει C   1259 ἀμᾷ Mein.: ἅμα codd.   καττῶν
Reisig: καὶ κατῶν B: καὶ κατὰ τῶν R C   1261 ψάμμῳ Elmsl.
1262 ἀγροτέρ' Ἄρτεμι codd.: corr. Dind.   1266 τ' αἰὲς Schäfer:
δ' αἰὲς codd.   1279 δὲ add. Enger   1281 ἄγε χορὸν R: ἄγετε
χορὸν B C: corr. Bergler   1284 Βάκχιος Burges: βάκχειος R:
βακχείοις B C

ΛΥΣΙΣΤΡΑΤΗ

Δία τε πυρὶ φλεγόμενον, ἐπί τε   1285
πότνιαν ἄλοχον ὀλβίαν·
εἶτα δὲ δαίμονας, οἷς ἐπιμάρτυσι
χρησόμεθ' οὐκ ἐπιλήσμοσιν
Ἡσυχίας πέρι τῆς ἀγανόφρονος,
ἣν ἐποίησε θεὰ Κύπρις.   1290
ἀλαλαὶ ἰὴ παιήων·
αἴρεσθ' ἄνω ἰαί,
ὡς ἐπὶ νίκῃ ἰαί.
εὐοῖ εὐοῖ, εὐαί εὐαί.

Λυ. πρόφαινε δὴ σὺ Μοῦσαν ἐπὶ νέᾳ νέαν.   1295

Χο.�λᵃ Ταΰγετον αὖτ' ἐραννὸν ἐκλιπῶα
Μῶα μόλε Λάκαινα πρεπτὸν ἀμὶν
κλέωα τὸν Ἀμύκλαις σιὸν
καὶ χαλκίοικον Ἀσάναν,   1300
Τυνδαρίδας τ' ἀγασώς,
τοὶ δὴ πὰρ Εὐρώταν ψ.αδδοντι.
εἷα μάλ' ἔμβη
ὢ εἷα κοῦφα πάλλων,
ὡς Σπάρταν ὑμνίωμες,   1305
τᾷ σιῶν χοροὶ μέλοντι
καὶ ποδῶν κτύπος,
ᾇ τε πῶλοι ταὶ κόραι
πὰρ τὸν Εὐρώταν
ἀμπάλλοντι πυκνὰ ποδοῖν   1310
ἀγκονίωαι,
ταὶ δὲ κόμαι σείονθ' ᾇπερ Βακχᾶν
θυρσαδδωᾶν καὶ παιδδωᾶν.

1289 ἀγανόφρονος Reisig μεγαλόφρονος codd.   1291 παιών
BC   1295 Λάκων πρόφαινε codd. : corr. Bergk   1299 Ἀμύκλαις
Ἀπόλλω codd. : corr. Valckenaer   1300 Ἀσάναν] ἄνασσαν schol.
1311 ἀγκονίωαι Reisig: ἀγκονέουσαι C: ἀγκονεύουσαι vulg.   1313 παιδ-
δωᾶν BC : παδδοᾶν R : παδωᾶν Enger

51

ἀγεῖται δ' ἁ Λήδας παῖς
ἁγνὰ χοραγὸς εὐπρεπής.   1315
ἀλλ' ἄγε κόμαν παραμπύκιδδε χερί, ποδοῖν τε πάδη
ᾷ τις ἔλαφος· κρότον δ' ἁμᾷ ποίει χορωφελήταν.
καὶ τὰν σιὰν δ' αὖ τὰν κρατίσταν Χαλκίοικον ὕμνει 1320
τὰν πάμμαχον.

1314 ἀγεῖται scripsimus : ἀγῆται vel ἀγῆται codd.   1316 παραμ-
πυκίδδετε codd. : corr. Herm.   1318 ἁμᾷ Herm. : ἅμα codd.
1319 ποίει scripsimus : ποίη vel πόη codd.   χωροφελέταν R : χορω-
φελέταν B C schol. : corr. Herm.

ΘΕΣΜΟΦΟΡΙΑΖΟΥΣΑΙ

ΤΑ ΤΟΥ ΔΡΑΜΑΤΟΣ ΠΡΟΣΩΠΑ

ΜΝΗΣΙΛΟΧΟΣ

ΕΥΡΙΠΙΔΗΣ

ΘΕΡΑΠΩΝ ΑΓΑΘΩΝΟΣ

ΑΓΑΘΩΝ

ΧΟΡΟΣ ΑΓΑΘΩΝΟΣ

ΚΗΡΥΚΑΙΝΑ

ΧΟΡΟΣ ΘΕΣΜΟΦΟΡΙΑΖΟΥ-
ΣΩΝ

ΓΥΝΑΙΚΕΣ ΤΙΝΕΣ

ΚΛΕΙΣΘΕΝΗΣ

ΠΡΥΤΑΝΙΣ

ΤΟΞΟΤΗΣ

ΘΕΣΜΟΦΟΡΙΑΖΟΥΣΑΙ

ΜΝΗΣΙΛΟΧΟΣ

Ὦ Ζεῦ χελιδὼν ἆρά ποτε φανήσεται;
ἀπολεῖ μ' ἀλοῶν ἄνθρωπος ἐξ ἑωθινοῦ.
οἷόν τε, πρὶν τὸν σπλῆνα κομιδῇ μ' ἐκβαλεῖν,
παρὰ σοῦ πυθέσθαι ποῖ μ' ἄγεις ὠυριπίδη;

ΕΥΡΙΠΙΔΗΣ

ἀλλ' οὐκ ἀκούειν δεῖ σε πάνθ' ὅσ' αὐτίκα   5
ὄψει παρεστώς.   Μν.   πῶς λέγεις; αὖθις φράσον.
οὐ δεῖ μ' ἀκούειν;   Ευ.   οὐχ ἅ γ' ἂν μέλλῃς ὁρᾶν.
Μν. οὐδ' ἆρ' ὁρᾶν δεῖ μ';   Ευ.   οὐχ ἅ γ' ἂν ἀκούειν δέῃ.
Μν. πῶς μοι παραινεῖς; δεξιῶς μέντοι λέγεις.
οὐ φῂς σὺ χρῆναί μ' οὔτ' ἀκούειν οὔθ' ὁρᾶν;   10
Ευ. χωρὶς γὰρ αὐτοῖν ἑκατέρου 'στὶν ἡ φύσις.
Μν. τοῦ μήτ' ἀκούειν μήθ' ὁρᾶν;   Ευ.   εὖ ἴσθ' ὅτι.
Μν. πῶς χωρίς;   Ευ.   οὕτω ταῦτα διεκρίθη τότε.
αἰθὴρ γὰρ ὅτε τὰ πρῶτα διεχωρίζετο
καὶ ζῷ' ἐν αὑτῷ ξυνετέκνου κινούμενα,   15
ᾧ μὲν βλέπειν χρὴ πρῶτ' ἐμηχανήσατο
ὀφθαλμὸν ἀντίμιμον ἡλίου τροχῷ,

Duobus tantum codicibus continetur haec fabula, Ravennate et apographo eius Augustano : quorum hunc perraro, illum identidem citavimus.

3 οἷόν τε Caninius: οἷόν τι R   5 πάνθ'] ταῦθ' Hamaker
16 πρῶτα μηχανήσατο R : corr. Kuster

ἀκοῇ δὲ χοάνην ὦτα διετετρήνατο.

Μν. διὰ τὴν χοάνην οὖν μήτ' ἀκούω μήθ' ὁρῶ;
    νὴ τὸν Δί' ἥδομαί γε τουτὶ προσμαθών.   20
    οἷόν γέ που 'στιν αἱ σοφαὶ ξυνουσίαι.

Ευ. πόλλ' ἂν μάθοις τοιαῦτα παρ' ἐμοῦ. Μν. πῶς ἂν οὖν
    πρὸς τοῖς ἀγαθοῖς τούτοισιν ἐξεύροιμ' ὅπως
    ἔτι προσμάθοιμι χωλὸς εἶναι τὼ σκέλει;

Ευ. βάδιζε δευρὶ καὶ πρόσεχε τὸν νοῦν.   Μν. ἰδού. 25

Ευ. ὁρᾷς τὸ θύριον τοῦτο;   Μν. νὴ τὸν Ἡρακλέα
    οἶμαί γε.   Ευ. σίγα νυν.   Μν. σιωπῶ τὸ
    θύριον;

Ευ. ἄκου'.   Μν. ἀκούω καὶ σιωπῶ τὸ θύριον;

Ευ. ἐνταῦθ' Ἀγάθων ὁ κλεινὸς οἰκῶν τυγχάνει
    ὁ τραγῳδοποιός.   Μν. ποῖος οὗτος Ἀγάθων; 30

Ευ. ἔστιν τις Ἀγάθων—   Μν. μῶν ὁ μέλας ὁ καρτερός;

Ευ. οὔκ, ἀλλ' ἕτερός τις· οὐχ ἑόρακας πώποτε;

Μν. μῶν ὁ δασυπώγων;   Ευ. οὐχ ἑόρακας πώποτε;

Μν. μὰ τὸν Δί' οὗτοι γ' ὥστε καί μέ γ' εἰδέναι.

Ευ. καὶ μὴν βεβίνηκας σύ γ', ἀλλ' οὐκ οἶσθ' ἴσως. 35
    ἀλλ' ἐκποδὼν πτήξωμεν, ὡς ἐξέρχεται
    θεράπων τις αὐτοῦ πῦρ ἔχων καὶ μυρρίνας·
    προθυσόμενος ἔοικε τῆς ποιήσεως.

ΘΕΡΑΠΩΝ

    εὔφημος πᾶς ἔστω λαός,
    στόμα συγκλήσας· ἐπιδημεῖ γὰρ   40
    θίασος Μουσῶν ἔνδον μελάθρων
        τῶν δεσποσύνων μελοποιῶν.
    ἐχέτω δὲ πνοὰς νήνεμος αἰθήρ,
    κῦμα δὲ πόντου μὴ κελαδείτω

18 ἀκοῇ δὲ χοάνην Dobr.: ἀκοὴν δεχοάνης R : δίκην δὲ χοάνης Reiske   21 γέ 'πούστιν lemma schol. : τε π' οὔστιν R : γέ τούστιν Fritzsche   23 ἐξεύροις Reiske   24 προσμάθοιμι Wellauer : προσμάθοι μὴ R   28 ἀκούσω R : corr. Brunck   38 eicit Rutherford   39 λαός schol. et Suid. : λεώς R

γλαυκόν·   Μν. βομβάξ.   Ευ. σίγα.   Μν. τι
λέγει;   45

Θε.   πτηνῶν τε γένη κατακοιμάσθω,
θηρῶν τ' ἀγρίων πόδες ὑλοδρόμων
μὴ λυέσθων.   Μν. βομβαλοβομβάξ.

Θε.   μέλλει γὰρ ὁ καλλιεπὴς 'Αγάθων
πρόμος ἡμέτερος—   Μν. μῶν βινεῖσθαι;   50

Θε.   τίς ὁ φωνήσας;   Μν. νήνεμος αἰθήρ.

Θε.   δρυόχους τιθέναι δράματος ἀρχάς.
κάμπτει δὲ νέας ἀψῖδας ἐπῶν,
τὰ δὲ τορνεύει, τὰ δὲ κολλομελεῖ,
καὶ γνωμοτυπεῖ κἀντονομάζει   55
καὶ κηροχυτεῖ καὶ γογγύλλει
καὶ χοανεύει.   Μν. καὶ λαικάζει.

Θε.   τίς ἀγροιώτας πελάθει θριγκοῖς;

Μν.   ὃς ἕτοιμος σοῦ τοῦ τε ποιητοῦ
τοῦ καλλιεποῦς κατὰ τοῦ θριγκοῦ   60
συγγογγύλας καὶ συστρέψας
τουτὶ τὸ πέος χοανεῦσαι.

Θε.   ἦ που νέος γ' ὢν ἦσθ' ὑβριστὴς ὦ γέρον.

Ευ.   ὦ δαιμόνιε τοῦτον μὲν ἔα χαίρειν, σὺ δὲ
'Αγάθωνά μοι δεῦρ' ἐκκάλεσον πάσῃ τέχνῃ.   65

Θε.   μηδὲν ἱκέτευ'· αὐτὸς γὰρ ἔξεισιν τάχα.
καὶ γὰρ μελοποιεῖν ἄρχεται· χειμῶνος οὖν
ὄντος κατακάμπτειν τὰς στροφὰς οὐ ῥᾴδιον,
ἢν μὴ προίῃ θύρασι πρὸς τὸν ἥλιον.

Ευ.   τί οὖν ἐγὼ δρῶ;   Θε. περίμεν', ὡς ἐξέρχεται.   70

Ευ.   ὦ Ζεῦ τί δρᾶσαι διανοεῖ με τήμερον;

Μν. νὴ τοὺς θεοὺς ἐγὼ πυθέσθαι βούλομαι
τί τὸ πρᾶγμα τουτί. τί στένεις; τί δυσφορεῖς;

---

50 πράμος R : corr. Scaliger   53 ἀψῖδας Suid.: ἀσπίδας R
56 γογγύλλει Pors.: γογγυλίζει R   58 ἀγριώτας R : corr.
Bentl.   61 συγγογγύλας Enger: γογγυλίσας R   67-8 χει-
μῶνος . . . στροφὰς eicit Rutherford   68 οὐ] κοὺ Ruth.   69 θύραζε
Zanetti

ΑΡΙΣΤΟΦΑΝΟΥΣ

οὐ χρῆν σε κρύπτειν ὄντα κηδεστὴν ἐμόν.

Ευ. ἔστιν κακόν μοι μέγα τι προπεφυραμένον. 75

Μν. ποῖόν τι; Ευ. τῇδε θἠμέρᾳ κριθήσεται
εἴτ᾽ ἔστ᾽ ἔτι ζῶν εἴτ᾽ ἀπόλωλ᾽ Εὐριπίδης.

Μν. καὶ πῶς; ἐπεὶ νῦν γ᾽ οὔτε τὰ δικαστήρια
μέλλει δικάζειν οὔτε βουλῆς ἐσθ᾽ ἕδρα,
ἐπεὶ τρίτη 'στὶ Θεσμοφορίων ἡ μέση. 80

Ευ. τοῦτ᾽ αὐτὸ γάρ τοι κἀπολεῖν με προσδοκῶ.
αἱ γὰρ γυναῖκες ἐπιβεβουλεύκασί μοι
κἂν Θεσμοφόροιν μέλλουσι περί μου τήμερον
ἐκκλησιάζειν ἐπ᾽ ὀλέθρῳ. Μν. τιὴ τί δή;

Ευ. ὁτιὴ τραγῳδῶ καὶ κακῶς αὐτὰς λέγω. 85

Μν. νὴ τὸν Ποσειδῶ καὶ δίκαιά ⟨γ᾽⟩ ἂν πάθοις.
ἀτὰρ τίν᾽ ἐκ τούτων σὺ μηχανὴν ἔχεις;

Ευ. Ἀγάθωνα πεῖσαι τὸν τραγῳδοδιδάσκαλον
ἐς Θεσμοφόροιν ἐλθεῖν. Μν. τί δράσοντ᾽; εἰπέ
μοι.

Ευ. ἐκκλησιάσοντ᾽ ἐν ταῖς γυναιξὶ κἂν δέῃ 90
λέξονθ᾽ ὑπὲρ ἐμοῦ. Μν. πότερα φανερῶς ἢ λάθρᾳ;

Ευ. λάθρᾳ, στολὴν γυναικὸς ἠμφιεσμένον.

Μν. τὸ πρᾶγμα κομψὸν καὶ σφόδρ᾽ ἐκ τοῦ σοῦ τρόπου·
τοῦ γὰρ τεχνάζειν ἡμέτερος ὁ πυραμοῦς.

Ευ. σίγα. Μν. τί δ᾽ ἔστιν; Ευ. Ἀγάθων ἐξέρ-
χεται. 95

Μν. καὶ ποῖός ἐστιν; Ευ. οὗτος οὑκκυκλούμενος.

Μν. ἀλλ᾽ ἢ τυφλὸς μέν εἰμ᾽· ἐγὼ γὰρ οὐχ ὁρῶ
ἄνδρ᾽ οὐδέν᾽ ἐνθάδ᾽ ὄντα, Κυρήνην δ᾽ ὁρῶ.

Ευ. σίγα· μελῳδεῖν γὰρ παρασκευάζεται.

Μν. μύρμηκος ἀτραπούς, ἢ τί διαμινύρεται; 100

---

74 ἐμόν] ἐμέ Brunck   83 περὶ ἐμοῦ R : corr. Brunck   86 γ᾽
add. Scaliger   87 ἐκ τούτων Bergler : ἐκ ταύτης R   90 κἂν]
χἂν Markland   91 φανερὸν R : corr. Cobet   96 καὶ ποῖος
ἐστὶν Augustanus : καὶ ποῖο ἐστὶν R : καὶ ποῦ 'σθ'; Ευ. ὅπου 'στίν; Mein.
99 γὰρ Bergk : ἂν R   100 διαμινυρίζεται R : corr. Dawes

58

ΘΕΣΜΟΦΟΡΙΑΖΟΥΣΑΙ

ΑΓΑΘΩΝ
  ἱερὰν χθονίαις δεξάμεναι
  λαμπάδα κοῦραι ξὺν ἐλευθέρᾳ
  πατρίδι χορεύσασθε βοάν.

ΧΟΡΟΣ ΑΓΑΘΩΝΟΣ
  τίνι δαιμόνων ὁ κῶμος;
  λέγε νυν. εὐπίστως δὲ τοὐμὸν   105
  δαίμονας ἔχει σεβίσαι.
Αγ. ἄγε νυν ὄλβιζε Μοῦσα
  χρυσέων ῥύτορα τόξων
  Φοῖβον, ὃς ἱδρύσατο χώρας
  γύαλα Σιμουντίδι γᾷ.   110
Χοᵃ χαῖρε καλλίστας ἀοιδᾶς
  Φοῖβ᾽ ἐν εὐμούσοισι τιμαῖς
  γέρας ἱερὸν προφέρων.
Αγ. τάν τ᾽ ἐν ὄρεσι δρυογόνοισι
  κόραν ἀείσατ᾽   115
  Ἄρτεμιν ἀγροτέραν.
Χοᵃ ἕπομαι κλῄζουσα σεμνὸν
  γόνον ὀλβίζουσα Λατοῦς
  Ἄρτεμιν ἀπειρολεχῆ.
Αγ. Λατώ τε κρούματά τ᾽ Ἀσιάδος 120
  ποδὶ †παράρυθμ᾽ εὔρυθμα Φρυγίων
  διανεύματα Χαρίτων†.
Χοᵃ σέβομαι Λατώ τ᾽ ἄνασσαν
  κίθαρίν τε ματέρ᾽ ὕμνων
  ἄρσενι βοᾷ δόκιμον,   125
  τᾷ φάος ἔσσυτο δαιμονίοις ⟨θεοῦ⟩ ὄμμασιν

103 χορεύσασθαι R : corr. Bentl. πάτρια χορεύσασθε βοᾷ Mein.
106 δαίμονας⌉ μάκαρας Ritschl ἔχει Suid. : ἔχεις R 107 ὄλβιζε
Bentl. : ὅπλιζε R : ὃ κλῇζε Mein. 115 ἀείσαντ᾽ R : corr. Kuster
121 παράρυθμ᾽ εὔρυθμα] παρ᾽ εὔρυθμα Dind. : παράρρυθμα Herm. : παρ᾽
ἔρρυθμα Enger Φρυγίων⌉ Φρυγίῳ Herm., Enger 122 διὰ νεύ-
ματα Herm. : δινεύματα Bentl. 125 δόκιμον schol. : δοκίμῳ R
126 φάος Fritzsche : φῶς R θεοῦ add. Mein. ὄμμασιν⌉ οἴμασιν
Bergk

59

ΑΡΙΣΤΟΦΑΝΟΥΣ

ἁμετέρας τε δι' αἰφνιδίου ὀπός. ὧν χάριν
ἄνακτ' ἄγαλλε Φοῖβον τιμᾷ.
χαῖρ' ὄλβιε παῖ Λατοῦς.

Μν. ὡς ἡδὺ τὸ μέλος ὦ πότνιαι Γενετυλλίδες   130
καὶ θηλυδριῶδες καὶ κατεγλωττισμένον
καὶ μανδαλωτόν, ὥστ' ἐμοῦ γ' ἀκροωμένου
ὑπὸ τὴν ἕδραν αὐτὴν ὑπῆλθε γάργαλος.
καί σ' ὦ νεανίσχ' ὅστις εἶ, κατ' Αἰσχύλον
ἐκ τῆς Λυκουργείας ἐρέσθαι βούλομαι.   135
ποδαπὸς ὁ γύννις; τίς πάτρα; τίς ἡ στολή;
τίς ἡ τάραξις τοῦ βίου; τί βάρβιτος
λαλεῖ κροκωτῷ; τί δὲ λύρα κεκρυφάλῳ;
τί λήκυθος καὶ στρόφιον; ὡς οὐ ξύμφορον.
τίς δαὶ κατόπτρου καὶ ξίφους κοινωνία;   140
τίς δ' αὐτὸς ὦ παῖ; πότερον ὡς ἀνὴρ τρέφει;
καὶ ποῦ πέος; ποῦ χλαῖνα; ποῦ Λακωνικαί;
ἀλλ' ὡς γυνὴ δῆτ'· εἶτα ποῦ τὰ τιτθία;
τί φῄς; τί σιγᾷς; ἀλλὰ δῆτ' ἐκ τοῦ μέλους
ζητῶ σ', ἐπειδή γ' αὐτὸς οὐ βούλει φράσαι;   145
Αγ. ὦ πρέσβυ πρέσβυ, τοῦ φθόνου μὲν τὸν ψόγον
ἤκουσα, τὴν δ' ἄλγησιν οὐ παρεσχόμην·
ἐγὼ δὲ τὴν ἐσθῆθ' ἅμα γνώμῃ φορῶ.
χρὴ γὰρ ποιητὴν ἄνδρα πρὸς τὰ δράματα
ἃ δεῖ ποιεῖν πρὸς ταῦτα τοὺς τρόπους ἔχειν.   150
αὐτίκα γυναικεῖ' ἢν ποιῇ τις δράματα,
μετουσίαν δεῖ τῶν τρόπων τὸ σῶμ' ἔχειν.
Μν. οὐκοῦν κελητίζεις, ὅταν Φαίδραν ποιῇς;
Αγ. ἀνδρεῖα δ' ἢν ποιῇ τις, ἐν τῷ σώματι
ἔνεσθ' ὑπάρχον τοῦθ'. ἃ δ' οὐ κεκτήμεθα,   155
μίμησις ἤδη ταῦτα συνθηρεύεται.

128 τιμᾷ eicit Dindorf   129 post h. v. ὀλολύζεις γέρων add. R :
ὀλολύζει ὁ γέρων Suid.   134 νεᾶνις Pors.   ὅστις Zanetti : εἴ
τις R : ἥτις Pors.   135 λυκουργίας R : corr. Dobr.   141 τίς
δ'] σύ τ' v. l. apud schol.

ΘΕΣΜΟΦΟΡΙΑΖΟΥΣΑΙ

Μν. ὅταν σατύρους τοίνυν ποιῇς, καλεῖν ἐμέ,
ἵνα συμποιῶ σοὔπισθεν ἐστυκὼς ἐγώ.

Αγ. ἄλλως τ᾽ ἄμουσόν ἐστι ποιητὴν ἰδεῖν
ἀγρεῖον ὄντα καὶ δασύν· σκέψαι δ᾽ ὅτι   160
Ἴβυκος ἐκεῖνος κἀνακρέων ὁ Τήιος
κἀλκαῖος, οἳ περὶ ἁρμονίαν ἐχύμισαν,
ἐμιτροφόρουν τε καὶ διεκλῶντ᾽ Ἰωνικῶς,
καὶ Φρύνιχος, τοῦτον γὰρ οὖν ἀκήκοας,
αὐτός τε καλὸς ἦν καὶ καλῶς ἠμπέσχετο·   165
διὰ τοῦτ᾽ ἄρ᾽ αὐτοῦ καὶ κάλ᾽ ἦν τὰ δράματα.
ὅμοια γὰρ ποιεῖν ἀνάγκη τῇ φύσει.

Μν. ταῦτ᾽ ἄρ᾽ ὁ Φιλοκλέης αἰσχρὸς ὢν αἰσχρῶς ποιεῖ,
ὁ δ᾽ αὖ Ξενοκλέης ὢν κακὸς κακῶς ποιεῖ,
ὁ δ᾽ αὖ Θέογνις ψυχρὸς ὢν ψυχρῶς ποιεῖ.   170

Αγ. ἅπασ᾽ ἀνάγκη· ταῦτα γάρ τοι γνοὺς ἐγὼ
ἐμαυτὸν ἐθεράπευσα.   Μν. πῶς πρὸς τῶν θεῶν;

Ευ. παῦσαι βαΰζων· καὶ γὰρ ἐγὼ τοιοῦτος ἦν
ὢν τηλικοῦτος, ἡνίκ᾽ ἠρχόμην ποιεῖν.

Μν. μὰ τὸν Δί᾽ οὐ ζηλῶ σε τῆς παιδεύσεως.   175

Ευ. ἀλλ᾽ ὧνπερ οὕνεκ᾽ ἦλθον, ἔα μ᾽ εἰπεῖν.   Αγ. λέγε.

Ευ. Ἀγάθων, σοφοῦ πρὸς ἀνδρός, ὅστις ἐν βραχεῖ
πολλοὺς καλῶς οἷός τε συντέμνειν λόγους.
ἐγὼ δὲ καινῇ ξυμφορᾷ πεπληγμένος
ἱκέτης ἀφῖγμαι πρὸς σέ.   Αγ. τοῦ χρείαν ἔχων;

Ευ. μέλλουσί μ᾽ αἱ γυναῖκες ἀπολεῖν τήμερον   181
τοῖς Θεσμοφορίοις, ὅτι κακῶς αὐτὰς λέγω.

Αγ. τίς οὖν παρ᾽ ἡμῶν ἐστιν ὠφέλειά σοι;

Ευ. ἡ πᾶσ᾽· ἐὰν γὰρ ἐγκαθεζόμενος λάθρᾳ
ἐν ταῖς γυναιξίν, ὡς δοκῶν εἶναι γυνή,   185
ὑπεραποκρίνῃ μου, σαφῶς σώσεις ἐμέ.
μόνος γὰρ ἂν λέξειας ἀξίως ἐμοῦ.

162 κἀλκαῖος] κἀχαιός v. l. apud schol.   οἱ περὶ] οἷπερ Suid.
163 καὶ διεκλῶντ᾽ Toup : καὶ διεκίνων R : κἀχλίδων Mein.   178 οἷός
τε Suid. : οἷόν τε R   179 καινῇ Biset coll. schol. : κοινῇ R

Αγ. ἔπειτα πῶς οὐκ αὐτὸς ἀπολογεῖ παρών;

Ευ. ἐγὼ φράσω σοι. πρῶτα μὲν γιγνώσκομαι·
ἔπειτα πολιός εἰμι καὶ πώγων' ἔχω,   190
σὺ δ' εὐπρόσωπος λευκὸς ἐξυρημένος
γυναικόφωνος ἁπαλὸς εὐπρεπὴς ἰδεῖν.

Αγ. Εὐριπίδη— Ευ. τί ἔστιν; Αγ. ἐποίησάς ποτε,
'χαίρεις ὁρῶν φῶς, πατέρα δ' οὐ χαίρειν δοκεῖς;'

Ευ. ἔγωγε. Αγ. μή νυν ἐλπίσῃς τὸ σὸν κακὸν   195
ἡμᾶς ὑφέξειν. καὶ γὰρ ἂν μαινοίμεθ' ἄν.
ἀλλ' αὐτὸς ὅ γε σόν ἐστιν οἰκείως φέρε.
τὰς συμφορὰς γὰρ οὐχὶ τοῖς τεχνάσμασιν
φέρειν· δίκαιον ἀλλὰ τοῖς παθήμασιν.

Μν. καὶ μὴν σύ γ' ὦ κατάπυγον εὐρύπρωκτος εἶ   200
οὐ τοῖς λόγοισιν ἀλλὰ τοῖς παθήμασιν.

Ευ. τί δ' ἔστιν ὅτι δέδοικας ἐλθεῖν αὐτόσε;

Αγ. κἄκιον ἀπολοίμην ἂν ἢ σύ. Ευ. πῶς; Αγ. ὅπως;
δοκῶν γυναικῶν ἔργα νυκτερείσια
κλέπτειν ὑφαρπάζειν τε θήλειαν Κύπριν.   205

Μν. ἰδού γε κλέπτειν· νὴ Δία βινεῖσθαι μὲν οὖν.
ἀτὰρ ἡ πρόφασίς γε νὴ Δί' εἰκότως ἔχει.

Ευ. τί οὖν; ποιήσεις ταῦτα; Αγ. μὴ δόκει γε σύ.

Ευ. ὦ τρισκακοδαίμων ὡς ἀπόλωλ' Εὐριπίδης.

Μν. ὦ φίλτατ' ὦ κηδεστὰ μὴ σαυτὸν προδῷς.   210

Ευ. πῶς οὖν ποιήσω δῆτα; Μν. τοῦτον μὲν μακρὰ
κλάειν κέλευ', ἐμοὶ δ' ὅ τι βούλει χρῶ λαβών.

Ευ. ἄγε νυν ἐπειδὴ σαυτὸν ἐπιδίδως ἐμοί,
ἀπόδυθι τουτὶ θοἰμάτιον. Μν. καὶ δὴ χαμαί.
ἀτὰρ τί μέλλεις δρᾶν μ'; Ευ. ἀποξυρεῖν ταδί,   215
τὰ κάτω δ' ἀφεύειν. Μν. ἀλλὰ πρᾶττ', εἴ σοι δοκεῖ.
ἢ μὴ 'πιδοῦν' ἐμαυτὸν ὤφελόν ποτε.

Ευ. Ἀγάθων σὺ μέντοι ξυροφορεῖς ἑκάστοτε,

---

196 γὰρ ἂν Suid.: γὰρ R   204 νυκτερείσια de verbo ἐρείδειν finxit
poeta: νυκτερήσια Dobr.   216 εἴ σοι Junt.: εἴσω R   217 ἢ] ὡς
Hamaker   'πιδοῦναι 'μαυτὸν Dawes: διδόναι γ' αὐτὸν R

ΘΕΣΜΟΦΟΡΙΑΖΟΥΣΑΙ

χρῆσόν τί νυν ἡμῖν ξυρόν.   Αγ. αὐτὸς λάμβανε
ἐντεῦθεν ἐκ τῆς ξυροδόκης.   Ευ. γενναῖος εἶ. 220
κάθιζε· φύσα τὴν γνάθον τὴν δεξιάν.
Μν. ὤμοι.   Ευ. τί κέκραγας; ἐμβαλῶ σοι πάτταλον,
ἢν μὴ σιωπᾷς.   Μν. ἀτταταῖ ἰατταταῖ.
Ευ. οὗτος σὺ ποῖ θεῖς;   Μν. ἐς τὸ τῶν σεμνῶν
θεῶν·
οὐ γὰρ μὰ τὴν Δήμητρά γ' ἐνταυθοῖ μενῶ 225
τεμνόμενος.   Ευ. οὔκουν καταγέλαστος δῆτ' ἔσει
τὴν ἡμίκραιραν τὴν ἑτέραν ψιλὴν ἔχων;
Μν. ὀλίγον μέλει μοι.   Ευ. μηδαμῶς πρὸς τῶν θεῶν
προδῷς με· χώρει δεῦρο.   Μν. κακοδαίμων ἐγώ.
Ευ. ἔχ' ἀτρέμα σαυτὸν κἀνάκυπτε· ποῖ στρέφει; 230
Μν. μυμῦ.   Ευ. τί μύζεις; πάντα πεποίηται καλῶς.
Μν. οἴμοι κακοδαίμων, ψιλὸς αὖ στρατεύσομαι.
Ευ. μὴ φροντίσῃς· ὡς εὐπρεπὴς φανεῖ πάνυ.
βούλει θεᾶσθαι σαυτόν;   Μν. εἰ δοκεῖ, φέρε.
Ευ. ὁρᾷς σεαυτόν;   Μν. οὐ μὰ Δί' ἀλλὰ Κλεισθένη.
Ευ. ἀνίστασ', ἵν' ἀφεύσω σε, κἀγκύψας ἔχε. 236
Μν. οἴμοι κακοδαίμων δελφάκιον γενήσομαι.
Ευ. ἐνεγκάτω τις ἔνδοθεν δᾷδ' ἢ λύχνον.
ἐπίκυπτε· τὴν κέρκον φυλάττου νυν ἄκραν.
Μν. ἐμοὶ μελήσει νὴ Δία, πλήν γ' ὅτι κάομαι. 240
οἴμοι τάλας.   ὕδωρ ὕδωρ ὦ γείτονες.
πρὶν ἀντιλαβέσθαι †πρωκτὸν τῆς φλογός.†
Ευ. θάρρει.   Μν. τί θαρρῶ καταπεπυρπολημένος;
Ευ. ἀλλ' οὐκ ἔτ' οὐδὲν πρᾶγμά σοι· τὰ πλεῖστα γὰρ
ἀποπεπόνηκας.   Μν. φῦ ἰοὺ τῆς ἀσβόλου. 245
αἰθὸς γεγένημαι πάντα τὰ περὶ τὴν τράμιν.
Ευ. μὴ φροντίσῃς· ἕτερος γὰρ αὐτὰ σφογγιεῖ.

---

223 ἀττατα· ατταται R : corr. Bentl.   225 Δήμητρά γ'] Δήμητρ'
ἔτ' Pors.   230 ἔχ' ἀτρέμας αὐτοῦ Dobr.   234 θεάσασθαι R :
corr. Pors.   242 secl. Cobet τοῦ γε πρωκτοῦ τὴν φλόγα Dind.
245 φεῦ R : corr. Dind.

Μν. οἰμώξετἄρ' εἴ τις τὸν ἐμὸν πρωκτὸν πλυνεῖ.

Ευ. 'Αγάθων, ἐπειδὴ σαυτὸν ἐπιδοῦναι φθονεῖς,
ἀλλ' ἱμάτιον γοῦν χρῆσον ἡμῖν τουτωὶ   250
καὶ στρόφιον· οὐ γὰρ ταῦτά γ' ὡς οὐκ ἔστ' ἐρεῖς.

Αγ. λαμβάνετε καὶ χρῆσθ'· οὐ φθονῶ. Μν. τί οὖν λάβω;

Αγ. ὅ τι; τὸν κροκωτὸν πρῶτον ἐνδύου λαβών.

Μν. νὴ τὴν 'Αφροδίτην ἡδύ γ' ὄζει ποσθίου.
σύζωσον ἀνύσας. αἶρε νῦν στρόφιον.   Ευ. ἰδού.

Μν. ἴθι νυν κατάστειλόν με τὰ περὶ τὼ σκέλει.   256

Ευ. κεκρυφάλου δεῖ καὶ μίτρας.   Αγ. ἡδὶ μὲν οὖν
κεφαλὴ περίθετος, ἣν ἐγὼ νύκτωρ φορῶ.

Ευ. νὴ τὸν Δί' ἀλλὰ κἀπιτηδεία πάνυ.

Μν. ἆρ' ἁρμόσει μοι;   Ευ. νὴ Δί' ἀλλ' ἄριστ' ἔχει.   260
φέρ' ἔγκυκλον·   Αγ. τουτὶ λάβ' ἀπὸ τῆς κλινίδος.

Ευ. ὑποδημάτων δεῖ.   Αγ. τἀμὰ ταυτὶ λάμβανε.

Μν. ἆρ' ἁρμόσει μοι;   Ευ. χαλαρὰ γοῦν χαίρεις φορῶν.

Αγ. σὺ τοῦτο γίγνωσκ'· ἀλλ' ἔχεις γὰρ ὧν δέει,
εἴσω τις ὡς τάχιστά μ' ἐσκυκλησάτω.   265

Ευ. ἀνὴρ μὲν ἡμῖν οὑτοσὶ καὶ δὴ γυνὴ
τό γ' εἶδος· ἢν λαλῇς δ', ὅπως τῷ φθέγματι
γυναικιεῖς εὖ καὶ πιθανῶς.   Μν. πειράσομαι.

Ευ. βάδιζε τοίνυν.   Μν. μὰ τὸν 'Απόλλω οὔκ, ἤν γε μὴ
ὀμόσῃς ἐμοί—   Ευ. τί χρῆμα;   Μν. συσσώσειν ἐμὲ
πάσαις τέχναις, ἤν μοί τι περιπίπτῃ κακόν.   271

Ευ. ὄμνυμι τοίνυν αἰθέρ' οἴκησιν Διός.

Μν. τί μᾶλλον ἢ τὴν 'Ιπποκράτους ξυνοικίαν;

Ευ. ὄμνυμι τοίνυν πάντας ἄρδην τοὺς θεούς.

Μν. μέμνησο τοίνυν ταῦθ', ὅτι ἡ φρὴν ὤμοσεν,   275
ἡ γλῶττα δ' οὐκ ὀμώμοκ'· οὐδ' ὥρκωσ' ἐγώ.

248 οἰμώξετ' ἄρ' R : corr. Dind.   εἴ τις Pors. : εἶσ R   260 ἆρ'
Kuster : ἦρ R   261 λάβ' Bentl. : λάμβαν' R   ἔγκυκλόν τι· Αγ.
λάμβαν' Reisig   267 τό γ' Kuster : τόδ' R   273 τὴν] τῶν
Enger   'Ιπποκράτους schol. : ὑποκράτους R   276 post h. v. par-
epigraphe ὀλολύζουσί τε (ὀλολύζουσι· τὸ Fritzsche) ἱερὸν ὠθεῖται R

ΘΕΣΜΟΦΟΡΙΑΖΟΥΣΑΙ

Ευ. ἔκσπευδε ταχέως· ὡς τὸ τῆς ἐκκλησίας
σημεῖον ἐν τῷ Θεσμοφορείῳ φαίνεται.
ἐγὼ δ᾿ ἄπειμι.   Μν.   δεῦρό νυν ὦ Θρᾷτθ᾿ ἕπου.
ὦ Θρᾷττα θέασαι, καομένων τῶν λαμπάδων   280
ὅσον τὸ χρῆμ᾿ ἀνέρχεθ᾿ ὑπὸ τῆς λιγνύος.
ἀλλ᾿ ὦ περικαλλεῖ Θεσμοφόρω δέξασθέ με
ἀγαθῇ τύχῃ καὶ δεῦρο ⟨καὶ⟩ πάλιν οἴκαδε.
ὦ Θρᾷττα τὴν κίστην κάθελε, κᾆτ᾿ ἔξελε
τὸ πόπανον, ὅπως λαβοῦσα θύσω τοῖν θεοῖν.   285
δέσποινα πολυτίμητε Δήμητερ φίλη
καὶ Φερρέφαττα, πολλὰ πολλάκις μέ σοι
θύειν ἔχουσαν, εἰ δὲ μἀλλὰ νῦν λαθεῖν.
καὶ τοῦ θυγατρίου χοῖρον ἀνδρός μοι τυχεῖν
πλουτοῦντος, ἄλλω$ δ᾿ ἠλιθίου κἀβελτέρου,   290
καὶ ποσθαλίσκον νοῦν ἔχειν μοι καὶ φρένας.
ποῦ ποῦ καθίζωμ᾿ ἐν καλῷ, τῶν ῥητόρων
ἵν᾿ ἐξακούω; σὺ δ᾿ ἄπιθ᾿ ὦ Θρᾷττ᾿ ἐκποδών.
[δούλοις γὰρ οὐκ ἔξεστ᾿ ἀκούειν τῶν λόγων.]

ΚΗΡΥΚΑΙΝΑ

εὐφημία ᾿στω, εὐφημία ᾿στω.   εὔχεσθε τοῖν   295
Θεσμοφόροιν τῇ Δήμητρι καὶ τῇ Κόρῃ καὶ τῷ
Πλούτῳ καὶ τῇ Καλλιγενείᾳ καὶ τῇ Κουροτρόφῳ
τῇ Γῇ καὶ τῷ Ἑρμῇ καὶ Χάρισιν ἐκκλησίαν   300
τήνδε καὶ σύνοδον τὴν νῦν κάλλιστα καὶ ἄριστα
ποιῆσαι, πολυωφελῶς μὲν πόλει τῇ ᾿Αθη-
ναίων τυχηρῶς δ᾿ ἡμῖν αὐταῖς.   καὶ τὴν δρῶσαν   305
τήν ⟨τ᾿⟩ ἀγορεύουσαν τὰ βέλτιστα περὶ τὸν δῆμον

277 ἔκσπευδε] καὶ σπεῦδε Hamaker   281 ἀνέρχεθ᾿ ὑπὸ] ἀνέρ-
χεται Reiske   282 περικαλλῆ R : correximus   283 καὶ add.
Bentl.   284 κάθελε] κατάθου Herwerden   285 τὰ πόπαν᾿ ὅπως
Pors.   289 τοῦ θυγατρίου Mein. : τὴν θυγατέρα(ν) R   290 δ᾿
Herm. : τ᾿ R   291 ποσθαλίσκον Dind coll. schol. : προσθάληκον R
294 spurium esse suspicatus est Mein.   298 Πλούτῳ] Πλούτωνι
Enger ex schol.   300 τῇ Γῇ eicit Dobree   306 τ᾿ add. Reiske

ΑΡΙΣΤΟΦΑΝΟΥΣ

τὸν Ἀθηναίων καὶ τὸν τῶν γυναικῶν ταύτην
νικᾶν. ταῦτ᾽ εὔχεσθε, καὶ ὑμῖν αὐταῖς τἀγαθά.   310
ἰὴ παιὼν ἰὴ παιὼν ἰὴ παιών. χαίρωμεν.

Χο. δεχόμεθα καὶ θεῶν γένος
λιτόμεθα ταῖσδ᾽ ἐπ᾽ εὐχαῖς
φανέντας ἐπιχαρῆναι.
Ζεῦ μεγαλώνυμε χρυσολύρα τε   315
Δῆλον ὃς ἔχεις ἱεράν,
καὶ σὺ παγκρατὲς κόρα γλαυ-
κῶπι χρυσόλογχε πόλιν οἰ-
κοῦσα περιμάχητον, ἐλθὲ δεῦρο.
καὶ πολυώνυμε θηροφόνη παῖ   220
Λατοῦς χρυσώπιδος ἔρνος,
σύ τε πόντιε σεμνὲ Πόσειδον
ἁλιμέδον προλιπὼν
μυχὸν ἰχθυόεντ᾽ οἰστροδόνητον,
Νηρέος ἐναλίου τε κόραι   325
Νύμφαι τ᾽ ὀρείπλαγκτοι.
χρυσέα τε φόρμιγξ
ἰαχήσειεν ἐπ᾽ εὐχαῖς
ἡμετέραις· τελέως δ᾽
ἐκκλησιάσαιμεν Ἀθηναίων   330
εὐγενεῖς γυναῖκες.

Κη. εὔχεσθε τοῖς θεοῖσι τοῖς Ὀλυμπίοις
καὶ ταῖς Ὀλυμπίαισι καὶ τοῖς Πυθίοις
καὶ ταῖσι Πυθίαισι καὶ τοῖς Δηλίοις
καὶ ταῖσι Δηλίαισι τοῖς ⟨τ᾽⟩ ἄλλοις θεοῖς,
εἴ τις ἐπιβουλεύει τι τῷ δήμῳ κακὸν   335
τῷ τῶν γυναικῶν ἢ ᾽πικηρυκεύεται
Εὐριπίδῃ Μήδοις ⟨τ᾽⟩ ἐπὶ βλάβῃ τινὶ

307 τῶν ἀθηναίων R : corr. Dind.   312-3 δεχόμεσθα ... λιτό-
μεσθα R : corr. Herm.   320 θηροφόνε R : corr. Herm.   παῖ
secl. Herm.   325 εἰναλίου vel εἰνάλιοι Brunck   334 τοῖς τ᾽
Scaliger : καὶ τοῖς R   337 τ᾽ add. Scaliger

66

τῇ τῶν γυναικῶν, ἢ τυραννεῖν ἐπινοεῖ
ἢ τὸν τύραννον συγκατάγειν, ἢ παιδίον
ὑποβαλλομένης κατεῖπεν, ἢ δούλη τινὸς   340
προαγωγὸς οὖσ' ἐνετρύλλισεν τῷ δεσπότῃ
ἢ πεμπομένη τις ἀγγελίας ψευδεῖς φέρει,
ἢ μοιχὸς εἴ τις ἐξαπατᾷ ψευδῆ λέγων
καὶ μὴ δίδωσιν ἂν ὑπόσχηταί ποτε,
ἢ δῶρά τις δίδωσι μοιχῷ γραῦς γυνή,   345
ἢ καὶ δέχεται προδιδοῦσ' ἑταίρα τὸν φίλον,
κεἴ τις κάπηλος ἢ καπηλὶς τοῦ χοῶς
ἢ τῶν κοτυλῶν τὸ νόμισμα διαλυμαίνεται,
κακῶς ἀπολέσθαι τοῦτον αὐτὸν κᾠκίαν
ἀρᾶσθε, ταῖς δ' ἄλλαισιν ὑμῖν τοὺς θεοὺς   350
εὔχεσθε πάσαις πολλὰ δοῦναι κἀγαθά.

Χο.   ξυνευχόμεσθα τέλεα μὲν
       πόλει τέλεα δὲ δήμῳ
       τάδ' εὔγματα γενέσθαι,
       τὰ δ' ἄρισθ' ὅσαις προσήκει   355
       νικᾶν λεγούσαις· ὁπόσαι δ'
       ἐξαπατῶσιν παραβαίνουσί τε τοὺς
       ὅρκους τοὺς νενομισμένους
       κερδῶν οὕνεκ' ἐπὶ βλάβῃ,   360
       ἢ ψηφίσματα καὶ νόμον
       ζητοῦσ' ἀντιμεθιστάναι,
       τἀπόρρητά τε τοῖσιν ἐ-
       χθροῖς τοῖς ἡμετέροις λέγουσ',
       ἢ Μήδους ἐπάγουσι γῇ   365
       κερδῶν οὕνεκ' ἐπὶ βλάβῃ,
    ἀσεβοῦσιν ἀδικοῦσίν τε τὴν πόλιν.
       ἀλλ' ὦ παγκρατὲς

340 κατεῖπεν Bentl. : κατεῖπέν τις R   346 ἑταίρα v. l. apud schol.
350 ὑμῖν] ἡμῖν Augustanus   352 ξυνευχόμεθα R : corr. Bothe
365 γῇ Velsen : τῆς R   366 κερδῶν Reiske : χώρας R

Ζεῦ ταῦτα κυρώσειας, ὥσθ'
ἡμῖν θεοὺς παραστατεῖν   370
καίπερ γυναιξὶν οὔσαις.

Κη. ἄκουε πᾶς.   ἔδοξε τῇ βουλῇ τάδε
τῇ τῶν γυναικῶν· Τιμόκλει' ἐπεστάτει,
Λύσιλλ' ἐγραμμάτευεν, εἶπε Σωστράτη·   375
ἐκκλησίαν ποιεῖν ἕωθεν τῇ μέσῃ
τῶν Θεσμοφορίων, ᾗ μάλισθ' ἡμῖν σχολή,
καὶ χρηματίζειν πρῶτα περὶ Εὐριπίδου,
ὅ τι χρὴ παθεῖν ἐκεῖνον· ἀδικεῖν γὰρ δοκεῖ
ἡμῖν ἁπάσαις.   τίς ἀγορεύειν βούλεται;   379

ΓΥΝΗ Α
ἐγώ.   Κη.   περίθου νυν τόνδε πρῶτον πρὶν λέγειν.
Χο. σῖγα σιώπα, πρόσεχε τὸν νοῦν· χρέμπτεται γὰρ ἤδη
ὅπερ ποιοῦσ' οἱ ῥήτορες.   μακρὰν ἔοικε λέξειν.
Γυ. φιλοτιμίᾳ μὲν οὐδεμιᾷ μὰ τὼ θεὼ
λέξουσ' ἀνέστην ὦ γυναῖκες· ἀλλὰ γὰρ
βαρέως φέρω τάλαινα πολὺν ἤδη χρόνον   385
προπηλακιζομένας ὁρῶσ' ἡμᾶς ὑπὸ
Εὐριπίδου τοῦ τῆς λαχανοπωλητρίας
καὶ πολλὰ καὶ παντοῖ' ἀκουούσας κακά.
τί γὰρ οὗτος ἡμᾶς οὐκ ἐπισμῇ τῶν κακῶν;
ποῦ δ' οὐχὶ διαβέβληχ', ὅπουπερ ἔμβραχυ   390
εἰσὶν θεαταὶ καὶ τραγῳδοὶ καὶ χοροί,
τὰς μοιχοτρόπους, τὰς ἀνδρεραστρίας καλῶν,
τὰς οἰνοπότιδας, τὰς προδότιδας, τὰς λάλους,
τὰς οὐδὲν ὑγιές, τὰς μέγ' ἀνδράσιν κακόν·
ὥστ' εὐθὺς εἰσιόντες ἀπὸ τῶν ἰκρίων   395
ὑποβλέπουσ' ἡμᾶς σκοποῦνταί τ' εὐθέως

383 γυ⁻ᾱ] καλλιλεξία γυνὴ R² Augustanus   386 ἡμᾶς Cobet :
ὑμᾶς R   390 ποῦ] πῶς schol. in Plat. Theag. 127 c   391 τρα-
γῳδοὶ καὶ] τραγῳδικοὶ idem scholiasta   392 μοιχοτρόπους Suid. :
μυχοτρόπους R   ἀνδρεραστρίας Pollux : ἀνδρεαστρίας R   393 οἰνο-
πίπας schol. et Suid.

ΘΕΣΜΟΦΟΡΙΑΖΟΥΣΑΙ

μὴ μοιχὸς ἔνδον ᾖ τις ἀποκεκρυμμένος.
δρᾶσαι δ' ἔθ' ἡμῖν οὐδὲν ὥσπερ καὶ πρὸ τοῦ
ἔξεστι· τοιαῦθ' οὗτος ἐδίδαξεν κακὰ
τοὺς ἄνδρας ἡμῶν· ὥστ' ἐάνπερ τις πλέκῃ   400
γυνὴ στέφανον, ἐρᾶν δοκεῖ· κἂν ἐκβάλῃ
σκεῦός τι κατὰ τὴν οἰκίαν πλανωμένη,
ἀνὴρ ἐρωτᾷ, 'τῷ κατέαγεν ἡ χύτρα;
οὐκ ἔσθ' ὅπως οὐ τῷ Κορινθίῳ ξένῳ.'
κάμνει κόρη τις, εὐθὺς ἀδελφὸς λέγει,   405
'τὸ χρῶμα τοῦτό μ' οὐκ ἀρέσκει τῆς κόρης.'
εἶεν, γυνή τις ὑποβαλέσθαι βούλεται
ἀποροῦσα παίδων, οὐδὲ τοῦτ' ἔστιν λαθεῖν.
ἄνδρες γὰρ ἤδη παρακάθηνται πλησίον·
πρὸς τοὺς γέροντάς θ' οἳ πρὸ τοῦ τὰς μείρακας   410
ἤγοντο, διαβέβληκεν, ὥστ' οὐδεὶς γέρων
γαμεῖν ἐθέλει γυναῖκα διὰ τοὔπος τοδὶ
'δέσποινα γὰρ γέροντι νυμφίῳ γυνή.'
εἶτα διὰ τοῦτον ταῖς γυναικωνίτισιν
σφραγῖδας ἐπιβάλλουσιν ἤδη καὶ μοχλοὺς   415
τηροῦντες ἡμᾶς, καὶ προσέτι Μολοττικοὺς
τρέφουσι μορμολυκεῖα τοῖς μοιχοῖς κύνας.
καὶ ταῦτα μὲν ξυγγνώσθ'· ἃ δ' ἦν ἡμῖν πρὸ τοῦ
αὐταῖς ταμιεῦσαι καὶ προαιρούσαις λαθεῖν
ἄλφιτον ἔλαιον οἶνον, οὐδὲ ταῦτ' ἔτι   420
ἔξεστιν. οἱ γὰρ ἄνδρες ἤδη κλῇδια
αὐτοὶ φοροῦσι κρυπτὰ κακοηθέστατα
Λακωνίκ' ἄττα, τρεῖς ἔχοντα γομφίους.
πρὸ τοῦ μὲν οὖν ἦν ἀλλ' ὑποῖξαι τὴν θύραν
ποιησαμέναισι δακτύλιον τριωβόλου,   425
νῦν δ' οὗτος αὐτοὺς ὡκότριψ Εὐριπίδης
ἐδίδαξε θριπήδεστ' ἔχειν σφραγίδια

400 ἐάνπερ Mein. : ἐὰν R   412 ἐθέλει Bachmann : θέλει R
419 ταμιεῦσαι καὶ Reiske: ταμιεύεσθαι R   λαθεῖν Scaliger :
λαβεῖν R

ἐξαψαμένους. νῦν οὖν ἐμοὶ τούτῳ δοκεῖ
ὄλεθρόν τιν' ἡμᾶς κυρκανᾶν ἀμωσγέπως,
ἢ φαρμάκοισιν ἢ μιᾷ γέ τῳ τέχνῃ,			430
ὅπως ἀπολεῖται. ταῦτ' ἐγὼ φανερῶς λέγω,
τὰ δ' ἄλλα μετὰ τῆς γραμματέως συγγράψομαι.

Χο. οὔπω ταύτης ἤκουσα				[στρ.
πολυπλοκωτέρας γυναικὸς				435
οὐδὲ δεινότερον λεγούσης.
πάντα γὰρ λέγει δίκαια,
†πάσας δ' ἰδέας ἐξήτασεν,
πάντα δ' ἐβάστασεν φρενὶ πυκνῶς τε†
ποικίλους λόγους ἀνηῦρεν
	εὖ διεζητημένους·
ὥστ' ἂν εἰ λέγοι παρ' αὐτὴν				440
Ξενοκλέης ὁ Καρκίνου, δο-
κεῖν ἂν αὐτόν, ὡς ἐγᾦμαι,
	πᾶσιν ὑμῖν
ἄντικρυς μηδὲν λέγειν.				442

ΓΥΝΗ Β
ὀλίγων ἕνεκα καὐτὴ παρῆλθον ῥημάτων.
τὰ μὲν γὰρ ἄλλ' αὕτη κατηγόρηκεν εὖ·
ἃ δ' ἐγὼ πέπονθα, ταῦτα λέξαι βούλομαι.			445
ἐμοὶ γὰρ ἀνὴρ ἀπέθανεν μὲν ἐν Κύπρῳ
παιδάρια πέντε καταλιπών, ἁγὼ μόλις
στεφανηπλοκοῦσ' ἔβοσκον ἐν ταῖς μυρρίναις.
τέως μὲν οὖν ἀλλ' ἡμικάκως ἐβοσκόμην·
νῦν δ' οὗτος ἐν ταῖσιν τραγῳδίαις ποιῶν			450
τοὺς ἄνδρας ἀναπέπεικεν οὐκ εἶναι θεούς·
ὥστ' οὐκέτ' ἐμπολῶμεν οὐδ' εἰς ἥμισυ.

434-442 = 520-530

434 οὔπω τε R : οὐπώποτε R² Augustanus : corr. Herm.		436 δει-
νότερα Herm.		437 ἰδέας Suid. : ειδέας R		440 παρ' αὐτῆς R :
corr. Scaliger		443 ἕνεκ' αὐτῇ R : corr. Pors.

νῦν οὖν ἀπάσαισιν παραινῶ καὶ λέγω
τοῦτον κολάσαι τὸν ἄνδρα πολλῶν οὕνεκα·
ἄγρια γὰρ ἡμᾶς ὦ γυναῖκες δρᾷ κακά,　　　　　455
ἅτ᾽ ἐν ἀγρίοισι τοῖς λαχάνοις αὐτὸς τραφείς.
ἀλλ᾽ εἰς ἀγορὰν ἄπειμι· δεῖ γὰρ ἀνδράσιν
πλέξαι στεφάνους συνθηματιαίους εἴκοσιν.

Χο.　ἕτερον αὖ τι λῆμα τοῦτο
κομψότερον ἔτ᾽ ἢ τὸ πρότερον　　　　　460
ἀναπέφηνεν.
οἷα κατεστωμύλατο
οὐκ ἄκαιρα, φρένας ἔχουσα
καὶ πολύπλοκον νόημ᾽, οὐδ᾽
ἀσύνετ᾽ ἀλλὰ πιθανὰ πάντα.
δεῖ δὲ ταύτης τῆς ὕβρεως ἡ-　　　　　465
μῖν τὸν ἄνδρα
περιφανῶς δοῦναι δίκην.

Μν.　τὸ μὲν ὦ γυναῖκες ὀξυθυμεῖσθαι σφόδρα　　　　　466
Εὐριπίδῃ, τοιαῦτ᾽ ἀκουούσας κακά,
οὐ θαυμάσιόν ἐστ᾽, οὐδ᾽ ἐπιζεῖν τὴν χολήν.
καὐτὴ γὰρ ἔγωγ᾽, οὕτως ὀναίμην τῶν τέκνων,
μισῶ τὸν ἄνδρ᾽ ἐκεῖνον, εἰ μὴ μαίνομαι.　　　　　470
ὅμως δ᾽ ἐν ἀλλήλαισι χρὴ δοῦναι λόγον·
αὐταὶ γάρ ἐσμεν, κοὐδεμί᾽ ἔκφορος λόγου.
τί ταῦτ᾽ ἔχουσαι 'κεῖνον αἰτιώμεθα
βαρέως τε φέρομεν, εἰ δύ᾽ ἡμῶν ἢ τρία
κακὰ ξυνειδὼς εἶπε δρώσας μυρία;　　　　　475
ἐγὼ γὰρ αὐτὴ πρῶτον, ἵνα μάλλην λέγω,
ξύνοιδ᾽ ἐμαυτῇ πολλὰ ⟨δείν᾽·⟩ ἐκεῖνο δ᾽ οὖν
δεινότατον, ὅτε νύμφη μὲν ἦν τρεῖς ἡμέρας,

456 τοῖς Plutarchus et Gellius: om. R　　462 οἷα κἀστωμύλατο
Dind.　463 πολύπλοκον] πολύστροφον Herm.　467 ἀκουούσαις
R: corr. edd.　471 ἀλλήλοισιν R: corr. Brunck　474 εἰ edd.:
ἢ R　477 δείν᾽ add. Dawes

ὁ δ' ἀνὴρ παρ' ἐμοὶ καθηῦδεν· ἦν δέ μοι φίλος,
ὅσπερ με διεκόρησεν οὖσαν ἑπτέτιν.   480
οὗτος πόθῳ μου 'κνυεν ἐλθὼν τὴν θύραν·
κᾆτ' εὐθὺς ἔγνων· εἶτα καταβαίνω λάθρᾳ.
ὁ δ' ἀνὴρ ἐρωτᾷ ' ποῖ σὺ καταβαίνεις'; ' ὅποι;
στρόφος μ' ἔχει τὴν γαστέρ' ὦνερ κὠδύνη·
ἐς τὸν κοπρῶν' οὖν ἔρχομαι.' ' βάδιζέ νυν· '   485
κᾆθ' ὁ μὲν ἔτριβε κεδρίδας ἄννηθον σφάκον·
ἐγὼ δὲ καταχέασα τοῦ στροφέως ὕδωρ
ἐξῆλθον ὡς τὸν μοιχόν· εἶτ' ἠρειδόμην
παρὰ τὸν 'Αγυιᾶ κύβδ' ἐχομένη τῆς δάφνης.
ταῦτ' οὐδεπώποτ' εἶφ', ὁρᾶτ', Εὐριπίδης·   490
οὐδ' ὡς ὑπὸ τῶν δούλων τε κὠρεωκόμων
σποδούμεθ', ἢν μὴ 'χωμεν ἕτερον, οὐ λέγει·
οὐδ' ὡς ὅταν μάλισθ' ὑπό του ληκώμεθα
τὴν νύχθ', ἕωθεν σκόροδα διαμασώμεθα,
ἵν' ὀσφρόμενος ἀνὴρ ἀπὸ τείχους εἰσιὼν   495
μηδὲν κακὸν δρᾶν ὑποτοπῆται.   ταῦθ', ὁρᾷς,
οὐπώποτ' εἶπεν.   εἰ δὲ Φαίδραν λοιδορεῖ,
ἡμῖν τί τοῦτ' ἔστ'; οὐδ' ἐκεῖν' εἴρηκέ πω,
ὡς ἡ γυνὴ δεικνῦσα τἀνδρὶ τοὔγκυκλον
†ὑπ' αὐγὰς† οἷόν ἐστιν, ἐγκεκαλυμμένον   500
τὸν μοιχὸν ἐξέπεμψεν, οὐκ εἴρηκέ πω.
ἑτέραν δ' ἐγῷδ' ἣ 'φασκεν ὠδίνειν γυνὴ
δέχ' ἡμέρας, ἕως ἐπρίατο παιδίον·
ὁ δ' ἀνὴρ περιέτρεχ' ὠκυτόκι' ὠνούμενος·
τὸ δ' εἰσέφερε γραῦς ἐν χύτρᾳ τὸ παιδίον,   505
ἵνα μὴ βο' ῃ, κηρίῳ βεβυσμένον·
εἶθ' ὡς ἔνευσεν ἡ φέρουσ', εὐθὺς βοᾷ,

479 καθεύδειν R : corr. Scaliger   480 διεκόρευσεν ἑπτέτιν οὖσαν
R : rectum apud Pollucem   493 ληκώμεθα Suid. : κινώμεθα
(κιν in rasura) R   494 σκορόδια μασώμεθα R : corr. Bentl.   495 ὀσ-
φραινόμενος R : corr. Bentl.   ἀπὸ Bentl. : ἀπὸ τοῦ R   500 ὑπ'
αὐγὰς] ὑπ' ὄρθρον Dind.   504 περιέτρεχ' Hamaker : περιήρχετ' R :
περιήρρεν Elmsl.   ὠκυτόκεια R : corr. Schäfer ex Polluce

'ἄπελθ' ἄπελθ', ἤδη γὰρ ὦνέρ μοι δοκῶ
τέξειν.' τὸ γὰρ ἦτρον τῆς χύτρας ἐλάκτισεν·
χὠ μὲν γεγηθὼς ἔτρεχεν, ἡ δ' ἐξέσπασεν   510
ἐκ τοῦ στόματος τοῦ παιδίου, τὸ δ' ἀνέκραγεν.
εἶθ' ἡ μιαρὰ γραῦς, ἣ 'φερεν τὸ παιδίον,
θεῖ μειδιῶσα πρὸς τὸν ἄνδρα καὶ λέγει,
'λέων λέων σοι γέγονεν, αὔτ' ἔκμαγμα σόν,
τά τ' ἄλλ' ἀπαξάπαντα καὶ τὸ πόσθιον   515
τῷ σῷ προσόμοιον, στρεβλὸν ὥσπερ κύτταρον.'
ταῦτ' οὐ ποιοῦμεν τὰ κακά; νὴ τὴν Ἄρτεμιν
ἡμεῖς γε.   κᾆτ' Εὐριπίδῃ θυμούμεθα,
οὐδὲν παθοῦσαι μεῖζον ἢ δεδράκαμεν;

Χο.   τουτὶ μέντοι θαυμαστόν,   [ἀντ.
ὁπόθεν ηὑρέθη τὸ χρῆμα,   521
χἤτις ἐξέθρεψε χώρα
τήνδε τὴν θρασεῖαν οὕτω.
τάδε γὰρ εἰπεῖν τὴν πανοῦργον
κατὰ τὸ φανερὸν ὧδ' ἀναιδῶς   525
οὐκ ἂν ᾠόμην ἐν ἡμῖν
οὐδὲ τολμῆσαί ποτ' ἄν.
ἀλλ' ἅπαν γένοιτ' ἂν ἤδη·
τὴν παροιμίαν δ' ἐπαινῶ
τὴν παλαιάν· ὑπὸ λίθῳ γὰρ
παντί που χρὴ
μὴ δάκῃ ῥήτωρ ἀθρεῖν.   530

ἀλλ' οὐ γάρ ἐστι τῶν ἀναισχύντων φύσει γυναικῶν
οὐδὲν κάκιον εἰς ἅπαντα πλὴν ἄρ' εἰ γυναῖκες.
Γυ². οὔ τοι μὰ τὴν Ἄγλαυρον ὦ γυναῖκες εὖ φρονεῖτε,
ἀλλ' ἢ πεφάρμαχθ' ἢ κακόν τι μέγα πεπόνθατ' ἄλλο,
ταύτην ἐῶσαι τὴν φθόρον τοιαῦτα περιυβρίζειν   535

509 τέξειν] τίκτειν Hirschig   511 τοῦ παιδίου] τὸ κηρίον Hir-
schig   533 Ἄγραυλον R : corr. Brunck

73

ἡμᾶς ἁπάσας. εἰ μὲν οὖν τις ἔστιν· εἰ δὲ μή, ἡμεῖς
αὐταί τε καὶ τὰ δουλάρια τέφραν ποθὲν λαβοῦσαι
ταύτης ἀποψιλώσομεν τὸν χοῖρον, ἵνα διδαχθῇ
γυνὴ γυναῖκας οὖσα μὴ κακῶς λέγειν τὸ λοιπόν.

Μν. μὴ δῆτα τόν γε χοῖρον ὦ γυναῖκες. εἰ γὰρ οὔσης 540
παρρησίας κἀξὸν λέγειν ὅσαι πάρεσμεν ἀσταί,
εἶτ᾽ εἶπον ἀγίγνωσκον ὑπὲρ Εὐριπίδου δίκαια,
διὰ τοῦτο τιλλομένην με δεῖ δοῦναι δίκην ὑφ᾽ ὑμῶν;

Γυ. οὐ γάρ σε δεῖ δοῦναι δίκην; ἥτις μόνη τέτληκας
ὑπὲρ ἀνδρὸς ἀντειπεῖν, ὃς ἡμᾶς πολλὰ κακὰ δέδρακεν
ἐπίτηδες εὑρίσκων λόγους, ὅπου γυνὴ πονηρὰ 546
ἐγένετο, Μελανίππας ποιῶν Φαίδρας τε· Πηνελόπην δὲ
οὐπώποτ᾽ ἐποίησ᾽, ὅτι γυνὴ σώφρων ἔδοξεν εἶναι.

Μν. ἐγὼ γὰρ οἶδα ταἴτιον. μίαν γὰρ οὐκ ἂν εἴποις
τῶν νῦν γυναικῶν Πηνελόπην, Φαίδρας δ᾽ ἀπαξαπάσας.

Γυ. ἀκούετ᾽ ὦ γυναῖκες οἷ᾽ εἴρηκεν ἡ πανοῦργος 551
ἡμᾶς ἁπάσας αὖθις αὖ. Μν. καὶ νὴ Δί᾽ οὐδέπω γε
εἴρηχ᾽ ὅσα ξύνοιδ᾽· ἐπεὶ βούλεσθε πλείον᾽ εἴπω;

Γυ. ἀλλ᾽ οὐκ ἂν ἔτ᾽ ἔχοις· ὅσα γὰρ ᾔδησθ᾽ ἐξέχεας ἅπαντα.

Μν. μὰ Δί᾽ οὐδέπω τὴν μυριοστὴν μοῖραν ὧν ποιοῦμεν. 555
ἐπεὶ τάδ᾽ οὐκ εἴρηχ᾽, ὁρᾷς, ὡς στλεγγίδας λαβοῦσαι
ἔπειτα σιφωνίζομεν τὸν οἶνον. Γυ. ἐπιτριβείης.

Μν. ὥς τ᾽ αὖ τὰ κρέ᾽ ἐξ Ἀπατουρίων ταῖς μαστροποῖς διδοῦσαι
ἔπειτα τὴν γαλῆν φαμεν— Γυ. τάλαιν᾽ ἐγώ·
φλυαρεῖς.

Μν. οὐδ᾽ ὡς τὸν ἄνδρα τῷ πελέκει γυνὴ κατεσπόδησεν, 560
οὐκ εἶπον· οὐδ᾽ ὡς φαρμάκοις ἑτέρα τὸν ἄνδρ᾽ ἔμηνεν,
οὐδ᾽ ὡς ὑπὸ τῇ πυέλῳ κατώρυξέν ποτ᾽— Γυ. ἐξόλοιο.

Μν. ἀχαρνικὴ τὸν πατέρα. Γυ. ταυτὶ δῆτ᾽ ἀνέκτ᾽ ἀκούειν;

Μν. οὐδ᾽ ὡς σὺ τῆς δούλης τεκούσης ἄρρεν εἶτα σαυτῇ

537 αὐταί τε Reiske: αὐτοί γε R   546 ἐξεπίτηδες R : corr.
Bentl.   555 οὐδέπω Dobr.: οὐδε R   556 ἐπεὶ τάδ᾽ Dind. :
ἔπειτά γ᾽ R   557 οἶνον Pollux : σῖτον R   560 τὸν] ἑταίρα τὸν
Suid. : ἑτέρα τὸν Pors.   γυνὴ om. Suid. et Pors.

ΘΕΣΜΟΦΟΡΙΑΖΟΥΣΑΙ

τοῦθ᾽ ὑπεβάλου, τὸ σὸν δὲ θυγάτριον παρῆκας αὐτῇ.

Γυ.ᵃ οὔ τοι μὰ τὼ θεὼ σὺ καταπροίξει λέγουσα ταυτί,   566
ἀλλ᾽ ἐκποκιῶ σου τὰς ποκάδας.   Μν. οὐ δὴ μὰ
Δία σύ γ᾽ ἅψει.

Γυ.ᵃ καὶ μὴν ἰδού.   Μν. καὶ μὴν ἰδού.   Γυ.ᵃ λαβὲ
θοἰμάτιον Φιλίστη.

Μν. πρόσθες μόνον, κἀγώ σε νὴ τὴν Ἄρτεμιν—   Γυ.ᵃ τί
δράσεις;

Μν. τὸν σησαμοῦνθ᾽ ὃν κατέφαγες, τοῦτον χεσεῖν ποιήσω.

Χο. παύσασθε λοιδορούμεναι· καὶ γὰρ γυνή τις ἡμῖν   571
ἐσπουδακυῖα προστρέχει.   πρὶν οὖν ὁμοῦ γενέσθαι,
σιγᾶθ᾽, ἵν᾽ αὐτῆς κοσμίως πυθώμεθ᾽ ἅττα λέξει.

ΚΛΕΙΣΘΕΝΗΣ

φίλαι γυναῖκες ξυγγενεῖς τοὐμοῦ τρόπου·
ὅτι μὲν φίλος εἴμ᾽ ὑμῖν, ἐπίδηλος ταῖς γνάθοις·   575
γυναικομανῶ γὰρ προξενῶ θ᾽ ὑμῶν ἀεί.
καὶ νῦν ἀκούσας πρᾶγμα περὶ ὑμῶν μέγα
ὀλίγῳ τι πρότερον κατ᾽ ἀγορὰν λαλούμενον,
ἥκω φράσων τοῦτ᾽ ἀγγελῶν θ᾽ ὑμῖν, ἵνα
σκοπῆτε καὶ τηρῆτε μὴ καὶ προσπέσῃ   580
ὑμῖν ἀφάρκτοις πρᾶγμα δεινὸν καὶ μέγα.

Χο. τί δ᾽ ἔστιν ὦ παῖ; παῖδα γάρ σ᾽ εἰκὸς καλεῖν,
ἕως ἂν οὕτως τὰς γνάθους ψιλὰς ἔχῃς.

Κλ. Εὐριπίδην φάσ᾽ ἄνδρα κηδεστήν τινα
αὑτοῦ γέροντα δεῦρ᾽ ἀναπέμψαι τήμερον.   585

Χο. πρὸς ποῖον ἔργον ἢ τίνος γνώμης χάριν;

Κλ. ἵν᾽ ἅττα βουλεύοισθε καὶ μέλλοιτε δρᾶν,
ἐκεῖνος εἴη τῶν λόγων κατάσκοπος.

Χο. καὶ πῶς λέληθεν ἐν γυναιξὶν ὢν ἀνήρ;

Κλ. ἀφηῦσεν αὐτὸν κἀπέτιλ᾽ Εὐριπίδης   590

567 πλοκάδας v.l apud schol.   οὐ δὴ Bothe : οὐ δὲ R   569 πρόσ-
θες] πρόσιθι Cobet   575 tanquam politicum versum eicit Cobet
580 σκοπεῖτε καὶ τηρεῖτε R : corr. Kuster   μὴ καὶ Pors. : καὶ μὴ R
584 φάσ᾽ editores : ἔφασ᾽ R   590 κ᾽ ἀπετιλλ᾽ R : corr. Bekker

καὶ τἄλλ' ἅπανθ' ὥσπερ γυναῖκ' ἐσκεύασεν.

Μν. πείθεσθε τούτῳ ταῦτα; τίς δ' οὕτως ἀνὴρ
ἠλίθιος ὅστις τιλλόμενος ἠνείχετο;
οὐκ οἴομαι 'γωγ' ὦ πολυτιμήτω θεώ.

Κλ. ληρεῖς· ἐγὼ γὰρ οὐκ ἂν ἦλθον ἀγγελῶν,   595
εἰ μὴ 'πεπύσμην ταῦτα τῶν σάφ' εἰδότων.

Χο. τὸ πρᾶγμα τουτὶ δεινὸν εἰσαγγέλλεται.
ἀλλ' ὦ γυναῖκες οὐκ ἐλινύειν ἐχρῆν,
ἀλλὰ σκοπεῖν τὸν ἄνδρα καὶ ζητεῖν ὅπου
λέληθεν ἡμᾶς κρυπτὸς ἐγκαθήμενος.   600
καὶ σὺ ξυνέξευρ' αὐτόν, ὡς ἂν τὴν χάριν
ταύτην τε κἀκείνην ἔχῃς ὦ πρόξενε.

Κλ. φέρ' ἴδω· τίς ἡ πρώτη σύ;   Μν. ποῖ τις τρέψεται;

Κλ. ζητητέαι γάρ ἐστε.   Μν. κακοδαίμων ἐγώ.

Γυ.ᵃ ἔμ' ἥτις ⟨εἴμ'⟩ ἤρου; Κλεωνύμου γυνή.   605

Κλ. γιγνώσκεθ' ὑμεῖς ἥτις ἔσθ' ἥδ' ἡ γυνή;

Χο. γιγνώσκομεν δῆτ'. ἀλλὰ τὰς ἄλλας ἄθρει.

Κλ. ἡδὶ δὲ δὴ τίς ἐστιν ἡ τὸ παιδίον
ἔχουσα;   Γυ.ᵃ τίτθη νὴ Δί' ἐμή.   Μν. διοίχομαι.

Κλ. αὕτη σὺ ποῖ στρέφει; μέν' αὐτοῦ. τί τὸ κακόν;   610

Μν. ἔασον οὐρῆσαί μ'.   Κλ. ἀναίσχυντός ⟨τις⟩ εἶ.
σὺ δ' οὖν ποίει τοῦτ'· ἀναμενῶ γὰρ ἐνθάδε.

Χο. ἀνάμενε δῆτα καὶ σκόπει γ' αὐτὴν σφόδρα·
μόνην γὰρ αὐτὴν ὧνερ οὐ γιγνώσκομεν.

Κλ. πολύν γε χρόνον οὐρεῖς σύ.   Μν. νὴ Δί' ὦ μέλε·
στραγγουριῶ γάρ· ἐχθὲς ἔφαγον κάρδαμα.   616

Κλ. τί καρδαμίζεις; οὐ βαδιεῖ δεῦρ' ὡς ἐμέ;

Μν. τί δῆτά μ' ἕλκεις ἀσθενοῦσαν;   Κλ. εἰπέ μοι,
τίς ἔστ' ἀνήρ σοι;   Μν. τὸν ἐμὸν ἄνδρα πυνθάνει;
τὸν δεῖνα γιγνώσκεις, τὸν ἐκ Κοθωκιδῶν;   620

593 ἠνείχετ' ἂν Brunck   594 οἴομαι 'γωγ' Bentl. : οἴομ ἐγωγ' R
596 ταῦτα Bentl. : ταυτὶ R   605 ἥτις εἴμ' Pors. : εἴτις R   606 ἥδ'
ἡ Augustanus : ἧδε R   611 τις add. Kuster   612 ἀναμένω
R : corr. Kuster   615 πολύν editores : πολύ R

76

ΘΕΣΜΟΦΟΡΙΑΖΟΥΣΑΙ

Κλ. τὸν δεῖνα; ποῖον;   Μν. ἔσθ' ὁ δεῖν', ὃς καί ποτε
τὸν δεῖνα τὸν τοῦ δεῖνα—   Κλ. ληρεῖν μοι δοκεῖς.
ἀνῆλθες ἤδη δεῦρο πρότερον;   Μν. νὴ Δία
ὁσέτη γε.   Κλ. καὶ τίς σοὐστὶ συσκηνήτρια;
Μν. ἡ δεῖν' ἔμοιγ'.   Κλ. οἴμοι τάλας, οὐδὲν λέγεις.
Γυ^α. ἄπελθ'. ἐγὼ γὰρ βασανιῶ ταύτην καλῶς   626
ἐκ τῶν ἱερῶν τῶν πέρυσι· σὺ δ' ἀπόστηθί μοι,
ἵνα μὴ 'πακούσῃς ὢν ἀνήρ. σὺ δ' εἰπέ μοι
ὅ τι πρῶτον ἡμῖν τῶν ἱερῶν ἐδείκνυτο.
Μν. φέρ' ἴδω, τί μέντοι πρῶτον ἦν; ἐπίνομεν.   630
Γυ^α. τί δὲ μετὰ τοῦτο δεύτερον;   Μν. προὐπίνομεν.
Γυ^α. ταυτὶ μὲν ἤκουσάς τινος· τί δαὶ τρίτον;
Μν. σκάφιον Ξέννλλ' ᾔτησεν· οὐ γὰρ ἦν ἀμίς.
Γυ^α. οὐδὲν λέγεις. δεῦρ' ἐλθὲ δεῦρ' ὦ Κλείσθενες·
ὅδ' ἐστὶν ἀνὴρ ὃν λέγεις.   Κλ. τί οὖν ποιῶ;   635
Γυ^α. ἀπόδυσον αὐτόν· οὐδὲν ὑγιὲς γὰρ λέγει.
Μν. κἄπειτ' ἀποδύσετ' ἐννέα παίδων μητέρα;
Κλ. χάλα ταχέως τὸ στρόφιον ὦναίσχυντε σύ.
Γυ^α. ὡς καὶ στιβαρά τις φαίνεται καὶ καρτερά·
καὶ νὴ Δία τιτθούς γ' ὥσπερ ἡμεῖς οὐκ ἔχει.   640
Μν. στερίφη γάρ εἰμι κοὐκ ἐκύησα πώποτε.
Γυ^α. νῦν· τότε δὲ μήτηρ ἦσθα παίδων ἐννέα.
Κλ. ἀνίστασ' ὀρθός. ποῖ τὸ πέος ὠθεῖς κάτω;
Γυ^α. τοδὶ διέκυψε καὶ μάλ' εὔχρων ὦ τάλαν.
Κλ. καὶ ποῦ 'στιν;   Γυ^α. αὖθις ἐς τὸ πρόσθεν οἴχεται.
Κλ. οὐκ ἐνγεταυθί.   Γυ^α. μάλλὰ δεῦρ' ἥκει πάλιν.   646
Κλ. ἰσθμόν τιν' ἔχεις ὦνθρωπ'· ἄνω τε καὶ κάτω
τὸ πέος διέλκεις πυκνότερον Κορινθίων.
Γυ^α. ὦ μιαρὸς οὗτος· ταῦτ' ἄρ' ὑπὲρ Εὐριπίδου
ἡμῖν ἐλοιδορεῖτο.   Μν. κακοδαίμων ἐγώ,   650
εἰς οἷ' ἐμαυτὸν εἰσεκύλισα πράγματα.

---

625 οἴμοι τάλας Mnesilocho tribuit Schaefer   631 μετὰ Suid. :
με R   632 δαὶ Bentl. : δὲ R   640 τιτθούς editores : τίτθος R
644 τὸ δὶ δὴ ἔκυψε R : corr. Dobr.   646 μάλλὰ Bentl. : ἀλλὰ R

77

ΑΡΙΣΤΟΦΑΝΟΥΣ

Γυ. ἄγε δὴ τί δρῶμεν;   ΚΛ.   τουτονὶ φυλάττετε
καλῶς, ὅπως μὴ διαφυγὼν οἰχήσεται·
ἐγὼ δὲ ταῦτα τοῖς πρυτάνεσιν ἀγγελῶ.   654

Χο. ἡμᾶς τοίνυν μετὰ τοῦτ' ἤδη τὰς λαμπάδας ἀψαμένας χρὴ
ξυζωσαμένας εὖ κἀνδρείως τῶν θ' ἱματίων ἀποδύσας
ζητεῖν, εἴ που κἄλλος τις ἀνὴρ ἀνελήλυθε, καὶ περιθρέξαι
τὴν πύκνα πᾶσαν καὶ τὰς σκηνὰς καὶ τὰς διόδους δια-
θρῆσαι.

εἶα δὴ πρώτιστα μὲν χρὴ κοῦφον ἐξορμᾶν πόδα
καὶ διασκοπεῖν σιωπῇ πανταχῇ· μόνον δὲ χρὴ   660
μὴ βραδύνειν, ὡς ὁ καιρός ἐστι μὴ μέλλειν ἔτι,
ἀλλὰ τὴν πρώτην τρέχειν χρῆν ὡς τάχιστ' ἤδη κύκλῳ.
εἶά νυν ἴχνευε καὶ μάτευε ταχὺ πάντ',
εἴ τις ἐν τόποις ἑδραῖος
ἄλλος αὖ λέληθεν ὤν.
πανταχῇ δὲ ῥῖψον ὄμμα,   665
καὶ τὰ τῇδε καὶ τὰ δεῦρο
πάντ' ἀνασκόπει καλῶς.

ἦν γάρ με λάθῃ δράσας ἀνόσια,   [στρ.
δώσει τε δίκην καὶ πρὸς τούτῳ
τοῖς ἄλλοις ἀνδράσιν ἔσται
παράδειγμ' ὕβρεως ἀδίκων τ' ἔργων   670
ἀθέων τε τρόπων·
φήσει δ' εἶναί τε θεοὺς φανερῶς,
δείξει τ' ἤδη
πᾶσιν ἀνθρώποις σεβίζειν δαίμονας . . . .
†δικαίως τ' ἐφέποντας† ὅσια καὶ νόμιμα   675

668-687 = 707-727

653 οἰχήσεται Bentl. : οἴχεται R   657 εἰσελήλυθεν R : corr.
Fritzsche   658 ἀθρῆσαι R : corr. Kuster   660 μόνον δὲ χρὴ
πανταχῇ R : corr. Kuster   662 χρῆν Bentl. : χρὴ R   665 δὲ
ῥῖψον Herm. : διάρριψον R   668 με Bergk : μὴ R   669 ἀν-
δράσιν Bergk : ἅπασιν R

78

μηδομένους ποιεῖν ὅ τι καλῶς ἔχει.
κἂν μὴ ποιῶσι ταῦτα τοιάδ' ἔσται·
αὐτῶν ὅταν ληφθῇ τις ἀνόσιόν τι δρῶν,
†μανίαις† φλέγων λύσσῃ παράκοπος,   680
†εἴ τι δρῴη†
πᾶσιν ἐμφανὴς ὁρᾶν ἔσται γυναιξὶ καὶ βροτοῖσιν,
ὅτι τά ⟨τε⟩ παράνομα τά τ' ἀνόσια ⟨παρὼν⟩
θεὸς ἀποτίνεται.   685

ἀλλ' ἔοιχ' ἡμῖν ἅπαντά πως διεσκέφθαι καλῶς.
οὐχ ὁρῶμεν γοῦν ἔτ' ἄλλον οὐδέν' ἐγκαθήμενον.
Γυ.ᵃ ἃ ποῖ σὺ φεύγεις; οὗτος οὗτος οὐ μενεῖς;
τάλαιν' ἐγὼ τάλαινα, καὶ τὸ παιδίον   690
ἐξαρπάσας μοι φροῦδος ἀπὸ τοῦ τιτθίου.
Μν. κέκραχθι· τοῦτο δ' οὐδέποτε σὺ ψωμιεῖς,
ἢν μή μ' ἀφῇτ'· ἀλλ' ἐνθάδ' ἐπὶ τῶν μηρίων
πληγὲν μαχαίρᾳ τῇδε φοινίας φλέβας
καθαιματώσει βωμόν.   Γυ.ᵃ ὦ τάλαιν' ἐγώ.   695
γυναῖκες, οὐκ ἀρήξετ'; οὐ πολλὴν βοὴν
στήσεσθε καὶ τροπαῖον, ἀλλὰ τοῦ μόνου
τέκνου με περιόψεσθ' ἀπ⟨ο⟩στερουμένην;
Χο.   ἔα ἔα.
ὦ πότνιαι Μοῖραι τί τόδε δέρκομαι   700
νεοχμὸν αὖ τέρας;
ὡς ἅπαντ' ἄρ' ἐστὶ τόλμης μεστὰ κἀναισχυντίας.
οἷον αὖ δέδρακεν ἔργον, οἷον αὖ φίλαι τόδε.
Μν. οἷον ὑμῶν ἐξαράξω τὴν ἄγαν αὐθαδίαν.
Χο. ταῦτα δῆτ' οὐ δεινὰ πράγματ' ἐστὶ καὶ περαιτέρω;   705
Γυ.ᵃ δεινὰ δῆθ', ὅστις γ' ἔχει μου 'ξαρπάσας τὸ παιδίον.

679 ἀνόσιόν τι Herm. : ὅσια R   680 μανιάσιν φλέγων λύσσαις
Mein.   682 ἔσται Reisig : ἐστὶν R   βροτοῖς codd. : corr. Enger
684 τε add. Herm.   παρὼν add. Mein.   685 post h. v. παραχρῆμά
τε τίνεται add. R   689 ἃ Bergler : ἃ α R   691 μοι] μου Hamaker
697 καὶ schol. ad Plut. 453 : om. R   700 τόδε Dobr. : δε R
702 ἅπαντ' ἄρ Bergler : ἅπαν γάρ   μεστὰ Pors. : ἔργα R : πλέα
Suid   704 ἐξαράξω Toup : ἐξάρξω R   706 ὅστις Pors. : ὅτι R

Χο.　τί ἂν οὖν εἴποι πρὸς ταῦτά τις, ὅτε　　　　　　[ἀντ.
　　　τοιαῦτα ποιῶν ὅδ' ἀναισχυντεῖ;
Μν.　κοὔπω μέντοι γε πέπαυμαι.
Γυ.ᵃ　ἀλλ' οὖν ἥκεις γ' ὅθεν οὐ φαύλως γ'　　　　710
　　　ἀποδρὰς λέξεις
　　　οἷον δράσας διέδυς ἔργον,
　　　λήψει δὲ κακόν.
Μν.　τοῦτο μέντοι μὴ γένοιτο μηδαμῶς, ἀπεύχομαι.
Χο.　τίς οὖν σοι, τίς ἂν σύμμαχος ἐκ θεῶν　　　　715
　　　ἀθανάτων ἔλθοι ξὺν ἀδίκοις ἔργοις;
Μν.　μάτην λαλεῖτε· τὴν δ' ἐγὼ οὐκ ἀφήσω.
Χο.　ἀλλ' οὐ μὰ τὼ θεὼ τάχ' οὐ χαίρων ἴσως
　　　ἐνυβριεῖς λόγους λέξεις τ' ἀνοσίους　　　　720
　　　⟨ἐπ'⟩ ἀθέοις ἔργοις·
　　　⟨καὶ⟩ γὰρ ἀνταμειψόμεσθά σ' ὥσπερ εἰκὸς ἀντὶ τῶνδε.
　　　τάχα δὲ μεταβαλοῦσ' ἐπὶ κακὸν ἑτερότρο-　　724
　　　πον ἐπέχει τύχη.

　　　ἀλλὰ τάσδε μὲν λαβεῖν χρῆν σ' ἐκφέρειν τε τῶν ξύλων,
　　　καὶ καταίθειν τὸν πανοῦργον πυρπολεῖν θ' ὅσον τάχος.
Γυ.ᵃ　ἴωμεν ἐπὶ τὰς κληματίδας ὦ Μανία.
　　　κἀγώ σ' ἀποδείξω θυμάλωπα τήμερον.
Μν.　ὕφαπτε καὶ κάταιθε· σὺ δὲ τὸ Κρητικὸν　　　730
　　　ἀπόδυθι ταχέως· τοῦ θανάτου δ' ὦ παιδίον
　　　μόνην γυναικῶν αἰτιῶ τὴν μητέρα.
　　　τουτὶ τί ἔστιν; ἀσκὸς ἐγένεθ' ἡ κόρη
　　　οἴνου πλέως καὶ ταῦτα Περσικὰς ἔχων.
　　　ὦ θερμόταται γυναῖκες, ὦ ποτίσταται　　　735
　　　κἀκ παντὸς ὑμεῖς μηχανώμεναι πιεῖν,

710-11 ἀλλ' οὖν ἥκεις τ' (γ' Suid.) ὅθεν ἥκεις· | φαύλως τ' ἀποδρὰς οὐ
λέξεις R Suid. : corr. Reisig　716 ξὺν] σοῖς Mein.　720 ἐνυ-
βρίσεις R : corr. Reisig　λέξεις τ' Fritzsche : τε λέξεις R　721 ἐπ'
add. Enger　722 καὶ add. Herm.　724 δὲ Fritzsche : δέ σε codd.
725 τύχη Bergk : τις τύχη codd.　726 σ' om. Enger　730 σὺ δὲ
Suid. : σὺ τόδε R

ΘΕΣΜΟΦΟΡΙΑΖΟΥΣΑΙ

ὦ μέγα καπήλοις ἀγαθὸν ἡμῖν δ' αὖ κακόν,
κακὸν δὲ καὶ τοῖς σκευαρίοις καὶ τῇ κρόκῃ.

Γυ͙ παράβαλλε πολλὰς κληματίδας ὦ Μανία.

Μν. παράβαλλε δῆτα· σὺ δ' ἀπόκριναί μοι τοδί,   740
τουτὶ τεκεῖν φῄς;   Γυ͙ (καὶ) δέκα μῆνας αὖτ' ἐγὼ
ἤνεγκον. Μν. ἤνεγκας σύ;   Γυ͙ νὴ τὴν Ἄρτεμιν.

Μν. τρικότυλον ἢ πῶς; εἰπέ μοι.   Γυ͙ τί μ' ἠργάσω;
ἀπέδυσας ὠναίσχυντέ μου τὸ παιδίον
τυννοῦτον ὄν. Μν. τυννοῦτο;   Γυ͙ μικρὸν νὴ Δία.

Μν. πόσ' ἔτη δὲ γέγονε; τρεῖς Χοᾶς ἢ τέτταρας;   746
Γυ͙ σχεδὸν τοσοῦτον χῶσον ἐκ Διονυσίων.
ἀλλ' ἀπόδος αὐτό.   Μν. μὰ τὸν Ἀπόλλω τουτονί.
Γυ͙ ἐμπρήσομεν τοίνυν σε.   Μν. πάνυ γ' ἐμπίμπρατε·
αὕτη δ' ἀποσφαγήσεται μάλ' αὐτίκα.   750
Γυ͙ μὴ δῆθ', ἱκετεύω σ'· ἀλλ' ἔμ' ὅ τι χρῄζεις ποίει
ὑπέρ γε τούτου. Μν. φιλότεκνός τις εἶ φύσει.
ἀλλ' οὐδὲν ἧττον ἥδ' ἀποσφαγήσεται
Γυ͙ οἴμοι τέκνον. δός μοι σφαγεῖον Μανία,
ἵν' οὖν τό γ' αἷμα τοῦ τέκνου τοὐμοῦ λάβω.   755
Μν. ὕπεχ' αὐτό, χαριοῦμαι γὰρ ἕν γε τοῦτό σοι.
Γυ͙ κακῶς ἀπόλοι', ὡς φθονερὸς εἶ καὶ δυσμενής.
Μν. τουτὶ τὸ δέρμα τῆς ἱερείας γίγνεται.
Γυ͙ τί τῆς ἱερείας γίγνεται;   Μν. τουτί.   λαβέ.

ΓΥΝΗ Γ

ταλαντάτη Μίκκα τίς ἐξεκόρησέ σε;   760
[τίς τὴν ἀγαπητὴν παῖδά σοὐξηρήσατο;]
Γυ͙ ὁ πανοῦργος οὗτος. ἀλλ' ἐπειδήπερ πάρει,
φύλαξον αὐτόν, ἵνα λαβοῦσα Κλεισθένη
τοῖσιν πρυτάνεσιν ἃ πεποίηχ' οὗτος φράσω.
Μν. ἄγε δὴ τίς ἔσται μηχανὴ σωτηρίας;   765

741 καὶ add. Kuster   754 σφαγεῖον Tyrwhitt : τὸ σφάγιον R :
τὸ σφαγεῖον R²   758 pro spurio habet Blaydes   760 μικα R :
corr. Lobeck   761 eicit Lobeck   σου διεχρήσατο Mein.

τίς πεῖρα, τίς ἐπίνοι'; ὁ μὲν γὰρ αἴτιος
κἄμ' ἐσκυλίσας ἐς τοιαυτὶ πράγματα
οὐ φαίνεταί πω.   φέρε τίν' οὖν ⟨ἂν⟩ ἄγγελον
πέμψαιμ' ἐπ' αὐτόν; οἶδ' ἐγὼ καὶ δὴ πόρον
ἐκ τοῦ Παλαμήδους· ὡς ἐκεῖνος, τὰς πλάτας   770
ῥίψω γράφων.   ἀλλ' οὐ πάρεισιν αἱ πλάται.
πόθεν οὖν γένοιντ' ἄν μοι πλάται πόθεν; ⟨πόθεν;⟩
τί δ' ἂν εἰ ταδὶ τἀγάλματ' ἀντὶ τῶν πλατῶν
γράφων διαρρίπτοιμι; βέλτιον πολύ.
ξύλον γέ τοι καὶ ταῦτα κἀκεῖν' ἦν ξύλον.   775
ὦ χεῖρες ἐμαὶ
ἐγχειρεῖν χρῆν ἔργῳ πορίμῳ.
ἄγε δὴ πινάκων ξεστῶν δέλτοι,
δέξασθε σμίλης ὁλκοὺς
κήρυκας ἐμῶν μόχθων· οἴμοι   780
τουτὶ τὸ ῥῶ μοχθηρόν·
χώρει χώρει.   ποίαν αὔλακα;
βάσκετ' ἐπείγετε πάσας καθ' ὁδοὺς
κείνᾳ ταύτᾳ· ταχέως χρή.

Χο. ἡμεῖς τοίνυν ἡμᾶς αὐτὰς εὖ λέξωμεν παραβᾶσαι,   785
καίτοι πᾶς τις τὸ γυναικεῖον φῦλον κακὰ πόλλ' ἀγορεύει,
ὡς πᾶν ἐσμὲν κακὸν ἀνθρώποις κἀξ ἡμῶν ἐστιν ἅπαντα,
ἔριδες νείκη στάσις ἀργαλέα λύπη πόλεμος.   φέρε δή νυν,
εἰ κακόν ἐσμεν, τί γαμεῖθ' ἡμᾶς, εἴπερ ἀληθῶς κακόν
ἐσμεν,
κἀπαγορεύετε μήτ' ἐξελθεῖν μήτ' ἐκκύψασαν ἁλῶναι, 790
ἀλλ' οὑτωσὶ πολλῇ σπουδῇ τὸ κακὸν βούλεσθε φυλάτ-
τειν;
κἂν ἐξέλθῃ τὸ γύναιόν ποι, καθ' εὕρητ' αὐτὸ θύρασιν,

768 οὐ φαίνετ' οὔπω R : corr. Dobr.   ἂν add. Pors.   772 γένοιτ'
R : corr. Bentl.   πόθεν alterum add. Bentl.   777 χρῆν Bentl. :
χρὴ R   788 στάσις edd. : στάσεις R   789 εἰ edd. : εἰ καὶ R
ἡμᾶς] ὑμεῖς Dobr.   790 ἐγκύψασαν R : corr. Reiske   792 εὕρητ'
Pors. : εὕροιτ' R

ΘΕΣΜΟΦΟΡΙΑΖΟΥΣΑΙ

μανίας μαίνεσθ', οὓς χρῆν σπένδειν καὶ χαίρειν, εἴπερ
   ἀληθῶς
ἔνδοθεν ηὕρετε φροῦδον τὸ κακὸν καὶ μὴ κατελαμβάνετ'
   ἔνδον.   794
κἂν καταδάρθωμεν ἐν ἀλλοτρίων παίζουσαι καὶ κοπιῶσαι,
πᾶς τις τὸ κακὸν τοῦτο ζητεῖ περὶ τὰς κλίνας περινοστῶν.
κἂν ἐκ θυρίδος παρακύπτωμεν, τὸ κακὸν ζητεῖτε θεᾶσθαι·
κἂν αἰσχυνθεῖσ' ἀναχωρήσῃ, πολὺ μᾶλλον πᾶς ἐπιθυμεῖ
αὖθις τὸ κακὸν παρακύψαν ἰδεῖν. οὕτως ἡμεῖς ἐπιδήλως
ὑμῶν ἐσμεν πολὺ βελτίους, βάσανός τε πάρεστιν ἰδέσθαι.
βάσανον δῶμεν πότεροι χείρους. ἡμεῖς μὲν γάρ φαμεν
   ὑμᾶς,   8ci
ὑμεῖς δ' ἡμᾶς. σκεψώμεθα δὴ κἀντιτιθῶμεν πρὸς ἕκαστον,
παραβάλλουσαι τῆς τε γυναικὸς καὶ τἀνδρὸς τοὔνομ'
   ἑκάστου.
Ναυσιμάχης μέν ⟨γ'⟩ ἥττων ἐστὶν Χαρμῖνος· δῆλα δὲ
   τἄργα.
καὶ μὲν δὴ καὶ Κλεοφῶν χείρων πάντως δήπου Σαλα-
   βακχοῦς.   805
πρὸς Ἀριστομάχην δὲ χρόνου πολλοῦ, πρὸς ἐκείνην τὴν
   Μαραθῶνι,
καὶ Στρατονίκην ὑμῶν οὐδεὶς οὐδ' ἐγχειρεῖ πολεμίζειν.
ἀλλ' Εὐβούλης τῶν πέρυσίν τις βουλευτής ἐστιν ἀμείνων
παραδοὺς ἑτέρῳ τὴν βουλείαν; οὐδ' αὐτὸς τοῦτό γε
   φήσεις.   809
οὕτως ἡμεῖς πολὺ βελτίους τῶν ἀνδρῶν εὐχόμεθ' εἶναι.
οὐδ' ἂν κλέψασα γυνὴ ζεύγει κατὰ πεντήκοντα τάλαντα
ἐς πόλιν ἔλθοι τῶν δημοσίων· ἀλλ' ἢν τὰ μέγισθ' ὑφ-
   έληται

---

793 χρῆν Brunck : χρὴ R   796 κλίνας] σκηνὰς Hamaker
797 ζητεῖ τὸ κακὸν τεθεᾶσθαι R : corr. Kaye apud Dobr.   799 παρα-
κύψασαν (παρακύψαν Kuster) ἰδεῖν τὸ κακὸν R : transposuit Pors
803 ἕκαστος R : corr. Brubachiana   804 γ' add. Dobr.   δηλαδὴ
R : corr. editores   805 χείρων editores : χεῖρον R   809 φήσεις]
φήσει Kuster

φορμὸν πυρῶν τἀνδρὸς κλέψασ᾽, αὐθημερὸν αὖτ᾽ ἀπέδωκεν.
ἀλλ᾽ ἡμεῖς ἂν πολλοὺς τούτων
ἀποδείξαιμεν ταῦτα ποιοῦντας.   815
καὶ πρὸς τούτοις γάστριδας ἡμῶν
ὄντας μᾶλλον καὶ λωποδύτας
καὶ βωμολόχους κἀνδραποδιστάς.
καὶ μὲν δήπου καὶ τὰ πατρῷά γε
χείρους ἡμῶν εἰσιν σῴζειν·   820
ἡμῖν μὲν γὰρ σῶν ἔτι καὶ νῦν
τἀντίον ὁ κανὼν οἱ καλαθίσκοι
τὸ σκιάδειον·
τοῖς δ᾽ ἡμετέροις ἀνδράσι τούτοις
ἀπόλωλεν μὲν πολλοῖς ὁ κανὼν   825
ἐκ τῶν οἴκων αὐτῇ λόγχῃ,
πολλοῖς δ᾽ ἑτέροις ἀπὸ τῶν ὤμων
ἐν ταῖς στρατιαῖς
ἔρριπται τὸ σκιάδειον.
πόλλ᾽ ἂν αἱ γυναῖκες ἡμεῖς ἐν δίκῃ μεμψαίμεθ᾽ ἂν   830
τοῖσιν ἀνδράσιν δικαίως, ἓν δ᾽ ὑπερφυέστατον.
χρῆν γάρ, ἡμῶν εἰ τέκοι τις ἄνδρα χρηστὸν τῇ πόλει,
ταξίαρχον ἢ στρατηγόν, λαμβάνειν τιμήν τινα,
προεδρίαν τ᾽ αὐτῇ δίδοσθαι Στηνίοισι καὶ Σκίροις
ἔν τε ταῖς ἄλλαις ἑορταῖς αἷσιν ἡμεῖς ἤγομεν·   835
εἰ δὲ δειλὸν καὶ πονηρὸν ἄνδρα τις τέκοι γυνή,
ἢ τριήραρχον πονηρὸν ἢ κυβερνήτην κακόν,
ὑστέραν αὐτὴν καθῆσθαι σκάφιον ἀποκεκαρμένην
τῆς τὸν ἀνδρεῖον τεκούσης.   τῷ γὰρ εἰκὸς ὦ πόλις
τὴν Ὑπερβόλου καθῆσθαι μητέρ᾽ ἠμφιεσμένην   840
λευκὰ καὶ κόμας καθεῖσαν πλησίον τῆς Λαμάχου,
καὶ δανείζειν χρήμαθ᾽, ᾗ χρῆν, εἰ δανείσειέν τινι
καὶ τόκον πράττοιτο, διδόναι μηδέν᾽ ἀνθρώπων τόκον,

815 ἀποδείξομεν R : corr. Bentl.   ποιοῦντας Kuster : ποθοῦντας R
832 χρῆν Brunck : χρὴ R   834 Στηνίοισι schol. : τηνίοισι R
836 εἰ Pors. : ἢν R   842 ᾗ Bentl. : ἢν R   εἰ Brunck : ἢν R

ἀλλ' ἀφαιρεῖσθαι βίᾳ τὰ χρήματ' εἰπόντας τοδί,
' ἀξία γοῦν εἶ τόκου τεκοῦσα τοιοῦτον τόκον.'   845

Μν. ἰλλὸς γεγένημαι προσδοκῶν· ὁ δ' οὐδέπω.
τί δῆτ' ἂν εἴη τοὐμποδών; οὐκ ἔσθ' ὅπως
οὐ τὸν Παλαμήδην ψυχρὸν ὄντ' αἰσχύνεται.
τῷ δῆτ' ἂν αὐτὸν προσαγαγοίμην δράματι;
ἐγῷδα· τὴν καινὴν Ἑλένην μιμήσομαι.   850
πάντως ὑπάρχει μοι γυναικεία στολή.

Γυ. τί αὖ σὺ κυρκανᾷς; τί κοικύλλεις ἔχων;
πικρὰν Ἑλένην ὄψει τάχ', εἰ μὴ κοσμίως
ἕξεις, ἕως ἂν τῶν πρυτάνεών τις φανῇ.

Μν. Νείλου μὲν αἵδε καλλιπάρθενοι ῥοαί,   855
ὃς ἀντὶ δίας ψακάδος Αἰγύπτου πέδον
λευκῆς νοτίζει μελανοσυρμαῖον λεών.

Γυ. πανοῦργος εἶ νὴ τὴν Ἑκάτην τὴν φωσφόρον.

Μν. ἐμοὶ δὲ γῆ μὲν πατρὶς οὐκ ἀνώνυμος
Σπάρτη, πατὴρ δὲ Τυνδάρεως.   Γυ. σοί γ' ὦλεθρε
πατὴρ ἐκεῖνός ἐστι; Φρυνώνδας μὲν οὖν.   861

Μν. Ἑλένη δ' ἐκλήθην.   Γυ. αὖθις αὖ γίγνει γυνή,
πρὶν τῆς ἑτέρας δοῦναι γυναικίσεως δίκην;

Μν. ψυχαὶ δὲ πολλαὶ δι' ἔμ' ἐπὶ Σκαμανδρίαις
ῥοαῖσιν ἔθανον.   Γυ. ὤφελες δὲ καὶ σύ γε.   865

Μν. κἀγὼ μὲν ἐνθάδ' εἴμ'· ὁ δ' ἄθλιος πόσις
οὑμὸς Μενέλαος οὐδέπω προσέρχεται.
τί οὖν ἔτι ζῶ;   Γυ. τῶν κοράκων πονηρίᾳ.

Μν. ἀλλ' ὥσπερ αἰκάλλει τι καρδίαν ἐμήν.
μὴ ψεῦσον ὦ Ζεῦ τῆς ἐπιούσης ἐλπίδος.   870

Ευ. τίς τῶνδ' ἐρυμνῶν δωμάτων ἔχει κράτος,
ὅστις ξένους δέξαιτο ποντίῳ σάλῳ
κάμνοντας ἐν χειμῶνι καὶ ναυαγίαις;

845 γοῦν] γὰρ Blaydes   851 πάντως δ' Bentl.   852 τί
Bentl. : ἢ τί R   853 Ἑλένην Junt. : ἑλένη R   860 σοί
editores : σί τ' R : σύ τ' R²   870 ἐλπίδος] ἡμέρας schol. ad Eur
Hec. 222   872 ξένους Brubachiana : ξένος R

ΑΡΙΣΤΟΦΑΝΟΥΣ

Μν. Πρωτέως τάδ᾽ ἐστὶ μέλαθρα.   Ευ.   ποίου Πρωτέως;

Γυ. ὦ τρισκακόδαιμον, ψεύδεται νὴ τὼ θεώ,   875
ἐπεὶ τέθνηκε Πρωτέας ἔτη δέκα.

Ευ. ποίαν δὲ χώραν εἰσεκέλσαμεν σκάφει;

Μν. Αἴγυπτον.   Ευ.   ὦ δύστηνος οἷ πεπλώκαμεν.

Γυ. πείθει τι ⟨τούτῳ⟩ τῷ κακῶς ἀπολουμένῳ
ληροῦντι λῆρον; Θεσμοφορεῖον τουτογί.   880

Ευ. αὐτὸς δὲ Πρωτεὺς ἔνδον ἔστ᾽ ἢ ᾽ξώπιος;

Γυ. οὐκ ἔσθ᾽ ὅπως οὐ ναυτιᾷς ἔτ᾽ ὦ ξένε,
ὅστις ⟨γ᾽⟩ ἀκούσας ὅτι τέθνηκε Πρωτέας
ἔπειτ᾽ ἐρωτᾷς ᾽ ἔνδον ἔστ᾽ ἢ ᾽ξώπιος; ᾽

Ευ. αἰαῖ τέθνηκε.   ποῦ δ᾽ ἐτυμβεύθη τάφῳ;   885

Μν. τόδ᾽ ἐστὶν αὐτοῦ σῆμ᾽, ἐφ᾽ ᾧ καθήμεθα.

Γυ. κακῶς τ᾽ ἄρ᾽ ἐξόλοιο κἀξολεῖ γέ τοι,
ὅστις γε τολμᾷς σῆμα τὸν βωμὸν καλεῖν.

Ευ. τί δὴ σὺ θάσσεις τάσδε τυμβήρεις ἕδρας
φάρει καλυπτὸς ὦ ξένη;   Μν.   βιάζομαι   890
γάμοισι Πρωτέως παιδὶ συμμεῖξαι λέχος.

Γυ. τί ὦ κακόδαιμον ἐξαπατᾷς αὖ τὸν ξένον;
οὗτος πανουργῶν δεῦρ᾽ ἀνῆλθεν ὦ ξένε
ὡς τὰς γυναῖκας ἐπὶ κλοπῇ τοῦ χρυσίου.

Μν. βάυζε τοὐμὸν σῶμα βάλλουσα ψόγῳ.   895

Ευ. ξένη τίς ἡ γραῦς ἡ κακορροθοῦσά σε;

Μν. αὕτη Θεονόη Πρωτέως.   Γυ.   μὰ τὼ θεὼ
εἰ μὴ Κρίτυλλά γ᾽ Ἀντιθέου Γαργηττόθεν·
σὺ δ᾽ εἶ πανοῦργος.   Μν.   ὁπόσα τοι βούλει λέγε.
οὐ γὰρ γαμοῦμαι σῷ κασιγνήτῳ ποτὲ   900
προδοῦσα Μενέλεων τὸν ἐμὸν ἐν Τροίᾳ πόσιν.

Ευ. γύναι τί εἶπας; στρέψον ἀνταυγεῖς κόρας.

Μν. αἰσχύνομαί σε τὰς γνάθους ὑβρισμένη.

Ευ. τουτὶ τί ἔστιν; ἀφασία τίς τοί μ᾽ ἔχει.

879 τούτῳ add. Brubachiana   883 γ᾽ add. Scaliger   889 δὴ
Bentl. : δὲ R   895 βαῦζα R : corr. editores   τοὐμὸν βαῦζεις
σῶμα Velsen   901 μενέλαον R : corr. Bentl.

ὦ θεοὶ τίν' ὄψιν εἰσορῶ; τίς εἶ γύναι;　　　　905
Μν. σὺ δ' εἶ τίς; αὐτὸς γὰρ σὲ κἄμ' ἔχει λόγος.
Ευ. Ἑλληνὶς εἶ τις ἢ 'πιχωρία γυνή;
Μν. Ἑλληνίς.　ἀλλὰ καὶ τὸ σὸν θέλω μαθεῖν.
Ευ. Ἑλένη σ' ὁμοίαν δὴ μάλιστ' εἶδον γύναι.
Μν. ἐγὼ δὲ Μενελάῳ σ' ὅσα γ' ἐκ τῶν ἰφύων.　910
Ευ. ἔγνως ἄρ' ὀρθῶς ἄνδρα δυστυχέστατον.
Μν. ὦ χρόνιος ἐλθὼν σῆς δάμαρτος ἐσχάρας
λαβέ με λαβέ με πόσι, περίβαλε δὲ χέρας.
φέρε σὲ κύσω.　ἄπαγέ μ' ἄπαγ' ἄπαγ' ἄπαγέ με　915
λαβὼν ταχὺ πάνυ.　Γυ. κλαύσετ' ἄρα νὴ τὼ θεὼ
ὅστις σ' ἀπάξει τυπτόμενος τῇ λαμπάδι.
Ευ. σὺ τὴν ἐμὴν γυναῖκα κωλύεις ἐμέ,
τὴν Τυνδάρειον παῖδ', ἐπὶ Σπάρτην ἄγειν;
Γυ. οἴμ' ὡς πανοῦργος καὐτὸς εἶναί μοι δοκεῖς　920
καὶ τοῦδέ τις ξύμβουλος.　οὐκ ἐτὸς πάλαι
ἠγυπτιάζετ'.　ἀλλ' ὅδε μὲν δώσει δίκην.
προσέρχεται γὰρ ὁ πρύτανις χὠ τοξότης.
Ευ. τουτὶ πονηρόν· ἀλλ' ὑπαποκινητέον.
Μν. ἐγὼ δ' ὁ κακοδαίμων τί δρῶ;　　Ευ.　μέν' ἥσυχος.
οὐ γὰρ προδώσω σ' οὐδέποτ', ἤνπερ ἐμπνέω,　926
ἢν μὴ προλίπωσ' αἱ μυρίαι με μηχαναί.
Μν. αὕτη μὲν ἡ μήρινθος οὐδὲν ἔσπασεν.

ΠΡΥΤΑΝΙΣ

ὅδ' ἔσθ' ὁ πανοῦργος ὃν ἔλεγ' ἡμῖν Κλεισθένης;
οὗτος τί κύπτεις; δῆσον αὐτὸν εἰσάγων　　930
ὦ τοξότ' ἐν τῇ σανίδι, κἄπειτ' ἐνθαδὶ
στήσας φύλαττε καὶ προσιέναι μηδένα
ἔα πρὸς αὐτόν, ἀλλὰ τὴν μάστιγ' ἔχων

910 μενέλαον (om. σ') R : corr. Kuster ex Eur. Hel. 570
ἰφύων schol. et Suid. : ἀφύων R　　912 ἐσχάρας R (cf. Eq.
1286) : ἐς χέρας Eur. Hel. 572　　914 περίβαλλε R : corr. Biset
926 σ' οὐδέποτ'] οὐδέποτέ σ' Elmsl.　　927 προλείπωσ' R : corr.
Scaliger

παῖ· ἦν προσίη τις.   Γυῖ νὴ Δί' ὡς νῦν δή γ' ἀνὴρ
ὀλίγου μ' ἀφείλετ' αὐτὸν ἱστιορράφος.   935
Μν. ὦ πρύτανι πρὸς τῆς δεξιᾶς, ἥνπερ φιλεῖς
κοίλην προτείνειν ἀργύριον ἤν τις διδῷ,
χάρισαι βραχύ τί μοι καίπερ ἀποθανουμένῳ.
Πρ. τί σοι χαρίσωμαι;   Μν. γυμνὸν ἀποδύσαντά με
κέλευε πρὸς τῇ σανίδι δεῖν τὸν τοξότην,   940
ἵνα μὴ 'ν κροκωτοῖς καὶ μίτραις γέρων ἀνὴρ
γέλωτα παρέχω τοῖς κόραξιν ἑστιῶν.
Πρ. ἔχοντα ταῦτ' ἔδοξε τῇ βουλῇ σε δεῖν,
ἵνα τοῖς παριοῦσι δῆλος ᾖς πανοῦργος ὤν.
Μν. ἰαππαπαιάξ· ὦ κροκώθ' οἷ' εἴργασαι·   945
κοὐκ ἔστ' ἔτ' ἐλπὶς οὐδεμία σωτηρίας.

Χο. ἄγε νυν ἡμεῖς παίσωμεν ἅπερ νόμος ἐνθάδε ταῖσι γυναιξίν,
ὅταν ὄργια σεμνὰ θεοῖν ἱεραῖς ὥραις ἀνέχωμεν, ἅπερ καὶ
Παύσων σέβεται καὶ νηστεύει,
πολλάκις αὐτοῖν ἐκ τῶν ὡρῶν   950
ἐς τὰς ὥρας ξυνεπευχόμενος
τοιαῦτα μέλειν θάμ' ἑαυτῷ.

ὅρμα χώρει·
κοῦφα ποσὶν ἄγ' ἐς κύκλον,
χειρὶ σύναπτε χεῖρα,   955
ῥυθμὸν χορείας ὕπαγε πᾶσα·
βαῖνε καρπαλίμοιν ποδοῖν.
ἐπισκοπεῖν δὲ πανταχῇ
κυκλοῦσαν ὄμμα χρὴ χοροῦ κατάστασιν.

ἅμα δὲ καὶ   [στρ. α
γένος Ὀλυμπίων θεῶν   960
μέλπε καὶ γέραιρε φωνῇ πᾶσα χορομανεῖ τρόπῳ.

934 δή γ' Dobr.: δῆτ' R   939 χαρίσομαι R: corr. Pors.
944 παροῦσι R: corr. Brunck   947 παίσωμεν schol.: πέσωμεν R
952 μέλειν Zanetti: μέλλειν R

88

εἰ δέ τις   [ἀντ. α
προσδοκᾷ κακῶς ἐρεῖν
ἐν ἱερῷ γυναῖκά μ' οὖσαν ἄνδρας, οὐκ ὀρθῶς φρονεῖ.

ἀλλὰ χρῆν   966
ὥσπερ ἔργον αὖ τι καινὸν
πρῶτον εὐκύκλου χορείας εὐφυᾶ στῆσαι βάσιν.

πρόβαινε ποσὶ τὸν εὐλύραν   [στρ. β
μέλπουσα καὶ τὴν τοξοφόρον   970
Ἄρτεμιν ἄνασσαν ἁγνήν.
    χαῖρ' ὦ ἑκάεργε,
    ὄπαζε δὲ νίκην·
Ἥραν δὲ τὴν τελείαν
μέλψωμεν ὥσπερ εἰκός,
ἣ πᾶσι τοῖς χοροῖσιν ἐμπαίζει τε καὶ   975
κλῇδας γόμου φυλάττει.

Ἑρμῆν τε νόμιον ἄντομαι   [ἀντ. β
καὶ Πᾶνα καὶ Νύμφας φίλας
ἐπιγελάσαι προθύμως
    ταῖς ἡμετέραισι   980
    χαρέντα χορείαις.
ἔξαιρε δὴ προθύμως
διπλῆν χάριν χορείας.   982
παίσωμεν ὦ γυναῖκες οἷάπερ νόμος,
νηστεύωμεν δὲ πάντως.

ἀλλ' εἶα πάλλ' ἀνάστρεφ' εὐρύθμῳ ποδί,   985
    τόρευε πᾶσαν ᾠδήν·
    ἡγοῦ δέ γ' ὧδ' αὐτὸς σὺ

---

966 χρὴ R : corr. Bothe   967 ὥσπερ] ὡς ἐπ' Fritzsche   968 εὐφυῆ
R : corr. Brunck (cf. Eq. 141)   969 ἐλύραν R : corr. Kuster
982 χάριν Biset : χαίρειν R   984 νηστεύομεν Bentl.   985 εἶα
πάλλ' Blaydes : ειαπάλλ' R : εἶ' ἐπ' ἄλλ' Junt.   986 τόρνευε Bentl.
987 ἡγοῦ δέ γ' αὐτὺς ὧδε ! σὺ Fritzsche

ΑΡΙΣΤΟΦΑΝΟΥΣ

κισσοφόρε Βάκχειε
δέσποτ᾽· ἐγὼ δὲ κώμοις
σὲ φιλοχόροισι μέλψω.

εὔιον ὦ Διόνυσε   [στρ. γ
Βρόμιε καὶ Σεμέλας παῖ,   991
χοροῖς τερπόμενος
κατ᾽ ὄρεα νυμφᾶν †ἐρατοῖς† ἐν ὕμνοις,
εὔιον εὔιον εὐοῖ   993ᵇ
.... ἀναχορεύων.

ἀμφὶ δὲ σοὶ κτυπεῖται   [ἀντ. γ
Κιθαιρώνιος ἠχώ,   996
μελάμφυλλά τ᾽ ὄρη
δάσκια καὶ νάπαι πετρώδεις βρέμονται·
κύκλῳ δὲ περὶ σὲ κισσὸς
εὐπέταλος ἕλικι θάλλει.   1000

ΤΟΞΟΤΗΣ

ἐνταῦτα νῦν οἰμῶξι πρὸς τὴν αἰτρίαν.
Μν. ὦ τοξόθ᾽ ἱκετεύω σε.   Το. μή μ᾽ ἱκετεῦσι σύ.
Μν. χάλασον τὸν ἧλον.   Το. ἀλλὰ ταῦτα δρᾶσ᾽ ἐγώ.
Μν. οἴμοι κακοδαίμων, μᾶλλον ἐπικρούεις σύ γε.
Το. ἔτι μᾶλλο βούλις;   Μν. ἀτταταῖ ἰατταταῖ·   1005
κακῶς ἀπόλοιο.   Το. σῖγα κακοδαίμων γέρον.
πέρ᾽ ἐγὼ ᾽ξινίγκι πορμός, ἵνα πυλάξι σοι.
Μν. ταυτὶ τὰ βέλτιστ᾽ ἀπολέλαυκ᾽ Εὐριπίδου.
ἔα· θεοί, Ζεῦ σῶτερ, εἰσὶν ἐλπίδες.
ἀνὴρ ἔοικεν οὐ προδώσειν, ἀλλά μοι   1010
σημεῖον ὑπεδήλωσε Περσεὺς ἐκδραμών,
ὅτι δεῖ με γίγνεσθ᾽ Ἀνδρομέδαν· πάντως δέ μοι

990 Εὔιε ὦ Διὸς σὺ Enger   993 fort ἐραννοῖς   993 b ὦ Εὔι᾽
Εὔι᾽ εὐοῖ Herm.   995 σοὶ editores : συῖ R   996 κιθαρώνιος
R : corr. Zanetti   1001 οἰμάξει R : corr. Brunck   1002 ἱκετεῦσι
Brunck : ἱκετεύσῃ R   1005 μᾶλλον R : corr. Bentl.   ιατταταῖ
Dind. : τατταταὶ R   1007 ᾽ξινίγκι Enger : ξεινίγκι R : ξυνίγκι
Augustanus

90

τὰ δέσμ' ὑπάρχει.   δῆλον οὖν ⟨τοῦτ'⟩ ἔσθ' ὅτι
ἥξει με σώσων· οὐ γὰρ ἂν παρέπτετο.

Ευ. φίλαι παρθένοι φίλαι, πῶς ἂν ⟨οὖν⟩   1016
ἐπέλθοιμι καὶ
τὸν Σκύθην λάθοιμι;
κλύεις; ὦ πρὸς αἰδοῦς σὲ τὰν ἐν ἄντροις,
κατάνευσον, ἔασον ὡς   1020
τὴν γυναῖκά μ' ἐλθεῖν.

Μν. ἄνοικτος ὅς μ' ἔδησε τὸν
πολυστονώτατον βροτῶν·
μόλις δὲ γραῖαν ἀποφυγὼν
σαπρὰν ἀπωλόμην ὅμως.   1025
ὅδε γὰρ ὁ Σκύθης πάλαι ⟨μοι⟩ φύλαξ
ἐφεστὼς ὀλοὸν ἄφιλον ἐκρέμασεν
κόραξι δεῖπνον.   ὁρᾷς; οὐ
χοροῖσιν οὐδ' ὑφ' ἡλίκων νεανίδων   1030
κημὸν ἕστηκ' ἔχουσ',
ἀλλ' ἐν πυκνοῖς δεσμοῖσιν ἐμπεπλεγμένη
κήτει βορὰ Γλαυκέτῃ πρόκειμαι,
γαμηλίῳ μὲν οὐ ξὺν
παιῶνι δεσμίῳ δὲ   1035
γοᾶσθέ μ' ὦ γυναῖκες, ὡς
μέλεα μὲν πέπονθα μέλεος,
ὦ τάλας ἐγὼ τάλας,
ἀπὸ δὲ συγγόνων τάλαν' ἄνομα πάθεα,
φῶτά ⟨τε⟩ λιτομέναν, πολυδάκρυτον 'Αί-   1040
δα γόον †φεύγουσαν†
αἰαῖ αἰαῖ ἒ ἔ,

1013 τοῦτ' add. Dobr.   1016 οὖν add. Herm.   1017 ἀπέλ-
θοιμι R: corr Brunck   1018 λάθοιμι R: corr. Brunck
1019 προσαιδουσσαι τὰς R: corr. Seidler   1023 πολυπονώτατον R:
corr. Burges   1026 πάλαι μοι φύλαξ Enger: φύλαξ. πάλαι R
1027 ἐφέστηκ' R: corr. Mein.   1030 ὑφ' ἡλίκων] ἡλίκων ὑπὸ
Herm.   1031 κημὸν Herm.: ψῆφον κημὸν R   1039 τάλαν'
Herm.: ἀλλὰν R   1040 τε add. Herm.   φῶτ' ἀντομένα(ν) v. l.
apud schol.   1041 φεύγουσαν] φλέγουσαν Musgrave

ὃς ἔμ' ἀπεξύρησε πρῶτον,
ὃς ἐμὲ κροκόεντ' ἐνέδυσεν·
ἐπὶ δὲ τοῖσδ' ⟨ἐς⟩ τόδ' ἀνέπεμψεν   1045
ἱερόν, ἔνθα γυναῖκες.
ἰώ μοι μοίρας ἄτεγκτε δαίμων·
ὦ κατάρατος ἐγώ·
τίς ἐμὸν οὐκ ἐπόψεται
πάθος ἀμέγαρτον ἐπὶ κακῶν παρουσίᾳ;
εἴθε με πυρφόρος αἰθέρος ἀστὴρ—   1050
τὸν βάρβαρον ἐξολέσειεν.
οὐ γὰρ ἔτ' ἀθανάταν φλόγα λεύσσειν
ἐστὶν ἐμοὶ φίλον, ὡς ἐκρεμάσθην,
λαιμότμητ' ἄχη δαιμόνων αἰόλαν
νέκυσιν ἐπὶ πορείαν.   1055
Ευ. χαῖρ' ὦ φίλη παῖ· τὸν δὲ πατέρα Κηφέα
ὅς σ' ἐξέθηκεν ἀπολέσειαν οἱ θεοί.
Μν. σὺ δ' εἶ τίς ἥτις τοὐμὸν ᾤκτιρας πάθος;
Ευ. Ἠχὼ λόγων ἀντῳδὸς ἐπικοκκάστρια,
ἥπερ πέρυσιν ἐν τῷδε ταὐτῷ χωρίῳ   1060
Εὐριπίδῃ καὐτὴ ξυνηγωνιζόμην.
ἀλλ' ὦ τέκνον σὲ μὲν τὸ σαυτῆς χρὴ ποιεῖν,
κλάειν ἐλεινῶς.   Μν.   σὲ δ' ἐπικλάειν ὕστερον.
Ευ. ἐμοὶ μελήσει ταῦτά γ'.   ἀλλ' ἄρχου λόγων.
Μν.   ὦ νὺξ ἱερὰ   1065
ὡς μακρὸν ἵππευμα διώκεις
ἀστεροειδέα νῶτα διφρεύουσ'
αἰθέρος ἱερᾶς
τοῦ σεμνοτάτου δι' Ὀλύμπου;
Ευ.   δι' Ὀλύμπου.
Μν.   τί ποτ' Ἀνδρομέδα περίαλλα κακῶν   1070

1044 ἐνέδυσεν R : ἀμφέδυσεν Herm. ex schol.   1045 ἐς add.
Herm.   1047 ἄτεγκτε Zanetti : ἄνετικτε R   1051 βάρβαρον]
δύσμορον Brunck   1054 λαιμοτόμητ' Dind.   δαιμόνι' Fritzsche
1068 ἱρᾶς Herm.

ΘΕΣΜΟΦΟΡΙΑΖΟΥΣΑΙ

	μέρος ἐξέλαχον—	Ευ.	μέρος ἐξέλαχον—
Μν.	θανάτου τλήμων;	Ευ.	θανάτου τλήμων;
Μν.	ἀπολεῖς μ᾽ ὦ γραῦ στωμυλλομένη.		
Ευ.	στωμυλλομένη.		
Μν	νὴ Δί᾽ ὀχληρά γ᾽ εἰσήρρηκας		1075
	λίαν. Ευ. λίαν.		
Μν.	ὦγάθ᾽ ἔασόν με μονῳδῆσαι,		
	καὶ χαριεῖ μοι. παῦσαι.	Ευ.	παῦσαι.
Μν.	βάλλ᾽ ἐς κόρακας.	Ευ.	βάλλ᾽ ἐς κόρακας.
Μν.	τί κακόν; Ευ.	τί κακόν;	Μν. ληρεῖς.
	Ευ. ληρεῖς.		1080
Μν.	οἴμωζ᾽. Ευ.	οἴμωζ᾽.	Μν. ὀτότυζ᾽.
	Ευ. ὀτότυζ᾽.		
Το.	οὗτος σί λαλῖς;	Ευ.	οὗτος σί λαλῖς;
Το.	πρυτάνεις καλέσω;	Ευ.	πρυτάνεις καλέσω;
Το.	σί κακόν; Ευ.	σί κακόν;	1085
Το.	πῶτε τὸ πωνή;	Ευ.	πῶτε τὸ πωνή;
Το.	σὺ λαλῖς; Ευ.	σὺ λαλῖς;	Το. κλαύσει.
	Ευ. κλαύσει.		
Το.	κακκάσκι μοι;	Ευ.	κακκάσκι μοι;
Μν.	μὰ Δί᾽ ἀλλὰ γυνὴ πλησίον αὕτη.		1090
Ευ.	πλησίον αὕτη.		
Το.	ποῦ ᾽στ᾽ ἡ μιαρά; καὶ δὴ πεύγει.		
	ποῖ ποῖ πεύγεις; ⟨Ευ. ποῖ ποῖ πεύγεις;⟩		
Το.	οὐ καιρήσεις; ⟨Ευ. οὐ καιρήσεις;⟩		
Το.	ἔτι γὰρ γρύζεις;	Ευ.	ἔτι γὰρ γρύζεις; 1095
Το.	λαβὲ τὴ μιαρά.	Ευ.	λαβὲ τὴ μιαρά.
Το.	λάλο καὶ κατάρατο γύναικο.		
Ευ.	ὦ θεοὶ τίν᾽ ἐς γῆν βαρβάρων ἀφίγμεθα		

1073 γραῦ R¹ : σ supra add. R²   1080 τί τὸ κακόν utroque loco :
corr. Bentl.   1082 utroque loco σί Brunck : τί R   1087 utro-
que loco λαλῖς Dind. : λαλεις R   utroque loco κλαύσει Brunck :
κλαύσαιμι R   1092 ποῦ ᾽σθ᾽ ἡ R : corr. Brunck   1092·3 φεύγει,
φεύγεις R : corr. Enger   1093·4 iterata verba restituit Brunck

ταχεῖ πεδίλῳ; διὰ μέσου γὰρ αἰθέρος
τέμνων κέλευθον πόδα τίθημ᾽ ὑπόπτερον   1100
Περσεὺς πρὸς Ἄργος ναυστολῶν τὸ Γοργόνος
κάρα κομίζων.   Το.   τί λέγι; τὴ Γόργος πέρι
τὸ γραμματέο σὺ τὴ κεπαλή;   Ευ.   τὴν Γοργόνος
ἔγωγε φημί.   Το.   Γόργο τοι κἀγὼ λέγι.
Ευ. ἔα· τίν᾽ ὄχθον τόνδ᾽ ὁρῶ καὶ παρθένον   1105
θεαῖς ὁμοίαν ναῦν ὅπως ὡρμισμένην;
Μν. ὦ ξένε κατοίκτιρόν με τὴν παναθλίαν,
λῦσόν με δεσμῶν.   Το.   οὐκὶ μὶ λαλῆσι σύ;
κατάρατο τολμᾷς ἀποτανουμένη λαλᾷς;
Ευ. ὦ παρθέν᾽ οἰκτίρω σὲ κρεμαμένην ὁρῶν.   1110
Το. οὐ παρτέν᾽ ἐστίν, ἀλλ᾽ ἁμαρτωλὴ γέρων
καὶ κλέπτο καὶ πανοῦργο.   Ευ.   ληρεῖς ὦ Σκύθα.
αὕτη γάρ ἐστιν Ἀνδρομέδα παῖς Κηφέως.
Το. σκέψαι τὸ κύστο· μή τι μικτὸν παίνεται;
Ευ. φέρε δεῦρό μοι τὴν χεῖρ᾽, ἵν᾽ ἅψωμαι κόρης·   1115
φέρε Σκύθ᾽· ἀνθρώποισι γὰρ νοσήματα
ἅπασίν ἐστιν· ἐμὲ δὲ καὐτὸν τῆς κόρης
ταύτης ἔρως εἴληφεν.   Το.   οὐ ζηλῶσί σε·
ἀτὰρ εἰ τὸ πρωκτὸ δεῦρο περιεστραμμένον,
οὐκ ἐπτόνησά σ᾽ αὐτὸ πυγίζεις ἄγων.   1120
Ευ. τί δ᾽ οὐκ ἐᾷς λύσαντά μ᾽ αὐτὴν ὦ Σκύθα
πεσεῖν ἐς εὐνὴν καὶ γαμήλιον λέχος;
Το. εἰ σπόδρ᾽ ἐπιτυμεῖς τὴ γέροντο πύγισο,
τὴ σανίδο τρήσας ἐξόπιστο πρώκτισον.   1124
Ευ. μὰ Δί᾽ ἀλλὰ λύσω δεσμά.   Το.   μαστιγῶ σ᾽ ἄρα.
Ευ. καὶ μὴν ποιήσω τοῦτο.   Το.   τὸ κεπαλή σ᾽ ἄρα

1101 ναυστολῶν editores : ναυτολῶν R   1102-3 om. R Augustanus : in marg. inferiore add. R²   1102 Γόργος Fritzsche : γοργόνος R²   1103 κεφαλη R² : corr. Bothe   1108 λαλῆσι Brunck : λαλῆς R   1114 κύστο Scaliger : σκυτο R   1115 δεῦρό Bentl. : δεῦρο· δεῦρό R   1119 τῶ πρωκτῶ R : corr. Kuster   1122 ἐς Kuster : ἔσθ᾽ R : ἔστ᾽ R²   1124 ἐξόπισθο R : corr. Brunck   1125 δεσμά Biset : δέμας R

ΘΕΣΜΟΦΟΡΙΑΖΟΥΣΑΙ

τὸ ξιπομάκαιραν ἀποκεκόψι τουτοί.

Ευ. αἰαῖ· τί δράσω; πρὸς τίνας στρεφθῶ λόγους;
ἀλλ᾽ οὐ ⟨γὰρ⟩ ἂν δέξαιτο βάρβαρος φύσις.
σκαιοῖσι γάρ τοι καινὰ προσφέρων σοφὰ   1130
μάτην ἀναλίσκοις ἄν, ἀλλ᾽ ἄλλην τινὰ
τούτῳ πρέπουσαν μηχανὴν προσοιστέον.

Το. μιαρὸς ἀλώπηξ, οἷον ἐπιτήκιζί μοι.

Μν. μέμνησο Περσεῦ μ᾽ ὡς καταλείπεις ἀθλίαν.

Το. ἔτι γὰρ σὺ τῇ μάστιγαν ἐπιτυμεῖς λαβεῖν;   1135

Χο. Παλλάδα τὴν φιλόχορον ἐμοὶ
δεῦρο καλεῖν νόμος ἐς χορόν,
παρθένον ἄζυγα κούρην,   1139

ἢ πόλιν ἡμετέραν ἔχει   [στρ. α
καὶ κράτος φανερὸν μόνη
κληδοῦχός τε καλεῖται.

φάνηθ᾽ ὦ τυράννους
στυγοῦσ᾽ ὥσπερ εἰκός.   1144

δῆμός τοί σε καλεῖ γυναι-   [ἀντ. α
κῶν· ἔχουσα δέ μοι μόλοις
εἰρήνην φιλέορτον.

ἥκετ᾽ εὔφρονες ἵλαοι,   [στρ. β
πότνιαι, ἄλσος ἐς ὑμέτερον,
οὗ δὴ ἀνδράσιν οὐ θέμις εἰσορᾶν   1150
ὄργια σεμνὰ θεοῖν, ἵνα λαμπάσι
φαίνετον ἄμβροτον ὄψιν.

μόλετον ἔλθετον, ἀντόμεθ᾽ ὦ   [ἀντ. β
Θεσμοφόρω πολυποτνία,   1156

1127 ἀποκεκοιψ' R : ἀποκεκόψοι R² : ἀποκεκοψο Augustanus : corr.
Brunck   1129 οὐ γὰρ ἂν Lenting : οὐκ' ἂν R   1132 τούτῳ Kuster:
τοῦτο R   1133 ἐπιτηκίζει R : corr. Blaydes   1139 κούρην
Herm. : κόρην R   1142 post h. v. add. στυγνᾶς ὤσσε R : στυγνᾶς
ὡς ἐ Augustanus   1150 θέμις Herm. : θεμιτὸν R

εἰ καὶ πρότερόν ποτ' ἐπηκόω
ἤλθετον, ⟨ἔλθετε⟩ νῦν, ἀφίκεσθ' ἱκε-
τεύομεν ἐνθάδε χἠμῖν.

Ευ. γυναῖκες εἰ βούλεσθε τὸν λοιπὸν χρόνον   1160
σπονδὰς ποιήσασθαι πρὸς ἐμέ, νυνὶ πάρα,
ἐφ' ᾧτ' ἀκοῦσαι μηδὲν ὑπ' ἐμοῦ μηδαμὰ
κακὸν τὸ λοιπόν.   ταῦτ' ἐπικηρυκεύομαι.
Χο. χρείᾳ δὲ ποίᾳ τόνδ' ἐπεσφέρεις λόγον;
Ευ. ὅδ' ἐστὶν οὖν τῇ σανίδι κηδεστὴς ἐμός.   1165
ἢν οὖν κομίσωμαι τοῦτον, οὐδὲν μή ποτε
κακῶς ἀκούσητ'· ἢν δὲ μὴ πίθησθέ μοι,
ἃ νῦν ὑποικουρεῖτε τοῖσιν ἀνδράσιν
ἀπὸ τῆς στρατιᾶς παροῦσιν ὑμῶν διαβαλῶ.
Χο. τὰ μὲν παρ' ἡμῶν ἴσθι σοι πεπεισμένα·   1170
τὸν βάρβαρον δὲ τοῦτον αὐτὸς πεῖθε σύ.
Ευ. ἐμὸν ἔργον ἐστίν· καὶ σὸν ὦλάφιον ἅ σοι
καθ' ὁδὸν ἔφραζον ταῦτα μεμνῆσθαι ποιεῖν.
πρῶτον μὲν οὖν δίελθε κἀνακάλπασον.
σὺ δ' ὦ Τερηδὼν ἐπαναφύσα Περσικόν.   1175
Το. τί τὸ βόμβο τοῦτο; κῶμο τίς ἀνεγείρί μοι
Ευ. ἡ παῖς ἔμελλε προμελετᾶν ὦ τοξότα.
ὀρχησομένη γὰρ ἔρχεθ' ὡς ἄνδρας τινάς.
Το. ὀρκῆσι καὶ μελετῆσι, οὐ κωλύσ' ἐγώ.
ὡς ἐλαπρός, ὥσπερ ψύλλο κατὰ τὸ κώδιο.   1180
Ευ. φέρε θοἰμάτιον ἄνωθεν ὦ τέκνον τοδί·
καθιζομένη δ' ἐπὶ τοῖσι γόνασι τοῦ Σκύθου
τὼ πόδε πρότεινον, ἵν' ὑπολύσω.   Το.   ναῖκι ναὶ
κάτησο κάτησο, ναῖκι ναῖκι τυγάτριον.
οἴμ' ὡς στέριπο τὸ τιττί', ὥσπερ γογγύλη.   1185
Ευ. αὔλει σὺ θᾶττον· ἔτι δέδοικας τὸν Σκύθην;

1157 ἔλθετε add. Reisig   ἀφίκεσθον R : corr. Reisig   1159 ἐνθᾶδ'
ἡμῖν R : corr. Herm.   1167 ἀκούσαιτ' R : corr. Elmsl.   πείθησθέ
R : corr. Hirschig   1171 πεῖθε Scaliger : πεῖσαι R   1174 -κάλπ-
Phot. : -κόλπ- R (v. App.)   1184 ναῖκι ναῖκι Fritzsche : ναῖκι ναὶ R

ΘΕΣΜΟΦΟΡΙΑΖΟΥΣΑΙ

Το. καλό γε τὸ πυγή.   κλαῦσί γ' ἂν μὴ 'νδον μένῃς.
ἀνακύπτι καὶ παρακύπτι ἀπεψωλημένος·   1187ᵇ
εἶεν· καλὴ τὸ σκῆμα περὶ τὸ πόστιον.

Ευ. καλῶς ἔχει.   λαβὲ θοἰμάτιον· ὥρα 'στὶ νῶν
ἤδη βαδίζειν.   Το.   οὐκὶ πιλῆσι πρῶτά με; 1190

Ευ. πάνυ γε· φίλησον αὐτόν.   Το.   ὁ ὁ ὁ παπαπαπαῖ,
ὡς γλυκερὸ τὸ γλῶσσ', ὥσπερ 'Αττικὸς μέλις.
τί οὐ κατεύδει παρ' ἐμέ;   Ευ.   χαῖρε τοξότα,
οὐ γὰρ γένοιτ' ἂν τοῦτο.   Το.   ναὶ ⟨ναὶ⟩ γράδιο.
ἐμοὶ κάρισο σὺ τοῦτο.   Ευ.   δώσεις οὖν δραχμήν;

Το. ναὶ ναῖκι δῶσι.   Ευ.   τἀργύριον τοίνυν φέρε. 1196
Το. ἀλλ' οὐκ ἔκὠδέν· ἀλλὰ τὸ συβήνην λαβέ.

Ευ. ἔπειτα †κομίζεις αὐτοῖς.†   Το.   ἀκολούτι τέκνον.
σὺ δὲ τοῦτο τήρει τὴ γέροντο, γράδιο.
ὄνομα δέ σοι τί ἔστιν;   Ευ.   'Αρτεμισία.   1200

Το. μεμνῆσι τοίνυν τοὔνομ'·   'Αρταμουξία.

Ευ. 'Ερμῆ δόλιε ταυτὶ μὲν ἔτι καλῶς ποιεῖς.
σὺ μὲν οὖν ἀπότρεχε παιδάριον τουτὶ λαβών·
ἐγὼ δὲ λύσω τόνδε.   σὺ δ' ὅπως ἀνδρικῶς
ὅταν λυθῇς τάχιστα φεύξει καὶ τενεῖς   1205
ὡς τὴν γυναῖκα καὶ τὰ παιδί' οἴκαδε.

Μν. ἐμοὶ μελήσει ταῦτά γ' ἢν ἅπαξ λυθῶ.

Ευ. λέλυσο.   σὸν ἔργον, φεῦγε πρὶν τὸν τοξότην
ἥκοντα καταλαβεῖν.   Μν.   ἐγὼ δὴ τοῦτο δρῶ.

Το. ὦ γράδι' ὡς καρίεντό σοι τὸ τυγάτριον,   1210
κοὐ δύσκολ' ἀλλὰ πρᾶο.   ποῦ τὸ γράδιο;
οἴμ' ὡς ἀπόλωλο· ποῦ τὸ γέροντ' ἐντευτενί;
ὦ γράδι', ὦ γρᾶ'.   οὐκ ἐπαινῶ γράδιο.
'Αρταμουξία.

1187ᵇ ἀνακύπτη R : corr. Thiersch   h.v. tanquam parepigraphen eicit
Bentl.   1190 τί οὐκ ἐπιλήσει R : corr. Pors. ex schol.   1194 ναὶ
add. Brunck   1195 σὺ Brunck : σ οὐ R   1197 συμβήνην R :
corr. ex v. 1215 (sic etiam in titulis)   1198 κομίσι σ' αὐτός, (quod
Scythae continuat) Enger   1201 μέμνησο τοίνυν τοὔνομ' (quod
Euripidi continuat) Reiske   1208 λέλυσαι Bentl.

διέβαλλέ μ' ἡ γραῦς.   ἀπότρεκ' ὡς τάκιστα σύ·
ὀρτῶς δὲ συβήνη 'στί· καταβηνῆσι γάρ.   1215
οἴμοι,
τί δρᾶσι; ποῖ τὸ γρᾴδι'; Ἀρταμουξία.

Χο. τὴν γραῦν ἐρωτᾷς ἢ 'φερεν τὰς πηκτίδας;
Το. ναὶ ναῖκι. εἶδες αὐτό;   Χο. ταύτῃ γ' οἴχεται
αὐτή τ' ἐκείνη καὶ γέρων τις εἵπετο.

Το. κροκῶτ' ἔκοντο τῇ γέροντο;   Χο. φήμ' ἐγώ.   1220
ἔτ' ἂν καταλάβοις, εἰ διώκοις ταυτηί.

Το. ὦ μιαρὸ γρᾶο· πότερα τρέξι τὴν ὁδό;
Ἀρταμουξία.

Χο. ὀρθὴν ἄνω δίωκε. ποῖ θεῖς; οὐ πάλιν
τῃδὶ διώξει; 's τοὔμπαλιν τρέχεις σύ γε.

Το. κακόδαιμον, ἀλλὰ τρέξι. Ἀρταμουξία.   1225
Χο. τρέχε νυν κατὰ τοὺς κόρακας ἐπουρίσας, ⟨τρέχε.⟩

ἀλλὰ πέπαισται μετρίως ἡμῖν·
ὥσθ' ὥρα δή 'στι βαδίζειν
οἴκαδ' ἑκάστῃ. τὼ Θεσμοφόρω δ'
ἡμῖν ἀγαθὴν   1230
τούτων χάριν ἀνταποδοίτην.

1214 ἡ γραῦς] ἡ γραῦς Suid.: ὁ γραῦς R   1215 συβίνη . . . καταβινῆσι Brunck   1216 δρᾶσι Enger: δράσει R   1222 γρᾶο Brunck: γραῦ R   1227 πέπαισται Biset: πέπυσται R

ΒΑΤΡΑΧΟΙ

ΥΠΟΘΕΣΕΙΣ

I

Διόνυσός ἐστι μετὰ θεράποντος Ξανθίου κατὰ Εὐριπίδου πόθον εἰς
Ἅιδου κατιών· ἔχει δὲ λεοντῆν καὶ ῥόπαλον πρὸς τὸ τοῖς ἐντυγχάνουσιν
ἔκπληξιν παρέχειν. ἐλθὼν δὲ ὡς τὸν Ἡρακλέα πρότερον, ἵνα ἐξετάσῃ
τὰ κατὰ τὰς ὁδοὺς ᾗ καὶ αὐτὸς ἐπὶ τὸν Κέρβερον ᾤχετο, καὶ ὀλίγα
5 ἄττα περὶ τῶν τραγικῶν τούτῳ διαλεχθεὶς ὁρμᾶται πρὸς τὸ προκείμε-
νον. ἐπεὶ δὲ πρὸς τῇ Ἀχερουσίᾳ λίμνῃ γίνεται, ὁ μὲν Ξανθίας διὰ τὸ
μὴ συννεναυμαχηκέναι τὴν περὶ Ἀργινούσας ναυμαχίαν ὑπὸ τοῦ Χάρω-
νος οὐκ ἀναληφθεὶς πεζῇ τὴν [λίμνην] κύκλῳ πορεύεται. ὁ δὲ Διόνυσος
δύο ὀβολῶν περαιοῦται, προσπαίζων ἅμα τοῖς κατὰ τὸν πόρον ᾄδουσι
10 βατράχοις καὶ γελωτοποιῶν. μετὰ ταῦτα ἐν Ἅιδου τῶν πραγμάτων
ἤδη χειριζομένων οἵ τε μύσται χορεύοντες ἐν τῷ προφανεῖ καὶ τὸν
Ἴακχον ᾄδοντες ἐν χοροῦ σχήματι καθορῶνται, ὅ τε Διόνυσος μετὰ τοῦ
θεράποντος εἰς ταὐτὸν ἔρχεται τούτοις. τῶν δὲ προηδικημένων ὑπὸ
Ἡρακλέους προσπλεκομένων τῷ Διονύσῳ διὰ τὴν ἐκ τῆς σκευῆς ἄγνοιαν,
15 μέχρι μέν τινος οὐκ ἀγελοίως χειμάζονται, εἶτα μέντοι γε ὡς τὸν
Πλούτωνα καὶ τὴν Περσέφατταν παραχθέντες ἀλεώρας τυγχάνουσιν.
ἐν δὲ τούτῳ ὁ μὲν τῶν μυστῶν χορὸς περὶ τοῦ τὴν πολιτείαν ἐξισῶσαι
καὶ τοὺς ἀτίμους ἐντίμους ποιῆσαι χἀτέρων τινῶν πρὸς τὴν τῶν Ἀθηναίων
πόλιν διαλέγεται. τὰ δὲ λοιπὰ τοῦ δράματος μονόκωλα, ἄλλως δὲ
20 τερπνὴν καὶ φιλόλογον λαμβάνει σύστασιν. παρεισάγεται γὰρ Εὐρι-
πίδης Αἰσχύλῳ περὶ τῆς τραγικῆς διαφερόμενος, τὸ μὲν ἔμπροσθεν
Αἰσχύλου παρὰ τῷ Ἅιδῃ βραβεῖον ἔχοντος [καὶ τοῦ τραγῳδικοῦ θρόνου]
τότε δὲ Εὐριπίδου τῆς τιμῆς ἀντιποιησαμένου. συστήσαντος δὲ τοῦ
Πλούτωνος αὐτοῖς τὸν Διόνυσον διακονεῖν, ἑκατέρου αὐτοῖν λόγους
25 πολλοὺς καὶ ποικίλους ποιεῖται, καὶ τέλος πάντα ἔλεγχον καὶ πᾶσαν
βάσανον οὐκ ἀπιθάνως ἑκατέρου κατὰ τῆς θατέρου ποιήσεως προσ-

Ὑπόθεσις I est in R V A Ald.] 8 λίμνην om. R V 10 πραγμά-
των] βατράχων A 11 χωριζομένων A 16 παραχθέντες] παρελ-
θόντες A 21 τραγικῆς] τραγῳδίας A 22 βραβεῖον] τὸ πρωτεῖον A
22–24 καὶ τοῦ . . . Πλούτωνος om. A καὶ . . . θρόνου secl. Rutherford
24 διακονεῖν] ἀκροατὴν ἱδρυσαμένου A

αγαγόντος, κρίνας παρὰ προσδοκίαν ὁ Διόνυσος τὸν Αἰσχύλον νικᾶν,
ἔχων αὐτὸν ὡς τοὺς ζῶντας ἀνέρχεται.
τὸ δὲ δρᾶμα τῶν εὖ πάνυ καὶ φιλολόγως πεποιημένων. ἐδιδάχθη
ἐπὶ Καλλίου τοῦ μετὰ Ἀντιγένη διὰ Φιλωνίδου εἰς Λήναια. πρῶτος ἦν·
Φρύνιχος δεύτερος Μούσαις· Πλάτων τρίτος Κλεοφῶντι.   5
οὕτω δὲ ἐθαυμάσθη τὸ δρᾶμα διὰ τὴν ἐν αὐτῷ παράβασιν ὥστε καὶ
ἀνεδιδάχθη, ὥς φησι Δικαίαρχος.
οὐ δεδήλωται μὲν ὅπου ἐστὶν ἡ σκηνή, εὐλογώτατον δ' ἐν Θήβαις·
καὶ γὰρ ὁ Διόνυσος ἐκεῖθεν καὶ πρὸς τὸν Ἡρακλέα ἀφικνεῖται Θηβαῖον
ὄντα.   10

II

ΑΡΙΣΤΟΦΑΝΟΥΣ ΓΡΑΜΜΑΤΙΚΟΥ

Μαθὼν παρ' Ἡρακλέους Διόνυσος τὴν ὁδὸν
πρὸς τοὺς κατοιχομένους πορεύεται, λαβὼν
τὸ δέρμα καὶ τὸ σκύταλον, ἀνάγειν θέλων
Εὐριπίδην· λίμνην τε διέβαινεν κάτω,
καὶ τῶν βατράχων ἀνέκραγεν εὔφημος χορός.   15
ἔπειτα μυστῶν ἐκδοχή. Πλούτων δ' ἰδὼν
ὡς Ἡρακλεῖ προσέκρουσε διὰ τὸν Κέρβερον.
ὡς δ' ἀνεφάνη, τίθεται τραγῳδίας ἀγών,
καὶ δὴ στεφανοῦταί γ' Αἰσχύλος. τοῦτον δ' ἄγει
Διόνυσος ἐς φῶς, οὐχὶ μὰ Δί' Εὐριπίδην.   20

III

ΘΩΜΑ ΤΟΥ ΜΑΓΙΣΤΡΟΥ

Διόνυσος Εὐριπίδου πόθῳ ληφθεὶς καὶ οὐχ οἷός τ' ὢν ἄλλως θερα-
πεῦσαι τὸν ἔρωτα, εἰς Ἅιδου κατελθεῖν ἠβουλήθη, ὅπως ἐκεῖ τούτῳ
ἐντύχῃ. ἐπεὶ δὲ τῆς ὁδοῦ ἄπειρος ἦν, ἔγνω δεῖν εἰς Ἡρακλέα πρόσθεν
ἐλθεῖν. οὗτος γὰρ πάλαι, κελεύσαντος Εὐρυσθέως, Κερβέρου χάριν εἰς
Ἅιδου κατῄει. ἐλθὼν δὲ καὶ πυθόμενος περὶ τῆς ὁδοῦ, ἤκουσε παρ'   25
αὐτοῦ, ὅπως ἄρα δεῖ κατελθεῖν, χαριεντισαμένου πρὸς αὐτὸν πρότερον.
Διόνυσος δὲ καὶ πρὶν ἀπαντῆσαι πρὸς Ἡρακλέα, κατ' αὐτὸν ἐσκευάσθη,
λεοντῆν ἐνδεδυμένος καὶ ῥόπαλον φέρων. ὡς οὖν ἤκουσε παρ' Ἡρακλέους

I 3 εὖ καὶ φιλοπόνως πάνυ A
Ὑπόθεσις II est in R V Ald.]   13 ἀναγαγεῖν Brunck
Ὑπόθεσις III est in Ald. et Baroccianis 43 et 127

περὶ τῆς ὁδοῦ, μεθ᾽ ἑαυτοῦ δοῦλόν τινα ἔχων Ξανθίαν, ἐχώρει πρὸς
Ἅιδην, καὶ πρῶτον μὲν ἐντυγχάνει τῇ Ἀχερουσίᾳ λίμνῃ καὶ ὁρᾷ ἐν αὐτῇ
τὸν Χάροντα μετὰ σκάφους, δι᾽ οὗ τοὺς τεθνεῶτας εἰς Ἅιδου ἐπέρα.
καὶ ὁ μὲν Ξανθίας οὐκ ἐπέβη τοῦ σκάφους διὰ τὸ μὴ τὴν ἐν Ἀργινούσαις
5 ναυμαχῆσαι μάχην· πεζῇ δὲ περιῄει τὴν λίμνην. Διόνυσος δὲ ἐπιβὰς
καὶ τῶν ἐν αὐτῇ βατράχων ἀκούσας μέλη παρὰ τὸν πλοῦν, διαπεραιοῦται
καὶ αὖθις Ξανθίᾳ συγγίνεται· καὶ σὺν αὐτῷ πάλιν ἀψάμενος τῆς ὁδοῦ
εὑρίσκει, ἃ Ἡρακλῆς αὐτῷ προειρήκει, δυσχερῆ τινα θεάματα καὶ τοὺς
μύστας παρ᾽ αὐτὰς τὰς πύλας τοῦ Ἅιδου χορεύοντας. εἶτα ὡς Ἡρακλῆς
10 εἰσελθὼν καὶ μεταξὺ πολλῶν τούτῳ συμβάντων παραγίνεται πρὸς
Πλούτωνα καὶ ὅτου χάριν ἥκει», εἰπών, ἔσχεν ὑπακούοντα Πλούτωνα,
οὐχ ἵν᾽ Εὐριπίδην ἀναγάγῃ, ἀλλ᾽ ἵν᾽ ἀγωνισαμένων Αἰσχύλου καὶ
Εὐριπίδου, ὅστις τούτων ἄριστος τὰ εἰς τέχνην φανείη, τοῦτον αὐτὸς
εἰληφὼς ἀνενέγκῃ πρὸς βίον. τούτου δὲ γενομένου καὶ κρείττονος
15 ἀναφανέντος Αἰσχύλου Διόνυσος τοῦτον λαβὼν ἀνῆλθε.
τὸ δὲ δρᾶμα τῶν εὖ καὶ φιλοπόνως πάνυ πεποιημένων. ἐδιδάχθη δὲ
ἐπὶ Καλλίου ἄρχοντος τοῦ μετὰ Ἀντιγένη. οὕτω δὲ ἐθαυμάσθη διὰ τὴν
ἐν αὐτῷ παράβασιν, καθ᾽ ἣν διαλλάττει τοὺς ἐντίμους τοῖς ἀτίμοις καὶ
τοὺς πολίτας τοῖς φυγάσιν, ὥστε καὶ ἀνεδιδάχθη, ὥς φησι Δικαίαρχος.

IV

ΣΚΟΠΟΣ ΤΟΥ ΠΑΡΟΝΤΟΣ ΔΡΑΜΑΤΟΣ

20 Ὁ παρὼν ποιητής, ὡς ἐν τῷ δράματι τοῦ Πλούτου τῷ τότε τῶν
Ἀθηνῶν ἄρχοντι ὁπωσδήποτε χαριζόμενος, τότε τὸν Πλοῦτον ἀνα-
βλέψαι φησὶ καὶ πλουτῆσαι τοὺς ἀγαθούς· τῶν Νεφελῶν δὲ τὸ δρᾶμα
κατὰ τὸ φαινόμενον γράψας κατὰ Σωκράτους, κατὰ παντὸς συνετάξατο
φιλοσόφου καὶ μετεωρολέσχου καὶ φυσικοῦ. Σωκράτης γὰρ μετερ-
25 χόμενος τὴν ἠθικὴν φιλοσοφίαν κατεγέλα μεταρσιολογίας καὶ φυσικῆς,
ὡς γράφει Ξενοφῶν ἐν τοῖς Ἀπομνημονεύμασι, θεολογίας δὲ ὡς ἀκατα-
λήπτου πάντῃ ἀπείχετο· ὡς οὖν τὸ δρᾶμα τοῦ Πλούτου ὑπὲρ τοῦ τότε
ἄρχοντος Ἀθηνῶν ἀσυμφανῶς ξυνετάξατο, κατὰ παντὸς δὲ φιλοσόφου
μεταρσιολέσχου καὶ ψευδοτύφου τὸ δρᾶμα τῶν Νεφελῶν· οὕτω καὶ
30 τήνδε τὴν κωμῳδίαν τῶν Βατράχων κατὰ παντὸς ὑποψύχρου καὶ ὑποξύ-
λου καὶ ἀφυοῦς καὶ ἀτεχνότατα γράφοντος, τῷ μεμηνέναι δὲ οὐ συνιέν-
τος ἑαυτὸν ὄντα βάρβαρον, οἰομένου δὲ μὴ μόνον ἰσοῦσθαι, ἀλλὰ καὶ

11 καὶ . . . Πλούτωνα add. Brunck ex cod. Reg.   Ὑπόθεσις
IV est in cod. Ambros. L 39 et in Ald., pars prior in cod. Taur. 34]
24 Σωκράτης . . . Νεφελῶν solus habet Ambr.

τὰ κρείττονα φέρεσθαι τῶν λίαν ἐπιστημόνων. ὡς τῷ ὑπὲρ φύσιν
Ὁμήρῳ τις ἀνώνυμος ἤριζε Σάτυρος, Ἡσιόδῳ δὲ Κέρκωψ, ἢ πλέον
εἰπεῖν, Εὔρυτος μὲν τοξικῇ, Μαρσύας δὲ μουσικῇ τῷ Ἀπόλλωνι·
Σειρῆσι δὲ καὶ Μούσαις Θάμυρις ὁ μαινόμενος· ἢ ὡς ὁ Αἰγύπτιος
Σῶφις καὶ ὁ Θετταλὸς Σαλμωνεὺς ταῖς οὐρανίαις ἀντιπαταγοῦντες 5
βρονταῖς καὶ τοῖς κεραυνοῖς δῆθεν ἀνταστράπτοντες. κατὰ τοιούτου
παντὸς μὴ συνιέντος ἑαυτὸν [ἐξυμνουμένου δὲ φιληταῖς ἀλογίστοις
καθάρμασι, δίκην βατράχων βοῶσι θορυβωδέστατα,] τὸ τοιοῦτον ὁ
ποιητὴς ἐξέθετο δρᾶμα.
    διασκευὴ δὲ καὶ ἔκθεσις τοιάδε τοῦ δράματος. πλάττεται τῷ ποιητῇ 10
δυσφορῶν ὁ Διόνυσος διὰ τὸ ἐν τοῖς Διονυσίοις μὴ εἶναι τραγικὸν
ἢ κωμικὸν δεξιὸν ποιητήν. ὅθεν καὶ βουληθεὶς κατιέναι εἰς Ἅιδου,
ὡς Εὐριπίδην ἐκεῖθεν ἀνάξειεν, ἐπὶ Διονυσιακοῖς τοῖς κοθόρνοις καὶ
λεοντῆν καὶ ῥόπαλον ἔχων τρόπῳ τοῦ Ἡρακλέους μετὰ Ξανθίου οἰκέτου,
ὄνῳ ἐποχουμένου, τοῖς ὤμοις δὲ ἀνάφορον φέροντος, ὃ ἀλλακτὸν δημω- 15
δεστέρως καλεῖται, εἰς Θήβας ἢ Τίρυνθα, πόλιν τοῦ Ἄργους, ἀφικνεῖται
πρὸς Ἡρακλέα, ὁδοὺς τὰς εἰς Ἅιδου χρῄζων μαθεῖν ἐξ αὐτοῦ καὶ
πανδοχεῖα καὶ ἐκτροπάς, ἅτε τοῦ Ἡρακλέους εἰς Ἅιδου πρὶν κατελ-
θόντος ἐπ᾽ ἀναγωγῇ τοῦ Κερβέρου· εἰ καὶ δυσὶ γενεαῖς προγενέστερος
ἦν Ἡρακλέους ὁ Διόνυσος. παρ᾽ οὗ μαθὼν ὅσων ἔχρῃζεν, ἀπάρχεται 20
τῆς πορείας. παρὰ τὴν λίμνην δὲ πεφθακὼς τὴν Ἀχερουσίαν αὐτὸς
μὲν ὁ Διόνυσος δυσὶν ὀβολοῖς περαιοῦται τῷ Χάρωνι, Ξανθίας δ᾽ ἀνθ᾽
ὧν τῇ περὶ Ἀργινούσας οἰκ ἐναυμάχησε ναυμαχίᾳ, τῷ Χάρωνι μὴ
ἀναληφθεὶς πεζῇ τὴν λίμνην κύκλῳ περιπορεύεται· καὶ τί δεῖ λεπτο-
λογεῖν τὸ πᾶν τοῦ συγγράμματος τέλος; Διόνυσος ξενίζεται Περσεφόνῃ 25
καὶ Πλούτωνι καὶ κρίσιν ποιησάμενος ποιητῶν, Εὐριπίδου καὶ Αἰσχύλου,
καὶ ἄριστον τῷ ὄντι Αἰσχύλον νομίσας καὶ παρὰ προσδοκίαν τοῦτον
λαβὼν ἀλλ᾽ οὐκ Εὐριπίδην αὖθις ἐς τοὺς ζῶντας ἀνέρχεται. [ιοῖς δὲ
γελοίοις τούτοις ὁ ποιητὴς μεθόδῳ δεινότητος ἀνίει πάνυ γενναῖα καὶ
σπουδαιότατα. τῇ γὰρ ἐξ Ἅιδου μετ᾽ Αἰσχύλου πρὸς τοὺς ζῶντας 30
ἀναφορᾷ φησι προπεμπόμενος ὁ Διόνυσος, ἐντολὴν ἔσχε· Πλούτωνος
καὶ Περσεφόνης, καὶ τάχος τῶν αὐτῶν ὅπως τὴν πολιτείαν ἰσώσῃ τῶν
Ἀθηναίων καὶ διαλύσῃ τὰς ἔχθρας καὶ τοὺς διὰ τὴν ἐν Ἀργεννούσαις
μὴ γενομένην ἀναίρεσιν τῶν ἐχθρῶν φυγάδας γενομένους καὶ ἀτίμους,
αὖθις πολίτας καὶ ἐντίμους ποιήσειν.]   35

2 Σάτυρος] Σάγαρις apud Diog. L. ii. 46   7 ἐξυμνουμένου᾽ ἐξο-
μοιουμένου Beck   ἐξυμνουμένου . . . θορυβωδέστατα om. Taur.
28 τοῖς . . . ποιήσειν solus habet Ambr.   34 ἐχθρῶν] νεκρῶν Velsen

103

ΤΑ ΤΟΥ ΔΡΑΜΑΤΟΣ ΠΡΟΣΩΠΑ

ΞΑΝΘΙΑΣ	ΑΙΑΚΟΣ
ΔΙΟΝΥΣΟΣ	ΘΕΡΑΠΑΙΝΑ ΠΕΡΣΕΦΟ-
ΗΡΑΚΛΗΣ	ΝΗΣ
ΝΕΚΡΟΣ	ΠΑΝΔΟΚΕΥΤΡΙΑ
ΧΑΡΩΝ	ΠΛΑΘΑΝΗ
ΠΑΡΑΧΟΡΗΓΗΜΑ ΒΑΤΡΑ-	ΕΥΡΙΠΙΔΗΣ
ΧΩΝ	ΑΙΣΧΥΛΟΣ
ΧΟΡΟΣ ΜΥΣΤΩΝ	ΠΛΟΥΤΩΝ

ΒΑΤΡΑΧΟΙ

ΞΑΝΘΙΑΣ

   Εἴπω τι τῶν εἰωθότων ὦ δέσποτα,
   ἐφ' οἷς ἀεὶ γελῶσιν οἱ θεώμενοι;

ΔΙΟΝΥΣΟΣ

   νὴ τὸν Δί' ὅ τι βούλει γε, πλὴν 'πιέζομαι,'
   τοῦτο δὲ φύλαξαι· πάνυ γάρ ἐστ' ἤδη χολή.

Ξα. μηδ' ἕτερον ἀστεῖόν τι;   Δι. πλήν γ' ' ὡς θλίβομαι.'

Ξα. τί δαί; τὸ πάνυ γέλοιον εἴπω;   Δι. νὴ Δία   6
   θαρρῶν γε· μόνον ἐκεῖν' ὅπως μὴ 'ρεῖς,   Ξα. τὸ τί;

Δι. μεταβαλλόμενος τἀνάφορον ὅτι ' χεζητιᾷς.'

Ξα. μηδ' ὅτι τοσοῦτον ἄχθος ἐπ' ἐμαυτῷ φέρων,
   εἰ μὴ καθαιρήσει τις, ἀποπαρδήσομαι;   10

Δι. μὴ δῆθ', ἱκετεύω, πλήν γ' ὅταν μέλλω 'ξεμεῖν.

Ξα. τί δῆτ' ἔδει με ταῦτα τὰ σκεύη φέρειν,
   εἴπερ ποιήσω μηδὲν ὧνπερ Φρύνιχος
   εἴωθε ποιεῖν καὶ Λύκις κἀμειψίας;   14

Δι. μή νυν ποιήσῃς· ὡς ἐγὼ θεώμενος,   16
   ὅταν τι τούτων τῶν σοφισμάτων ἴδω,
   πλεῖν ἢ 'νιαυτῷ πρεσβύτερος ἀπέρχομαι.

Ξα. ὦ τρισκακοδαίμων ἄρ' ὁ τράχηλος οὑτοσί,

   Codd. R V A citavimus et ed. Ald.

   7 γ'· ἐκεῖνο μόνον Ald.   14 post h. v. σκεύη φέρουσ' ἑκάστοτ' ἐν
(ἐν τῇ. R) κωμῳδίᾳ legitur in codd., quod non agnoscit schol. qui
adscribit περιλείπεται οὖν ἀκούειν ἁπλῶς ὧν οὗτοι εἰώθασι ποιεῖν

ὅτι θλίβεται μέν, τὸ δὲ γέλοιον οὐκ ἐρεῖ.   20

Δι. εἶτ᾽ οὐχ ὕβρις ταῦτ᾽ ἐστὶ καὶ πολλὴ τρυφή,
ὅτ᾽ ἐγὼ μὲν ὢν Διόνυσος υἱὸς Σταμνίου
αὐτὸς βαδίζω καὶ πονῶ, τοῦτον δ᾽ ὀχῶ,
ἵνα μὴ ταλαιπωροῖτο μηδ᾽ ἄχθος φέροι;   24

Ξα. οὐ γὰρ φέρω ᾽γώ;   Δι. πῶς φέρεις γὰρ ὅς γ᾽ ὀχεῖ;

Ξα. φέρων γε ταυτί.   Δι. τίνα τρόπον;   Ξα. βαρέως
πάνυ.

Δι. οὔκουν τὸ βάρος τοῦθ᾽ ὃ σὺ φέρεις ὄνος φέρει;

Ξα. οὐ δῆθ᾽ ὅ γ᾽ ἔχω ᾽γὼ καὶ φέρω μὰ τὸν Δί᾽ οὔ.

Δι. πῶς γὰρ φέρεις, ὅς γ᾽ αὐτὸς ὑφ᾽ ἑτέρου φέρει;

Ξα. οὐκ οἶδ᾽· ὁ δ᾽ ὦμος οὑτοσὶ πιέζεται.   30

Δι. σὺ δ᾽ οὖν ἐπειδὴ τὸν ὄνον οὐ φής σ᾽ ὠφελεῖν,
ἐν τῷ μέρει σὺ τὸν ὄνον ἀράμενος φέρε.

Ξα. οἴμοι κακοδαίμων· τί γὰρ ἐγὼ οὐκ ἐναυμάχουν;
ἢ τἄν σε κωκύειν ἂν ἐκέλευον μακρά.

Δι. κατάβα πανοῦργε.   καὶ γὰρ ἐγγὺς τῆς θύρας   35
ἤδη βαδίζων εἰμὶ τῆσδ᾽, οἷ πρῶτά με
ἔδει τραπέσθαι.   παιδίον, παῖ, ἠμί, παῖ.

ΗΡΑΚΛΗΣ

τίς τὴν θύραν ἐπάταξεν; ὡς κενταυρικῶς
ἐνήλαθ᾽ ὅστις· εἰπέ μοι τουτὶ τί ἦν;

Δι. ὁ παῖς.   Ξα. τί ἔστιν;   Δι. οὐκ ἐνεθυμήθης;
Ξα. τὸ τί;   40

Δι. ὡς σφόδρα μ᾽ ἔδεισε.   Ξα. νὴ Δία μὴ μαίνοιό γε.

Ηρ. οὔ τοι μὰ τὴν Δήμητρα δύναμαι μὴ γελᾶν·
καίτοι δάκνω γ᾽ ἐμαυτόν· ἀλλ᾽ ὅμως γελῶ.

Δι. ὦ δαιμόνιε πρόσελθε· δέομαι γάρ τί σου.

Ηρ. ἀλλ᾽ οὐχ οἷός τ᾽ εἴμ᾽ ἀποσοβῆσαι τὸν γέλων   45
ὁρῶν λεοντῆν ἐπὶ κροκωτῷ κειμένην.
τίς ὁ νοῦς; τί κόθορνος καὶ ῥόπαλον ξυνηλθέτην;
ποῖ γῆς ἀπεδήμεις;   Δι. ἐπεβάτευον Κλεισθένει—

26-29 eicit Hamaker   33 ἐγὼ οὐκ Suid. Ald. : ἔγωγ᾽ οὐκ vulg.

Ηρ. κἀναυμάχησας;   Δι. καὶ κατεδύσαμέν γε ναῦς
τῶν πολεμίων ἢ δώδεκ' ἢ τρεῖς καὶ δέκα.   50
Ηρ. σφώ;   Δι. νὴ τὸν Ἀπόλλω.   Ξα. κᾆτ' ἔγωγ'
ἐξηγρόμην.
Δι. καὶ δῆτ' ἐπὶ τῆς νεὼς ἀναγιγνώσκοντί μοι
τὴν Ἀνδρομέδαν πρὸς ἐμαυτὸν ἐξαίφνης πόθος
τὴν καρδίαν ἐπάταξε πῶς οἴει σφόδρα.
Ηρ. πόθος; πόσος τις;   Δι. μικρὸς ἡλίκος Μόλων. 55
Ηρ. γυναικός;   Δι. οὐ δῆτ'.   Ηρ. ἀλλὰ παιδός;
   Δι. οὐδαμῶς.
Ηρ. ἀλλ' ἀνδρός;   Δι. ἀπαπαί.   Ηρ. ξυνεγένου
τῷ Κλεισθένει;
Δι. μὴ σκῶπτέ μ' ὦδέλφ'· οὐ γὰρ ἀλλ' ἔχω κακῶς·
τοιοῦτος ἵμερός με διαλυμαίνεται.
Ηρ. ποῖός τις ὦδελφίδιον;   Δι. οὐκ ἔχω φράσαι.   60
ὅμως γε μέντοι σοι δι' αἰνιγμῶν ἐρῶ.
ἤδη ποτ' ἐπεθύμησας ἐξαίφνης ἔτνους;
Ηρ. ἔτνους; βαβαιάξ, μυριάκις γ' ἐν τῷ βίῳ.
Δι. ἆρ' ἐκδιδάσκω τὸ σαφὲς ἢ 'τέρᾳ φράσω;
Ηρ. μὴ δῆτα περὶ ἔτνους γε· πάνυ γὰρ μανθάνω.   65
Δι. τοιουτοσὶ τοίνυν με δαρδάπτει πόθος
Εὐριπίδου.   Ηρ. καὶ ταῦτα τοῦ τεθνηκότος;
Δι. κοὐδείς γέ μ' ἂν πείσειεν ἀνθρώπων τὸ μὴ οὐκ
ἐλθεῖν ἐπ' ἐκεῖνον.   Ηρ. πότερον εἰς Ἅιδου κάτω;
Δι. καὶ νὴ Δί' εἴ τί γ' ἔστιν ἔτι κατωτέρω.   70
Ηρ. τί βουλόμενος;   Δι. δέομαι ποιητοῦ δεξιοῦ.
οἱ μὲν γὰρ οὐκέτ' εἰσίν, οἱ δ' ὄντες κακοί.
Ηρ. τί δ'; οὐκ Ἰοφῶν ζῇ;   Δι. τοῦτο γάρ τοι καὶ μόνον
ἔτ' ἐστὶ λοιπὸν ἀγαθόν, εἰ καὶ τοῦτ' ἄρα·
οὐ γὰρ σάφ' οἶδ' οὐδ' αὐτὸ τοῦθ' ὅπως ἔχει.   75
Ηρ. εἶτ' οὐχὶ Σοφοκλέα πρότερον Εὐριπίδου

55 πόσος] ποῖός V   σμικρὸς V   57 ἀπαπαῖ Fritzsche : ἀππαπαῖ
R V : ἀτταταὶ A Ald.   τῷ om. Ald.   76 οὐχὶ] οὐ Bentl.   πρό-
τερον Elmsl. : πρότερον ὄντ' codd. Bentl. : πρότερον ἀντ' Palmer

ΑΡΙΣΤΟΦΑΝΟΥΣ

μέλλεις ἀναγαγεῖν, εἴπερ ἐκεῖθεν δεῖ σ' ἄγειν;
Δι. οὐ πρίν γ' ἂν Ἰοφῶντ', ἀπολαβὼν αὐτὸν μόνον,
   ἄνευ Σοφοκλέους ὅ τι ποιεῖ κωδωνίσω.
   κἄλλως ὁ μέν γ' Εὐριπίδης πανοῦργος ὢν   80
   κἂν ξυναποδρᾶναι δεῦρ' ἐπιχειρήσειέ μοι·
   ὁ δ' εὔκολος μὲν ἐνθάδ' εὔκολος δ' ἐκεῖ.
Ηρ. Ἀγάθων δὲ ποῦ 'στιν;   Δι. ἀπολιπών μ' ἀποίχεται,
   ἀγαθὸς ποιητὴς καὶ ποθεινὸς τοῖς φίλοις.
Ηρ. ποῖ γῆς ὁ τλήμων;   Δι. ἐς Μακάρων εὐωχίαν. 85
Ηρ. ὁ δὲ Ξενοκλέης;   Δι. ἐξόλοιτο νὴ Δία.
Ηρ. Πυθάγγελος δέ;   Ξα. περὶ ἐμοῦ δ' οὐδεὶς λόγος
   ἐπιτριβομένου τὸν ὦμον οὑτωσὶ σφόδρα.
Ηρ. οὔκουν ἕτερ' ἔστ' ἐνταῦθα μειρακύλλια
   τραγῳδίας ποιοῦντα πλεῖν ἢ μύρια,   90
   Εὐριπίδου πλεῖν ἢ σταδίῳ λαλίστερα.
Δι. ἐπιφυλλίδες ταῦτ' ἐστὶ καὶ στωμύλματα,
   χελιδόνων μουσεῖα, λωβηταὶ τέχνης,
   ἃ φροῦδα θᾶττον, ἢν μόνον χορὸν λάβῃ,
   ἅπαξ προσουρήσαντα τῇ τραγῳδίᾳ.   95
   γόνιμον δὲ ποιητὴν ἂν οὐχ εὕροις ἔτι
   ζητῶν ἄν, ὅστις ῥῆμα γενναῖον λάκοι.
Ηρ. πῶς γόνιμον;   Δι. ὡδὶ γόνιμον, ὅστις φθέγξεται
   τοιουτονί τι παρακεκινδυνευμένον,
   αἰθέρα Διὸς δωμάτιον, ἢ χρόνου πόδα,   100
   ἢ φρένα μὲν οὐκ ἐθέλουσαν ὀμόσαι καθ' ἱερῶν,
   γλῶτταν δ' ἐπιορκήσασαν ἰδίᾳ τῆς φρενός.
Ηρ. σὲ δὲ ταῦτ' ἀρέσκει;   Δι. μάλλὰ πλεῖν ἢ μαίνομαι.
Ηρ. ἦ μὴν κόβαλά γ' ἐστίν, ὡς καὶ σοὶ δοκεῖ.
Δι. μὴ τὸν ἐμὸν οἴκει νοῦν· ἔχεις γὰρ οἰκίαν.   105
Ηρ. καὶ μὴν ἀτεχνῶς γε παμπόνηρα φαίνεται.
Δι. δειπνεῖν με δίδασκε.   Ξα. περὶ ἐμοῦ δ' οὐδεὶς λόγος.

77 ἀναγαγεῖν A Ald. : ἀνάγειν R V   εἴπερ γ' deteriores   81 κἂν
Dobr. : καὶ codd.   ἐπιχειρήσειεν ἂν A   83 ἀποίχεται] οἴχεται R V

ΒΑΤΡΑΧΟΙ

Δι. ἀλλ᾽ ὦνπερ ἕνεκα τήνδε τὴν σκευὴν ἔχων
    ἦλθον κατὰ σὴν μίμησιν, ἵνα μοι τοὺς ξένους
    τοὺς σοὺς φράσειας, εἰ δεοίμην, οἷσι σὺ   110
    ἐχρῶ τόθ᾽, ἡνίκ᾽ ἦλθες ἐπὶ τὸν Κέρβερον,
    τούτους φράσον μοι, λιμένας ἀρτοπώλια
    πορνεῖ᾽ ἀναπαύλας ἐκτροπὰς κρήνας ὁδοὺς
    πόλεις διαίτας πανδοκευτρίας, ὅπου
    κόρεις ὀλίγιστοι.   Ξα.   περὶ ἐμοῦ δ᾽ οὐδεὶς λόγος.
Ηρ. ὦ σχέτλιε τολμήσεις γὰρ ἰέναι καὶ σύ γε;   116
Δι. μηδὲν ἔτι πρὸς ταῦτ᾽, ἀλλὰ φράζε τῶν ὁδῶν
    ὅπῃ τάχιστ᾽ ἀφιξόμεθ᾽ εἰς Ἅιδου κάτω·
    καὶ μήτε θερμὴν μήτ᾽ ἄγαν ψυχρὰν φράσῃς.
Ηρ. φέρε δὴ τίν᾽ αὐτῶν σοι φράσω πρώτην; τίνα;   120
    μία μὲν γὰρ ἔστιν ἀπὸ κάλω καὶ θρανίου,
    κρεμάσαντι σαυτόν.   Δι.   παῦε, πνιγηρὰν λέγεις.
Ηρ. ἀλλ᾽ ἔστιν ἀτραπὸς ξύντομος τετριμμένη
    ἡ διὰ θυείας.   Δι.   ἆρα κώνειον λέγεις;
Ηρ. μάλιστά γε.   Δι.   ψυχράν γε καὶ δυσχείμερον· 125
    εὐθὺς γὰρ ἀποπήγνυσι τἀντικνήμια.
Ηρ. βούλει κατάντη καὶ ταχεῖαν σοι φράσω;
Δι. νὴ τὸν Δί᾽ ὡς ὄντος γε μὴ βαδιστικοῦ.
Ηρ. καθέρπυσόν νυν ἐς Κεραμεικόν.   Δι.   κᾆτα τί;
Ηρ. ἀναβὰς ἐπὶ τὸν πύργον τὸν ὑψηλόν —   Δι.   τί δρῶ;
Ηρ. ἀφιεμένην τὴν λαμπάδ᾽ ἐντεῦθεν θεῶ,   131
    κἄπειτ᾽ ἐπειδὰν φῶσιν οἱ θεώμενοι
    'εἶναι,' τόθ᾽ εἶναι καὶ σὺ σαυτόν.   Δι.   ποῖ;
                Ηρ.   κάτω.
Δι. ἀλλ᾽ ἀπολέσαιμ᾽ ἂν ἐγκεφάλου θρίω δύο.   134
    οὐκ ἂν βαδίσαιμι τὴν ὁδὸν ταύτην.   Ηρ.   τί δαί;
Δι. ἥνπερ σὺ τότε κατῆλθες.   Ηρ.   ἀλλ᾽ ὁ πλοῦς πολύς.
    εὐθὺς γὰρ ἐπὶ λίμνην μεγάλην ἥξεις πάνυ

113 κρήνας | κρημνοὺς v. l. apud schol.   116 καὶ σύ γε Dionyso
tribuit Seidler   118 ὅπῃ] ὅπως R A Ald.   ἀφίξομ᾽ V Ald.
127 ταχεῖαν καὶ κατάντη R A   129 κᾆτα V A Ald. : εἶτα R

ἄβυσσον.   Δι.   εἶτα πῶς περαιωθήσομαι;
Ηρ. ἐν πλοιαρίῳ τυννουτῳί σ' ἀνὴρ γέρων
    ναύτης διάξει δύ' ὀβολὼ μισθὸν λαβών.   140
Δι. φεῦ,
    ὡς μέγα δύνασθον πανταχοῦ τὼ δύ' ὀβολώ.
    πῶς ἠλθέτην κἀκεῖσε;   Ηρ.   Θησεὺς ἤγαγεν.
    μετὰ ταῦτ' ὄφεις καὶ θηρί' ὄψει μυρία
    δεινότατα.   Δι.   μή μ' ἔκπληττε μηδὲ δειμάτου·
    οὐ γάρ μ' ἀποτρέψεις.   Ηρ.   εἶτα βόρβορον πολὺν
    καὶ σκῶρ ἀείνων· ἐν δὲ τούτῳ κειμένους,   146
    εἴ που ξένον τις ἠδίκησε πώποτε,
    ἢ παῖδα κινῶν τἀργύριον ὑφείλετο,
    ἢ μητέρ' ἠλόασεν, ἢ πατρὸς γνάθον
    ἐπάταξεν, ἢ 'πίορκον ὅρκον ὤμοσεν,   150
    ἢ Μορσίμου τις ῥῆσιν ἐξεγράψατο.
Δι. νὴ τοὺς θεοὺς ἐχρῆν γε πρὸς τούτοισι κεἰ
    τὴν πυρρίχην τις ἔμαθε τὴν Κινησίου.
Ηρ. ἐντεῦθεν αὐλῶν τίς σε περίεισιν πνοή,
    ὄψει τε φῶς κάλλιστον ὥσπερ ἐνθάδε,   155
    καὶ μυρρινῶνας καὶ θιάσους εὐδαίμονας
    ἀνδρῶν γυναικῶν καὶ κρότον χειρῶν πολύν.
Δι. οὗτοι δὲ δὴ τίνες εἰσίν;   Ηρ.   οἱ μεμυημένοι—
Ξα. νὴ τὸν Δί' ἐγὼ γοῦν ὄνος ἄγω μυστήρια.
    ἀτὰρ οὐ καθέξω ταῦτα τὸν πλείω χρόνον.   160
Ηρ. οἵ σοι φράσουσ' ἀπαξάπανθ' ὧν ἂν δέῃ.
    οὗτοι γὰρ ἐγγύτατα παρ' αὐτὴν τὴν ὁδὸν
    ἐπὶ ταῖσι τοῦ Πλούτωνος οἰκοῦσιν θύραις.
    καὶ χαῖρε πόλλ' ὠδελφέ.   Δι.   νὴ Δία καὶ σύ γε
    ὑγίαινε.   σὺ δὲ τὰ στρώματ' αὖθις λάμβανε.   165
Ξα. πρὶν καὶ καταθέσθαι;   Δι.   καὶ ταχέως μέντοι πάνυ.
Ξα. μὴ δῆθ', ἱκετεύω σ', ἀλλὰ μίσθωσαί τινα

147 ἠδίκηκε V   151 Dionyso post v. 153 tribuit Ritschl
159 ἄγω R V : ἄγων A Ald.

ΒΑΤΡΑΧΟΙ

τῶν ἐκφερομένων, ὅστις ἐπὶ τοῦτ᾽ ἔρχεται.

Δι. ἐὰν δὲ μὴ εὕρω;   Ξα. τότε μ᾽ ἄγειν.   Δι. καλῶς
λέγεις.

καὶ γάρ τιν᾽ ἐκφέρουσι τουτονὶ νεκρόν,   170
οὗτος, σὲ λέγω μέντοι, σὲ τὸν τεθνηκότα·
ἄνθρωπε βούλει σκευάρι᾽ εἰς "Αιδου φέρειν;

ΝΕΚΡΟΣ

πόσ᾽ ἄττα;   Δι. ταυτί.   Νε. δύο δραχμὰς
μισθὸν τελεῖς;

Δι. μὰ Δί᾽ ἀλλ᾽ ἔλαττον.   Νε. ὑπάγεθ᾽ ὑμεῖς τῆς ὁδοῦ.

Δι. ἀνάμεινον ὦ δαιμόνι᾽, ἐὰν ξυμβῶ τί σοι.   175

Νε. εἰ μὴ καταθήσεις δύο δραχμάς, μὴ διαλέγου.

Δι. λάβ᾽ ἐννέ᾽ ὀβολούς.   Νε. ἀναβιοίην νυν πάλιν.

Ξα. ὡς σεμνὸς ὁ κατάρατος· οὐκ οἰμώξεται;
ἐγὼ βαδιοῦμαι.   Δι. χρηστὸς εἶ καὶ γεννάδας.
χωρῶμεν ἐπὶ τὸ πλοῖον.

ΧΑΡΩΝ

ὦὸπ παραβαλοῦ.   180

Ξα. τουτὶ τί ἔστι;   Δι. τοῦτο; λίμνη νὴ Δία
αὕτη 'στὶν ἣν ἔφραζε, καὶ πλοῖόν γ᾽ ὁρῶ.

Ξα. νὴ τὸν Ποσειδῶ κἄστι γ᾽ ὁ Χάρων οὑτοσί.

Δι. χαῖρ᾽ ὦ Χάρων, χαῖρ᾽ ὦ Χάρων, χαῖρ᾽ ὦ Χάρων.

Χα. τίς εἰς ἀναπαύλας ἐκ κακῶν καὶ πραγμάτων;   185
τίς ἐς τὸ Λήθης πεδίον, ἢ 's "Ονου πόκας,
ἢ 's Κερβερίους, ἢ 's κόρακας, ἢ 'πὶ Ταίναρον;

Δι. ἐγώ.   Χα. ταχέως ἔμβαινε.   Δι. ποῖ σχή-
σειν δοκεῖς;
ἐς κόρακας ὄντως;   Χα. ναὶ μὰ Δία σοῦ γ᾽ οὕνεκα.

---

168 del. Hamaker   169 μὴ εὕρω] μὴ 'χω v. l. apud schol.
170 τιν᾽ Elmsl.: τινες codd.   ἐκφέρουσι Ald.: φέρουσι codd.
175 ἐὰν A: ἵνα R: ἵνα ἂν V   177 ἀναβιῴην codd.: corr. Cobet
180 post v. 182 transponit Ritschl   184 Δι. χαῖρ᾽ ὦ Χάρων. Ξα. χαῖρ᾽
ὦ Χάρων· Δι. καὶ Ξα. χαῖρ᾽ ὦ Χάρων van Leeuwen   186 "Οκνου
πλοκάς Conze   187 Ταίναρον] Τάρταρον Mein.

ἔσβαινε δή.   Δι. παῖ δεῦρο.   Χα. δοῦλον οὐκ
    ἄγω,   190
εἰ μὴ νεναυμάχηκε τὴν περὶ τῶν κρεῶν.
Ξα. μὰ τὸν Δί' οὐ γὰρ ἀλλ' ἔτυχον ὀφθαλμιῶν.
Χα. οὔκουν περιθρέξει δῆτα τὴν λίμνην κύκλῳ;
Ξα. ποῦ δῆτ' ἀναμενῶ;   Χα. παρὰ τὸν Αὐαίνου λίθον
ἐπὶ ταῖς ἀναπαύλαις.   Δι. μανθάνεις;   Ξα. πάνυ
    μανθάνω.   195
οἴμοι κακοδαίμων, τῷ ξυνέτυχον ἐξιών;
Χα. κάθιζ' ἐπὶ κώπην. εἴ τις ἔτι πλεῖ, σπευδέτω.
οὗτος τί ποιεῖς;   Δι. ὅ τι ποιῶ; τί δ' ἄλλο γ' ἢ
ἵζω 'πὶ κώπην, οὗπερ ἐκέλευές με σύ;   199
Χα. οὔκουν καθεδεῖ δῆτ' ἐνθαδὶ γάστρων;   Δι. ἰδού.
Χα. οὔκουν προβαλεῖ τὼ χεῖρε κἀκτενεῖς;   Δι. ἰδού.
Χα. οὐ μὴ φλυαρήσεις ἔχων ἀλλ' ἀντιβὰς
ἐλᾷς προθύμως;   Δι. κᾆτα πῶς δυνήσομαι
ἄπειρος ἀθαλάττωτος ἀσαλαμίνιος   204
ὢν εἶτ' ἐλαύνειν;   Χα. ῥᾷστ'· ἀκούσει γὰρ μέλη
κάλλιστ', ἐπειδὰν ἐμβάλῃς ἅπαξ,   Δι. τίνων;
Χα. βατράχων κύκνων θαυμαστά.   Δι. κατακέλευε δή.
Χα. ὦ ὀπὸπ ὦ ὀπόπ.

ΒΑΤΡΑΧΟΙ

    βρεκεκεκὲξ κοὰξ κοάξ,
    βρεκεκεκὲξ κοὰξ κοάξ.   210
    λιμναῖα κρηνῶν τέκνα,
    ξύναυλον ὕμνων βοὰν
    φθεγξώμεθ', εὔγηρυν ἐμὰν ἀοιδάν,
        κοὰξ κοάξ,
    ἣν ἀμφὶ Νυσήιον   215
    Διὸς Διόνυσον ἐν

190 ἔ(ι)σβαινε R V A : ἔμβαινε Ald   191 κρεῶν] νεκρῶν A
193 κύκλῳ] τρέχων A Ald.   197 ἔτι πλεῖ Kuster: ἐπιπλεῖ codd
201 h. v om. R   προβαλεῖς V   204 ἀθαλάττευτος Kock
207 βατραχοκύκνων Bothe

Λίμναισιν ἰαχήσαμεν,
ἡνίχ' ὁ κραιπαλόκωμος
τοῖς ἱεροῖσι Χύτροισι
χωρεῖ κατ' ἐμὸν τέμενος λαῶν ὄχλος.
βρεκεκεκὲξ κοὰξ κοάξ.   220

Δι.   ἐγὼ δέ γ' ἀλγεῖν ἄρχομαι
τὸν ὄρρον ὦ κοὰξ κοάξ·
ὑμῖν δ' ἴσως οὐδὲν μέλει.

Βα.   βρεκεκεκὲξ κοὰξ κοάξ.   225

Δι   ἀλλ' ἐξόλοισθ' αὐτῷ κοάξ·
οὐδὲν γάρ ἐστ' ἀλλ' ἢ κοάξ.

Βα.   εἰκότως γ' ὦ πολλὰ πράττων.
ἐμὲ γὰρ ἔστερξαν εὔλυροί τε Μοῦσαι
καὶ κεροβάτας Πὰν ὁ καλαμόφθογγα παίζων·   23~
προσεπιτέρπεται δ' ὁ φορμικτὰς Ἀπόλλων,
ἕνεκα δόνακος, ὃν ὑπολύριον
ἔννδρον ἐν λίμναις τρέφω.
βρεκεκεκὲξ κοὰξ κοάξ.   235

Δι.   ἐγὼ δὲ φλυκταίνας γ' ἔχω,
χὠ πρωκτὸς ἰδίει πάλαι,
κᾆτ' αὐτίκ' ἐκκύψας ἐρεῖ—

Βα.   βρεκεκεκὲξ κοὰξ κοάξ.

Δι.   ἀλλ' ὦ φιλῳδὸν γένος   240
παύσασθε.   Βα.   μᾶλλον μὲν οὖν
φθεγξόμεσθ', εἰ δή ποτ' εὐ-
ηλίοις ἐν ἀμέραισιν
ἡλάμεσθα διὰ κυπείρου
καὶ φλέω, χαίροντες ᾠδῆς
πολυκολύμβοισι μέλεσιν,   245
ἢ Διὸς φεύγοντες ὄμβρον
ἔννδρον ἐν βυθῷ χορείαν

229 ἔστερξαν ⟨μὲν⟩ Herm.   232 ὑπολύριον] ὑποβρύχιον Bentl.
238 ἐκκύψας Pap. Berol. 231 (v. App.) : ἐγκύψας codd.

	αἰόλαν ἐφθεγξάμεσθα	
	πομφολυγοπαφλάσμασιν.	249
Δι.	βρεκεκεκὲξ κοὰξ κοάξ.	251
	τουτὶ παρ' ὑμῶν λαμβάνω.	
Βα.	δεινά τἄρα πεισόμεσθα.	
Δι.	δεινότερα δ' ἔγωγ', ἐλαύνων	
	εἰ διαρραγήσομαι.	255
Βα.	βρεκεκεκὲξ κοὰξ κοάξ.	
Δι.	οἰμώζετ'· οὐ γάρ μοι μέλει.	
Βα.	ἀλλὰ μὴν κεκραξόμεσθά γ'	
	ὁπόσον ἡ φάρυξ ἂν ἡμῶν	
	χανδάνῃ δι' ἡμέρας.	260
Δι.	βρεκεκεκὲξ κοὰξ κοάξ.	
	τούτῳ γὰρ οὐ νικήσετε.	
Βα.	οὐδὲ μὴν ἡμᾶς σὺ πάντως.	263
Δι.	οὐδὲ μὴν ὑμεῖς γ' ἐμὲ	
	οὐδέποτε· κεκράξομαι γὰρ	
	κἂν δέῃ δι' ἡμέρας	265
	⟨βρεκεκεκὲξ κοὰξ κοάξ,⟩	
	ἕως ἂν ὑμῶν ἐπικρατήσω τῷ κοάξ,	
	βρεκεκεκὲξ κοὰξ κοάξ.	
	ἔμελλον ἄρα παύσειν ποθ' ὑμᾶς τοῦ κοάξ.	

Χα. ὦ παῦε παῦε, παραβαλοῦ τὼ κωπίω,
ἔκβαιν', ἀπόδος τὸν ναῦλον. Δι. ἔχε δὴ τὠβολώ.
ὁ Ξανθίας.   ποῦ Ξανθίας; ἢ Ξανθία;   271
Ξα. ἰαῦ.   Δι. βάδιζε δεῦρο.   Ξα. χαῖρ' ὦ δέσποτα.
Δι. τί ἔστι τἀνταυθοῖ;   Ξα. σκότος καὶ βόρβορος.
Δι. κατεῖδες οὖν που τοὺς πατραλοίας αὐτόθι
καὶ τοὺς ἐπιόρκους, οὓς ἔλεγεν ἡμῖν;   Ξα. σὺ δ' οὔ;
Δι. νὴ τὸν Ποσειδῶ 'γωγε, καὶ νυνί γ' ὁρῶ.   276
ἄγε δὴ τί δρῶμεν;   Ξα. προϊέναι βέλτιστα νῷν,

263 eicit Dind.   265 δέῃ Cobet: με δῇ RV: με δέῃ A: με δεῖ
Ald.   266 inseruit Reisig   267 τῶ A Ald. : τὸ RV: τοῦ codd.
Parisini 2715, 2717   269 τῷ κωπίῳ codd. : corr. Blass   270 τὸ
ναῦλον A   271 Ξανθία] ξανθίας R A Ald.

ὡς οὗτος ὁ τόπος ἐστὶν οὗ τὰ θηρία
τὰ δείν' ἔφασκ' ἐκεῖνος.   Δι. ὡς οἰμώξεται.
ἠλαζονεύεθ' ἵνα φοβηθείην ἐγώ,   280
εἰδώς με μάχιμον ὄντα φιλοτιμούμενος.
οὐδὲν γὰρ οὕτω γαῦρόν ἐσθ' ὡς Ἡρακλῆς.
ἐγὼ δέ γ' εὐξαίμην ἂν ἐντυχεῖν τινι
λαβεῖν τ' ἀγώνισμ' ἄξιόν τι τῆς ὁδοῦ.
Ξα. νὴ τὸν Δία καὶ μὴν αἰσθάνομαι ψόφου τινός.   285
Δι. ποῦ ποῦ 'στιν;   Ξα. ἐξόπισθεν.   Δι. ἐξόπισθ' ἴθι.
Ξα. ἀλλ' ἐστὶν ἐν τῷ πρόσθε.   Δι.   πρόσθε νυν ἴθι.
Ξα. καὶ μὴν ὁρῶ νὴ τὸν Δία θηρίον μέγα.
Δι. ποῖόν τι;   Ξα.   δεινόν· παντοδαπὸν γοῦν γίγνεται
τοτὲ μέν γε βοῦς, νυνὶ δ' ὀρεύς, τοτὲ δ' αὖ γυνὴ   290
ὡραιοτάτη τις.   Δι.   ποῦ 'στι; φέρ' ἐπ' αὐτὴν ἴω.
Ξα. ἀλλ' οὐκέτ' αὖ γυνή 'στιν, ἀλλ' ἤδη κύων.
Δι. Ἔμπουσα τοίνυν ἐστί.   Ξα.   πυρὶ γοῦν λάμπεται
ἅπαν τὸ πρόσωπον.   Δι.   καὶ σκέλος χαλκοῦν
ἔχει;
Ξα. νὴ τὸν Ποσειδῶ, καὶ βολίτινον θάτερον,   295
σάφ' ἴσθι.   Δι.   ποῖ δῆτ' ἂν τραποίμην;   Ξα.   ποῖ
δ' ἐγώ;
Δι. ἱερεῦ διαφύλαξόν μ', ἵν' ὦ σοι ξυμπότης.
Ξα. ἀπολούμεθ' ὦναξ Ἡράκλεις.   Δι.   οὐ μὴ καλεῖς μ'
ὦνθρωφ', ἱκετεύω, μηδὲ κατερεῖς τοὔνομα.
Ξα. Διόνυσε τοίνυν.   Δι.   τοῦτό γ' ἧττον θατέρου.   300
ἴθ' ᾗπερ ἔρχει.   Ξα.   δεῦρο δεῦρ' ὦ δέσποτα.
Δι. τί δ' ἔστι;   Ξα.   θάρρει· πάντ' ἀγαθὰ πεπράγαμεν,
ἔξεστί θ' ὥσπερ Ἡγέλοχος ἡμῖν λέγειν,
'ἐκ κυμάτων γὰρ αὖθις αὖ γαλῆν ὁρῶ.'

279 ⟨εἶναι⟩ τὰ δείν' ἔφασκεν (om. ἐκεῖνος) Hamaker   286 sic fere
R et Pap. Berol. (v. App.) : 'στιν om. V A   ἴθι] αὖ ἴθι V : νῦν ἴθι A
295-6 Δι. καὶ βολίτινον θάτερον. | Ξα. σάφ' ἴσθι. Ambrosianus L 39
manu secunda   300 τοῦτό γ' R V : τοῦτό γ' ἔσθ' A : τοῦτ' ἔθ'
Dind. : τοῦτο δέ γ' Ald.   304 αὖθις αὖ] ἀρτίως A

ἤμπουσα φρούδη.   Δι. κατόμοσον.   Ξα. νὴ
    τὸν Δία.   305
Δι. καῦθις κατόμοσον.   Ξα. νὴ Δί'.   Δι. ὄμοσον.
        Ξα. νὴ Δία.
Δι. οἴμοι τάλας, ὡς ὠχρίασ' αὐτὴν ἰδών.
Ξα. ὁδὶ δὲ δείσας ὑπερεπυρρίασέ σου.
Δι. οἴμοι, πόθεν μοι τὰ κακὰ ταυτὶ προσέπεσεν;
    τίν' αἰτιάσομαι θεῶν μ' ἀπολλύναι;   310
Ξα. αἰθέρα Διὸς δωμάτιον ἢ χρόνου πόδα;
            (αὐλεῖ τις ἔνδοθεν)
Δι. οὗτος.   Ξα. τί ἔστιν;   Δι. οὐ κατήκουσας;
        Ξα. τίνος;
Δι. αὐλῶν πνοῆς.   Ξα. ἔγωγε, καὶ δᾴδων γέ με
    αὔρα τις εἰσέπνευσε μυστικωτάτη.
Δι. ἀλλ' ἠρεμὶ πτήξαντες ἀκροασώμεθα.   315
ΧΟΡΟΣ
        Ἴακχ' ὦ Ἴακχε.
        Ἴακχ' ὦ Ἴακχε.
Ξα. τοῦτ' ἔστ' ἐκεῖν' ὦ δέσποθ'· οἱ μεμυημένοι
    ἐνταῦθά που παίζουσιν, οὓς ἔφραζε νῷν.
    ᾄδουσι γοῦν τὸν Ἴακχον ὅνπερ Διαγόρας.   320
Δι. κἀμοὶ δοκοῦσιν.   ἡσυχίαν τοίνυν ἄγειν
    βέλτιστόν ἐσθ', ἕως ἂν εἰδῶμεν σαφῶς.

Χο. Ἴακχ' ὦ πολυτίμητ' ἐν ἕδραις ἐνθάδε ναίων,   [στρ.
    Ἴακχ' ὦ Ἴακχε,   325
    ἐλθὲ τόνδ' ἀνὰ λειμῶνα χορεύσων
        ὁσίους ἐς θιασώτας,
        πολύκαρπον μὲν τινάσσων

308 σου] μου A Ald. : που V   309 προσέπεσεν] προσέπτατο γρ.
προσέμπεσε V   310 αἰτιάσωμαι Dind.   315 Δι. praef. van
Leeuwen   320 δι' ἀγορᾶς V et Apollodorus Tarsensis teste schol.
322 ἐσθ' ἕως V : ἐστιν ὡς R A Ald.   323 πολυτιμήτοις ἐν codd. :
πολυτιμήτοις Ald. : πολυτίμοις ἐν Herm. : corr Reisig

BATPAXOI

περὶ κρατὶ σῷ βρύοντα
στέφανον μύρτων, θρασεῖ δ' ἐγκατακρούων   330
ποδὶ τὰν ἀκόλαστον
φιλοπαίγμονα τιμάν,
χαρίτων πλεῖστον ἔχουσαν μέρος, ἁγνάν, ἱερὰν   335
ὁσίοις μύσταις χορείαν.

Ξα. ὦ πότνια πολυτίμητε Δήμητρος κόρη,
ὡς ἡδύ μοι προσέπνευσε χοιρείων κρεῶν.
Δι. οὔκουν ἀτρέμ' ἕξεις, ἤν τι καὶ χορδῆς λάβῃς;

Χο. †ἔγειρε φλογέας λαμπάδας ἐν χερσὶ γὰρ ἥκει τινάσ-
σων†,   [ἀντ.
Ἴακχ' ὦ Ἴακχε,   341
νυκτέρου τελετῆς φωσφόρος ἀστήρ.
φλογὶ φέγγεται δὲ λειμών·
γόνυ πάλλεται γερόντων·   345
ἀποσείονται δὲ λύπας
χρονίους τ' ἐτῶν παλαιῶν ἐνιαυτοὺς
ἱερᾶς ὑπὸ τιμᾶς.   350
σὺ δὲ λαμπάδι †φλέγων†
προβάδην ἔξαγ' ἐπ' ἀνθηρὸν ἕλειον δάπεδον
χοροποιὸν μάκαρ ἥβαν.

εὐφημεῖν χρὴ κἀξίστασθαι τοῖς ἡμετέροισι χοροῖσιν,
ὅστις ἄπειρος τοιῶνδε λόγων ἢ γνώμῃ μὴ καθαρεύει, 355
ἢ γενναίων ὄργια Μουσῶν μήτ' εἶδεν μήτ' ἐχόρευσεν,
μηδὲ Κρατίνου τοῦ ταυροφάγου γλώττης Βακχεῖ' ἐτε-
λέσθη,
ἢ βωμολόχοις ἔπεσιν χαίρει μὴ 'ν καιρῷ τοῦτο ποιοῦσιν,

332 φιλοπαίσμονα Herwerden   τιμάν] τ' ἐμάν Bentl. : τ' ἁμάν
Blaydes   335-6 ἱερὰν | ὁσίοις μύσταις] ὁσίοις | μετὰ μύσταισι Kock
340 ἥκεις A Ald.   344 φέγγεται R Ald. : φλέγεται V A   351 φλέ-
γων] φαίνων Blaydes   355 γνώμην Ambrosianus L 39 : γλώσσῃ
Plutarchus   356 εἶδεν] ᾖσεν Plut.   357 μηδὲ Ald. Plut. : μὴ
δὲ schol. V : μήτε vulg.

ἢ στάσιν ἐχθρὰν μὴ καταλύει μηδ' εὔκολός ἐστι πολίταις,
ἀλλ' ἀνεγείρει καὶ ῥιπίζει κερδῶν ἰδίων ἐπιθυμῶν,   36υ
ἢ τῆς πόλεως χειμαζομένης ἄρχων καταδωροδοκεῖται,
ἢ προδίδωσιν φρούριον ἢ ναῦς, ἢ τἀπόρρητ' ἀποπέμπει
ἐξ Αἰγίνης Θωρυκίων ὢν εἰκοστολόγος κακοδαίμων,
ἀσκώματα καὶ λίνα καὶ πίτταν διαπέμπων εἰς Ἐπί-
δαυρον,
ἢ χρήματα ταῖς τῶν ἀντιπάλων ναυσὶν παρέχειν τινὰ
πείθει,   365
ἢ κατατιλᾷ τῶν Ἑκαταίων κυκλίοισι χοροῖσιν ὑπᾴδων,
ἢ τοὺς μισθοὺς τῶν ποιητῶν ῥήτωρ ὢν εἶτ' ἀποτρώγει,
κωμῳδηθεὶς ἐν ταῖς πατρίοις τελεταῖς ταῖς τοῦ Διονύσου·
τούτοις αὐδῶ καὖθις ἀπαυδῶ καὖθις τὸ τρίτον μάλ'
ἀπαυδῶ   369
ἐξίστασθαι μύσταισι χοροῖς· ὑμεῖς δ' ἀνεγείρετε μολπὴν
καὶ παννυχίδας τὰς ἡμετέρας αἳ τῇδε πρέπουσιν ἑορτῇ.

χώρει νυν πᾶς ἀνδρείως   [στρ.
ἐς τοὺς εὐανθεῖς κόλπους
λειμώνων ἐγκρούων
κἀπισκώπτων   375
καὶ παίζων καὶ χλευάζων,
ἠρίστηται δ' ἐξαρκούντως.

ἀλλ' ἔμβα χὤπως ἀρεῖς   [ἀντ.
τὴν Σώτειραν γενναίως
τῇ φωνῇ μολπάζων,   380
ἢ τὴν χώραν
σῴζειν φής' ἐς τὰς ὥρας,
κἂν Θωρυκίων μὴ βούληται.

359 πολίτης A   365 πείθων V   366 ὑπᾴδων] ἐπ ἄιδων R
369 τούτοις αὐδῶ V : τούτοις ἀπαυδῶ R (απ expunct.) : τούτοισιν ἀπαυδῶ
Ald. : τούτοις μὲν ἀπαυδῶ A   372 νυν Bentl. : δὴ νῦν vulg.
378 ἀρεῖς Scaliger : αἱρεῖς Ald. : αἴρεις R (αἱρήσεις in lemmate) : αἱρή-
σεις V : αἴροις A : ἄρξει Hamaker   382 σῴζειν] σώσει V : σώσειν Cobet

ΒΑΤΡΑΧΟΙ

ἄγε νυν ἑτέραν ὕμνων ἰδέαν τὴν καρποφόρον βασίλειαν
Δήμητρα θεὰν ἐπικοσμοῦντες ζαθέαις μολπαῖς κελαδεῖτε.

Δήμητερ ἁγνῶν ὀργίων   [στρ.
ἄνασσα συμπαραστάτει,   387
καὶ σῷζε τὸν σαυτῆς χορόν,
καί μ' ἀσφαλῶς πανήμερον
παῖσαί τε καὶ χορεῦσαι·   390

καὶ πολλὰ μὲν γέλοιά μ' εἰ-   [ἀντ.
πεῖν, πολλὰ δὲ σπουδαῖα, καὶ
τῆς σῆς ἑορτῆς ἀξίως
παίσαντα καὶ σκώψαντα νι-
κήσαντα ταινιοῦσθαι.   395

ἄγ' εἶα
νῦν καὶ τὸν ὡραῖον θεὸν παρακαλεῖτε δεῦρο
ᾠδαῖσι, τὸν ξυνέμπορον τῆσδε τῆς χορείας.

Ἴακχε πολυτίμητε, μέλος ἑορτῆς   [α.
ἥδιστον εὑρών, δεῦρο συνακολούθει   400
πρὸς τὴν θεὸν
καὶ δεῖξον ὡς ἄνευ πόνου
πολλὴν ὁδὸν περαίνεις.
Ἴακχε φιλοχορευτὰ συμπρόπεμπέ με.

σὺ γὰρ κατεσχίσω μὲν ἐπὶ γέλωτι   [β.
κἀπ' εὐτελείᾳ τόδε τὸ σανδαλίσκον   406
καὶ τὸ ῥάκος,
κἀξηῦρες ὥστ' ἀζημίους
παίζειν τε καὶ χορεύειν.
Ἴακχε φιλοχορευτὰ συμπρόπεμπέ με.   410

385 θεὰν] θεῶν A   ζαθέοις R   396 ἄγ'] ἀλλ' Bentl.   399 μέλος]
τέλος Mein.   406 τόδε τὸ Blass : τόνδε τὸν codd. : τόν τε Bentl.
408 ἐξεῦρες R

119

καὶ γὰρ παραβλέψας τι μειρακίσκης   [γ.
νῦν δὴ κατεῖδον καὶ μάλ' εὐπροσώπου
   συμπαιστρίας
χιτωνίου παραρραγέν-
τος τιτθίον προκύψαν.   415
Ἴακχε φιλοχορευτὰ συμπρόπεμπέ με.

Δι.   ἐγὼ δ' ἀεί πως φιλακόλου-
    θός εἰμι καὶ μετ' αὐτῆς
    παίζων χορεύειν βούλομαι.   Ξα.   κἄγωγε πρός.

Χο.   βούλεσθε δῆτα κοινῇ   [α.
    σκώψωμεν Ἀρχέδημον;   421
    ὃς ἑπτέτης ὢν οὐκ ἔφυσε φράτερας,

    νυνὶ δὲ δημαγωγεῖ   [β.
    ἐν τοῖς ἄνω νεκροῖσι,
    κἀστὶν τὰ πρῶτα τῆς ἐκεῖ μοχθηρίας.   425

    τὸν Κλεισθένους δ' ἀκούω   [γ.
    ἐν ταῖς ταφαῖσι πρωκτὸν
    τίλλειν ἑαυτοῦ καὶ σπαράττειν τὰς γνάθους·

    κἀκόπτετ' ἐγκεκυφώς,   [δ.
    κἄκλαε κἀκεκράγει   430
    Σεβῖνον ὅστις ἐστὶν ἀναφλύστιος.

    καὶ Καλλίαν γέ φασι   [ε.
    τοῦτον τὸν Ἱπποβίνου
    κύσθου λεοντῆν ναυμαχεῖν ἐνημμένον.

Δι.   ἔχοιτ' ἂν οὖν φράσαι νῷν   435
    Πλούτων' ὅπου 'νθάδ' οἰκεῖ;
    ξένω γάρ ἐσμεν ἀρτίως ἀφιγμένω.

414 διαρραγέντος R   418 μετ' αὐτῆς secl. Dobree   422 φρά-
τορας codd.: corr. Dind.   434 κύσθῳ Bothe

ΒΑΤΡΑΧΟΙ

Χο. μηδὲν μακρὰν ἀπέλθῃς,
   μηδ᾽ αὖθις ἐπανέρῃ με,
   ἀλλ᾽ ἴσθ᾽ ἐπ᾽ αὐτὴν τὴν θύραν ἀφιγμένος.   440

Δι. αἴροι᾽ ἂν αὖθις ὦ παῖ.
Ξα. τουτὶ τί ἦν τὸ πρᾶγμα;
   ἀλλ᾽ ἢ Διὸς Κόρινθος ἐν τοῖς στρώμασιν.

Χο. χωρεῖτε
   νῦν ἱερὸν ἀνὰ κύκλον θεᾶς, ἀνθοφόρον ἀν᾽ ἄλσος   445
   παίζοντες οἷς μετουσία θεοφιλοῦς ἑορτῆς·
   ἐγὼ δὲ σὺν ταῖσιν κόραις εἶμι καὶ γυναιξίν,
   οὗ παννυχίζουσιν θεᾷ, φέγγος ἱερὸν οἴσων.

   χωρῶμεν ἐς πολυρρόδους   [στρ.
   λειμῶνας ἀνθεμώδεις,   450
   τὸν ἡμέτερον τρόπον
   τὸν καλλιχορώτατον
   παίζοντες, ὃν ὄλβιαι
   Μοῖραι ξυνάγουσιν.

   μόνοις γὰρ ἡμῖν ἥλιος   [ἀντ.
   καὶ φέγγος ἱλαρόν ἐστιν,   456
   ὅσοι μεμνήμεθ᾽ εὐ-
   σεβῆ τε διήγομεν
   τρόπον περὶ τοὺς ξένους
   καὶ τοὺς ἰδιώτας.

Δι. ἄγε δὴ τίνα τρόπον τὴν θύραν κόψω; τίνα;   460
   πῶς ἐνθάδ᾽ ἄρα κόπτουσιν οὑπιχώριοι;
Ξα. οὐ μὴ διατρίψεις, ἀλλὰ γεύσει τῆς θύρας,
   καθ᾽ Ἡρακλέα τὸ σχῆμα καὶ τὸ λῆμ᾽ ἔχων.
Δι. παῖ παῖ.

441 τὰ στρώματα post ὦ παῖ add. codd. praeter V   456 ἱλαρόν]
ἱερόν R V   462 γεύσει Bekker : γεύσῃ R : γεῦσαι vulg.

ΑΡΙΣΤΟΦΑΝΟΥΣ

ΑΙΑΚΟΣ

     τίς οὗτος; Δι. Ἡρακλῆς ὁ καρτερός.

Αἰ. ὦ βδελυρὲ κἀναίσχυντε καὶ τολμηρὲ σὺ   465
 καὶ μιαρὲ καὶ παμμίαρε καὶ μιαρώτατε,
 ὃς τὸν κύν' ἡμῶν ἐξελάσας τὸν Κέρβερον
 ἀπῇξας ἄγχων κἀποδρὰς ᾤχου λαβών,
 ὃν ἐγὼ 'φύλαττον. ἀλλὰ νῦν ἔχει μέσος·
 τοία Στυγός σε μελανοκάρδιος πέτρα   470
 Ἀχερόντιός τε σκόπελος αἱματοσταγὴς
 φρουροῦσι, Κωκυτοῦ τε περίδρομοι κύνες,
 ἔχιδνά θ' ἑκατογκέφαλος, ἣ τὰ σπλάγχνα σου
 διασπαράξει, πλευμόνων τ' ἀνθάψεται
 Ταρτησία μύραινα· τὼ νεφρὼ δέ σου   475
 αὐτοῖσιν ἐντέροισιν ᾑματωμένω
 διασπάσονται Γοργόνες Τειθράσιαι,
 ἐφ' ἃς ἐγὼ δρομαῖον ὁρμήσω πόδα.
Ξα. οὗτος τί δέδρακας; Δι. ἐγκέχοδα· κάλει θεόν.
Ξα. ὦ καταγέλαστ' οὔκουν ἀναστήσει ταχὺ 480
 πρίν τινά σ' ἰδεῖν ἀλλότριον; Δι. ἀλλ' ὡρακιῶ.
 ἀλλ' οἶσε πρὸς τὴν καρδίαν μου σφογγιάν.
Ξα. ἰδοὺ λαβέ, προσθοῦ. Δι. ποῦ 'στιν; Ξα. ὦ
   χρυσοῖ θεοὶ
 ἐνταῦθ' ἔχεις τὴν καρδίαν; Δι. δείσασα γὰρ
 ἐς τὴν κάτω μου κοιλίαν καθείρπυσεν.   485
Ξα. ὦ δειλότατε θεῶν σὺ κἀνθρώπων. Δι. ἐγώ;
 πῶς δειλὸς ὅστις σφογγιὰν ᾔτησά σε;
 οὐκ ἂν ἕτερός γ' αὔτ' ἠργάσατ' ἀνήρ. Ξα. ἀλλὰ τί;
Δι. κατέκειτ' ἂν ὀσφραινόμενος, εἴπερ δειλὸς ἦν·
 ἐγὼ δ' ἀνέστην καὶ προσέτ' ἀπεψησάμην. 490
Ξα. ἀνδρεῖά γ' ὦ Πόσειδον. Δι. οἶμαι νὴ Δία.
 σὺ δ' οὐκ ἔδεισας τὸν ψόφον τῶν ῥημάτων

479 Δι. οὗτος. Ξα. τί δέδρακας; van Leeuwen 488 οὐκ ἂν V:
οὔκουν vulg. : οὔ τἂν Elmsl.

ΒΑΤΡΑΧΟΙ

καὶ τὰς ἀπειλάς;   Ξα. οὐ μὰ Δί᾿ οὐδ᾿ ἐφρόντισα.

Δι. ἴθι νυν ἐπειδὴ λημματίας κἀνδρεῖος εἶ,
σὺ μὲν γενοῦ ᾿γὼ τὸ ῥόπαλον τουτὶ λαβὼν   495
καὶ τὴν λεοντῆν, εἴπερ ἀφοβόσπλαγχνος εἶ·
ἐγὼ δ᾿ ἔσομαί σοι σκευοφόρος ἐν τῷ μέρει.

Ξα. φέρε δὴ ταχέως αὔτ᾿· οὐ γὰρ ἀλλὰ πειστέον·
καὶ βλέψον ἐς τὸν Ἡρακλειοξανθίαν,
εἰ δειλὸς ἔσομαι καὶ κατὰ σὲ τὸ λῆμ᾿ ἔχων.   500

Δι. μὰ Δί᾿ ἀλλ᾿ ἀληθῶς οὐκ Μελίτης μαστιγίας.
φέρε νυν ἐγὼ τὰ στρώματ᾿ αἴρωμαι ταδί.

ΘΕΡΑΠΑΙΝΑ

ὦ φίλταθ᾿ ἥκεις Ἡράκλεις; δεῦρ᾿ εἴσιθι.
ἡ γὰρ θεός ⟨σ᾿⟩ ὡς ἐπύθεθ᾿ ἥκοντ᾿, εὐθέως
ἔπεττεν ἄρτους, ἧψε κατερεικτῶν χύτρας   505
ἔτνους δύ᾿ ἢ τρεῖς, βοῦν ἀπηνθράκιζ᾿ ὅλον,
πλακοῦντας ὤπτα κολλάβους. ἀλλ᾿ εἴσιθι.

Ξα. κάλλιστ᾿, ἐπαινῶ. Θε. μὰ τὸν Ἀπόλλω οὐ μή σ᾿ ἐγὼ
περιόψομἀπελθόντ᾿, ἐπεί τοι καὶ κρέα
ἀνέβραττεν ὀρνίθεια, καὶ τραγήματα   510
ἔφρυγε, κῶνον ἀνεκεράννυ γλυκύτατον.
ἀλλ᾿ εἴσιθ᾿ ἅμ᾿ ἐμοί. Ξα. πάνυ καλῶς. Θε. ληρεῖς
ἔχων·
οὐ γάρ σ᾿ ἀφήσω. καὶ γὰρ αὐλητρίς γέ σοι
ἥδ᾿ ἔνδον ἔσθ᾿ ὡραιοτάτη κὠρχηστρίδες
ἕτεραι δύ᾿ ἢ τρεῖς. Ξα. πῶς λέγεις; ὀρχηστρίδες;

Θε. ἡβυλλιῶσαι κἄρτι παρατετιλμέναι.   516
ἀλλ᾿ εἴσιθ᾿, ὡς ὁ μάγειρος ἤδη τὰ τεμάχη
ἔμελλ᾿ ἀφαιρεῖν χἠ τράπεζ᾿ εἰσῄρετο.

Ξα. ἴθι νυν φράσον πρώτιστα ταῖς ὀρχηστρίσιν
ταῖς ἔνδον οὔσαις αὐτὸς ὅτι εἰσέρχομαι.   520
ὁ παῖς ἀκολούθει δεῦρο τὰ σκεύη φέρων.

494 λημματίας V γρ. : λημματιᾷς vulg.   502 αἴρωμαι Cobet
504 σ᾿ add. editores   507 ἀλλ᾿] δεῦρ᾿ R   508 οὐ μή] μή Elmsl.
514 ἥδ᾿ ἔνδον] ἤδη ᾿νδον Tyrwhitt   520 ὅτι] ὡς A

ΑΡΙΣΤΟΦΑΝΟΥΣ

Δι. ἐπίσχες οὗτος. οὔ τί που σπουδὴν ποιεῖ,
ὁτιή σε παίζων Ἡρακλέα 'νεσκεύασα;
οὐ μὴ φλυαρήσεις ἔχων ὦ Ξανθία,
ἀλλ' ἀράμενος οἴσεις πάλιν τὰ στρώματα.   525
Ξα. τί δ' ἔστιν; οὔ τι πού μ' ἀφελέσθαι διανοεῖ
ἅδωκας αὐτός;   Δι. οὐ τάχ', ἀλλ' ἤδη ποιῶ.
κατάθου τὸ δέρμα.   Ξα. ταῦτ' ἐγὼ μαρτύρομαι
καὶ τοῖς θεοῖσιν ἐπιτρέπω.   Δι. ποίοις θεοῖς;
τὸ δὲ προσδοκῆσαί σ' οὐκ ἀνόητον καὶ κενὸν   530
ὡς δοῦλος ὢν καὶ θνητὸς Ἀλκμήνης ἔσει;
Ξα. ἀμέλει καλῶς· ἔχ' αὕτ'. ἴσως γάρ τοί ποτε
ἐμοῦ δεηθείης ἄν, εἰ θεὸς θέλοι.

Χο.   ταῦτα μὲν πρὸς ἀνδρός ἐστι   [στρ. 534
νοῦν ἔχοντος καὶ φρένας καὶ
πολλὰ περιπεπλευκότος,   535
μετακυλίνδειν αὐτὸν ἀεὶ
πρὸς τὸν εὖ πράττοντα τοῖχον
μᾶλλον ἢ γεγραμμένην
εἰκόν' ἑστάναι, λαβόνθ' ἓν
σχῆμα· τὸ δὲ μεταστρέφεσθαι
πρὸς τὸ μαλθακώτερον
δεξιοῦ πρὸς ἀνδρός ἐστι   540
καὶ φύσει Θηραμένους.

Δι.   οὐ γὰρ ἂν γέλοιον ἦν, εἰ
Ξανθίας μὲν δοῦλος ὢν ἐν
στρώμασιν Μιλησίοις
ἀνατετραμμένος κυνῶν ὀρ-
χηστρίδ' εἶτ' ᾔτησεν ἀμίδ', ἐ-
γὼ δὲ πρὸς τοῦτον βλέπων
τοὐρεβίνθου 'δραττόμην, οὑ-   545

534-548 = 590-604

523 'νεσκεύασα Elmsl. : γ' ἐσκεύασα A Ald. : γ' ἐσκεύακα V : ἐσκεύ-
ασα R   524 φλυαρήσῃς V A   526 οὔ τι V : οὐ δὴ vulg.

ΒΑΤΡΑΧΟΙ

τος δ' ἅτ' ὦν αὐτὸς πανοῦργος
εἶδε, κᾆτ' ἐκ τῆς γνάθου
πὺξ πατάξας μοὐξέκοψε
τοῦ χοροῦ τοὺς προσθίους;   548

ΠΑΝΔΟΚΕΥΤΡΙΑ

Πλαθάνη Πλαθάνη δεῦρ' ἔλθ', ὁ πανοῦργος οὑτοσί,
ὃς ἐς τὸ πανδοκεῖον εἰσελθών ποτε   550
ἑκκαίδεκ' ἄρτους κατέφαγ' ἡμῶν.

ΠΛΑΘΑΝΗ
                      νὴ Δία
ἐκεῖνος αὐτὸς δῆτα.   Ξα.   κακὸν ἥκει τινί.
Πα. καὶ κρέα γε πρὸς τούτοισιν ἀνάβραστ' εἴκοσιν
ἀν' ἡμιωβολιαῖα.   Ξα. δώσει τις δίκην.
Πα. καὶ τὰ σκόροδα τὰ πολλά.   Δι. ληρεῖς ὦ γύναι 555
κοὐκ οἶσθ' ὅ τι λέγεις.   Πα. οὐ μὲν οὖν με προσεδόκας,
ὁτιὴ κοθόρνους εἶχες, ἂν γνῶναί σ' ἔτι;
τί δαί; τὸ πολὺ τάριχος οὐκ εἴρηκά πω.
Πλ. μὰ Δί' οὐδὲ τὸν τυρόν γε τὸν χλωρὸν τάλαν,
ὃν οὗτος αὐτοῖς τοῖς ταλάροις κατήσθιεν 560
Πα. κἄπειτ' ἐπειδὴ τἀργύριον ἐπραττόμην,
ἔβλεψεν ἔς με δριμὺ κἀμυκᾶτό γε.
Ξα. τούτου πάνυ τοὔργον· οὗτος ὁ τρόπος πανταχοῦ.
Πα. καὶ τὸ ξίφος γ' ἐσπᾶτο μαίνεσθαι δοκῶν.
Πλ. νὴ Δία τάλαινα.   Πα. νὼ δὲ δεισάσα γέ που 565
ἐπὶ τὴν κατήλιφ' εὐθὺς ἀνεπηδήσαμεν·
ὁ δ' ᾤχετ' ἐξᾴξας γε τὰς ψιάθους λαβών.
Ξα. καὶ τοῦτο τούτου τοὔργον.   Πλ. ἀλλ' ἐχρῆν τι δρᾶν.
Πα. ἴθι δὴ κάλεσον τὸν προστάτην Κλέωνά μοι.
Πλ. σὺ δ' ἔμοιγ' ἐάνπερ ἐπιτύχῃς Ὑπέρβολον, 570
ἵν' αὐτὸν ἐπιτρίψωμεν.   Πα. ὦ μιαρὰ φάρυξ,
ὡς ἡδέως ἄν σου λίθῳ τοὺς γομφίους

546 αὐτὸς om. R   548 τοὺς χορούς codd. : corr. Herwerden
557 ἂν γνῶναί Elmsl. : αὖ γνῶναί Borgianus : ἀναγνῶναί vulg.
572-3 'κκόπτοιμ' ⟨ἐγὼ⟩ | τοὺς γομφίους Tyrrell

ΑΡΙΣΤΟΦΑΝΟΥΣ

κόπτοιμ' ἄν, οἷς μου κατέφαγες τὰ φορτία.

Πλ. ἐγὼ δέ γ' ἐς τὸ βάραθρον ἐμβάλοιμί σε.

Πα. ἐγὼ δὲ τὸν λάρυγγ' ἂν ἐκτέμοιμί σου   575
δρέπανον λαβοῦσ', ᾧ τὰς χόλικας κατέσπασας.

Πλ. ἀλλ' εἶμ' ἐπὶ τὸν Κλέων', ὃς αὐτοῦ τήμερον
ἐκπηνιεῖται ταῦτα προσκαλούμενος.

Δι. κάκιστ' ἀπολοίμην, Ξανθίαν εἰ μὴ φιλῶ.

Ξα. οἶδ' οἶδα τὸν νοῦν· παῦε παῦε τοῦ λόγου.   580
οὐκ ἂν γενοίμην Ἡρακλῆς ἄν.   Δι. μηδαμῶς
ὦ Ξανθίδιον.   Ξα. καὶ πῶς ἂν Ἀλκμήνης ἐγὼ
υἱὸς γενοίμην δοῦλος ἅμα καὶ θνητὸς ὤν;

Δι. οἶδ' οἶδ' ὅτι θυμοῖ, καὶ δικαίως αὐτὸ δρᾷς·
κἂν εἴ με τύπτοις, οὐκ ἂν ἀντείποιμί σοι.   585
ἀλλ' ἤν σε τοῦ λοιποῦ ποτ' ἀφέλωμαι χρόνου,
πρόρριζος αὐτός, ἡ γυνή, τὰ παιδία,
κάκιστ' ἀπολοίμην, κἀρχέδημος ὁ γλάμων.

Ξα. δέχομαι τὸν ὅρκον κἀπὶ τούτοις λαμβάνω.

Χο. νῦν σὸν ἔργον ἔστ', ἐπειδὴ   [ἀντ.
τὴν στολὴν εἴληφας ἥνπερ   590
εἶχες ἐξ ἀρχῆς πάλιν,
ἀνανεάζειν . . .
καὶ βλέπειν αὖθις τὸ δεινόν,
τοῦ θεοῦ μεμνημένον
ᾧπερ εἰκάζεις σεαυτόν.
εἰ δὲ παραληρῶν ἁλώσει
κἀκβαλεῖς τι μαλθακόν,   595
αὖθις αἴρεσθαί σ' ἀνάγκη
'σται πάλιν τὰ στρώματα.

Ξα. οὐ κακῶς ὦνδρες παραινεῖτ',

574 ἐς] ἂν ἐς Elmsl.   576 τὰς Schaefer ex Phrynicho : τοὺς
codd.   κόλικας codd. : corr. Schweighäuser   582 ὦ om. Mein.
592 ἀνανεάζειν] ἀνανεάζειν σαυτὸν αἰεὶ Ald. : ἀνανεάζειν ⟨πρὸς τὸ
σοβαρὸν⟩ Mein.   595 κἀκβαλεῖς Herm. : κἀκβάλῃς V : καὶ βάλῃς
R A Ald. : καὶ βαλεῖς dett.   596 'σται Dawes : 'στι V : τις Ald. :
om. R A

ἀλλὰ καὐτὸς τυγχάνω ταῦτ'
ἄρτι συννοούμενος.
ὅτι μὲν οὖν, ἦν χρηστὸν ᾖ τι,
ταῦτ' ἀφαιρεῖσθαι πάλιν πει-   600
ράσεταί μ' εὖ οἶδ' ὅτι.
ἀλλ' ὅμως ἐγὼ παρέξω
'μαυτὸν ἀνδρεῖον τὸ λῆμα
καὶ βλέποντ' ὀρίγανον.
δεῖν δ' ἔοικεν, ὡς ἀκούω
τῆς θύρας καὶ δὴ ψόφον.

Αἰ. ξυνδεῖτε ταχέως τουτονὶ τὸν κυνοκλόπον,   605
ἵνα δῷ δίκην· ἀνύετον.   Δι. ἥκει τῳ κακόν.
Ξα. οὐκ ἐς κόρακας; μὴ πρόσιτον. Αἰ. εἶεν, καὶ μάχει;
ὁ Διτύλας χὠ Σκεβλύας χὠ Παρδόκας
χωρεῖτε δευρὶ καὶ μάχεσθε τουτῳί.
Δι. εἶτ' οὐχὶ δεινὰ ταῦτα, τύπτειν τουτονὶ   610
κλέπτοντα πρὸς τἀλλότρια; Αἰ. μᾶλλ' ὑπερφυᾶ.
Δι. σχέτλια μὲν οὖν καὶ δεινά. Ξα. καὶ μὴν νὴ Δία
εἰ πώποτ' ἦλθον δεῦρ', ἐθέλω τεθνηκέναι,
ἢ 'κλεψα τῶν σῶν ἄξιόν τι καὶ τριχός.
καί σοι ποιήσω πρᾶγμα γενναῖον πάνυ·   615
βασάνιζε γὰρ τὸν παῖδα τουτονὶ λαβών,
κἄν ποτέ μ' ἕλῃς ἀδικοῦντ', ἀπόκτεινόν μ' ἄγων.
Αἰ. καὶ πῶς βασανίσω; Ξα. πάντα τρόπον, ἐν κλίμακι
δήσας κρεμάσας ὑστριχίδι μαστιγῶν, δέρων,
στρεβλῶν, ἔτι δ' ἐς τὰς ῥῖνας ὄξος ἐγχέων,   620
πλίνθους ἐπιτιθείς, πάντα τἄλλα, πλὴν πράσῳ
μὴ τύπτε τοῦτον μηδὲ γητείῳ νέῳ.
Αἰ. δίκαιος ὁ λόγος· κἄν τι πηρώσω γέ σου
τὸν παῖδα τύπτων, τἀργύριόν σοι κείσεται.
Ξα. μὴ δῆτ' ἔμοιγ'. οὕτω δὲ βασάνιζ' ἀπαγαγών.   625
Αἰ. αὐτοῦ μὲν οὖν, ἵνα σοὶ κατ' ὀφθαλμοὺς λέγῃ.

ΑΡΙΣΤΟΦΑΝΟΥΣ

κατάθου σὺ τὰ σκεύη ταχέως, χὤπως ἐρεῖς
ἐνταῦθα μηδὲν ψεῦδος.   Δι. ἀγορεύω τινὶ
ἐμὲ μὴ βασανίζειν ἀθάνατον ὄντ'· εἰ δὲ μή,
αὐτὸς σεαυτὸν αἰτιῶ.   Αἰ. λέγεις δὲ τί;   630
Δι. ἀθάνατος εἶναί φημι Διόνυσος Διός,
τοῦτον δὲ δοῦλον.   Αἰ. ταῦτ' ἀκούεις;   Ξα. φήμ'
ἐγώ.
καὶ πολύ γε μᾶλλόν ἐστι μαστιγωτέος·
εἴπερ θεὸς γάρ ἐστιν, οὐκ αἰσθήσεται.
Δι. τί δῆτ', ἐπειδὴ καὶ σὺ φῂς εἶναι θεός,   635
οὐ καὶ σὺ τύπτει τὰς ἴσας πληγὰς ἐμοί;
Ξα. δίκαιος ὁ λόγος· χὠπότερόν γ' ἂν νῷν ἴδῃς
κλαύσαντα πρότερον ἢ προτιμήσαντά τι
τυπτόμενον, εἶναι τοῦτον ἡγοῦ μὴ θεόν.
Αἰ. οὐκ ἔσθ' ὅπως οὐκ εἶ σὺ γεννάδας ἀνήρ·   640
χωρεῖς γὰρ ἐς τὸ δίκαιον. ἀποδύεσθε δή.
Ξα. πῶς οὖν βασανιεῖς νὼ δικαίως;   Αἰ. ῥᾳδίως·
πληγὴν παρὰ πληγὴν ἑκάτερον.   Ξα. καλῶς λέγεις.
Αἰ. ἰδού.   Ξα. σκόπει νυν ἤν μ' ὑποκινήσαντ' ἴδῃς.
Αἰ. ἤδη 'πάταξά σ'.   Ξα. οὐ μὰ Δί'.   Αἰ. οὐδ'
ἐμοὶ δοκεῖς.
ἀλλ' εἶμ' ἐπὶ τονδὶ καὶ πατάξω.   Δι. πηνίκα; 646
Αἰ. καὶ δὴ 'πάταξα.   Δι. κᾆτα πῶς οὐκ ἔπταρον;
Αἰ. οὐκ οἶδα· τουδὶ δ' αὖθις ἀποπειράσομαι.
Ξα. οὔκουν ἀνύσεις τι; ἀτταταῖ.   Αἰ. τί τἀτταταῖ;
μῶν ὠδυνήθης;   Ξα. οὐ μὰ Δί' ἀλλ' ἐφρόντισα 650
ὁπόθ' Ἡράκλεια τὰν Διομείοις γίγνεται.
Αἰ. ἄνθρωπος ἱερός. δεῦρο πάλιν βαδιστέον.
Δι. ἰοὺ ἰού.   Αἰ. τί ἔστιν;   Δι. ἱππέας ὁρῶ.
Αἰ. τί δῆτα κλάεις;   Δι. κρομμύων ὀσφραίνομαι.
Αἰ. ἐπεὶ προτιμᾷς γ' οὐδέν.   Δι. οὐδέν μοι μέλει.   655

649 τί τατταταῖ· αἰακός τι τατταταῖ· V : ἰαττατταττατταττατταί R :
corr. Thiersch   655 οὐδέν.] οὐδέν— Piccolomini sermonem inter-
ruptum indicans

128

ΒΑΤΡΑΧΟΙ

Αἰ. βαδιστέον τἄρ' ἐστὶν ἐπὶ τονδὶ πάλιν.

Ξα. οἴμοι.   Αἰ. τί ἔστι;   Ξα. τὴν ἄκανθαν ἐξελε.

Αἰ. τί τὸ πρᾶγμα τουτί; δεῦρο πάλιν βαδιστέον.

Δι. Ἄπολλον—ὅς που Δῆλον ἢ Πυθῶν' ἔχεις.

Ξα. ἤλγησεν· οὐκ ἤκουσας;   Δι. οὐκ ἔγωγ', ἐπεὶ   660
ἴαμβον Ἱππώνακτος ἀνεμιμνησκόμην.

Ξα. οὐδὲν ποιεῖς γάρ· ἀλλὰ τὰς λαγόνας σπόδει.

Αἰ. μὰ τὸν Δί' ἀλλ' ἤδη πάρεχε τὴν γαστέρα.

Δι. Πόσειδον   Ξα. ἤλγησέν τις.   664

Δι. ὃς Αἰγαίου πρῶνας ἢ γλαυκᾶς μέδεις ἁλὸς ἐν βένθεσιν.

Αἰ. οὔ τοι μὰ τὴν Δήμητρα δύναμαί πω μαθεῖν   668
ὁπότερος ὑμῶν ἐστι θεός.   ἀλλ' εἴσιτον·
ὁ δεσπότης γὰρ αὐτὸς ὑμᾶς γνώσεται   670
χἠ Φερρέφατθ', ἅτ' ὄντε κἀκείνω θεώ.

Δι. ὀρθῶς λέγεις· ἐβουλόμην δ' ἂν τοῦτό σε
πρότερον νοῆσαι, πρὶν ἐμὲ τὰς πληγὰς λαβεῖν.

Χο. Μοῦσα χορῶν ἱερῶν ἐπίβηθι καὶ ἔλθ' ἐπὶ τέρψιν ἀοιδᾶς
ἐμᾶς,   [στρ. 675
τὸν πολὺν ὀψομένη λαῶν ὄχλον, οὗ σοφίαι
μυρίαι κάθηνται
φιλοτιμότεραι Κλεοφῶντος, ἐφ' οὗ δὴ χείλεσιν ἀμφι-
λάλοις
δεινὸν ἐπιβρέμεται   680
Θρηκία χελιδὼν
†ἐπὶ βάρβαρον ἑζομένη πέταλον·†
κελαδεῖ δ' ἐπίκλαυτον ἀηδόνιον νόμον, ὡς ἀπολεῖται,
κἂν ἴσαι γένωνται.   685

675–705 = 706–737

665 πρωνὸς Scaliger : πρῶνας ⟨ἔχεις⟩ Bergk   671 φερρέφατ' V :
φερσέφατ' R : περσέφαττ' A   673 νοῆσαι V : ποιῆσαι vulg.
680 ἐπιβρέμεται ⟨τις⟩ Blass   682 ὑποβάρβαρον ἑζομένη κέλαδον
Mein.   683 κελαδεῖ] κελαρύζει R Suid. : ῥύζει Mein. : τρύζει
Fritzsche

129

ΑΡΙΣΤΟΦΑΝΟΥΣ

τὸν ἱερὸν χορὸν δίκαιόν ἐστι χρηστὰ τῇ πόλει
ξυμπαραινεῖν καὶ διδάσκειν. πρῶτον οὖν ἡμῖν δοκεῖ
ἐξισῶσαι τοὺς πολίτας κἀφελεῖν τὰ δείματα,
κεἴ τις ἥμαρτε σφαλείς τι Φρυνίχου παλαίσμασιν,
ἐγγενέσθαι φημὶ χρῆναι τοῖς ὀλισθοῦσιν τότε   690
αἰτίαν ἐκθεῖσι λῦσαι τὰς πρότερον ἁμαρτίας.
εἶτ᾽ ἄτιμόν φημι χρῆναι μηδέν᾽ εἶν᾽ ἐν τῇ πόλει·
καὶ γὰρ αἰσχρόν ἐστι τοὺς μὲν ναυμαχήσαντας μίαν
καὶ Πλαταιᾶς εὐθὺς εἶναι κἀντὶ δούλων δεσπότας.
κοὐδὲ ταῦτ᾽ ἔγωγ᾽ ἔχοιμ᾽ ἂν μὴ οὐ καλῶς φάσκειν ἔχειν,
ἀλλ᾽ ἐπαινῶ· μόνα γὰρ αὐτὰ νοῦν ἔχοντ᾽ ἐδράσατε.
πρὸς δὲ τούτοις εἰκὸς ὑμᾶς, οἳ μεθ᾽ ὑμῶν πολλὰ δὴ 697
χοἰ πατέρες ἐναυμάχησαν καὶ προσήκουσιν γένει,
τὴν μίαν ταύτην παρεῖναι ξυμφορὰν αἰτουμένοις.
ἀλλὰ τῆς ὀργῆς ἀνέντες ὦ σοφώτατοι φύσει   700
πάντας ἀνθρώπους ἑκόντες συγγενεῖς κτησώμεθα
κἀπιτίμους καὶ πολίτας, ὅστις ἂν ξυνναυμαχῇ.
εἰ δὲ ταῦτ᾽ ὀγκωσόμεσθα κἀποσεμνυνούμεθα,
τὴν πόλιν καὶ ταῦτ᾽ ἔχοντες κυμάτων ἐν ἀγκάλαις,
ὑστέρῳ χρόνῳ ποτ᾽ αὖθις εὖ φρονεῖν οὐ δόξομεν.   705

εἰ δ᾽ ἐγὼ ὀρθὸς ἰδεῖν βίον ἀνέρος ἢ τρόπον ὅστις ἔτ᾽
οἰμώξεται,   [ἀντ.
οὐ πολὺν οὐδ᾽ ὁ πίθηκος οὗτος ὁ νῦν ἐνοχλῶν,
Κλειγένης ὁ μικρός,
ὁ πονηρότατος βαλανεὺς ὁπόσοι κρατοῦσι κυκησιτέφρου
ψευδολίτρου κονίας   711
καὶ Κιμωλίας γῆς,
χρόνον ἐνδιατρίψει· ἰδὼν δὲ τάδ᾽ οὐκ
εἰρηνικὸς ἔσθ᾽, ἵνα μή ποτε κἀποδυθῇ μεθύων ἄ-   715
νευ ξύλου βαδίζων.

686 ἐστι] πολλὰ Vita Aristoph.   691 τὰς] τῆς Bergk.   699 αἰτου-
μένους R¹ V   700 φύσιν V   705 ὕστερον V   711 ψευδολίτρου V :
ψευδολίτρου τε R : ψευδονίτρου τε A Ald.   714 ἰδὼν Bentl. : εἰδὼς
codd.

πολλάκις γ' ἡμῖν ἔδοξεν ἡ πόλις πεπονθέναι
ταὐτὸν ἔς τε τῶν πολιτῶν τοὺς καλούς τε κἀγαθοὺς
ἔς τε τἀρχαῖον νόμισμα καὶ τὸ καινὸν χρυσίον.   720
οὔτε γὰρ τούτοισιν οὖσιν οὐ κεκιβδηλευμένοις,
ἀλλὰ καλλίστοις ἀπάντων, ὡς δοκεῖ, νομισμάτων
καὶ μόνοις ὀρθῶς κοπεῖσι καὶ κεκωδωνισμένοις
ἔν τε τοῖς Ἕλλησι καὶ τοῖς βαρβάροισι πανταχοῦ
χρώμεθ' οὐδέν, ἀλλὰ τούτοις τοῖς πονηροῖς χαλκίοις
χθές τε καὶ πρώην κοπεῖσι τῷ κακίστῳ κόμματι.   726
τῶν πολιτῶν θ' οὓς μὲν ἴσμεν εὐγενεῖς καὶ σώφρονας
ἄνδρας ὄντας καὶ δικαίους καὶ καλούς τε κἀγαθοὺς
καὶ τραφέντας ἐν παλαίστραις καὶ χοροῖς καὶ μουσικῇ,
προυσελοῦμεν, τοῖς δὲ χαλκοῖς καὶ ξένοις καὶ πυρρίαις
καὶ πονηροῖς κἀκ πονηρῶν εἰς ἅπαντα χρώμεθα   731
ὑστάτοις ἀφιγμένοισιν, οἷσιν ἡ πόλις πρὸ τοῦ
οὐδὲ φαρμακοῖσιν εἰκῇ ῥᾳδίως ἐχρήσατ' ἄν.
ἀλλὰ καὶ νῦν ὦνόητοι μεταβαλόντες τοὺς τρόπους
χρῆσθε τοῖς χρηστοῖσιν αὖθις· καὶ κατορθώσασι γὰρ
εὔλογον, κἄν τι σφαλῆτ', ἐξ ἀξίου γοῦν τοῦ ξύλου, 736
ἤν τι καὶ πάσχητε, πάσχειν τοῖς σοφοῖς δοκήσετε.

Αἰ. νὴ τὸν Δία τὸν σωτῆρα γεννάδας ἀνὴρ
    ὁ δεσπότης σου.   Ξα. πῶς γὰρ οὐχὶ γεννάδας,
    ὅστις γε πίνειν οἶδε καὶ βινεῖν μόνον;   740
Αἰ. τὸ δὲ μὴ πατάξαι σ' ἐξελεγχθέντ' ἀντικρυς,
    ὅτι δοῦλος ὢν ἔφασκες εἶναι δεσπότης.

Ξα. ᾤμωξε μεντἄν.   Αἰ. τοῦτο μέντοι δουλικὸν
    εὐθὺς πεποίηκας, ὅπερ ἐγὼ χαίρω ποιῶν.

Ξα. χαίρεις, ἱκετεύω;   Αἰ. μᾶλλ' ἐποπτεύειν δοκῶ,
    ὅταν καταράσωμαι λάθρᾳ τῷ δεσπότῃ.   746

Ξα. τί δὲ τονθορύζων, ἡνίκ' ἂν πληγὰς λαβὼν

718 γ' Α Ald.: om. R V: δ' Herm.   723, 724 transponit
Bergk   730 προυσελοῦμεν R: προσελοῦμεν V A Ald.: προυγελοῦμεν
Stobaeus   741 ἐξελέγξαντ' Ald.   743 ᾤμωξε Brunck: οἴμωξε
Monacensis 137: οἴμωξε vulg.

ΑΡΙΣΤΟΦΑΝΟΥΣ

πολλὰς ἀπίῃς θύραζε;   Αἰ. καὶ τοῦθ᾽ ἥδομαι.

Ξα. τί δὲ πολλὰ πράττων;   Αἰ. ὡς μὰ Δί᾽ οὐδὲν οἶδ᾽ ἐγώ.

Ξα. ὁμόγνιε Ζεῦ· καὶ παρακούων δεσποτῶν   750
ἄττ᾽ ἂν λαλῶσι;   Αἰ. μάλλὰ πλεῖν ἢ μαίνομαι.

Ξα. τί δὲ τοῖς θύραζε ταῦτα καταλαλῶν;   Αἰ. ἐγώ;
μὰ Δί᾽ ἀλλ᾽ ὅταν δρῶ τοῦτο, κἀκμιαίνομαι.

Ξα. ὦ Φοῖβ᾽ Ἄπολλον ἔμβαλέ μοι τὴν δεξιάν,
καὶ δὸς κύσαι καὐτὸς κύσον, καί μοι φράσον   755
πρὸς Διός, ὃς ἡμῖν ἐστιν ὁμομαστιγίας,
τίς οὗτος οὕνδον ἐστὶ θόρυβος καὶ βοὴ
χὠ λοιδορησμός;   Αἰ. Αἰσχύλου κεὐριπίδου.

Ξα. ἆ.   Αἰ. πρᾶγμα πρᾶγμα μέγα κεκίνηται μέγα
ἐν τοῖς νεκροῖσι καὶ στάσις πολλὴ πάνυ.   760

Ξα. ἐκ τοῦ;   Αἰ. νόμος τις ἐνθάδ᾽ ἐστὶ κείμενος
ἀπὸ τῶν τεχνῶν ὅσαι μεγάλαι καὶ δεξιαί,
τὸν ἄριστον ὄντα τῶν ἑαυτοῦ συντέχνων
σίτησιν αὐτὸν ἐν πρυτανείῳ λαμβάνειν
θρόνον τε τοῦ Πλούτωνος ἑξῆς—   Ξα. μανθάνω. 765

Αἰ. ἕως ἀφίκοιτο τὴν τέχνην σοφώτερος
ἕτερός τις αὐτοῦ· τότε δὲ παραχωρεῖν ἔδει.

Ξα. τί δῆτα τουτὶ τεθορύβηκεν Αἰσχύλον;

Αἰ. ἐκεῖνος εἶχε τὸν τραγῳδικὸν θρόνον,
ὡς ὢν κράτιστος τὴν τέχνην.   Ξα. νυνὶ δὲ τίς;

Αἰ. ὅτε δὴ κατῆλθ᾽ Εὐριπίδης, ἐπεδείκνυτο   771
τοῖς λωποδύταις καὶ τοῖσι βαλλαντιοτόμοις
καὶ τοῖσι πατραλοίαισι καὶ τοιχωρύχοις,
ὅπερ ἔστ᾽ ἐν Ἅιδου πλῆθος, οἱ δ᾽ ἀκροώμενοι
τῶν ἀντιλογιῶν καὶ λυγισμῶν καὶ στροφῶν   775
ὑπερεμάνησαν κἀνόμισαν σοφώτατον·
κἄπειτ᾽ ἐπαρθεὶς ἀντελάβετο τοῦ θρόνου,
ἵν᾽ Αἰσχύλος καθῆστο.   Ξα. κοὐκ ἐβάλλετο;

Αἰ. μὰ Δί᾽ ἀλλ᾽ ὁ δῆμος ἀνεβόα κρίσιν ποιεῖν

748 τοῦθ᾽] τόθ᾽ A Ald.   749 Ξα. οἶδ᾽ ἐγὼ | ὁμόγνιε Piccolomini
753 κακμολύνομαι (κακμιαίνομαι lemm. schol.) V   772 τοῖς βαλαν-
τιητόμοις Ald.

ὁπότερος εἴη τὴν τέχνην σοφώτερος. 780

Ξα. ὁ ⸏ῶν πανούργων; Αἰ. νὴ Δί᾽ οὐράνιόν γ᾽ ὅσον.

Ξα. μετ᾽ Αἰσχύλου δ᾽ οὐκ ἦσαν ἕτεροι σύμμαχοι;

Αἰ. ὀλίγον τὸ χρηστόν ἐστιν, ὥσπερ ἐνθάδε.

Ξα. τί δῆθ᾽ ὁ Πλούτων δρᾶν παρασκευάζεται;

Αἰ. ἀγῶνα ποιεῖν αὐτίκα μάλα καὶ κρίσιν 785
κἄλεγχον αὐτῶν τῆς τέχνης. Ξα. κἄπειτα πῶς
οὐ καὶ Σοφοκλέης ἀντελάβετο τοῦ θρόνου;

Αἰ. μὰ Δί᾽ οὐκ ἐκεῖνος, ἀλλ᾽ ἔκυσε μὲν Αἰσχύλον,
ὅτε δὴ κατῆλθε, κἀνέβαλε τὴν δεξιάν,
κἀκεῖνος ὑπεχώρησεν αὐτῷ τοῦ θρόνου· 790
νυνὶ δ᾽ ἔμελλεν, ὡς ἔφη Κλειδημίδης,
ἔφεδρος καθεδεῖσθαι· κἂν μὲν Αἰσχύλος κρατῇ,
ἕξειν κατὰ χώραν· εἰ δὲ μή, περὶ τῆς τέχνης
διαγωνιεῖσθ᾽ ἔφασκε πρός γ᾽ Εὐριπίδην.

Ξα. τὸ χρῆμ᾽ ἄρ᾽ ἔσται; Αἰ. νὴ Δί᾽ ὀλίγον ὕστερον.
κἀνταῦθα δὴ τὰ δεινὰ κινηθήσεται. 796
καὶ γὰρ ταλάντῳ μουσικὴ σταθμήσεται—

Ξα. τί δέ; μειαγωγήσουσι τὴν τραγῳδίαν;

Αἰ. καὶ κανόνας ἐξοίσουσι καὶ πήχεις ἐπῶν
καὶ πλαίσια ξύμπτυκτα— Ξα. πλινθεύσουσι γάρ;

Αἰ. καὶ διαμέτρους καὶ σφῆνας. ὁ γὰρ Εὐριπίδης 801
κατ᾽ ἔπος βασανιεῖν φησι τὰς τραγῳδίας.

Ξα. ἦ που βαρέως οἶμαι τὸν Αἰσχύλον φέρειν.

Αἰ. ἔβλεψε γοῦν ταυρηδὸν ἐγκύψας κάτω.

Ξα. κρινεῖ δὲ δὴ τίς ταῦτα; Αἰ. τοῦτ᾽ ἦν δύσκολον·
σοφῶν γὰρ ἀνδρῶν ἀπορίαν ηὑρισκέτην. 806
οὔτε γὰρ Ἀθηναίοισι συνέβαιν᾽ Αἰσχύλος—

Ξα. πολλοὺς ἴσως ἐνόμιζε τοὺς τοιχωρύχους.

Αἰ. ληρόν τε τἄλλ᾽ ἡγεῖτο τοῦ γνῶναι πέρι

786 αὐτοῖν V 795 τὸ R : τί vulg. ὀλίγον γ᾽ V 796 δεῖνα
Verrall 797 καὶ γὰρ] ἀλλ᾽ ἢ Et. Mag. Photius Suid. 800 ξύμ-
πτυκτα Suid. Pollux : ξύμπυκτα V : συμπτυκα R : σύμπηκτα A : ξύμπηκτα
Ald. πλινθεύουσι V γάρ Kock : γε A Ald. : τε R V

ΑΡΙΣΤΟΦΑΝΟΥΣ

φύσεις ποιητῶν· εἶτα τῷ σῷ δεσπότῃ 810
ἐπέτρεψαν, ὁτιὴ τῆς τέχνης ἔμπειρος ἦν.
ἀλλ᾽ εἰσίωμεν· ὡς ὅταν γ᾽ οἱ δεσπόται
ἐσπουδάκωσι, κλαύμαθ᾽ ἡμῖν γίγνεται.

Χο. ἦ που δεινὸν ἐριβρεμέτας χόλον ἔνδοθεν ἕξει,
ἡνίκ᾽ ἂν ὀξύλαλον παρίδῃ θήγοντος ὀδόντα 815
ἀντιτέχνου· τότε δὴ μανίας ὑπὸ δεινῆς
ὄμματα στροβήσεται.

ἔσται δ᾽ ἱππολόφων τε λόγων κορυθαίολα νείκη
σχινδαλάμων τε παραξόνια σμιλεύματά τ᾽ ἔργων,
φωτὸς ἀμυνομένου φρενοτέκτονος ἀνδρὸς 820
ῥήμαθ᾽ ἱπποβάμονα.

φρίξας δ᾽ αὐτοκόμου λοφιᾶς λασιαύχενα χαίταν,
δεινὸν ἐπισκύνιον ξυνάγων βρυχώμενος ἥσει
ῥήματα γομφοπαγῆ πινακηδὸν ἀποσπῶν
γηγενεῖ φυσήματι· 825

ἔνθεν δὴ στοματουργὸς ἐπῶν βασανίστρια λίσφη
γλῶσσ᾽ ἀνελισσομένη φθονερὺς κινοῦσα χαλινοὺς
ῥήματα δαιομένη καταλεπτολογήσει
πλευμόνων πολὺν πόνον.

ΕΥΡΙΠΙΔΗΣ
οὐκ ἂν μεθείμην τοῦ θρόνου, μὴ νουθέτει. 830
κρείττων γὰρ εἶναί φημι τούτου τὴν τέχνην.
Δι. Αἰσχύλε τί σιγᾷς; αἰσθάνει γὰρ τοῦ λόγου.
Ευ. ἀποσεμνυνεῖται πρῶτον, ἅπερ ἑκάστοτε
ἐν ταῖς τραγῳδίαισιν ἐτερατεύετο.
Δι. ὦ δαιμόνι᾽ ἀνδρῶν μὴ μεγάλα λίαν λέγε. 835
Ευ. ἐγῷδα τοῦτον καὶ διέσκεμμαι πάλαι,
ἄνθρωπον ἀγριοποιὸν αὐθαδόστομον,

818 ἱππολόφων] ὑψιλόφων Ald.   819 παραξόανα Herwerden
830 μεθείην R Ald.   833 ἅπερ] ὅπερ V

134

ΒΑΤΡΑΧΟΙ

ἔχοντ' ἀχάλινον ἀκρατὲς ἀπύλωτον στόμα,
ἀπεριλάλητον κομποφακελορρήμονα.

ΑΙΣΧΥΛΟΣ

ἄληθες ὦ παῖ τῆς ἀρουραίας θεοῦ;   840
σὺ δή με ταῦτ' ὦ στωμυλιοσυλλεκτάδη
καὶ πτωχοποιὲ καὶ ῥακιοσυρραπτάδη;
ἀλλ' οὔ τι χαίρων αὔτ' ἐρεῖς.   Δι. παῦ' Αἰσχύλε,
καὶ μὴ πρὸς ὀργὴν σπλάγχνα θερμήνῃς κότῳ.

Αἰ. οὐ δῆτα πρίν γ' ἂν τοῦτον ἀποφήνω σαφῶς   845
τὸν χωλοποιὸν οἷος ὢν θρασύνεται.

Δι. ἄρν' ἄρνα μέλανα παῖδες ἐξενέγκατε·
τυφὼς γὰρ ἐκβαίνειν παρασκευάζεται.

Αἰ. ὦ Κρητικὰς μὲν συλλέγων μονῳδίας,
γάμους δ' ἀνοσίους ἐσφέρων ἐς τὴν τέχνην.   850

Δι. ἐπίσχες οὗτος ὦ πολυτίμητ' Αἰσχύλε.
ἀπὸ τῶν χαλαζῶν δ' ὦ πόνηρ' Εὐριπίδη
ἄναγε σεαυτὸν ἐκποδών, εἰ σωφρονεῖς,
ἵνα μὴ κεφαλαίῳ τὸν κρόταφόν σου ῥήματι
θενὼν ὑπ' ὀργῆς ἐκχέῃ τὸν Τήλεφον·   855
σὺ δὲ μὴ πρὸς ὀργὴν Αἰσχύλ' ἀλλὰ πρᾳόνως
ἔλεγχ' ἐλέγχου· λοιδορεῖσθαι δ' οὐ πρέπει
ἄνδρας ποιητὰς ὥσπερ ἀρτοπώλιδας.
σὺ δ' εὐθὺς ὥσπερ πρῖνος ἐμπρησθεὶς βοᾷς.

Ευ. ἕτοιμός εἰμ' ἔγωγε, κοὐκ ἀναδύομαι,   860
δάκνειν δάκνεσθαι πρότερος, εἰ τούτῳ δοκεῖ,
τἄπη, τὰ μέλη, τὰ νεῦρα τῆς τραγῳδίας,
καὶ νὴ Δία τὸν Πηλέα γε καὶ τὸν Αἴολον
καὶ τὸν Μελέαγρον κἄτι μάλα τὸν Τήλεφον.

Δι. τί δαὶ σὺ βουλεύει ποιεῖν; λέγ' Αἰσχύλε.   865

Αἰ. ἐβουλόμην μὲν οὐκ ἐρίζειν ἐνθάδε·

838 ἀθύρωτον R Photius   839 ἀπορολάλητον Ribbeck   847 μέ-
λαιναν V A Ald.   853 ἄναγε R : ἄπαγε vulg.   855 θείνων
A   857 πρέπει] θέμις Urbinas   865 τί δαὶ σὺ V : σὺ δὲ δὴ τί
Ald. : σὺ δὲ τί R A

135

οὐκ ἐξ ἴσου γάρ ἐστιν ἀγὼν νῷν.　　Δι.　τί δαί;
Αἴ. ὅτι ἡ ποίησις οὐχὶ συντέθνηκέ μοι,
τούτῳ δὲ συντέθνηκεν, ὥσθ' ἕξει λέγειν.
ὅμως δ' ἐπειδή σοι δοκεῖ, δρᾶν ταῦτα χρή.　　870
Δι. ἴθι νυν λιβανωτὸν δεῦρό τις καὶ πῦρ δότω·
ὅπως ἂν εὔξωμαι πρὸ τῶν σοφισμάτων
ἀγῶνα κρῖναι τόνδε μουσικώτατα·
ὑμεῖς δὲ ταῖς Μούσαις τι μέλος ὑπᾴσατε.

Χο.　ὦ Διὸς ἐννέα παρθένοι ἁγναὶ　　875
Μοῦσαι, λεπτολόγους ξυνετὰς φρένας αἳ καθορᾶτε
ἀνδρῶν γνωμοτύπων, ὅταν εἰς ἔριν ὀξυμερίμνοις
ἔλθωσι στρεβλοῖσι παλαίσμασιν ἀντιλογοῦντες,
ἔλθετ' ἐποψόμεναι δύναμιν
δεινοτάτοιν στομάτοιν πορίσασθαι　　88c
ῥήματα καὶ παραπρίσματ' ἐπῶν.
νῦν γὰρ ἀγὼν σοφίας ὁ μέγας χωρεῖ πρὸς ἔργον ἤδη.

Δι. εὔχεσθε δὴ καὶ σφὼ τι πρὶν τἄπη λέγειν.　　885
Αἴ. Δήμητερ ἡ θρέψασα τὴν ἐμὴν φρένα,
εἶναί με τῶν σῶν ἄξιον μυστηρίων.
Δι. ἐπίθες λαβὼν δὴ καὶ σὺ λιβανωτόν.　　Ευ.　καλῶς·
ἕτεροι γάρ εἰσιν οἷσιν εὔχομαι θεοῖς.
Δι. ἴδιοί τινές σοι, κόμμα καινόν;　　Ευ.　καὶ μάλα.　890
Δι. ἴθι δὴ προσεύχου τοῖσιν ἰδιώταις θεοῖς.
Ευ. αἰθὴρ ἐμὸν βόσκημα καὶ γλώσσης στρόφιγξ
καὶ ξύνεσι καὶ μυκτῆρες ὀσφραντήριοι,
ὀρθῶς μ' ἐλέγχειν ὧν ἂν ἅπτωμαι λόγων.　　894

Χο.　καὶ μὴν ἡμεῖς ἐπιθυμοῦμεν　　　　[στρ.
παρὰ σοφοῖν ἀνδροῖν ἀκοῦσαι

895-904 = 992-1003

867 τί δαί] τιή V Ald.　　883 σοφίας ὁ Herm. : σοφίας ὅδε codd.
ὅδε σοφίας Ald.　　888 λαβὼν δὴ καὶ σὺ λιβανωτόν] καὶ δὴ σὺ λιβανωτὸν
λαβών R : λιβανωτὸν καὶ σὺ δὴ λαβών Fritzsche　　889 θεοί A
890 σοι] σου R　　891 δὴ] νῦν A Ald.　　892 γλώττης R V

ΒΑΤΡΑΧΟΙ

τίνα λόγων ἐμμέλειαν
ἔπιτε δαΐαν ὁδόν.
γλῶσσα μὲν γὰρ ἠγρίωται,
λῆμα δ' οὐκ ἄτολμον ἀμφοῖν,
οὐδ' ἀκίνητοι φρένες.
προσδοκᾶν οὖν εἰκός ἐστι   900
τὸν μὲν ἀστεῖόν τι λέξειν
καὶ κατερρινημένον,
τὸν δ' ἀνασπῶντ' αὐτοπρέμνοις
τοῖς λόγοισιν
ἐμπεσόντα συσκεδᾶν πολ-
λὰς ἀλινδήθρας ἐπῶν.

Δι. ἀλλ' ὡς τάχιστα χρὴ λέγειν· οὕτω δ' ὅπως ἐρεῖτον 905
   ἀστεῖα καὶ μήτ' εἰκόνας μήθ' οἷ' ἂν ἄλλος εἴποι.
Ευ. καὶ μὴν ἐμαυτὸν μέν γε τὴν ποίησιν οἷός εἰμι,
   ἐν τοῖσιν ὑστάτοις φράσω, τοῦτον δὲ πρῶτ' ἐλέγξω,
   ὡς ἦν ἀλαζὼν καὶ φέναξ οἵοις τε τοὺς θεατὰς
   ἐξηπάτα μώρους λαβὼν παρὰ Φρυνίχῳ τραφέντας.   910
   πρώτιστα μὲν γὰρ ἕνα τιν' ἂν καθῖσεν ἐγκαλύψας,
   Ἀχιλλέα τιν' ἢ Νιόβην, τὸ πρόσωπον οὐχὶ δεικνύς,
   πρόσχημα τῆς τραγῳδίας, γρύζοντας οὐδὲ τουτί.
Δι. μὰ τὸν Δί' οὐ δῆθ'.   Ευ. ὁ δὲ χορός γ' ἤρειδεν
                     ὁρμαθοὺς ἂν
   μελῶν ἐφεξῆς τέτταρας ξυνεχῶς ἄν· οἱ δ' ἐσίγων.   915
Δι. ἐγὼ δ' ἔχαιρον τῇ σιωπῇ, καί με τοῦτ' ἔτερπεν
   οὐχ ἧττον ἢ νῦν οἱ λαλοῦντες.   Ευ. ἠλίθιος γὰρ ἦσθα,
   σάφ' ἴσθι.   Δι. κἀμαυτῷ δοκῶ. τί δὲ ταῦτ'
                     ἔδρασ' ὁ δεῖνα;
Ευ. ὑπ' ἀλαζονείας, ἵν' ὁ θεατὴς προσδοκῶν καθοῖτο,
   ὁπόθ' ἡ Νιόβη τι φθέγξεται· τὸ δρᾶμα δ' ἂν διῄει. 920

901 λέξαι R A   907 μέν γε Ald. : γε R : καὶ V : μὲν καὶ A
911 ἂν V : om. vulg.   914 γ' Ald. : om. vulg.   919 καθῆτο
Dobree (καθῆτο Ald.)

137

ΑΡΙΣΤΟΦΑΝΟΥΣ

Δι. ὦ παμπόνηρος, οἷ᾽ ἄρ᾽ ἐφενακιζόμην ὑπ᾽ αὐτοῦ.
τί σκορδινᾷ καὶ δυσφορεῖς; Ευ. ὅτι αὐτὸν ἐξελέγχω.
κἄπειτ᾽ ἐπειδὴ ταῦτα ληρήσειε καὶ τὸ δρᾶμα
ἤδη μεσοίη, ῥήματ᾽ ἂν βόεια δώδεκ᾽ εἶπεν,
ὀφρῦς ἔχοντα καὶ λόφους, δείν᾽ ἄττα μορμορωπά,   925
ἄγνωτα τοῖς θεωμένοις. Αἰ. οἴμοι τάλας.
Δι. σιώπα.
Ευ. σαφὲς δ᾽ ἂν εἶπεν οὐδὲ ἕν— Δι. μὴ πρῖε τοὺς
ὀδόντας.
Ευ. ἀλλ᾽ ἢ Σκαμάνδρους ἢ τάφρους ἢ ᾽π᾽ ἀσπίδων ἐπόντας
γρυπαιέτους χαλκηλάτους καὶ ῥήμαθ᾽ ἱππόκρημνα,
ἃ ξυμβαλεῖν οὐ ῥᾴδι᾽ ἦν. Δι. νὴ τοὺς θεοὺς ἐγὼ
γοῦν   930
ἤδη ποτ᾽ ἐν μακρῷ χρόνῳ νυκτὸς διηγρύπνησα
τὸν ξουθὸν ἱππαλεκτρυόνα ζητῶν τίς ἐστιν ὄρνις.
Αἰ. σημεῖον ἐν ταῖς ναυσὶν ὠμαθέστατ᾽ ἐνεγέγραπτο.
Δι. ἐγὼ δὲ τὸν Φιλοξένου γ᾽ ᾤμην Ἔρυξιν εἶναι.
Ευ. εἶτ᾽ ἐν τραγῳδίαις ἐχρῆν κἀλεκτρυόνα ποιῆσαι;   935
Αἰ. σὺ δ᾽ ὦ θεοῖσιν ἐχθρὲ ποῖ᾽ ἄττ᾽ ἐστὶν ἄττ᾽ ἐποίεις;
Ευ. οὐχ ἱππαλεκτρυόνας μὰ Δί᾽ οὐδὲ τραγελάφους, ἅπερ σύ,
ἃν τοῖσι παραπετάσμασιν τοῖς Μηδικοῖς γράφουσιν·
ἀλλ᾽ ὡς παρέλαβον τὴν τέχνην παρὰ σοῦ τὸ πρῶτον εὐθὺς
οἰδοῦσαν ὑπὸ κομπασμάτων καὶ ῥημάτων ἐπαχθῶν,   940
ἴσχνανα μὲν πρώτιστον αὐτὴν καὶ τὸ βάρος ἀφεῖλον
ἐπυλλίοις καὶ περιπάτοις καὶ τευτλίοισι λευκοῖς,
χυλὸν διδοὺς στωμυλμάτων ἀπὸ βιβλίων ἀπηθῶν·
εἶτ᾽ ἀνέτρεφον μονῳδίαις— Δι. Κηφισοφῶντα
μιγνύς.
Ευ. εἶτ᾽ οὐκ ἐλήρουν ὅ τι τύχοιμ᾽ οὐδ᾽ ἐμπεσὼν ἔφυρον,   945
ἀλλ᾽ οὑξιὼν πρώτιστα μέν μοι τὸ γένος εἶπ᾽ ἂν εὐθὺς

925 μορμυρωπὰ Ald. et schol. : μορμυρωπὰ V : μορμουρωπὰ R A
926 ἄγνωστα editores   930 ῥᾴδι᾽ ἦν] ῥᾴδιον ἦν Ald. : ῥᾴδιον Bentl.
932 ὁ ξουθὸς ἱππαλεκτρυῶν Lenting   942 λευκοῖς] μικροῖς A Ald.
943 ἀπ᾽ ἠθῶν R A   944 Δι. add. Velsen

138

ΒΑΤΡΑΧΟΙ

τοῦ δράματος.   Δι.   κρεῖττον γὰρ ἦν σοι νὴ Δί' ἢ
τὸ σαυτοῦ.

Ευ. ἔπειτ' ἀπὸ τῶν πρώτων ἐπῶν οὐδὲν παρῆκ' ἂν ἀργόν,
ἀλλ' ἔλεγεν ἡ γυνή τέ μοι χὠ δοῦλος οὐδὲν ἧττον,
χὠ δεσπότης χἠ παρθένος χἠ γραῦς ἄν.   Αἰ.   εἶτα
δῆτα   950
οὐκ ἀποθανεῖν σε ταῦτ' ἐχρῆν τολμῶντα;   Ευ.   μὰ
τὸν Ἀπόλλω·
δημοκρατικὸν γὰρ αὔτ' ἔδρων.   Δι.   τοῦτο μὲν ἔασον
ὦ τᾶν.
οὐ σοὶ γάρ ἐστι περίπατος κάλλιστα περί γε τούτου.

Ευ. ἔπειτα τουτουσὶ λαλεῖν ἐδίδαξα—   Αἰ.   φημὶ κἀγώ.
ὡς πρὶν διδάξαι γ' ὤφελες μέσος διαρραγῆναι.   955

Ευ. λεπτῶν τε κανόνων ἐσβολὰς ἐπῶν τε γωνιασμούς,
νοεῖν ὁρᾶν ξυνιέναι στρέφειν ἐρᾶν τεχνάζειν,
κἄχ' ὑποτοπεῖσθαι, περινοεῖν ἅπαντα—   Αἰ.   φημὶ
κἀγώ.

Ευ. οἰκεῖα πράγματ' εἰσάγων, οἷς χρώμεθ', οἷς ξύνεσμεν,
ἐξ ὧν γ' ἂν ἐξηλεγχόμην· ξυνειδότες γὰρ οὗτοι   960
ἤλεγχον ἄν μου τὴν τέχνην· ἀλλ' οὐκ ἐκομπολάκουν
ἀπὸ τοῦ φρονεῖν ἀποσπάσας, οὐδ' ἐξέπληττον αὐτούς,
Κύκνους ποιῶν καὶ Μέμνονας κωδωνοφαλαροπώλους.
γνώσει δὲ τοὺς τούτου τε κἀμοὺς ἑκατέρου μαθητάς.
τουτουμενὶ Φορμίσιος Μεγαίνετός θ' ὁ Μανῆς,   965
σαλπιγγολογχυπηνάδαι, σαρκασμοπιτυοκάμπται,
οὑμοὶ δὲ Κλειτοφῶν τε καὶ Θηραμένης ὁ κομψός.

Δι. Θηραμένης; σοφός γ' ἀνὴρ καὶ δεινὸς ἐς τὰ πάντα,
ὃς ἢν κακοῖς που περιπέσῃ καὶ πλησίον παραστῇ,
πέπτωκεν ἔξω τῶν κακῶν, οὐ Χῖος ἀλλὰ Κεῖος.   970

Ευ.   τοιαῦτα μέντοὐγὼ φρονεῖν

949 ἔλεγον A   957 στροφῶν ἐρᾶν Fritzsche   958 κάχ']
κᾱθ' A Suid.   964 κἀμοὺς Dobr.: κἀμοῦ γ' VA Ald.: καμοῦ R
965 Μανῆς] μάγνης A   966 σαρκασμοπιτυοκάμπαι VA   970 Κεῖος]
Κῷος Aristarchus apud schol.   971 τοιαῦτα μέντοι σωφρονεῖν R V

τούτοισιν εἰσηγησάμην,
λογισμὸν ἐνθεὶς τῇ τέχνῃ
καὶ σκέψιν, ὥστ᾽ ἤδη νοεῖν
ἅπαντα καὶ διειδέναι   975
τά τ᾽ ἄλλα καὶ τὰς οἰκίας
οἰκεῖν ἄμεινον ἢ πρὸ τοῦ
κἀνασκοπεῖν, ‘ πῶς τοῦτ᾽ ἔχει;
ποῦ μοι τοδί; τίς τοῦτ᾽ ἔλαβε; ’

Δι.   νὴ τοὺς θεοὺς νῦν γοῦν Ἀθη-   980
ναίων ἅπας τις εἰσιὼν
κέκραγε πρὸς τοὺς οἰκέτας
ζητεῖ τε, ‘ ποῦ ’στιν ἡ χύτρα;
τίς τὴν κεφαλὴν ἀπεδήδοκεν
τῆς μαινίδος; τὸ τρύβλιον   985
τὸ περυσινὸν τέθνηκέ μοι·
ποῦ τὸ σκόροδον τὸ χθιζιών;
τίς τῆς ἐλάας παρέτραγεν; ’
τέως δ᾽ ἀβελτερώτατοι
κεχηνότες Μαμμάκυθοι   990
Μελιτίδαι καθῆντο.

Χο.   τάδε μὲν λεύσσεις φαίδιμ᾽ Ἀχιλλεῦ·   [ἀντ.
σὺ δὲ τί φέρε πρὸς ταῦτα λέξεις;
μόνον ὅπως . . .
μή σ᾽ ὁ θυμὸς ἁρπάσας
ἐκτὸς οἴσει τῶν ἐλαῶν·   995
δεινὰ γὰρ κατηγόρηκεν.
ἀλλ᾽ ὅπως ὦ γεννάδα
μὴ πρὸς ὀργὴν ἀντιλέξεις,
ἀλλὰ συστείλας ἄκροισι
χρώμενος τοῖς ἱστίοις,   1000
εἶτα μᾶλλον μᾶλλον ἄξεις

987 χθεσινόν codd. : corr. Lobeck   991 Μελητίδαι Gaisford
993 σὺ δὲ Bentl. : σὺ δὲ δὴ V : σὺ δὴ vulg.   τί om. R   1001 ἄξεις
Fritzsche : ἔξει Velsen

καὶ φυλάξεις,
ἡνίκ᾽ ἂν τὸ πνεῦμα λεῖον
καὶ καθεστηκὸς λάβῃς.

Δι. ἀλλ᾽ ὦ πρῶτος τῶν Ἑλλήνων πυργώσας ῥήματα σεμνὰ
καὶ κοσμήσας τραγικὸν λῆρον, θαρρῶν τὸν κρουνὸν ἀφίει.

Αἰ. θυμοῦμαι μὲν τῇ ξυντυχίᾳ, καί μου τὰ σπλάγχν᾽ ἀγα-
νακτεῖ,   1006
εἰ πρὸς τοῦτον δεῖ μ᾽ ἀντιλέγειν· ἵνα μὴ φάσκῃ δ᾽ ἀπο-
ρεῖν με,
ἀπόκριναί μοι, τίνος οὕνεκα χρὴ θαυμάζειν ἄνδρα
ποιητήν;

Ευ. δεξιότητος καὶ νουθεσίας, ὅτι βελτίους τε ποιοῦμεν
τοὺς ἀνθρώπους ἐν ταῖς πόλεσιν.   Αἰ. τοῦτ᾽ οὖν
εἰ μὴ πεποίηκας,   1010
ἀλλ᾽ ἐκ χρηστῶν καὶ γενναίων μοχθηροτάτους ἀπέδειξας,
τί παθεῖν φήσεις ἄξιος εἶναι;   Δι. τεθνάναι· μὴ
τοῦτον ἐρώτα.

Αἰ. σκέψαι τοίνυν οἵους αὐτοὺς παρ᾽ ἐμοῦ παρεδέξατο πρῶτον,
εἰ γενναίους καὶ τετραπήχεις, καὶ μὴ διαδρασιπολίτας,
μηδ᾽ ἀγοραίους μηδὲ κοβάλους ὥσπερ νῦν μηδὲ πανούρ-
γους,   1015
ἀλλὰ πνέοντας δόρυ καὶ λόγχας καὶ λευκολόφους τρυφα-
λείας
καὶ πήληκας καὶ κνημῖδας καὶ θυμοὺς ἑπταβοείους.

Δι. καὶ δὴ χωρεῖ τουτὶ τὸ κακόν· κρανοποιῶν αὖ μ᾽ ἐπι-
τρίψει.

Ευ. καὶ τί σὺ δράσας οὕτως αὐτοὺς γενναίους ἐξεδίδαξας;

Δι. Αἰσχύλε λέξον, μηδ᾽ αὐθάδως σεμνυνόμενος χαλέπαινε.

Αἰ. δρᾶμα ποιήσας Ἄρεως μεστόν.   Δι. ποῖον;   Αἰ. τοὺς
ἕπτ᾽ ἐπὶ Θήβας·   1021

1009 βελτίστους V A   1011 μοχθηροτάτους Ald. : μοχθηροτέρους
V : μοχθηροὺς R A   1019 γενναίους] ἀνδρείους V Ald. : ἀνδρείως A
ἐξεδίδαξας Urbinas : ἐδίδαξας R A Ald. : ἐξέδειξας V

ὃ θεασάμενος πᾶς ἄν τις ἀνὴρ ἠράσθη δάιος εἶναι.

Δι. τουτὶ μέν σοι κακὸν εἴργασται· Θηβαίους γὰρ πεποίηκας
ἀνδρειοτέρους ἐς τὸν πόλεμον, καὶ τούτου γ᾽ οὕνεκα
τύπτου.

Αἰ. ἀλλ᾽ ὑμῖν αὔτ᾽ ἐξῆν ἀσκεῖν, ἀλλ᾽ οὐκ ἐπὶ τοῦτ᾽ ἐτρά-
πεσθε.   1025
εἶτα διδάξας Πέρσας μετὰ τοῦτ᾽ ἐπιθυμεῖν ἐξεδίδαξα
νικᾶν ἀεὶ τοὺς ἀντιπάλους, κοσμήσας ἔργον ἄριστον.

Δι. ἐχάρην γοῦν, †ἡνίκ᾽ ἤκουσα περὶ Δαρείου τεθνεῶτος,†
ὁ χορὸς δ᾽ εὐθὺς τὼ χεῖρ᾽ ὡδὶ συγκρούσας εἶπεν ' ἰαυοῖ.'

Αἰ. ταῦτα γὰρ ἄνδρας χρὴ ποιητὰς ἀσκεῖν. σκέψαι γὰρ ἀπ᾽
ἀρχῆς   1030
ὡς ὠφέλιμοι τῶν ποιητῶν οἱ γενναῖοι γεγένηνται.

Ὀρφεὺς μὲν γὰρ τελετάς θ᾽ ἡμῖν κατέδειξε φόνων τ᾽
ἀπέχεσθαι,

Μουσαῖος δ᾽ ἐξακέσεις τε νόσων καὶ χρησμούς, Ἡσίο-
δος δὲ

γῆς ἐργασίας, καρπῶν ὥρας, ἀρότους· ὁ δὲ θεῖος Ὅμηρος
ἀπὸ τοῦ τιμὴν καὶ κλέος ἔσχεν πλὴν τοῦδ᾽ ὅτι χρήστ᾽
ἐδίδαξεν,   1035
τάξεις ἀρετὰς ὁπλίσεις ἀνδρῶν;   Δι.   καὶ μὴν οὐ
Παντακλέα γε
ἐδίδαξεν ὅμως τὸν σκαιότατον· πρώην γοῦν, ἡνίκ᾽ ἔπεμπεν,
τὸ κράνος πρῶτον περιδησάμενος τὸν λόφον ἤμελλ᾽ ἐπι-
δήσειν.

Αἰ. ἀλλ᾽ ἄλλους τοι πολλοὺς ἀγαθούς, ὧν ἦν καὶ Λάμαχος
ἥρως·
ὅθεν ἡμὴ φρὴν ἀπομαξαμένη πολλὰς ἀρετὰς ἐποίησεν,
Πατρόκλων, Τεύκρων θυμολεόντων, ἵν᾽ ἐπαίροιμ᾽ ἄνδρα
πολίτην   1041

1023 τοῦτο μὲν ⟨ἔν⟩ σοι A. Palmer   1026 ἐξεδίδαξα Bentl.: ἐδίδαξα
codd.   1028 ἡνίκ᾽ ἤκουσα περὶ] ἡνίκ᾽ ἀπηγγέλθη περὶ Marcianus
475 : ἡνίκ᾽ ἐκωκύσας παῖ Tyrrell   περὶ Μαρδονίου τεθνεῶτος Schoene-
mann   τοῦ ante τεθνεῶτος add. Ald.   1030 λάσκειν Hamaker
1035 τοῦδ᾽ Bentl. : τοῦθ᾽ codd.

ἀντεκτείνειν αὐτὸν τούτοις, ὁπόταν σάλπιγγος ἀκούσῃ.
ἀλλ' οὐ μὰ Δί' οὐ Φαίδρας ἐποίουν πόρνας οὐδὲ Σθενε-
βοίας,
οὐδ' οἶδ' οὐδεὶς ἥντιν' ἐρῶσαν πώποτ' ἐποίησα γυναῖκα.
Ευ. μὰ Δί' οὐ γὰρ ἐπῆν τῆς Ἀφροδίτης οὐδέν σοι.   Αἰ. μη-
δέ γ' ἐπείη.   1045
ἀλλ' ἐπί τοι σοὶ καὶ τοῖς σοῖσιν πολλὴ πολλοῦ 'πικαθῆτο,
ὥστε γε καὐτόν σε κατ' οὖν ἔβαλεν.   Δι. νὴ τὸν
Δία τοῦτό γέ τοι δή.
ἃ γὰρ ἐς τὰς ἀλλοτρίας ἐποίεις, αὐτὸς τούτοισιν ἐπλήγης.
Ευ. καὶ τί βλάπτουσ' ὦ σχέτλι' ἀνδρῶν τὴν πόλιν ἁμαὶ
Σθενέβοιαι;
Αἰ. ὅτι γενναίας καὶ γενναίων ἀνδρῶν ἀλόχους ἀνέπεισας
κώνεια πιεῖν αἰσχυνθείσας διὰ τοὺς σοὺς Βελλεροφόντας.
Ευ. πότερον δ' οὐκ ὄντα λόγον τοῦτον περὶ τῆς Φαίδρας
ξυνέθηκα;   1052
Αἰ. μὰ Δί' ἀλλ' ὄντ'· ἀλλ' ἀποκρύπτειν χρὴ τὸ πονηρὸν
τόν γε ποιητήν,
καὶ μὴ παράγειν μηδὲ διδάσκειν.   τοῖς μὲν γὰρ παιδα-
ρίοισιν
ἔστι διδάσκαλος ὅστις φράζει, τοῖσιν δ' ἡβῶσι ποιηταί.
πάνυ δὴ δεῖ χρηστὰ λέγειν ἡμᾶς.   Ευ.   ἢν οὖν σὺ
λέγῃς Λυκαβηττοὺς   1056
καὶ Παρνασσῶν ἡμῖν μεγέθη, τοῦτ' ἐστὶ τὸ χρηστὰ δι-
δάσκειν,
ὃν χρῆν φράζειν ἀνθρωπείως;   Αἰ.   ἀλλ' ὦ κακό-
δαιμον ἀνάγκη
μεγάλων γνωμῶν καὶ διανοιῶν ἴσα καὶ τὰ ῥήματα τίκτειν.
κἄλλως εἰκὸς τοὺς ἡμιθέους τοῖς ῥήμασι μείζοσι χρῆσθαι·
καὶ γὰρ τοῖς ἱματίοις ἡμῶν χρῶνται πολὺ σεμνοτέροισιν.

1046 'πικαθῆτο Marcianus 472 : 'πικαθοῖτο vulg. : 'πικαθῆστο Cobet
1047 κάτω 'νέβαλεν Ald.   1052 τοῦτον Urbinas : τοιοῦτον R V A
Ald.   1057 Παρνασσῶν] Παρνήθων Bentl.   1058 χρῆν Fritzsche :
χρὴ codd.

ἁμοῦ χρηστῶς καταδείξαντος διελυμήνω σύ.　　Ευ.　τί
　　δράσας;　　　　　　　　　　　　　　　　　　　1062
Αἰ.　πρῶτον μὲν τοὺς βασιλεύοντας ῥάκι᾽ ἀμπισχών, ἵν᾽
　　ἐλεινοὶ
　　τοῖς ἀνθρώποις φαίνοιντ᾽ εἶναι.　　Ευ.　τοῦτ᾽ οὖν
　　ἔβλαψά τι δράσας;　　　　　　　　　　　　　1064
Αἰ.　οὔκουν ἐθέλει γε τριηραρχεῖν πλουτῶν οὐδεὶς διὰ ταῦτα,
　　ἀλλὰ ῥακίοις περιειλάμενος κλάει καὶ φησὶ πένεσθαι.
Δι.　νὴ τὴν Δήμητρα χιτῶνά γ᾽ ἔχων οὔλων ἐρίων ὑπένερθεν.
　　κἂν ταῦτα λέγων ἐξαπατήσῃ, παρὰ τοὺς ἰχθῦς ἀνέκυψεν.
Αἰ.　εἶτ᾽ αὖ λαλιὰν ἐπιτηδεῦσαι καὶ στωμυλίαν ἐδίδαξας,
　　ἣ ᾽ξεκένωσεν τάς τε παλαίστρας καὶ τὰς πυγὰς ἐνέτριψεν
　　τῶν μειρακίων στωμυλλομένων, καὶ τοὺς Παράλους ἀνέ-
　　πεισεν　　　　　　　　　　　　　　　　　1071
　　ἀνταγορεύειν τοῖς ἄρχουσιν.　καίτοι τότε γ᾽ ἡνίκ᾽ ἐγὼ
　　᾽ζων,
　　οὐκ ἠπίσταντ᾽ ἀλλ᾽ ἢ μᾶζαν καλέσαι καὶ ῾ῥυππαπαῖ᾽
　　εἰπεῖν.
Δι.　νὴ τὸν Ἀπόλλω, καὶ προσπαρδεῖν γ᾽ ἐς τὸ στόμα τῷ
　　θαλάμακι,　　　　　　　　　　　　　　　　1074
　　καὶ μινθῶσαι ⸗ὸν ξύσσιτον κἀκβάς τινα λωποδυτῆσαι·
　　νῦν δ᾽ ἀντιλέγει κοὐκέτ᾽ ἐλαύνων πλεῖ δευρὶ καὖθις ἐκεῖσε.
Αἰ.　ποίων δὲ κακῶν οὐκ αἴτιός ἐστ᾽;
　　οὐ προαγωγοὺς κατέδειξ᾽ οὗτος,
　　καὶ τικτούσας ἐν τοῖς ἱεροῖς,　　　　　　　　1080
　　καὶ μιγνυμένας τοῖσιν ἀδελφοῖς,
　　καὶ φασκούσας οὐ ζῆν τὸ ζῆν;
　　κᾆτ᾽ ἐκ τούτων ἡ πόλις ἡμῶν
　　ὑπογραμματέων ἀνεμεστώθη
　　καὶ βωμολόχων δημοπιθήκων　　　　　　　　1085

1063 ἐλεεινοὶ codd. : corr. Bentl.　　1064 φαίνωντ(αι) V Ald.
1066 περιειλάμενος Photius : περιειλλόμενος R : περιειλόμενος A Ald. :
περιιλλόμενος V　　1068 περὶ τοὺς Urbinas　　1073 καλέσαι] κάψαι
Herwerden　　1076 ἐλαύνων Fritzsche : ἐλαύνει | καὶ R V A Ald. :
ἀντιλέγειν κοὐκέτ᾽ ἐλαύνειν | καὶ πλεῖν codd. dett.

ΒΑΤΡΑΧΟΙ

ἐξαπατώντων τὸν δῆμον ἀεί,
λαμπάδα δ' οὐδεὶς οἷός τε φέρειν
ὑπ' ἀγυμνασίας ἔτι νυνί.

Δι. μὰ Δί' οὐ δῆθ', ὥστ' ἐπαφανάνθην
Παναθηναίοισι γελῶν, ὅτε δὴ   1090
βραδὺς ἄνθρωπός τις ἔθει κύψας
λευκὸς πίων ὑπολειπόμενος
καὶ δεινὰ ποιῶν· κᾆθ' οἱ Κεραμῆς
ἐν ταῖσι πύλαις παίουσ' αὐτοῦ
γαστέρα πλευρὰς λαγόνας πυγήν,   1095
ὁ δὲ τυπτόμενος ταῖσι πλατείαις
ὑποπερδόμενος
φυσῶν τὴν λαμπάδ' ἔφευγεν.

Χο. μέγα τὸ πρᾶγμα, πολὺ τὸ νεῖκος, ἁδρὸς ὁ πόλεμος
    ἔρχεται.   [στρ.
χαλεπὸν οὖν ἔργον διαιρεῖν,   1100
ὅταν ὁ μὲν τείνῃ βιαίως,
ὁ δ' ἐπαναστρέφειν δύνηται κἀπερείδεσθαι τορῶς.
ἀλλὰ μὴ 'ν ταὐτῷ κάθησθον·
ἐσβολαὶ γάρ εἰσι πολλαὶ χἄτεραι σοφισμάτων.
ὅ τι περ οὖν ἔχετον ἐρίζειν,   1105
λέγετον ἔπιτον ἀνά ⟨τε⟩ δέρετον
τά τε παλαιὰ καὶ τὰ καινά,
κἀποκινδυνεύετον λεπτόν τι καὶ σοφὸν λέγειν.

εἰ δὲ τοῦτο καταφοβεῖσθον, μή τις ἀμαθία προσῇ [ἀντ.
τοῖς θεωμένοισιν, ὡς τὰ   1110
λεπτὰ μὴ γνῶναι λεγόντοιν,
μηδὲν ὀρρωδεῖτε τοῦθ'· ὡς οὐκέθ' οὕτω ταῦτ' ἔχει.
ἐστρατευμένοι γάρ εἰσι,
βιβλίον τ' ἔχων ἕκαστος μανθάνει τὰ δεξιά·

1089 ἐπαφανάνθην R Suid.: ἀπαφανάνθην et similia vulg.: ἐπαφην-
άνθην Bentl.   1106 τε add. Dobr.   ἀνὰ δ' ἔρεσθον Bergk

αἱ φύσεις τ' ἄλλως κράτισται,   1115
νῦν δὲ καὶ παρηκόνηνται.
μηδὲν οὖν δείσητον, ἀλλὰ
πάντ' ἐπέξιτον θεατῶν γ' οὕνεχ' ὡς ὄντων σοφῶν.

Ευ. καὶ μὴν ἐπ' αὐτοὺς τοὺς προλόγους σου τρέψομαι,
ὅπως τὸ πρῶτον τῆς τραγῳδίας μέρος   1120
πρώτιστον αὐτοῦ βασανιῶ τοῦ δεξιοῦ.
ἀσαφὴς γὰρ ἦν ἐν τῇ φράσει τῶν πραγμάτων.
Δι. καὶ ποῖον αὐτοῦ βασανιεῖς;   Ευ. πολλοὺς πάνυ.
πρῶτον δέ μοι τὸν ἐξ Ὀρεστείας λέγε.
Δι. ἄγε δὴ σιώπα πᾶς ἀνήρ. λέγ' Αἰσχύλε.   1125
Αἴ. ''Ερμῆ χθόνιε πατρῷ' ἐποπτεύων κράτη,
σωτὴρ γενοῦ μοι σύμμαχός τ' αἰτουμένῳ.
ἥκω γὰρ ἐς γῆν τήνδε καὶ κατέρχομαι.'
Δι. τούτων ἔχεις ψέγειν τι;   Ευ. πλεῖν ἢ δώδεκα.
Δι. ἀλλ' οὐδὲ πάντα ταῦτά γ' ἔστ' ἀλλ' ἢ τρία.   1130
Ευ. ἔχει δ' ἕκαστον εἴκοσίν γ' ἁμαρτίας.
Δι. Αἰσχύλε παραινῶ σοι σιωπᾶν· εἰ δὲ μή,
πρὸς τρισὶν ἰαμβείοισι προσοφείλων φανεῖ.
Αἴ. ἐγὼ σιωπῶ τῷδ';   Δι. ἐὰν πείθῃ γ' ἐμοί.
Ευ. εὐθὺς γὰρ ἡμάρτηκεν οὐράνιόν γ' ὅσον.   1135
Αἴ. ὁρᾷς ὅτι ληρεῖς;   Δι. ἀλλ' ὀλίγον γέ μοι μέλει.
Αἴ. πῶς φῂς μ' ἁμαρτεῖν;   Ευ. αὖθις ἐξ ἀρχῆς λέγε.
Αἴ. ''Ερμῆ χθόνιε πατρῷ' ἐποπτεύων κράτη.'
Ευ. οὔκουν Ὀρέστης τοῦτ' ἐπὶ τῷ τύμβῳ λέγει
τῷ τοῦ πατρὸς τεθνεῶτος;   Αἴ. οὐκ ἄλλως λέγω.
Ευ. πότερ' οὖν τὸν Ἑρμῆν, ὡς ὁ πατὴρ ἀπώλετο   1141
αὐτοῦ βιαίως ἐκ γυναικείας χερὸς
δόλοις λαθραίοις, ταῦτ' 'ἐποπτεύειν' ἔφη;
Αἴ. οὐ δῆτ' ἐκεῖνον, ἀλλὰ τὸν Ἐριούνιον
Ἑρμῆν χθόνιον προσεῖπε, κἀδήλου λέγων   1145

1119 σου] σοι A   1122 secl. Mein.   1132-5 secl. Wilamowitz
1141 πότερ'] πότερον V   1144 ἐκεῖνος R

ΒΑΤΡΑΧΟΙ

ὁτιὴ πατρῷον τοῦτο κέκτηται γέρας—
Ευ. ἔτι μεῖζον ἐξήμαρτες ἢ 'γὼ 'βουλόμην·
εἰ γὰρ πατρῷον τὸ χθόνιον ἔχει γέρας—
Δι. οὕτω γ' ἂν εἴη πρὸς πατρὸς τυμβωρύχος.
Αἰ. Διόνυσε πίνεις οἶνον οὐκ ἀνθοσμίαν.   1150
Δι. λέγ' ἕτερον αὐτῷ· σὺ δ' ἐπιτήρει τὸ βλάβος.
Αἰ. ' σωτὴρ γενοῦ μοι σύμμαχός τ' αἰτουμένῳ.
ἥκω γὰρ ἐς γῆν τήνδε καὶ κατέρχομαι—
Ευ. δὶς ταὐτὸν ἡμῖν εἶπεν ὁ σοφὸς Αἰσχύλος.   1154
Δι. πῶς δίς; Ευ. σκόπει τὸ ῥῆμ'· ἐγὼ δέ σοι φράσω.
' ἥκω γὰρ ἐς γῆν,' φησί, ' καὶ κατέρχομαι·'
' ἥκω ' δὲ ταὐτόν ἐστι τῷ ' κατέρχομαι.'
Δι. νὴ τὸν Δί' ὥσπερ γ' εἴ τις εἴποι γείτονι,
' χρῆσον σὺ μάκτραν, εἰ δὲ βούλει, κάρδοπον.'
Αἰ. οὐ δῆτα τοῦτό γ' ὦ κατεστωμυλμένε   1160
ἄνθρωπε ταῦτ' ἔστ', ἀλλ' ἄριστ' ἐπῶν ἔχον.
Ευ. πῶς δή; δίδαξον γάρ με καθ' ὅ τι δὴ λέγεις;
Αἰ. ' ἐλθεῖν ' μὲν ἐς γῆν ἔσθ' ὅτῳ μετῇ πάτρας·
χωρὶς γὰρ ἄλλης συμφορᾶς ἐλήλυθεν·
φεύγων δ' ἀνὴρ ' ἥκει ' τε καὶ ' κατέρχεται.'   1165
Δι. εὖ νὴ τὸν Ἀπόλλω. τί σὺ λέγεις Εὐριπίδη;
Ευ. οὐ φημὶ τὸν Ὀρέστην κατελθεῖν οἴκαδε·
λάθρᾳ γὰρ ἦλθεν οὐ πιθὼν τοὺς κυρίους.
Δι. εὖ νὴ τὸν Ἑρμῆν· ὅ τι λέγεις δ' οὐ μανθάνω.
Ευ. πέραινε τοίνυν ἕτερον. Δι. ἴθι πέραινε σὺ   1170
Αἰσχύλ' ἀνύσας· σὺ δ' ἐς τὸ κακὸν ἀπόβλεπε.
Αἰ. ' τύμβου δ' ἐπ' ὄχθῳ τῷδε κηρύσσω πατρὶ
κλύειν ἀκοῦσαι.' Ευ. τοῦθ' ἕτερον αὖθις λέγει,
' κλύειν ἀκοῦσαι,' ταὐτὸν ὂν σαφέστατα.
Δι. τεθνηκόσιν γὰρ ἔλεγεν ὦ μόχθηρε σύ,   1175
οἷς οὐδὲ τρὶς λέγοντες ἐξικνούμεθα.

1147 μεῖζον] μᾶλλον R   1157 expunctus est in Ambros. L 39
ἥκω Aulus Gellius: ἥκειν codd.   1163 ἐλθεῖν] ἥκειν Hirschig
μετῆν Elmsl.   1173 αὖθις] αὖ δὶς Bake   1175 Aeschylo dat Bergk

147

ΑΡΙΣΤΟΦΑΝΟΥΣ

Αἰ. σὺ δὲ πῶς ἐποίεις τοὺς προλόγους;   Ευ. ἐγὼ φράσω.
κἄν που δὶς εἴπω ταὐτόν, ἢ στοιβὴν ἴδῃς
ἐνοῦσαν ἔξω τοῦ λόγου, κατάπτυσον.

Δι. ἴθι δὴ λέγ᾽· οὐ γάρ μούστιν ἀλλ᾽ ἀκουστέα   1180
τῶν σῶν προλόγων τῆς ὀρθότητος τῶν ἐπῶν.

Ευ. ' ἦν Οἰδίπους τὸ πρῶτον εὐδαίμων ἀνήρ '—

Αἰ. μὰ τὸν Δί᾽ οὐ δῆτ᾽, ἀλλὰ κακοδαίμων φύσει,
ὅντινά γε πρὶν φῦναι μὲν Ἀπόλλων ἔφη
ἀποκτενεῖν τὸν πατέρα, πρὶν καὶ γεγονέναι·   1185
πῶς οὗτος ἦν τὸ πρῶτον εὐδαίμων ἀνήρ;

Ευ. ' εἶτ᾽ ἐγένετ᾽ αὖθις ἀθλιώτατος βροτῶν.'

Αἰ. μὰ τὸν Δί᾽ οὐ δῆτ᾽, οὐ μὲν οὖν ἐπαύσατο.
πῶς γάρ; ὅτε δὴ πρῶτον μὲν αὐτὸν γενόμενον
χειμῶνος ὄντος ἐξέθεσαν ἐν ὀστράκῳ,   1190
ἵνα μὴ 'κτραφεὶς γένοιτο τοῦ πατρὸς φονεύς·
εἶθ᾽ ὡς Πόλυβον ἤρρησεν οἰδῶν τὼ πόδε·
ἔπειτα γραῦν ἔγημεν αὐτὸς ὢν νέος
καὶ πρός γε τούτοις τὴν ἑαυτοῦ μητέρα·
εἶτ᾽ ἐξετύφλωσεν αὑτόν.   Δι. εὐδαίμων ἄρ᾽ ἦν,
εἰ κἀστρατήγησέν γε μετ᾽ Ἐρασινίδου.   1196

Ευ. ληρεῖς· ἐγὼ δὲ τοὺς προλόγους καλοὺς ποιῶ.

Αἰ. καὶ μὴν μὰ τὸν Δί᾽ οὐ κατ᾽ ἔπος γέ σου κνίσω
τὸ ῥῆμ᾽ ἕκαστον, ἀλλὰ σὺν τοῖσιν θεοῖς
ἀπὸ ληκυθίου σου τοὺς προλόγους διαφθερῶ.   1200

Ευ. ἀπὸ ληκυθίου σὺ τοὺς ἐμούς;   Αἰ. ἑνὸς μόνου.
ποιεῖς γὰρ οὕτως ὥστ᾽ ἐναρμόττειν ἅπαν,
καὶ κῳδάριον καὶ ληκύθιον καὶ θύλακον,
ἐν τοῖς ἰαμβείοισι. δείξω δ᾽ αὐτίκα.

Ευ. ἰδού, σὺ δείξεις;   Αἰ. φημί.   Δι. καὶ δὴ
        χρὴ λέγειν.   1205

Ευ. ' Αἴγυπτος, ὡς ὁ πλεῖστος ἔσπαρται λόγος,

1180 ἀκουστέον R   1182 εὐδαίμων R: εὐτυχὴς V A Ald.
1186 εὐδαίμων Brunck: εὐτυχὴς codd.   1197 καλῶς A Ald.
1200 σου] σοι A   1203 θύλακον apud schol.: θυλάκιον codd.

ΒΑΤΡΑΧΟΙ

ξὺν παισὶ πεντήκοντα ναυτίλῳ πλάτῃ
"Αργος κατασχών—   Αἰ.   ληκύθιον ἀπώλεσεν.
Δι. τουτὶ τί ἦν τὸ ληκύθιον; οὐ κλαύσεται;
λέγ' ἕτερον αὐτῷ πρόλογον, ἵνα καὶ γνῶ πάλιν.   1210
Ευ. ' Διόνυσος, ὃς θύρσοισι καὶ νεβρῶν δοραῖς
καθαπτὸς ἐν πεύκαισι Παρνασσὸν κάτα
πηδᾷ χορεύων'--   Αἰ.   ληκύθιον ἀπώλεσεν.
Δι. οἴμοι πεπλήγμεθ' αὖθις ὑπὸ τῆς ληκύθου.
Ευ. ἀλλ' οὐδὲν ἔσται πρᾶγμα· πρὸς γὰρ τουτονὶ   1215
τὸν πρόλογον οὐχ ἕξει προσάψαι λήκυθον.
' οὐκ ἔστιν ὅστις πάντ' ἀνὴρ εὐδαιμονεῖ·
ἢ γὰρ πεφυκὼς ἐσθλὸς οὐκ ἔχει βίον,
ἢ δυσγενὴς ὤν '—   Αἰ.   ληκύθιον ἀπώλεσεν.
Δι. Εὐριπίδη—   Ευ. τί ἔσθ';   Δι. ὑφέσθαι μοι δοκεῖ·
τὸ ληκύθιον γὰρ τοῦτο πνευσεῖται πολύ.   1221
Ευ. οὐδ' ἂν μὰ τὴν Δήμητρα φροντίσαιμί γε·
νυνὶ γὰρ αὐτοῦ τοῦτό γ' ἐκκεκόψεται.
Δι. ἴθι δὴ λέγ' ἕτερον κἀπέχου τῆς ληκύθου.
Ευ. ' Σιδώνιόν ποτ' ἄστυ Κάδμος ἐκλιπὼν   1225
'Αγήνορος παῖς '—   Αἰ.   ληκύθιον ἀπώλεσεν.
Δι. ὦ δαιμόνι' ἀνδρῶν ἀποπρίω τὴν λήκυθον,
ἵνα μὴ διακναίσῃ τοὺς προλόγους ἡμῶν.   Ευ. τὸ τί;
ἐγὼ πρίωμαι τῷδ';   Δι. ἐὰν πείθῃ γ' ἐμοί.
Ευ. οὐ δῆτ', ἐπεὶ πολλοὺς προλόγους ἕξω λέγειν   1230
ἵν' οὗτος οὐχ ἕξει προσάψαι ληκύθιον.
' Πέλοψ ὁ Ταντάλειος ἐς Πῖσαν μολὼν
θοαῖσιν ἵπποις '—   Αἰ.   ληκύθιον ἀπώλεσεν.
Δι. ὁρᾷς, προσῆψεν αὖθις αὖ τὴν λήκυθον.
ἀλλ' ὦγάθ' ἔτι καὶ νῦν ἀπόδος πάσῃ τέχνῃ·   1235
λήψει γὰρ ὀβολοῦ πάνυ καλήν τε κἀγαθήν.
Ευ. μὰ τὸν Δί' οὔπω γ'· ἔτι γὰρ εἰσί μοι συχνοί.
' Οἰνεύς ποτ' ἐκ γῆς '—   Αἰ.   ληκύθιον ἀπώλεσεν.

1216 ληκύθιον R   1220 δοκεῖς codd. : corr. Kuster   1235 ἀπ-
όδου A

149

ΑΡΙΣΤΟΦΑΝΟΥΣ

Ευ. ἔασον εἰπεῖν πρῶθ᾽ ὅλον με τὸν στίχον.
'Οἰνεύς ποτ᾽ ἐκ γῆς πολύμετρον λαβὼν στάχυν   1240
θύων ἀπαρχάς᾽— Αἶ. ληκύθιον ἀπώλεσεν.
Δι. μεταξὺ θύων; καὶ τίς αὖθ᾽ ὑφείλετο;
Ευ. ἔα αὐτὸν ὦ τᾶν· πρὸς τοδὶ γὰρ εἰπάτω.
'Ζεύς, ὡς λέλεκται τῆς ἀληθείας ὕπο᾽—
Δι. ἀπολεῖ σ᾽· ἐρεῖ γάρ, 'ληκύθιον ἀπώλεσεν.᾽   1245
τὸ ληκύθιον γὰρ τοῦτ᾽ ἐπὶ τοῖς προλόγοισί σου
ὥσπερ τὰ σῦκ᾽ ἐπὶ τοῖσιν ὀφθαλμοῖς ἔφυ.
ἀλλ᾽ ἐς τὰ μέλη πρὸς τῶν θεῶν αὐτοῦ τραποῦ.
Ευ. καὶ μὴν ἔχω γ᾽ οἷς αὐτὸν ἀποδείξω κακὸν
μελοποιὸν ὄντα καὶ ποιοῦντα ταῦτ᾽ ἀεί.   1250

Χο. τί ποτε πρᾶγμα γενήσεται;
φροντίζειν γὰρ ἔγωγ᾽ ἔχω,
τίν᾽ ἄρα μέμψιν ἐποίσει
ἀνδρὶ τῷ πολὺ πλεῖστα δὴ
καὶ κάλλιστα μέλη ποιή-   1255
σαντι τῶν μέχρι νυνί.
θαυμάζω γὰρ ἔγωγ᾽ ὅπη
μέμψεταί ποτε τοῦτον
τὸν Βακχεῖον ἄνακτα,
καὶ δέδοιχ᾽ ὑπὲρ αὐτοῦ.   1260

Ευ. πάνυ γε μέλη θαυμαστά· δείξει δὴ τάχα.
εἰς ἓν γὰρ αὐτοῦ πάντα τὰ μέλη ξυντεμῶ.
Δι. καὶ μὴν λογιοῦμαι ταῦτα τῶν ψήφων λαβών·
(διαύλιον προσαυλεῖ τις)

Ευ. Φθιῶτ᾽ Ἀχιλλεῦ, τί ποτ᾽ ἀνδροδάικτον ἀκούων
ἰὴ κόπον οὐ πελάθεις ἐπ᾽ ἀρωγάν;   1265
'Ερμᾶν μὲν πρόγονον τίομεν γένος οἱ περὶ λίμναν.

1243 ἔα αὐτὸν] ἔασον R   1245 ἀπολεῖ σ᾽] ἀπολεῖς RA   1249 οἷς
Dobr.: ὡς codd.   1256 μέχρι νυνί Mein. ex schol.: ἔτι νῦν ὄντων
codd.   1257-60 secl. Kock: retractationi fabulae trib. Zielinski
1263 ταῦτα] γ᾽ αὐτὰ Dobr.   1264 ἀχιλεῦ Ald.

ΒΑΤΡΑΧΟΙ

      ἰὴ κόπον οὐ πελάθεις ἐπ' ἀρωγάν;
Δι. δύο σοὶ κόπω Αἰσχύλε τούτω.
Ευ. κύδιστ' Ἀχαιῶν Ἀτρέως πολυκοίρανε μάνθανέ μου παῖ.
      ἰὴ κόπον οὐ πελάθεις ἐπ' ἀρωγάν;   1271
Δι. τρίτος ὠσχύλε σοὶ κόπος οὗτος.
Ευ. εὐφαμεῖτε· μελισσονόμοι δόμον Ἀρτέμιδος πέλας οἴγειν.
      ἰὴ κόπον οὐ πελάθεις ἐπ' ἀρωγάν;   1275
      κύριός εἰμι θροεῖν ὅδιον κράτος αἴσιον ἀνδρῶν.
      ἰὴ κόπον οὐ πελάθεις ἐπ' ἀρωγάν;

Δι. ὦ Ζεῦ βασιλεῦ τὸ χρῆμα τῶν κόπων ὅσον.
      ἐγὼ μὲν οὖν ἐς τὸ βαλανεῖον βούλομαι·
      ὑπὸ τῶν κόπων γὰρ τὼ νεφρὼ βουβωνιῶ.   1280
Ευ. μὴ πρίν γ' ⟨ἂν⟩ ἀκούσῃς χἀτέραν στάσιν μελῶν
      ἐκ τῶν κιθαρῳδικῶν νόμων εἰργασμένην.
Δι. ἴθι δὴ πέραινε, καὶ κόπον μὴ προστίθει.   1283

Ευ. ὅπως Ἀχαιῶν δίθρονον κράτος, Ἑλλάδος ἥβας,   1285
      τοφλαττοθρατ τοφλαττοθρατ,
      Σφίγγα δυσαμεριᾶν πρύτανιν κύνα, πέμπει,
      τοφλαττοθρατ τοφλαττοθρατ,
      σὺν δορὶ καὶ χερὶ πράκτορι θούριος ὄρνις,
      τοφλαττοθρατ τοφλαττοθρατ,   1290
      κυρεῖν παρασχὼν ἰταμαῖς κυσὶν ἀεροφοίτοις,
      τοφλαττοθρατ τοφλαττοθρατ,
      τὸ συγκλινές τ' ἐπ' Αἴαντι,
      τοφλαττοθρατ τοφλαττοθρατ.   1295

Δι. τί τὸ ' φλαττοθρατ ' τοῦτ' ἐστίν; ἐκ Μαραθῶνος ἢ
      πόθεν συνέλεξας ἱμονιοστρόφου μέλη;
Αἴ. ἀλλ' οὖν ἐγὼ μὲν ἐς τὸ καλὸν ἐκ τοῦ καλοῦ
      ἤνεγκον αὔθ', ἵνα μὴ τὸν αὐτὸν Φρυνίχῳ

1276 ὅδιον Aesch. Ag. 104: ὃς δῖον R : ὅσιον vulg.   1281 ἂν
add. Reisig.   1283 ἔν τισι οὐ κεῖται schol. Ven.   1287 δυσαμερίαν
codd. : corr. Dind.   1294 Τιμαχίδας φησὶ τοῦτο ἐν ἐνίοις μὴ γρά-
φεσθαι schol. Ven.

λειμῶνα Μουσῶν ἱερὸν ὀφθείην δρέπων·   1300
οὗτος δ' ἀπὸ πάντων †μὲν φέρει, πορνιδίων†,
σκολίων Μελήτου, Καρικῶν αὐλημάτων,
θρήνων, χορειῶν. τάχα δὲ δηλωθήσεται.
ἐνεγκάτω τις τὸ λύριον.   καίτοι τί δεῖ
λύρας ἐπὶ τούτων; ποῦ 'στιν ἡ τοῖς ὀστράκοις   1305
αὕτη κροτοῦσα; δεῦρο Μοῦσ' Εὐριπίδου,
πρὸς ἥνπερ ἐπιτήδεια ταῦτ' ᾄδειν μέλη.
Δι. αὕτη ποθ' ἡ Μοῦσ' οὐκ ἐλεσβίαζεν, οὔ.

Αἰ. ἀλκυόνες, αἳ παρ' ἀενάοις θαλάσσης
    κύμασι στωμύλλετε,   1310
    τέγγουσαι νοτίοις πτερῶν
    ῥανίσι χρόα δροσιζόμεναι·
    αἵ θ' ὑπωρόφιοι κατὰ γωνίας
εἰειειειλίσσετε δακτύλοις φάλαγγες
    ἱστόπονα πηνίσματα,   1315
    κερκίδος ἀοιδοῦ μελέτας,
    ἵν' ὁ φίλαυλος ἔπαλλε δελ-
    φὶς πρῴραις κυανεμβόλοις
        μαντεῖα καὶ σταδίους,
    οἰνάνθας γάνος ἀμπέλου,   1320
    βότρυος ἕλικα παυσίπονον.
    περίβαλλ' ὦ τέκνον ὠλένας.
    ὁρᾷς τὸν πόδα τοῦτον;   Δι. ὁρῶ.
Αἰ. τί δαί; τοῦτον ὁρᾷς;   Δι. ὁρῶ.
Αἰ. τοιαυτὶ μέντοι σὺ ποιῶν   1325
    τολμᾷς τἀμὰ μέλη ψέγειν,
    ἀνὰ τὸ δωδεκαμήχανον
    Κυρήνης μελοποιῶν;

1301 μὲν] μέλι A. Palmer   πορνιδίων] πορνειδίων Blaydes : παροινίων
Kock   1305 τούτων Cantab. 1 : τοῦτον vulg.   1307 ταῦτ' Ald. :
ταῦτ' ἔστ' VA : τά γ' ἔστ' R   1311 νοτεροῖς VA   1315 ἱστό-
τονα codd. praeter R   1324 om. V

ΒΑΤΡΑΧΟΙ

τὰ μὲν μέλη σου ταῦτα· βούλομαι δ' ἔτι
τὸν τῶν μονῳδιῶν διεξελθεῖν τρόπον.   1330

ὦ νυκτὸς κελαινοφαὴς
ὄρφνα, τίνα μοι
δύστανον ὄνειρον
πέμπεις ἐξ ἀφανοῦς,
'Αίδα πρόμολον,
ψυχὰν ἄψυχον ἔχοντα,
μελαίνας Νυκτὸς παῖδα,   1335
φρικώδη δεινὰν ὄψιν,
μελανονεκυείμονα,
φόνια φόνια δερκόμενον,
μεγάλους ὄνυχας ἔχοντα.
ἀλλά μοι ἀμφίπολοι λύχνον ἅψατε
κάλπισί τ' ἐκ ποταμῶν δρόσον ἄρατε, θέρμετε δ' ὕδωρ,
ὡς ἂν θεῖον ὄνειρον ἀποκλύσω.   1340

ἰὼ πόντιε δαῖμον,
τοῦτ' ἐκεῖν'· ἰὼ ξύνοικοι,
τάδε τέρα θεάσασθε.
τὸν ἀλεκτρυόνα μου συναρπάσασα
φρούδη Γλύκη.
Νύμφαι ὀρεσσίγονοι.
ὦ Μανία ξύλλαβε.   1345

ἐγὼ δ' ἀ τάλαινα προσέχουσ' ἔτυχον
ἐμαυτῆς ἔργοισι,
λίνου μεστὸν ἄτρακτον
εἰειειειλίσσουσα χεροῖν
κλωστῆρα ποιοῦσ', ὅπως
κνεφαῖος εἰς ἀγορὰν   1350
φέρουσ' ἀποδοίμαν·

1330 τρόπον] πόνον V A   1333 πρόμολον] πρόπολον A¹: πρόπυλον
A²: πρόσπολον Ald.   1335 Νυκτὸς παῖδα μελαίνας Dind.   1339 ὕδωρ]
ἔνδον Velsen   1342 τέρα L. Dindorf: ἔτερα R: τέρατα vulg.
θεᾶσθε Dind.   1347 ἔργοις Herm.

ὃ δ' ἀνέπτατ' ἀνέπτατ' ἐς αἰθέρα
κουφοτάταις πτερύγων ἀκμαῖς·
ἐμοὶ δ' ἄχε' ἄχεα κατέλιπε,
δάκρυα δάκρυά τ' ἀπ' ὀμμάτων
ἔβαλον ἔβαλον ἁ τλάμων.   1355
ἀλλ' ὦ Κρῆτες, Ἴδας τέκνα,
τὰ τόξα λαβόντες ἐπαμύνατε,
τὰ κῶλά τ' ἀμπάλλετε κυκλούμενοι τὴν οἰκίαν.
ἅμα δὲ Δίκτυννα παῖς Ἄρτεμις καλὰ
τὰς κυνίσκας ἔχουσ' ἐλθέτω διὰ δόμων πανταχῇ,   1360
σὺ δ' ὦ Διὸς διπύρους ἀνέχουσα
λαμπάδας ὀξυτάτας χεροῖν Ἑκάτα παράφηνον
ἐς Γλύκης, ὅπως ἂν
εἰσελθοῦσα φωράσω.

Δι. παύσασθον ἤδη τῶν μελῶν.   Αἰ.   κἄμοιγ' ἅλις.
ἐπὶ τὸν σταθμὸν γὰρ αὐτὸν ἀγαγεῖν βούλομαι,   1365
ὅπερ ἐξελέγξει τὴν ποίησιν νῷν μόνον.
τὸ γὰρ βάρος νὼ βασανιεῖ τῶν ῥημάτων.
Δι. ἴτε δεῦρό νυν, εἴπερ γε δεῖ καὶ τοῦτό με
ἀνδρῶν ποιητῶν τυροπωλῆσαι τέχνην.

Χο.   ἐπίπονοί γ' οἱ δεξιοί.
τόδε γὰρ ἕτερον αὖ τέρας   1371
νεοχμόν, ἀτοπίας πλέων,
ὃ τίς ἂν ἐπενόησεν ἄλλος;
. . . .
μὰ τὸν ἐγὼ μὲν οὐδ' ἂν εἴ τις
ἔλεγέ μοι τῶν ἐπιτυχόντων,   1375
ἐπιθόμην, ἀλλ' ᾠόμην ἂν
αὐτὸν αὐτὰ ληρεῖν.

1370–1377 = 1482–1490 = 1491–1499

1361 διαπύρους A   1362 ὀξυτάταιν Ald.   1366 ὅπερ ἐξελέγξει
RV: ὅσπερ ἐλέγξει A: ὅσπερ γ' ἐλέγξει Ald.   μόνον] μόνος A
1367 secl. Bergk   νὼ] νῶν A Ald.   1373 lacunam indicavit Herm.

154

ΒΑΤΡΑΧΟΙ

Δι. ἴθι δὴ παρίστασθον παρὰ τὼ πλάστιγγ᾽,   Αἰ. κ̣ʲ Ευ.
  ἰδού.

Δι. καὶ λαβομένω τὸ ῥῆμ᾽ ἑκάτερος εἴπατον,
  καὶ μὴ μεθῆσθον, πρὶν ἂν ἐγὼ σφῷν κοκκύσω.   1380

Αἰ. κ̣ʲ Ευ. ἐχόμεθα.   Δι. τοὖπος νῦν λέγετον ἐς τὸν
  σταθμόν.

Ευ. ᾽ εἴθ᾽ ὤφελ᾽ ᾽Αργοῦς μὴ διαπτάσθαι σκάφος.᾽

Αἰ. ᾽ Σπερχειὲ ποταμὲ βουνόμοι τ᾽ ἐπιστροφαί.᾽

Δι. κόκκυ, μέθεσθε· καὶ πολύ γε κατωτέρω
  χωρεῖ τὸ τοῦδε.   Ευ. καὶ τί ποτ᾽ ἐστὶ ταἴτιον; 1385

Δι. ὅτι εἰσέθηκε ποταμόν, ἐριοπωλικῶς
  ὑγρὸν ποιήσας τοὖπος ὥσπερ τἄρια,
  σὺ δ᾽ εἰσέθηκας τοὖπος ἐπτερωμένον.

Ευ. ἀλλ᾽ ἕτερον εἰπάτω τι κἀντιστησάτω.

Δι. λάβεσθε τοίνυν αὖθις.   Αἰ. κ̣ʲΕυ. ἦν ἰδού.   Δι. λέγε.

Ευ. ᾽ οὐκ ἔστι Πειθοῦς ἱερὸν ἄλλο πλὴν λόγος.᾽   1391

Αἰ. ᾽ μόνος θεῶν γὰρ Θάνατος οὐ δώρων ἐρᾷ.᾽

Δι. μέθεσθε μέθεσθε· καὶ τὸ τοῦδέ γ᾽ αὖ ῥέπει·
  θάνατον γὰρ εἰσέθηκε βαρύτατον κακόν.

Ευ. ἐγὼ δὲ πειθώ γ᾽ ἔπος ἄριστ᾽ εἰρημένον.   1395

Δι. πειθὼ δὲ κοῦφόν ἐστι καὶ νοῦν οὐκ ἔχον.
  ἀλλ᾽ ἕτερον αὖ ζήτει τι τῶν βαρυστάθμων,
  ὅ τι σοι καθέλξει, καρτερόν τε καὶ μέγα.

Ευ. φέρε ποῦ τοιοῦτον δῆτά μουστί; ποῦ;   Δι. φράσω·
  ᾽ βέβληκ᾽ ᾽Αχιλλεὺς δύο κύβω καὶ τέτταρα.᾽   1400
  λέγοιτ᾽ ἄν, ὡς αὕτη ᾽στὶ λοιπὴ σφῷν στάσις.

Ευ. ᾽ σιδηροβριθές τ᾽ ἔλαβε δεξιᾷ ξύλον.᾽

Αἰ. ᾽ ἐφ᾽ ἅρματος γὰρ ἅρμα καὶ νεκρῷ νεκρός.᾽

Δι. ἐξηπάτηκεν αὖ σὲ καὶ νῦν.   Ευ. τῷ τρόπῳ;

Δι. δύ᾽ ἅρματ᾽ εἰσέθηκε καὶ νεκρὼ δύο,   1405

1378 δὴ] νῦν A Ald.   1384 μέθεσθε Pors.: μεθεῖτε codd.
1393 μέθεσθε (bis) Pors.: μεθεῖτε (bis) codd.: μέθετε· μεθεῖτε Blass
1394 κακῶν A Ald.   1397 ζητεῖτε R A   1398 τε] τι Bamberg
1403 νεκρῷ] νεκρῶν Ambros. L 39   1405 εἰσέθηκε] εἰσήνεγκεν R

οὓς οὐκ ἂν ἄραιντ' οὐδ' ἑκατὸν Αἰγύπτιοι.

Αἰ. καὶ μηκέτ' ἔμοιγε κατ' ἔπος, ἀλλ' ἐς τὸν σταθμὸν
αὐτὸς τὰ παιδί' ἡ γυνὴ Κηφισοφῶν
ἐμβὰς καθήσθω, συλλαβὼν τὰ βιβλία·
ἐγὼ δὲ δύ' ἔπη τῶν ἐμῶν ἐρῶ μόνον.   1410

Δι. ἄνδρες φίλοι, κἀγὼ μὲν αὐτοὺς οὐ κρινῶ.
οὐ γὰρ δι' ἔχθρας οὐδετέρῳ γενήσομαι.
τὸν μὲν γὰρ ἡγοῦμαι σοφόν, τῷ δ' ἥδομαι.

ΠΛΟΥΤΩΝ

οὐδὲν ἄρα πράξεις ὧνπερ ἦλθες οὕνεκα;

Δι. ἐὰν δὲ κρίνω;   Πλ.   τὸν ἕτερον λαβὼν ἄπει, 1415
ὁπότερον ἂν κρίνῃς, ἵν' ἔλθῃς μὴ μάτην.

Δι. εὐδαιμονοίης.   φέρε πύθεσθέ μου ταδί.
ἐγὼ κατῆλθον ἐπὶ ποιητήν.   τοῦ χάριν;
ἵν' ἡ πόλις σωθεῖσα τοὺς χοροὺς ἄγῃ.
ὁπότερος οὖν ἂν τῇ πόλει παραινέσῃ   1420
μᾶλλόν τι χρηστόν, τοῦτον ἄξειν μοι δοκῶ.
πρῶτον μὲν οὖν περὶ Ἀλκιβιάδου τίν' ἔχετον
γνώμην ἑκάτερος; ἡ πόλις γὰρ δυστοκεῖ.

Ευ. ἔχει δὲ περὶ αὐτοῦ τίνα γνώμην;   Δι.   τίνα;
ποθεῖ μέν, ἐχθαίρει δέ, βούλεται δ' ἔχειν.   1425
ἀλλ' ὅ τι νοεῖτον εἴπατον τούτου πέρι.

Ευ. μισῶ πολίτην, ὅστις ὠφελεῖν πάτραν
βραδὺς πέφυκε μεγάλα δὲ βλάπτειν ταχύς,
καὶ πόριμον αὑτῷ τῇ πόλει δ' ἀμήχανον.

Δι. εὖ γ' ὦ Πόσειδον· σὺ δὲ τίνα γνώμην ἔχεις;   1430

Αἰ. οὐ χρὴ λέοντος σκύμνον ἐν πόλει τρέφειν,
[μάλιστα μὲν λέοντα μὴ 'ν πόλει τρέφειν,]
ἢν δ' ἐκτραφῇ τις, τοῖς τρόποις ὑπηρετεῖν.

Δι. νὴ τὸν Δία τὸν σωτῆρα δυσκρίτως γ' ἔχω·

1406 οὓς] ὅσ' Dobr.   1410 μόνον] μόνα V A Ald.   1411 φίλοι
R : σοφοὶ vulg.   αὐτοὺς] αὐτὸς R   1418 τοῦ χάριν ; Plutoni
tribuit A   1428 πέφυκε] φανεῖται R Suid.: πέφανται Hamaker
1432 om. V A   1433 ἐκτρέφῃ Plutarchus

ΒΑΤΡΑΧΟΙ

ὁ μὲν σοφῶς γὰρ εἶπεν, ὁ δ' ἕτερος σαφῶς.
ἀλλ' ἔτι μίαν γνώμην ἑκάτερος εἴπατον   1435
περὶ τῆς πόλεως ἥντιν' ἔχετον σωτηρίαν.
Ευ. εἴ τις πτερώσας Κλεόκριτον Κινησίᾳ,
αἴροιεν αὖραι πελαγίαν ὑπὲρ πλάκα.
Δι. γέλοιον ἂν φαίνοιτο· νοῦν δ' ἔχει τίνα;
Ευ. εἰ ναυμαχοῖεν κᾆτ' ἔχοντες ὀξίδας   1440
ῥαίνοιεν ἐς τὰ βλέφαρα τῶν ἐναντίων.
ἐγὼ μὲν οἶδα καὶ θέλω φράζειν.   Δι. λέγε.
Ευ. ὅταν τὰ νῦν ἄπιστα πίσθ' ἡγώμεθα,
τὰ δ' ὄντα πίστ' ἄπιστα.   Δι. πῶς; οὐ μανθάνω.
ἀμαθέστερόν πως εἰπὲ καὶ σαφέστερον.   1445
Ευ. εἰ τῶν πολιτῶν οἷσι νῦν πιστεύομεν,
τούτοις ἀπιστήσαιμεν, οἷς δ' οὐ χρώμεθα,
τούτοισι χρησαίμεσθ', ἴσως σωθεῖμεν ἄν.
εἰ νῦν γε δυστυχοῦμεν ἐν τούτοισι, πῶς
τἀναντί' ⟨ἂν⟩ πράττοντες οὐ σῳζοίμεθ' ἄν;   1450
Δι. εὖ γ' ὦ Παλάμηδες, ὦ σοφωτάτη φύσις.
ταυτὶ πότερ' αὐτὸς ηὖρες ἢ Κηφισοφῶν;
Ευ. ἐγὼ μόνος· τὰς δ' ὀξίδας Κηφισοφῶν.
τί δαὶ σύ; τί λέγεις;   Αἰ. τὴν πόλιν νῦν μοι φράσον
πρῶτον τίσι χρῆται· πότερα τοῖς χρηστοῖς;   Δι. πόθεν;
μισεῖ κάκιστα.   Αἰ. τοῖς πονηροῖς δ' ἥδεται;   1456
Δι. οὐ δῆτ' ἐκείνη γ', ἀλλὰ χρῆται πρὸς βίαν.
Αἰ. πῶς οὖν τις ἂν σώσειε τοιαύτην πόλιν,
ἢ μήτε χλαῖνα μήτε σισύρα συμφέρει;
Δι. εὕρισκε νὴ Δί', εἴπερ ἀναδύσει πάλιν.   1460
Αἰ. ἐκεῖ φράσαιμ' ἄν· ἐνθαδὶ δ' οὐ βούλομαι.
Δι. μὴ δῆτα σύ γ', ἀλλ' ἐνθένδ' ἀνίει τἀγαθά.

Versus 1437-41, 1451–53 alteri fabulae διασκευῇ, alteri vv. 1443–50
tribuunt nonnulli: vv. 1437-41 et 1452–53 obelo iam notaverant Aristar-
chus et Apollonius teste schol.   1436 σωτηρίας Wecklein   1448 ἴσως
om. R   σωθεῖμεν Mutinensis 1 : σωθείημεν R V A : σωθῶμεν Ald.
1450 ἂν add. Dobr.   πράττοντες] πράξαντες R   1460-66 secludit
Kock

157

ΑΡΙΣΤΟΦΑΝΟΥΣ

Αἰ. τὴν γῆν ὅταν νομίσωσι τὴν τῶν πολεμίων
  εἶναι σφετέραν, τὴν δὲ σφετέραν τῶν πολεμίων,
  πόρον δὲ τὰς ναῦς ἀπορίαν δὲ τὸν πόρον.   1465
Δι. εὖ, πλήν γ᾽ ὁ δικαστὴς αὐτὰ καταπίνει μόνος.
Πλ. κρίνοις ἄν.   Δι. αὕτη σφῷν κρίσις γενήσεται·
  αἱρήσομαι γὰρ ὅνπερ ἡ ψυχὴ θέλει.
Ευ. μεμνημένος νυν τῶν θεῶν οὓς ὤμοσας
  ἦ μὴν ἀπάξειν μ᾽ οἴκαδ᾽, αἱροῦ τοὺς φίλους.   1470
Δι. ᾽ἡ γλῶττ᾽ ὀμώμοκ᾽,᾽ Αἰσχύλον δ᾽ αἱρήσομαι.
Ευ. τί δέδρακας ὦ μιαρώτατ᾽ ἀνθρώπων;   Δι. ἐγώ;
  ἔκρινα νικᾶν Αἰσχύλον. τιὴ γὰρ οὔ;
Ευ. αἴσχιστον ἔργον προσβλέπεις μ᾽ εἰργασμένος;
Δι. τί δ᾽ αἰσχρόν, ἢν μὴ τοῖς θεωμένοις δοκῇ;   1475
Ευ. ὦ σχέτλιε περιόψει με δὴ τεθνηκότα;
Δι. τίς οἶδεν εἰ τὸ ζῆν μέν ἐστι κατθανεῖν,
  τὸ πνεῖν δὲ δειπνεῖν, τὸ δὲ καθεύδειν κῴδιον;
Πλ. χωρεῖτε τοίνυν ὦ Διόνυσ᾽ εἴσω.   Δι. τί δαί;
Πλ. ἵνα ξενίσω ⟨᾽γὼ⟩ σφὼ πρὶν ἀποπλεῖν.   Δι. εὖ λέγεις
  νὴ τὸν Δί᾽· οὐ γὰρ ἄχθομαι τῷ πράγματι.   1481

Χο.   μακάριός γ᾽ ἀνὴρ ἔχων   [στρ.
   ξύνεσιν ἠκριβωμένην.
   πάρα δὲ πολλοῖσιν μαθεῖν.
   ὅδε γὰρ εὖ φρονεῖν δοκήσας   1485
   πάλιν ἄπεισιν οἴκαδ᾽ αὖ,
   ἐπ᾽ ἀγαθῷ μὲν τοῖς πολίταις,
   ἐπ᾽ ἀγαθῷ δὲ τοῖς ἑαυτοῦ
   ξυγγενέσι τε καὶ φίλοισι,
   διὰ τὸ συνετὸς εἶναι.   1490

   χαρίεν οὖν μὴ Σωκράτει   [ἀντ.
   παρακαθήμενον λαλεῖν,

1474 προσβλέπεις μ᾽ εἰργασμένος Marc. 475, Laur. 2779 : εἰργασμένος
προσβλέπεις R V : μ᾽ εἰργασμένος προσβλέπεις A : μ᾽ ἐργασάμενος προσ-
βλέπεις Ald.   1478 τὸ πνεῖν] πονεῖν cod. Elbingensis   1480 ᾽γὼ
add. Bergk   1486 αὖ Dind. : αὖθις codd.

ἀποβαλόντα μουσικὴν
τά τε μέγιστα παραλιπόντα
τῆς τραγῳδικῆς τέχνης.　　　　　1495
τὸ δ' ἐπὶ σεμνοῖσιν λόγοισι
καὶ σκαριφησμοῖσι λήρων
διατριβὴν ἀργὸν ποιεῖσθαι,
παραφρονοῦντος ἀνδρός.

Πλ.　ἄγε δὴ χαίρων Αἰσχύλε χώρει,　　　1500
καὶ σῷζε πόλιν τὴν ἡμετέραν
γνώμαις ἀγαθαῖς καὶ παίδευσον
τοὺς ἀνοήτους· πολλοὶ δ' εἰσίν·
καὶ δὸς τουτὶ Κλεοφῶντι φέρων
καὶ τουτὶ τοῖσι πορισταῖς　　　　1505
Μύρμηκί θ' ὁμοῦ καὶ Νικομάχῳ,
τόδε δ' Ἀρχενόμῳ·
καὶ φράζ' αὐτοῖς ταχέως ἥκειν
ὡς ἐμὲ δευρὶ καὶ μὴ μέλλειν·
κἂν μὴ ταχέως ἥκωσιν, ἐγὼ　　　1510
νὴ τὸν Ἀπόλλω στίξας αὐτοὺς
καὶ συμποδίσας
μετ' Ἀδειμάντου τοῦ Λευκολόφου
κατὰ γῆς ταχέως ἀποπέμψω.

Αἰ.　ταῦτα ποιήσω· σὺ δὲ τὸν θᾶκον　　1515
τὸν ἐμὸν παράδος Σοφοκλεῖ τηρεῖν
καὶ διασῴζειν, ἢν ἄρ' ἐγώ ποτε
δεῦρ' ἀφίκωμαι. τοῦτον γὰρ ἐγὼ
σοφίᾳ κρίνω δεύτερον εἶναι.
μέμνησο δ' ὅπως ὁ πανοῦργος ἀνὴρ　　1520
καὶ ψευδολόγος καὶ βωμολόχος
μηδέποτ' ἐς τὸν θᾶκον τὸν ἐμὸν
μηδ' ἄκων ἐγκαθεδεῖται.

1505 τουτὶ A : τουτοῖ (γρ. τούτοις) V : τοῦτο R Suid. : τούτοις Ald.
1515 θᾶκον Bentl. : θῶκον Urbinas : θρόνον vulg.

ΑΡΙΣΤΟΦΑΝΟΥΣ ΒΑΤΡΑΧΟΙ

Πλ. φαίνετε τοίνυν ὑμεῖς τούτῳ
λαμπάδας ἱεράς, χἄμα προπέμπετε   1525
τοῖσιν τούτου τοῦτον μέλεσιν
καὶ μολπαῖσιν κελαδοῦντες.

Χο. πρῶτα μὲν εὐοδίαν ἀγαθὴν ἀπιόντι ποιητῇ
ἐς φάος ὀρνυμένῳ δότε δαίμονες οἱ κατὰ γαίας,
τῇ δὲ πόλει μεγάλων ἀγαθῶν ἀγαθὰς ἐπινοίας.   1530
πάγχυ γὰρ ἐκ μεγάλων ἀχέων παυσαίμεθ᾽ ἂν οὕτως
ἀργαλέων τ᾽ ἐν ὅπλοις ξυνόδων. Κλεοφῶν δὲ μαχέσθω
κἄλλος ὁ βουλόμενος τούτων πατρίοις ἐν ἀρούραις.

1526 τούτου] ἑαυτοῦ Bentl.

ΕΚΚΛΗΣΙΑΖΟΤΣΑΙ

ΥΠΟΘΕΣΕΙΣ

I

Αἱ γυναῖκες συνέθεντο πάντα μηχανήσασθαι εἰς τὸ δόξαι ἄνδρες εἶναι καὶ ἐκκλησιάσασαι πεῖσαι παραδοῦναι σφίσι τὴν πόλιν, δημηγορησάσης μιᾶς ἐξ αὐτῶν. αἱ δὲ μηχαναὶ τοῦ δόξαι αὐτὰς ἄνδρας εἶναι τοιαῦται. πώγωνας περιθέτους ποιοῦνται καὶ ἀνδρείαν ἀναλαμβάνουσι στολήν, προνοήσασαι καὶ προασκήσασαι τὸ σῶμα αὐτῶν, ὡς ὅτι μάλιστα 5 ἀνδρικὸν εἶναι δόξαι· μία δὲ ἐξ αὐτῶν Πραξαγόρα λύχνον ἔχουσα προέρχεται κατὰ τὰς συνθήκας καὶ φησίν 'ὦ λαμπρὸν ὄμμα.'

II

ΑΡΙΣΤΟΦΑΝΟΥΣ ΓΡΑΜΜΑΤΙΚΟΥ

Ἐν τοῖς Σκίροις τὰ γύναι' ἔκρινεν ἐν στολαῖς
ἀνέρων προκαθίζειν γενομένης ἐκκλησίας
περιθέμεναι πώγωνας ἀλλοτρίων τριχῶν.   10
ἐποίησαν οὕτως. ὑστεροῦντες οὖν στολαῖς
ἄνδρες γυναικῶν ἐκάθισαν· καὶ δὴ μία
δημηγορεῖ περὶ τοῦ λαβούσας τῶν ὅλων
τὴν ἐπιτροπὴν βέλτιον ἄρξειν μυρίῳ.
ἐκέλευσέ τ' εἰς κοινὸν φέρειν τὰ χρήματα   15
καὶ χρῆσθ' ἅπασιν ἐξ ἴσου ταῖς οὐσίαις,
καὶ ταῖς γυναιξὶ μετατίθεσθαι τοὺς νόμους.

Argumentis caret B
Ὑπόθεσις I] 4 ποιοῦνται om. R   5 προασκήσασαι καὶ προνοήσασαι codd.: corr. Ald.
Ὑπόθεσις II deest in R A] 9 προκαθίζειν Bergk : προκαθίζοντα vel προκαθέζοντα codd.   10 παραθέμενα Γ

ΤΑ ΤΟΥ ΔΡΑΜΑΤΟΣ ΠΡΟΣΩΠΑ

ΠΡΑΞΑΓΟΡΑ

ΓΥΝΑΙΚΕΣ ΤΙΝΕΣ

ΧΟΡΟΣ ΓΥΝΑΙΚΩΝ

ΒΛΕΠΤΡΟΣ

ΑΝΔΡΕ ΔΥΟ

ΧΡΕΜΗΣ

ΚΗΡΥΚΑΙΝΑ

ΓΡΑΕΣ ΤΙΝΕΣ

ΝΕΑΝΙΣ

ΝΕΑΝΙΑΣ

ΘΕΡΑΠΑΙΝΑ

ΕΚΚΛΗΣΙΑΖΟΥΣΑΙ

ΠΡΑΞΑΓΟΡΑ

Ὦ λαμπρὸν ὄμμα τοῦ τροχηλάτου λύχνου
κάλλιστ' ἐν εὐστόχοισιν ἐξητημένον·
γονάς τε γὰρ σὰς καὶ τύχας δηλώσομεν·
τροχῷ γὰρ ἐλαθεὶς κεραμικῆς ῥύμης ὕπο
μυκτῆρσι λαμπρὰς ἡλίου τιμὰς ἔχεις·   5
ὅρμα φλογὸς σημεῖα τὰ ξυγκείμενα.
σοὶ γὰρ μόνῳ δηλοῦμεν εἰκότως, ἐπεὶ
κἂν τοῖσι δωματίοισιν 'Αφροδίτης τρόπων
πειρωμέναισι πλησίον παραστατεῖς,
λορδουμένων τε σωμάτων ἐπιστάτην   10
ὀφθαλμὸν οὐδεὶς τὸν σὸν ἐξείργει δόμων.
μόνος δὲ μηρῶν εἰς ἀπορρήτους μυχοὺς
λάμπεις ἀφεύων τὴν ἐπανθοῦσαν τρίχα·
στοάς τε καρποῦ Βακχίου τε νάματος
πλήρεις ὑποιγνύσαισι συμπαραστατεῖς·   15
καὶ ταῦτα συνδρῶν οὐ λαλεῖς τοῖς πλησίον.
ἀνθ' ὧν συνείσει καὶ τὰ νῦν βουλεύματα
ὅσα Σκίροις ἔδοξε ταῖς ἐμαῖς φίλαις.
ἀλλ' οὐδεμία πάρεστιν ἃς ἥκειν ἐχρῆν.
καίτοι πρὸς ὄρθρον γ' ἐστίν· ἡ δ' ἐκκλησία   20
αὐτίκα μάλ'. ἔσται· καταλαβεῖν δ' ἡμᾶς ἕδρας,

Codd. hos citavimus R A Γ B
2 εὐστόχοισιν] εὐσκόποισιν A B Γ   ἐξητημένον codd. : corr. Dobr.
4 ὕπο Kuster : ἄπο codd.   9 πλησίον A Ald. : πλησίως R : πλησίος
Γ B   17 συνοίσει codd. : corr. Biset

ΑΡΙΣΤΟΦΑΝΟΥΣ

ἃς Φυρόμαχός ποτ' εἶπεν, εἰ μέμνησθ' ἔτι,
δεῖ τὰς ἑτέρας πως κἀγκαθεζομένας λαθεῖν.
τί δῆτ' ἂν εἴη; πότερον οὐκ ἐρραμμένους
ἔχουσι τοὺς πώγωνας, οὓς εἴρητ' ἔχειν;   25
ἢ θαἰμάτια τἀνδρεῖα κλεψάσαις λαθεῖν
ἦν χαλεπὸν αὐταῖς; ἀλλ' ὁρῶ τονδὶ λύχνον
προσιόντα.   φέρε νυν ἐπαναχωρήσω πάλιν,
μὴ καί τις ὢν ἀνὴρ ὁ προσιὼν τυγχάνῃ.

ΓΥΝΗ Α

ὥρα βαδίζειν, ὡς ὁ κῆρυξ ἀρτίως   30
ἡμῶν προσιουσῶν δεύτερον κεκόκκυκεν.

Πρ. ἐγὼ δέ γ' ὑμᾶς προσδοκῶσ' ἠγρηγόρη
τὴν νύκτα πᾶσαν.   ἀλλὰ φέρε τὴν γείτονα
τήνδ' ἐκκαλέσωμαι θρυγονῶσα τὴν θύραν.
δεῖ γὰρ τὸν ἄνδρ' αὐτῆς λαθεῖν.

ΓΥΝΗ Β

                              ἤκουσά τοι   35
ὑποδουμένη τὸ κνῦμά σου τῶν δακτύλων,
ἅτ' οὐ καταδαρθοῦσ'.   ὁ γὰρ ἀνὴρ ὦ φιλτάτη,
Σαλαμίνιος γάρ ἐστιν ᾧ ξύνειμ' ἐγώ,
τὴν νύχθ' ὅλην ἤλαυνέ μ' ἐν τοῖς στρώμασιν,
ὥστ' ἄρτι τουτὶ θοἰμάτιον αὐτοῦ 'λαβον.   40

Γυ.ᵃ καὶ μὴν ὁρῶ καὶ Κλειναρέτην καὶ Σωστράτην
προσιοῦσαν ἤδη τήνδε καὶ Φιλαινέτην.

Πρ. οὔκουν ἐπείξεσθ'; ὡς Γλύκη κατώμοσεν
τὴν ὑστάτην ἥκουσαν οἴνου τρεῖς χοᾶς
ἡμῶν ἀποτείσειν κἀρεβίνθων χοίνικα.   45

Γυ.ᵃ τὴν Σμικυθίωνος δ' οὐχ ὁρᾷς Μελιστίχην
σπεύδουσαν ἐν ταῖς ἐμβάσιν;   Πρ.   καίτοι δοκεῖ

22 σφυρόμαχος Α Β Γ : κλεόμαχος lemma schol. Rav.   23 ἑτέρας
Junt. : ἑταίρας codd.   πως κἀγκαθεζομένας ex schol. ad v. 1 : πως
κωλαθιζομένας R : καθαγιαζομένας πῶς Α Β Γ : κἀγαθιζομένας Ald.
26 λαθεῖν] λαβεῖν Brunck   29 τυγχάνεις R Α Γ   31 προσιόντων
codd. : corr. Faber   40 αὐτ' οὔλαβον R² : αὐτοῦ λαβεῖν Ald. : αὐτοῦ
λαβὼν R¹ et vulg.   42 προσιοῦσαν Ald. : παροῦσαν codd. : παριοῦσαν
editores   45 ἡμῖν Naber   47 Πρ. καίτοι Cobet : καί μοι codd.

κατὰ σχολὴν παρὰ τἀνδρὸς ἐξελθεῖν μόνη.
Γυ.ᵃ τὴν τοῦ καπήλου δ' οὐχ ὁρᾷς Γευσιστράτην
ἔχουσαν ἐν τῇ δεξιᾷ τὴν λαμπάδα;   50
Γυ.ᵝ καὶ τὴν Φιλοδωρήτου τε καὶ Χαιρητάδου
ὁρῶ προσιούσας χἀτέρας πολλὰς πάνυ
γυναῖκας, ὅ τι πέρ ἐστ' ὄφελος ἐν τῇ πόλει.

ΓΥΝΗ Γ
καὶ πάνυ ταλαιπώρως ἔγωγ' ὦ φιλτάτη
ἐκδρᾶσα παρέδυν.   ὁ γὰρ ἀνὴρ τὴν νύχθ' ὅλην   55
ἔβηττε τριχίδων ἑσπέρας ἐμπλήμενος.
Πρ. κάθησθε τοίνυν, ὡς ⟨ἂν⟩ ἀνέρωμαι τάδε
ὑμᾶς, ἐπειδὴ συλλελεγμένας ὁρῶ,
ὅσα Σκίροις ἔδοξεν εἰ δεδράκατε.
Γυ.ᵃ ἔγωγε.   πρῶτον μέν γ' ἔχω τὰς μασχάλας   60
λόχμης δασυτέρας, καθάπερ ἦν ξυγκείμενον·
ἔπειθ' ὁπόθ' ἀνὴρ εἰς ἀγορὰν οἴχοιτό μου,
ἀλειψαμένη τὸ σῶμ' ὅλον δι' ἡμέρας
ἐχραινόμην ἑστῶσα πρὸς τὸν ἥλιον.
Γυ.ᵝ κἄγωγε· τὸ ξυρὸν δέ γ' ἐκ τῆς οἰκίας   65
ἔρριψα πρῶτον, ἵνα δασυνθείην ὅλη
καὶ μηδὲν εἴην ἔτι γυναικὶ προσφερής.
Πρ. ἔχετε δὲ τοὺς πώγωνας, οὓς εἴρητ' ἔχειν
πάσαισιν ἡμῖν, ὁπότε συλλεγοίμεθα;
Γυ.ᵃ νὴ τὴν Ἑκάτην καλόν γ' ἔγωγε τουτονί.   70
Γυ.ᵝ κἄγωγ' Ἐπικράτους οὐκ ὀλίγῳ καλλίονα.
Πρ. ὑμεῖς δὲ τί φατε;   Γυ.ᵃ φασί· κατανεύουσι γάρ.
Πρ. καὶ μὴν τά γ' ἄλλ' ὑμῖν ὁρῶ πεπραγμένα.
Λακωνικὰς γὰρ ἔχετε καὶ βακτηρίας
καὶ θαἰμάτια τἀνδρεῖα, καθάπερ εἴπομεν.   75
Γυ.ᵃ ἔγωγέ τοι τὸ σκύταλον ἐξηνεγκάμην
τὸ τοῦ Λαμίου τουτὶ καθεύδοντος λάθρα.

vv. 54–56 post v. 48 transp. Mein.   57 ἂν ἀνέρωμαι Dawes :
ἀνείρωμαι R Ald. : ἂν εἴρωμαι vulg.   64 ἐχραινόμην Bergk : ἐχλιαι-
νόμην codd.   69 ἡμῖν] ὑμῖν R   72 γάρ] γοῦν Ald.

Γυ.^β τοῦτ᾽ ἔστ᾽ ἐκείνων τῶν σκυτάλων ὧν πέρδεται.

Πρ. νὴ τὸν Δία τὸν σωτῆρ᾽ ἐπιτήδειός γ᾽ ἂν ἦν
τὴν τοῦ πανόπτου διφθέραν ἐνημμένος   80
εἴπερ τις ἄλλος βουκολεῖν τὸ δήμιον.
ἀλλ᾽ ἄγεθ᾽ ὅπως καὶ τἀπὶ τούτοις δράσομεν,
ἕως ἔτ᾽ ἐστὶν ἄστρα κατὰ τὸν οὐρανόν·
ἠκκλησία δ᾽, εἰς ἣν παρεσκευάσμεθα
ἡμεῖς βαδίζειν, ἐξ ἕω γενήσεται.   85

Γυ.^α νὴ τὸν Δί᾽ ὥστε δεῖ σε καταλαβεῖν ἕδρας
ὑπὸ τῷ λίθῳ τῶν πρυτάνεων καταντικρύ.

Γυ.^β ταυτί γέ τοι νὴ τὸν Δί᾽ ἐφερόμην, ἵνα
πληρουμένης ξαίνοιμι τῆς ἐκκλησίας.

Πρ. πληρουμένης τάλαινα;   Γυ.^β νὴ τὴν Ἄρτεμιν   90
ἔγωγε. τί γὰρ ἂν χεῖρον ἀκροῴμην ἄρα
ξαίνουσα; γυμνὰ δ᾽ ἐστί μου τὰ παιδία.

Πρ. ἰδού γέ σε ξαίνουσαν, ἣν τοῦ σώματος
οὐδὲν παραφῆναι τοῖς καθημένοις ἔδει.
οὐκοῦν καλά γ᾽ ἂν πάθοιμεν, εἰ πλήρης τύχοι   95
ὁ δῆμος ὢν κἄπειθ᾽ ὑπερβαίνουσά τις
ἀναβαλλομένη δείξειε τὸν Φορμίσιον.
ἢν δ᾽ ἐγκαθεζώμεσθα πρότεραι, λήσομεν
ξυστειλάμεναι θαἰμάτια· τὸν πώγωνά τε
ὅταν καθῶμεν ὃν περιδησόμεσθ᾽ ἐκεῖ,   100
τίς οὐκ ἂν ἡμᾶς ἄνδρας ἡγήσαιθ᾽ ὁρῶν;

Γυ.^α Ἀγύρριος γοῦν τὸν Προνόμου πώγων᾽ ἔχων
λέληθε· καίτοι πρότερον ἦν οὗτος γυνή·
νυνὶ δ᾽, ὁρᾷς, πράττει τὰ μέγιστ᾽ ἐν τῇ πόλει.

Πρ. τούτου γε τοίνυν τὴν ἐπιοῦσαν ἡμέραν   105
τόλμημα τολμῶμεν τοσοῦτον οὕνεκα,
ἤν πως παραλαβεῖν τῆς πόλεως τὰ πράγματα

78 ἐκείνων Suid. : ἐκεῖνο codd.   ἐκεῖνο τὸ σκύταλον ᾧ Bothe   81 τὸ
δήμιον Bothe : τὸν δημήμιον R : τὸν δήμιον vulg. : τὴν Δημιώ Velsen
82 ἀλλ᾽ ἄγεθ᾽ Dind. : γεθ᾽ post lacunam R : λέγεθ᾽ Α Γ : λέγοιθ᾽ Β Ald.
vv. 82–87 post v. 101 transp. Bergk et Mein., qui lacunam ante v.
88 statuit   92 μου] μοι R   105 τοίνυν Bothe : τοι νὴ codd.

δυνώμεθ᾽, ὥστ᾽ ἀγαθόν τι πρᾶξαι τὴν πόλιν·
νῦν μὲν γὰρ οὔτε θέομεν οὔτ᾽ ἐλαύνομεν.
Γυ.ᵃ καὶ πῶς γυναικῶν θηλύφρων ξυνουσία   110
δημηγορήσει;   Πρ.   πολὺ μὲν οὖν ἄριστά που.
λέγουσι γὰρ καὶ τῶν νεανίσκων ὅσοι
πλεῖστα σποδοῦνται, δεινοτάτους εἶναι λέγειν·
ἡμῖν δ᾽ ὑπάρχει τοῦτο κατὰ τύχην τινά.
Γυ.ᵃ οὐκ οἶδα· δεινὸν δ᾽ ἐστὶν ἡ μὴ ᾽μπειρία.   115
Πρ. οὐκοῦν ἐπίτηδες ξυνελέγημεν ἐνθάδε,
ὅπως προμελετήσωμεν ἀκεῖ δεῖ λέγειν.
οὐκ ἂν φθάνοις τὸ γένειον ἂν περιδουμένη
ἄλλαι θ᾽ ὅσαι λαλεῖν μεμελετήκασί που.
Γυ.ᵃ τίς δ᾽ ὦ μέλ᾽ ἡμῶν οὐ λαλεῖν ἐπίσταται;   120
Πρ. ἴθι δὴ σὺ περιδοῦ καὶ ταχέως ἀνὴρ γενοῦ·
ἐγὼ δὲ θεῖσα τοὺς στεφάνους περιδήσομαι
καὐτὴ μεθ᾽ ὑμῶν, ἤν τί μοι δόξῃ λέγειν.
Γυ.ᵃ δεῦρ᾽ ὦ γλυκυτάτη Πραξαγόρα, σκέψαι τάλαν
ὡς καὶ καταγέλαστον τὸ πρᾶγμα φαίνεται.   125
Πρ. πῶς καταγέλαστον;   Γυ.ᵃ ὥσπερ εἴ τις σηπίαις
πώγωνα περιδήσειεν ἐσταθευμέναις.
Πρ. ὁ περιστίαρχος, περιφέρειν χρὴ τὴν γαλῆν.
πάριτ᾽ ἐς τὸ πρόσθεν.   ᾽Αρίφραδες παῦσαι λαλῶν.
κάθιζε παριών.   τίς ἀγορεύειν βούλεται;   130
Γυ.ᵃ ἐγώ.   Πρ.   περίθου δὴ τὸν στέφανον τύχἀγαθῇ.
Γυ.ᵃ ἰδού.   Πρ. λέγοις ἄν.   Γυ.ᵃ εἶτα πρὶν πιεῖν λέγω;
Πρ. ἰδοὺ πιεῖν.   Γυ.ᵃ τί γὰρ ὦ μέλ᾽ ἐστεφανωσάμην;
Πρ. ἄπιθ᾽ ἐκποδών· τοιαῦτ᾽ ἂν ἡμᾶς ἠργάσω
κἀκεῖ.   Γυ.ᵃ τί δ᾽; οὐ πίνουσι κἀν τἠκκλησίᾳ;   135
Πρ. ἰδού γε σοὶ πίνουσι.   Γυ.ᵃ νὴ τὴν ῎Αρτεμιν
καὶ ταῦτα γ᾽ εὔζωρον.   τὰ γοῦν βουλεύματα
αὐτῶν ὅσ᾽ ἂν πράξωσιν ἐνθυμουμένοις

117 προμελετήσαιμεν Kidd   122 τὸν στέφανον Cobet   130 κάθιζ᾽
ὁ παριών Mein.

ὥσπερ μεθυόντων ἐστὶ παραπεπληγμένα.
καὶ νὴ Δία σπένδουσί γ'· ἢ τίνος χάριν   140
τοσαῦτ' ἂν ηὔχοντ', εἴπερ οἶνος μὴ παρῆν;
καὶ λοιδοροῦνταί γ' ὥσπερ ἐμπεπωκότες,
καὶ τὸν παροινοῦντ' ἐκφέρουσ' οἱ τοξόται.
Πρ. σὺ μὲν βάδιζε καὶ κάθησ'· οὐδὲν γὰρ εἶ.
Γυ.ᵃ νὴ τὸν Δί' ἢ μοι μὴ γενειᾶν κρεῖττον ἦν·   145
δίψῃ γάρ, ὡς ἔοικ', ἀφαυανθήσομαι.
Πρ. ἔσθ' ἥτις ἑτέρα βούλεται λέγειν;   Γυ.ᵝ ἐγώ.
Πρ. ἴθι δὴ στεφανοῦ· καὶ γὰρ τὸ χρῆμ' ἐργάζεται.
ἄγε νυν ὅπως ἀνδριστὶ καὶ καλῶς ἐρεῖς
διερεισαμένη τὸ σχῆμα τῇ βακτηρίᾳ.   150
Γυ.ᵝ ἐβουλόμην μὲν ἂν ἕτερον τῶν ἠθάδων
λέγειν τὰ βέλτισθ', ἵν' ἐκαθήμην ἥσυχος·
νῦν δ' οὐκ ἐάσω κατά γε τὴν ἐμὴν μίαν
ἐν τοῖς καπηλείοισι λάκκους ἐμποιεῖν
ὕδατος. ἐμοὶ μὲν οὐ δοκεῖ μὰ τὼ θεώ.   155
Πρ. μὰ τὼ θεώ; τάλαινα ποῦ τὸν νοῦν ἔχεις;
Γυ.ᵝ τί δ' ἔστιν; οὐ γὰρ δὴ πιεῖν γ' ᾔτησά σε.
Πρ. μὰ Δί' ἀλλ' ἀνὴρ ὢν τὼ θεὼ κατώμοσας,
καίτοι τά γ' ἄλλ' εἰποῦσα δεξιώτατα.
Γυ.ᵝ ὢ νὴ τὸν Ἀπόλλω.   Πρ. παῦε τοίνυν, ὡς ἐγὼ   160
ἐκκλησιάσουσ' οὐκ ἂν προβαίην τὸν πόδα
τὸν ἕτερον, εἰ μὴ ταῦτ' ἀκριβωθήσεται.
Γυ.ᵝ φέρε τὸν στέφανον· ἐγὼ γὰρ αὖ λέξω πάλιν.
οἶμαι γὰρ ἤδη μεμελετηκέναι καλῶς.
ἐμοὶ γὰρ ὦ γυναῖκες αἱ καθήμεναι—   165
Πρ. γυναῖκας αὖ δύστηνε τοὺς ἄνδρας λέγεις;
Γυ.ᵝ δι' Ἐπίγονόν γ' ἐκεῖνον· ἐπιβλέψασα γὰρ

141 τοσαῦτ' ἂν Herm. : τοσαῦτ' Γ Ald. : τοσαῦτά γ' vulg.   ηὔχοντ']
ἐπεύχοντ' Ald.   142 ἐμπεπωκότες Ald. : ἐκπεπωκότες R : ἐμπεπω-
κότες Α : ἐκπεπτωκότες Β Γ   150 διερεισμένη codd. : corr. Schaefer
158–168 versus pari numero perierunt ex Α   159 εἰποῦσα] εἶπας
σὺ Blaydes   161 ἐκκλησιάζουσ' codd. : corr. Kuster   οὐκ] οὐδ'
Suid.   167 ἐκεινονί· βλέψασα Elmsl.

ΕΚΚΛΗΣΙΑΖΟΥΣΑΙ

ἐκεῖσε πρὸς γυναῖκας ᾠόμην λέγειν.
Πρ. ἄπερρε καὶ σὺ καὶ κάθησ᾽ ἐντευθενί·
αὐτὴ γὰρ ὑμῶν γ᾽ ἕνεκά μοι λέξειν δοκῶ   170
τονδὶ λαβοῦσα.   τοῖς θεοῖς μὲν εὔχομαι
τυχεῖν κατορθώσασα τὰ βεβουλευμένα.
ἐμοὶ δ᾽ ἴσον μὲν τῆσδε τῆς χώρας μέτα
ὅσονπερ ὑμῖν· ἄχθομαι δὲ καὶ φέρω
τὰ τῆς πόλεως ἅπαντα βαρέως πράγματα.   175
ὁρῶ γὰρ αὐτὴν προστάταισι χρωμένην
ἀεὶ πονηροῖς· κἄν τις ἡμέραν μίαν
χρηστὸς γένηται, δέκα πονηρὸς γίγνεται.
ἐπέτρεψας ἑτέρῳ· πλείον᾽ ἔτι δράσει κακά.
χαλεπὸν μὲν οὖν ἄνδρας δυσαρέστους νουθετεῖν,   180
οἳ τοὺς φιλεῖν μὲν βουλομένους δεδοίκατε,
τοὺς δ᾽ οὐκ ἐθέλοντας ἀντιβολεῖθ᾽ ἑκάστοτε.
ἐκκλησίαισιν ἦν ὅτ᾽ οὐκ ἐχρώμεθα
οὐδὲν τὸ παράπαν· ἀλλὰ τόν γ᾽ Ἀγύρριον
πονηρὸν ἡγούμεσθα· νῦν δὲ χρωμένων   185
ὁ μὲν λαβὼν ἀργύριον ὑπερεπῄνεσεν,
ὁ δ᾽ οὐ λαβὼν εἶναι θανάτου φῄσ᾽ ἀξίους
τοὺς μισθοφορεῖν ζητοῦντας ἐν τἠκκλησίᾳ.
Γυ. νὴ τὴν Ἀφροδίτην εὖ γε ταυταγὶ λέγεις.
Πρ. τάλαιν᾽ Ἀφροδίτην ὤμοσας; χαρίεντά γ᾽ ἂν   190
ἔδρασας, εἰ τοῦτ᾽ εἶπας ἐν τἠκκλησίᾳ.
Γυ. ἀλλ᾽ οὐκ ἂν εἶπον.   Πρ.   μηδ᾽ ἐθίζου νῦν λέγειν.
τὸ συμμαχικὸν αὖ τοῦθ᾽, ὅτ᾽ ἐσκοπούμεθα,
εἰ μὴ γένοιτ᾽, ἀπολεῖν ἔφασκον τὴν πόλιν·
ὅτε δὴ δ᾽ ἐγένετ᾽, ἤχθοντο, τῶν δὲ ῥητόρων   195
ὁ τοῦτ᾽ ἀναπείσας εὐθὺς ἀποδρὰς ᾤχετο.
ναῦς δεῖ καθέλκειν· τῷ πένητι μὲν δοκεῖ,
τοῖς πλουσίοις δὲ καὶ γεωργοῖς οὐ δοκεῖ.

175 ἅπαντα] σαπέντα Palmer   190 ὤμοσας Bentl. : ὠνόμασας
codd.   194 ἀπολεῖν] ἀπολεῖσθ᾽ Bergk   197 τοῖς πένησι Β

171

ΑΡΙΣΤΟΦΑΝΟΥΣ

Κορινθίοις ἄχθεσθε, κἀκεῖνοί γέ σοι·
νῦν εἰσὶ χρηστοί, καὶ σύ νυν χρηστὸς γενοῦ.　　200
Ἀργεῖος ἀμαθής, ἀλλ᾽ Ἱερώνυμος σοφός·
σωτηρία παρέκυψεν, ἀλλ᾽ ὡράζεται
Θρασύβουλος αὐτὸς οὐχὶ παρακαλούμενος.
Γυ.ᵃ ὡς ξυνετὸς ἀνήρ.　　Πρ.　νῦν καλῶς ἐπήνεσας.
ὑμεῖς γάρ ἐστ᾽ ὦ δῆμε τούτων αἴτιοι.　　205
τὰ δημόσια γὰρ μισθοφοροῦντες χρήματα
ἰδίᾳ σκοπεῖσθ᾽ ἕκαστος ὅ τι τις κερδανεῖ,
τὸ δὲ κοινὸν ὥσπερ Αἴσιμος κυλίνδεται.
ἢν οὖν ἐμοὶ πίθησθε, σωθήσεσθ᾽ ἔτι.
ταῖς γὰρ γυναιξὶ φημὶ χρῆναι τὴν πόλιν　　210
ἡμᾶς παραδοῦναι.　καὶ γὰρ ἐν ταῖς οἰκίαις
ταύταις ἐπιτρόποις καὶ ταμίαισι χρώμεθα.
Γυ.ᵃ εὖ γ᾽ εὖ γε νὴ Δί᾽ εὖ γε.　　Γυ.ᵝ λέγε λέγ᾽ ὦγαθέ.
Πρ. ὡς δ᾽ εἰσὶν ἡμῶν τοὺς τρόπους βελτίονες
ἐγὼ διδάξω.　πρῶτα μὲν γὰρ τἄρια　　215
βάπτουσι θερμῷ κατὰ τὸν ἀρχαῖον νόμον
ἁπαξάπασαι, κοὐχὶ μεταπειρωμένας
ἴδοις ἂν αὐτάς.　ἡ δ᾽ Ἀθηναίων πόλις,
εἰ τοῦτο χρηστῶς εἶχεν, οὐκ ἂν ἐσῴζετο,
εἰ μή τι καινὸν ἄλλο περιηργάζετο.　　220
καθήμεναι φρύγουσιν ὥσπερ καὶ πρὸ τοῦ·
ἐπὶ τῆς κεφαλῆς φέρουσιν ὥσπερ καὶ πρὸ τοῦ·
τὰ Θεσμοφόρι᾽ ἄγουσιν ὥσπερ καὶ πρὸ τοῦ·
πέττουσι τοὺς πλακοῦντας ὥσπερ καὶ πρὸ τοῦ·
τοὺς ἄνδρας ἐπιτρίβουσιν ὥσπερ καὶ πρὸ τοῦ·
μοιχοὺς ἔχουσιν ἔνδον ὥσπερ καὶ πρὸ τοῦ·　　225
αὐταῖς παροψωνοῦσιν ὥσπερ καὶ πρὸ τοῦ·
οἶνον φιλοῦσ᾽ εὔζωρον ὥσπερ καὶ πρὸ τοῦ·

199 ἤχθεσθε Reiske　　202 ὡράζεται Mein. : ὀρείζεται R : ὁρί-
ζεται Ald. : οὐχ᾽ ὁρίζεται Α Γ : οὐ χρῄζετε Β　　209 πείθησθε codd. :
corr. Cobet　　219 εἰ τοῦτο] εἴ πού τι Dobr.　　227 τὸν οἶνον
εὔζωρον φιλοῦσ(ιν) codd. : corr. Hanov. Exercit. p. 137

ΕΚΚΛΗΣΙΑΖΟΥΣΑΙ

βινούμεναι χαίρουσιν ὥσπερ καὶ πρὸ τοῦ.
ταύταισιν οὖν ὦνδρες παραδόντες τὴν πόλιν
μὴ περιλαλῶμεν, μηδὲ πυνθανώμεθα   230
τί ποτ' ἄρα δρᾶν μέλλουσιν, ἀλλ' ἁπλῷ τρόπῳ
ἐῶμεν ἄρχειν, σκεψάμενοι ταυτὶ μόνα,
ὡς τοὺς στρατιώτας πρῶτον οὖσαι μητέρες
σῴζειν ἐπιθυμήσουσιν· εἶτα σιτία
τίς τῆς τεκούσης μᾶλλον ἐπιπέμψειεν ἄν;   235
χρήματα πορίζειν εὐπορώτατον γυνή,
ἄρχουσά τ' οὐκ ἂν ἐξαπατηθείη ποτέ·
αὐταὶ γάρ εἰσιν ἐξαπατᾶν εἰθισμέναι.
τὰ δ' ἄλλ' ἐάσω· ταῦτ' ἐὰν πίθησθέ μοι,
εὐδαιμονοῦντες τὸν βίον διάξετε.   240
Γυ. εὖ γ' ὦ γλυκυτάτη Πραξαγόρα καὶ δεξιῶς.
πόθεν ὦ τάλαινα ταῦτ' ἔμαθες οὕτω καλῶς;
Πρ. ἐν ταῖς φυγαῖς μετὰ τἀνδρὸς ᾤκησ' ἐν πυκνί·
ἔπειτ' ἀκούουσ' ἐξέμαθον τῶν ῥητόρων.
Γυ. οὐκ ἐτὸς ἄρ' ὦ μέλ' ἦσθα δεινὴ καὶ σοφή·   245
καί σε στρατηγεῖν αἱ γυναῖκες αὐτόθεν
αἱρούμεθ', ἢν ταῦθ' ἀπινοεῖς κατεργάσῃ.
ἀτὰρ ἢν Κέφαλός σοι λοιδορῆται προσφθαρείς,
πῶς ἀντερεῖς πρὸς αὐτὸν ἐν τἠκκλησίᾳ;
Πρ. φήσω παραφρονεῖν αὐτόν.   Γυ. ἀλλὰ τοῦτό γε   250
ἴσασι πάντες.   Πρ. ἀλλὰ καὶ μελαγχολᾶν.
Γυ. καὶ τοῦτ' ἴσασιν.   Πρ. ἀλλὰ καὶ τὰ τρύβλια
κακῶς κεραμεύειν, τὴν δὲ πόλιν εὖ καὶ καλῶς.
Γυ. τί δ' ἢν Νεοκλείδης ὁ γλάμων σε λοιδορῇ;
Πρ. τούτῳ μὲν εἶπον ἐς κυνὸς πυγὴν ὁρᾶν.   255
Γυ. τί δ' ἢν ὑποκρούωσίν σε;   Πρ. προσκινήσομαι
ἅτ' οὐκ ἄπειρος οὖσα πολλῶν κρουμάτων.
Γυ. ἐκεῖνο μόνον ἄσκεπτον, ἤν σ' οἱ τοξόται

235 μᾶλλον] θᾶττον Suid.   235-249 versus impari numero perierunt
ex A   239 ἐάσω· ταῦτ' ἐὰν Bergk : ἐάσω ταῦτα· κἂν codd.   πείθησθε
codd. : corr. Cobet   246 στρατηγὸν R Ald.   255 εἶπον] ἔργον Naber

173

ἕλκωσιν, ὅ τι δράσεις ποτ'.   Πρ.   ἐξαγκωνιῶ
ὡδί· μέση γὰρ οὐδέποτε ληφθήσομαι.   260
Γυ.ᵝ ἡμεῖς δέ γ', ἢν αἴρωσ', ἐᾶν κελεύσομεν.
Γυ.ᵃ ταυτὶ μὲν ἡμῖν ἐντεθύμηται καλῶς
ἐκεῖνο δ' οὐ πεφροντίκαμεν, ὅτῳ τρόπῳ
τὰς χεῖρας αἴρειν μνημονεύσομεν τότε.
εἰθισμέναι γάρ ἐσμεν αἴρειν τὼ σκέλει.   265
Πρ. χαλεπὸν τὸ πρᾶγμ'· ὅμως δὲ χειροτονητέον
ἐξωμισάσαις τὸν ἕτερον βραχίονα.
ἄγε νυν ἀναστέλλεσθ' ἄνω τὰ χιτώνια·
ὑποδεῖσθε δ' ὡς τάχιστα τὰς Λακωνικάς,
ὥσπερ τὸν ἄνδρ' ἐθεᾶσθ', ὅτ' εἰς ἐκκλησίαν   270
μέλλοι βαδίζειν ἢ θύραζ' ἑκάστοτε.
ἔπειτ' ἐπειδὰν ταῦτα πάντ' ἔχῃ καλῶς,
περιδεῖσθε τοὺς πώγωνας.   ἡνίκ' ἂν δέ γε
τούτους ἀκριβώσητε περιηρμοσμέναι,
καὶ θαἰμάτια τἀνδρεῖά γ' ἅπερ ἐκλέψατε   275
ἐπαναβάλεσθε, κᾆτα ταῖς βακτηρίαις
ἐπερειδόμεναι βαδίζετ' ᾄδουσαι μέλος
πρεσβυτικόν τι, τὸν τρόπον μιμούμεναι
τὸν τῶν ἀγροίκων.   Γυ.ᵝ εὖ λέγεις· ἡμεῖς δέ γε
προΐωμεν αὐτῶν.   καὶ γὰρ ἑτέρας οἴομαι   280
ἐκ τῶν ἀγρῶν ἐς τὴν πύκν' ἥξειν ἄντικρυς
γυναῖκας.   Πρ.   ἀλλὰ σπεύσαθ' ὡς εἴωθ' ἐκεῖ
τοῖς μὴ παροῦσιν ὀρθρίοις ἐς τὴν πύκνα
ὑπαποτρέχειν ἔχουσι μηδὲ πάτταλον.

ΧΟΡΟΣ

ὥρα προβαίνειν ὦνδρες ἡμῖν ἐστι· τοῦτο γὰρ χρὴ   285
μεμνημένας ἀεὶ λέγειν, ὡς μήποτ' ἐξολίσθῃ
ἡμᾶς. ὁ κίνδυνος γὰρ οὐχὶ μικρός, ἢν ἁλῶμεν
ἐνδυόμεναι κατὰ σκότον τόλμημα τηλικοῦτον.

274 ἀκριβῶς ἦτε Hirschig   275 γ' Toup : τ' vel θ' codd.
282 post h. v. cetera desunt in A   286 ὡς μήποτ'] μὴ καί ποτ' Dobr.
287 ὁ γὰρ κίνδυνος Suid.   288 ἐνδούμεναι codd. : corr. Faber

174

χωρῶμεν εἰς ἐκκλησίαν ὦνδρες· ἠπείλησε γὰρ   [στρ.
ὁ θεσμοθέτης, ὃς ἂν   290
μὴ πρῷ πάνυ τοῦ κνέφους
ἥκῃ κεκονιμένος,   291
στέργων σκοροδάλμῃ
βλέπων ὑπότριμμα, μὴ   292
δώσειν τὸ τριώβολον.
ἀλλ' ὦ Χαριτιμίδη   293
καὶ Σμίκυθε καὶ Δράκης
ἕπου κατεπείγων,
σαυτῷ προσέχων ὅπως
μηδὲν παραχορδιεῖς   295
ὧν δεῖ σ' ἀποδεῖξαι·
ὅπως δὲ τὸ σύμβολον
λαβόντες ἔπειτα πλη-
σίοι καθεδούμεθ', ὡς
ἂν χειροτονῶμεν
ἅπανθ' ὁπόσ' ἂν δέῃ
τὰς ἡμετέρας φίλας.
καίτοι τί λέγω; φίλους
γὰρ χρῆν μ' ὀνομάζειν.

ὅρα δ' ὅπως ὠθήσομεν τούσδε τοὺς ἐξ ἄστεως   [ἀντ.
ἥκοντας, ὅσοι πρὸ τοῦ
μέν, ἡνίκ' ἔδει λαβεῖν   301
ἐλθόντ' ὀβολὸν μόνον,
καθῆντο λαλοῦντες   302
ἐν τοῖς στεφανώμασιν,
νυνὶ δ' ἐνοχλοῦσ' ἄγαν.

289-299 = 300-310

291-2 βλέπων ὑπότριμμα στέργων σκοροδάλμῃ, μὴ codd. : corr. Pors.
293 Χαριτιμίδη Bentl. : χάρι τιμία ἢ codd.   301 ἔδει λαβεῖν ἐλθόντ'
Dawes : ελθόντα δει λαβεῖν R¹ : ἐλθόντ' ἔδει λαβεῖν R² Ald. : ἐλθόντας
ἔδει λαβεῖν Β : ἐλθόντες ἔδει λαβεῖν Γ   302 λαλοῦντες] λαλοῦσαι
ΒΓ   ἐν τοῖς στεφανώμασι R : om. vulg.

ΑΡΙΣΤΟΦΑΝΟΥΣ

ἀλλ' οὐχί, Μυρωνίδης
ὅτ' ἦρχεν ὁ γεννάδας,
οὐδεὶς ἂν ἐτόλμα
τὰ τῆς πόλεως διοι-   205
κεῖν ἀργύριον φέρων·
ἀλλ' ἦκεν ἕκαστος
ἐν ἀσκιδίῳ φέρων
πιεῖν ἅμα τ' ἄρτον αὐ-   307
τῷ καὶ δύο κρομμύω
καὶ τρεῖς ἂν ἐλάας.
νυνὶ δὲ τριώβολον
ζητοῦσι λαβεῖν, ὅταν
πράττωσί τι κοινὸν ὥσ·
περ πηλοφοροῦντες.   310

ΒΛΕΠΥΡΟΣ

τί τὸ πρᾶγμα; ποῖ ποθ' ἡ γυνὴ φρούδη 'στί μοι;
ἐπεὶ πρὸς ἕω νῦν γ' ἔστιν, ἡ δ' οὐ φαίνεται.
ἐγὼ δὲ κατάκειμαι πάλαι χεζητιῶν,
τὰς ἐμβάδας ζητῶν λαβεῖν ἐν τῷ σκότῳ
καὶ θοἰμάτιον· ὅτε δὴ δ' ἐκεῖνο ψηλαφῶν   315
οὐκ ἐδυνάμην εὑρεῖν, ὁ δ' ἤδη τὴν θύραν
ἐπεῖχε κρούων ὁ κοπρεαῖος, λαμβάνω
τουτὶ τὸ τῆς γυναικὸς ἡμιδιπλοίδιον,
καὶ τὰς ἐκείνης Περσικὰς ὑφέλκομαι.
ἀλλ' ἐν καθαρῷ ποῦ ποῦ τις ἂν χέσας τύχοι;   320
ἢ πανταχοῦ τοι νυκτός ἐστιν ἐν καλῷ;
οὐ γάρ με νῦν χέζοντά γ' οὐδεὶς ὄψεται.
οἴμοι κακοδαίμων, ὅτι γέρων ὢν ἠγόμην
γυναῖχ'· ὅσας εἴμ' ἄξιος πληγὰς λαβεῖν.
οὐ γάρ ποθ' ὑγιὲς οὐδὲν ἐξελήλυθεν   325
δράσουσ'.   ὅμως δ' οὖν ἐστιν ἀποπατητέον.

307 αὐτῷ Velsen : αὐ R Ald. : om. Β Γ: αδον Reiske   317 κο-
πραῖος Β Γ : ὅδε Κοπρεῖος Lenting   319 ἀφέλκομαι Γ : ἀφειλόμην Β

ΕΚΚΛΗΣΙΑΖΟΥΣΑΙ

ΑΝΗΡ

τίς ἔστιν; οὐ δήπου Βλέπυρος ὁ γειτνιῶν;
Βλ. νὴ τὸν Δί' αὐτὸς δῆτ' ἐκεῖνος.   Αν. εἰπέ μοι,
τί τοῦτό σοι τὸ πυρρόν ἐστιν; οὔτι που
Κινησίας σου κατατετίληκέν ποθεν;   330
Βλ. οὔκ, ἀλλὰ τῆς γυναικὸς ἐξελήλυθα
τὸ κροκωτίδιον ἀμπισχόμενος οὐνδύεται.
Αν. τὸ δ' ἱμάτιόν σου ποῦ 'στιν;   Βλ. οὐκ ἔχω φράσαι.
ζητῶν γὰρ αὔτ' οὐχ ηὗρον ἐν τοῖς στρώμασιν.
Αν. εἶτ' οὐδὲ τὴν γυναῖκ' ἐκέλευσάς σοι φράσαι;   335
Βλ. μὰ τὸν Δί' οὐ γὰρ ἔνδον οὖσα τυγχάνει,
ἀλλ' ἐκτετρύπηκεν λαθοῦσά μ' ἔνδοθεν·
ὃ καὶ δέδοικα μή τι δρᾷ νεώτερον.
Αν. νὴ τὸν Ποσειδῶ ταὐτὰ τοίνυν ἄντικρυς
ἐμοὶ πέπονθας.   καὶ γὰρ ᾗ ξύνειμ' ἐγὼ   340
φρούδη 'στ' ἔχουσα θοἰμάτιον οὑγὼ 'φόρουν.
κοὐ τοῦτο λυπεῖ μ', ἀλλὰ καὶ τὰς ἐμβάδας.
οὔκουν λαβεῖν γ' αὐτὰς ἐδυνάμην οὐδαμοῦ.
Βλ. μὰ τὸν Διόνυσον οὐδ' ἐγὼ γὰρ τὰς ἐμὰς
Λακωνικάς, ἀλλ' ὡς ἔτυχον χεζητιῶν,   345
ἐς τὼ κοθόρνω τὼ πόδ' ἐνθεὶς ἵεμαι,
ἵνα μὴ 'γχέσαιμ' ἐς τὴν σισύραν· φανὴ γὰρ ἦν.
Αν. τί δῆτ' ἂν εἴη; μῶν ἐπ' ἄριστον γυνὴ
κέκληκεν αὐτὴν τῶν φίλων;   Βλ. γνώμην γ' ἐμήν.
Αν. οὔκουν πονηρά γ' ἐστὶν ὅ τι κἄμ' εἰδέναι.   350
ἀλλὰ σὺ μὲν ἱμονιάν τιν' ἀποπατεῖς, ἐμοὶ δ'
ὥρα βαδίζειν ἐστὶν εἰς ἐκκλησίαν,
ἥνπερ λάβω θοἰμάτιον, ὅπερ ἦν μοι μόνον.
Βλ. κἀγωγ', ἐπειδὰν ἀποπατήσω· νῦν δέ μου
ἀχράς τις ἐγκλῄσασ' ἔχει τὰ σιτία.   355
Αν. μῶν ἦν Θρασύβουλος εἶπε τοῖς Λακωνικοῖς;

332 κροκώτιον R : κροκώπιον Β Γ Ald. : corr. Arnaldus   333 σου]
σοι Β Γ

ΑΡΙΣΤΟΦΑΝΟΥΣ

Βλ. νὴ τὸν Διόνυσον ἐνέχεται γοῦν μοι σφόδρα.
ἀτὰρ τί δράσω; καὶ γὰρ οὐδὲ τοῦτό με
μόνον τὸ λυποῦν ἐστιν, ἀλλ᾽ ὅταν φάγω,
ὅποι βαδιεῖταί μοι τὸ λοιπὸν ἡ κόπρος.　　　　360
νῦν μὲν γὰρ οὗτος βεβαλάνωκε τὴν θύραν,
ὅστις ποτ᾽ ἔσθ᾽ ἄνθρωπος ἀχραδούσιος.
τίς ἂν οὖν ἰατρόν μοι μετέλθοι καὶ τίνα;
τίς τῶν κατὰ πρωκτὸν δεινός ἐστι τὴν τέχνην;
ἀλλ᾽ οἶδ᾽, ᾽Αμύνων. ἀλλ᾽ ἴσως ἀρνήσεται.　　　365
᾽Αντισθένη τις καλεσάτω πάσῃ τέχνῃ.
οὗτος γὰρ ἀνὴρ ἕνεκά γε στεναγμάτων
οἶδεν τί πρωκτὸς βούλεται χεζητιῶν.
ὦ πότνι᾽ Εἰλείθυια μή με περιίδῃς
διαρραγέντα μηδὲ βεβαλανωμένον,　　　　　370
ἵνα μὴ γένωμαι σκωραμὶς κωμῳδική.

ΧΡΕΜΗΣ

οὗτος τί ποιεῖς; οὔτι που χέζεις;　　Βλ.　ἐγώ;
οὐ δῆτ᾽ ἔτι γε μὰ τὸν Δί᾽, ἀλλ᾽ ἀνίσταμαι.

Χρ. τὸ τῆς γυναικὸς δ᾽ ἀμπέχει χιτώνιον;

Βλ. ἐν τῷ σκότῳ γὰρ τοῦτ᾽ ἔτυχον ἔνδον λαβών.　　375
ἀτὰρ πόθεν ἥκεις ἐτεόν;　　Χρ.　ἐξ ἐκκλησίας.

Βλ. ἤδη λέλυται γάρ;　　Χρ.　νὴ Δί᾽ ὄρθριον μὲν οὖν.
καὶ δῆτα πολὺν ἡ μίλτος ὦ Ζεῦ φίλτατε
γέλων παρέσχεν, ἣν προσέρραινον κύκλῳ.

Βλ. τὸ τριώβολον δῆτ᾽ ἔλαβες;　　Χρ.　εἰ γὰρ ὤφελον.
ἀλλ᾽ ὕστερος νῦν ἦλθον, ὥστ᾽ αἰσχύνομαι　　381
μὰ τὸν Δί᾽ οὐδέν᾽ ἄλλον ἢ τὸν θύλακον.

Βλ. τὸ δ᾽ αἴτιον τί;　　Χρ.　πλεῖστος ἀνθρώπων ὄχλος,
ὅσος οὐδεπώποτ᾽ ἦλθ᾽ ἀθρόος ἐς τὴν πύκνα.
καὶ δῆτα πάντες σκυτοτόμοις ἠκάζομεν　　385

364 καταπρώκτων R Ald.: κατὰ πρωκτῶν Γ　　365 ἀλλ᾽ Mein. :
ἀρ᾽ vel ἄρ᾽ codd.　　374 χιτώνιον] τριβώνιον Β Γ Ald.　　381 νῦν]
νὴ δί᾽ R　　382 οὐδὲν ἄλλο Β : οὐδὲν ἄλλο γ᾽ Brunck　　384 ἀθρόως R
385 πάντας R　　σκυτοτόμοι Β Γ Ald

178

ὁρῶντες αὑτούς.   οὐ γὰρ ἀλλ᾽ ὑπερφυῶς
ὡς λευκοπληθὴς ἦν ἰδεῖν ἡκκλησία·
ὥστ᾽ οὐκ ἔλαβον οὔτ᾽ αὐτὸς οὔτ᾽ ἄλλοι συχνοί.
Βλ. οὐδ᾽ ἄρ᾽ ἂν ἐγὼ λάβοιμι νῦν ἐλθών;   Χρ.   πόθεν;
οὐδ᾽ εἰ μὰ Δία τότ᾽ ἦλθες ὅτε τὸ δεύτερον   390
ἀλεκτρυὼν ἐφθέγγετ᾽.   Βλ.   οἴμοι δείλαιος.
᾽Αντίλοχ᾽ ἀποίμωξόν με τοῦ τριωβόλου
τὸν ζῶντα μᾶλλον.   τἀμὰ γὰρ διοίχεται.
ἀτὰρ τί τὸ πρᾶγμ᾽ ἦν, ὅτι τοσοῦτον χρῆμ᾽ ὄχλου
οὕτως ἐν ὥρᾳ ξυνελέγη;   Χρ.   τί δ᾽ ἄλλο γ᾽ ἢ   395
ἔδοξε τοῖς πρυτάνεσι περὶ σωτηρίας
γνώμας καθεῖναι τῆς πόλεως; κᾆτ᾽ εὐθέως
πρῶτος Νεοκλείδης ὁ γλάμων παρείρπυσεν.
κᾆπειθ᾽ ὁ δῆμος ἀναβοᾷ πόσον δοκεῖς,
‘ οὐ δεινὰ τολμᾶν τουτονὶ δημηγορεῖν,   400
καὶ ταῦτα περὶ σωτηρίας προκειμένου,
ὃς αὐτὸς αὑτῷ βλεφαρίδ᾽ οὐκ ἐσώσατο;᾽
ὁ δ᾽ ἀναβοήσας καὶ περιβλέψας ἔφη,
‘ τί δαί με χρῆν δρᾶν;᾽   Βλ.   ‘ σκόροδ᾽ ὁμοῦ τρί-
              ψαντ᾽ ὀπῷ
τιθύμαλλον ἐμβαλόντα τοῦ Λακωνικοῦ   405
σαυτοῦ παραλείφειν τὰ βλέφαρα τῆς ἑσπέρας,᾽
ἔγωγ᾽ ἂν εἶπον, εἰ παρὼν ἐτύγχανον.
Χρ. μετὰ τοῦτον Εὐαίων ὁ δεξιώτατος
παρῆλθε γυμνός, ὡς ἐδόκει τοῖς πλείοσιν·
αὐτός γε μέντοὔφασκεν ἱμάτιον ἔχειν·   410
κᾆπειτ᾽ ἔλεξε δημοτικωτάτους λόγους·
‘ ὁρᾶτε μέν με δεόμενον σωτηρίας
τετραστατήρου καὐτόν· ἀλλ᾽ ὅμως ἐρῶ
ὡς τὴν πόλιν καὶ τοὺς πολίτας σώσετε.
ἢν γὰρ παρέχωσι τοῖς δεομένοις οἱ κναφῆς   415

397 καθεῖναι] προθεῖναι Schoemann   404 χρῆν Ald. : χρὴ R Β Γ
406 σαυτῷ Β Γ Ald.

ΑΡΙΣΤΟΦΑΝΟΥΣ

χλαίνας, ἐπειδὰν πρῶτον ἥλιος τραπῇ,
πλευρῖτις ἡμῶν οὐδέν' ἂν λάβοι ποτέ.
ὅσοις δὲ κλίνη μή 'στι μηδὲ στρώματα,
ἰέναι καθευδήσοντας ἀπονενιμμένους
ἐς τῶν σκυλοδεψῶν· ἢν δ' ἀποκλήῃ τῇ θύρᾳ   420
χειμῶνος ὄντος, τρεῖς σισύρας ὀφειλέτω.'

Βλ. νὴ τὸν Διόνυσον χρηστά γ'· εἰ δ' ἐκεῖνά γε
προσέθηκεν, οὐδεὶς ἀντεχειροτόνησεν ἄν,
τοὺς ἀλφιταμοιβοὺς τοῖς ἀπόροις τρεῖς χοίνικας
δεῖπνον παρέχειν ἅπασιν ἢ κλάειν μακρά,   425
ἵνα τοῦτ' ἀπέλαυσαν Ναυσικύδους τἀγαθόν.

Χρ. μετὰ τοῦτο τοίνυν εὐπρεπὴς νεανίας
λευκός τις ἀνεπήδησ' ὅμοιος Νικίᾳ
δημηγορήσων, κἀπεχείρησεν λέγειν
ὡς χρὴ παραδοῦναι ταῖς γυναιξὶ τὴν πόλιν.   430
εἶτ' ἐθορύβησαν κἀνέκραγον ὡς εὖ λέγοι,
τὸ σκυτοτομικὸν πλῆθος, οἱ δ' ἐκ τῶν ἀγρῶν
ἀνεβορβόρυξαν.   Βλ.   νοῦν γὰρ εἶχον νὴ Δία.

Χρ. ἀλλ' ἦσαν ἥττους· ὁ δὲ κατεῖχε τῇ βοῇ,
τὰς μὲν γυναῖκας πόλλ' ἀγαθὰ λέγων, σὲ δὲ   435
πολλὰ κακά.   Βλ.   καὶ τί εἶπε;   Χρ.   πρῶτον
            μέν σ' ἔφη
εἶναι πανοῦργον.   Βλ.   καὶ σέ;   Χρ.   μή πω
       τοῦτ' ἔρῃ.
κἄπειτα κλέπτην.   Βλ.   ἐμὲ μόνον;   Χρ.   καὶ
       νὴ Δία
καὶ συκοφάντην.   Βλ.   ἐμὲ μόνον;   Χρ.   καὶ
       νὴ Δία
τωνδὶ τὸ πλῆθος.   Βλ.   τίς δὲ τοῦτ' ἄλλως λέγει;

Χο. γυναῖκα δ' εἶναι πρᾶγμ' ἔφη νουβυστικὸν   441
καὶ χρηματοποιόν· κοὔτε τἀπόρρητ' ἔφη

420 ἀποκλίνῃ codd.: ἀποκλείῃ Faber: ἀποκλήῃ Dind.   τῇ θύρᾳ]
τῆς θύρας Β   427 μετὰ τοῦτον εὐθὺς Β   εὐτρεπὴς Β Γ

ΕΚΚΛΗΣΙΑΖΟΥΣΑΙ

ἐκ Θεσμοφόροιν ἑκάστοτ᾽ αὐτὰς ἐκφέρειν,
σὲ δὲ κἀμὲ βουλεύοντε τοῦτο δρᾶν ἀεί.

Βλ. καὶ νὴ τὸν Ἑρμῆν τοῦτό γ᾽ οὐκ ἐψεύσατο.   445

Χρ. ἔπειτα συμβάλλειν πρὸς ἀλλήλας ἔφη
ἱμάτια χρυσί᾽ ἀργύριον ἐκπώματα
μόνας μόναις, οὐ μαρτύρων ἐναντίον,
καὶ ταῦτ᾽ ἀποφέρειν πάντα κοὐκ ἀποστερεῖν,
ἡμῶν δὲ τοὺς πολλοὺς ἔφασκε τοῦτο δρᾶν.   450

Βλ. νὴ τὸν Ποσειδῶ μαρτύρων γ᾽ ἐναντίον.

Χρ. οὐ συκοφαντεῖν, οὐ διώκειν, οὐδὲ τὸν
δῆμον καταλύειν, ἀλλὰ πολλὰ κἀγαθά,
ἕτερά τε πλεῖστα τὰς γυναῖκας ηὐλόγει.

Βλ. τί δῆτ᾽ ἔδοξεν;   Χρ. ἐπιτρέπειν γε τὴν πόλιν   455
ταύταις.   ἐδόκει γὰρ τοῦτο μόνον ἐν τῇ πόλει
οὔπω γεγενῆσθαι.   Βλ. καὶ δέδοκται;   Χρ. φήμ᾽
ἐγώ.

Βλ. ἅπαντά τ᾽ αὐταῖς ἐστι προστεταγμένα
ἃ τοῖσιν ἀστοῖς ἔμελεν;   Χρ. οὕτω ταῦτ᾽ ἔχει.

Βλ. οὐδ᾽ ἐς δικαστήριον ἄρ᾽ εἶμ᾽ ἀλλ᾽ ἡ γυνή;   460

Χρ. οὐδ᾽ ἔτι σὺ θρέψεις οὓς ἔχεις ἀλλ᾽ ἡ γυνή.

Βλ. οὐδὲ στένειν τὸν ὄρθρον ἔτι πρᾶγμ᾽ ἀρά μοι;

Χρ. μὰ Δί᾽ ἀλλὰ ταῖς γυναιξὶ ταῦτ᾽ ἤδη μέλει·
σὺ δ᾽ ἀστενακτὶ περδόμενος οἴκοι μενεῖς.

Βλ. ἐκεῖνο δεινὸν τοῖσιν ἡλίκοισι νῷν,   465
μὴ παραλαβοῦσαι τῆς πόλεως τὰς ἡνίας
ἔπειτ᾽ ἀναγκάζωσι πρὸς βίαν—   Χρ. τί δρᾶν;

Βλ. κινεῖν ἑαυτάς.   Χρ. ἢν δὲ μὴ δυνώμεθα;

Βλ. ἄριστον οὐ δώσουσι.   Χρ. σὺ δέ γε νὴ Δία
δρᾶ ταῦθ᾽, ἵν᾽ ἀριστᾷς τε καὶ κινῇς ἅμα.   470

Βλ. τὸ πρὸς βίαν δεινότατον.   Χρ. ἀλλ᾽ εἰ τῇ πόλει
τοῦτο ξυνοίσει, ταῦτα χρὴ πάντ᾽ ἄνδρα δρᾶν.

444 βουλεύοντε Junt. 2: βουλεύονται R: δουλεύοντε Β Γ Ald.
448 μόνας] μόναις γ᾽ Β Γ   μαρτύρων γ᾽ R Ald.   454 fortasse ante
v. 452 ponendus, quod facit Bachmann   455 γε Β : σε R Γ Ald.

ΑΡΙΣΤΟΦΑΝΟΥΣ

Βλ. λόγος γέ τοί τις ἔστι τῶν γεραιτέρων,
ἀνόηθ' ὅσ' ἂν καὶ μῶρα βουλευσώμεθα,
ἅπαντ' ἐπὶ τὸ βέλτιον ἡμῖν ξυμφέρειν.   475
Χρ. καὶ ξυμφέροι γ' ὦ πότνια Παλλὰς καὶ θεοί.
ἀλλ' εἶμι· σὺ δ' ὑγίαινε.   Βλ. καὶ σύ γ' ὦ Χρέμης.
Χο.   ἔμβα χώρει.
ἆρ' ἔστι τῶν ἀνδρῶν τις ἡμῖν ὅστις ἐπακολουθεῖ;
στρέφου σκόπει,   480
φύλαττε σαυτὴν ἀσφαλῶς, πολλοὶ γὰρ οἱ πανοῦργοι,
μή πού τις ἐκ τοὐπισθεν ὢν τὸ σχῆμα καταφυλάξῃ.

ἀλλ' ὡς μάλιστα τοῖν ποδοῖν ἐπικτυπῶν βάδιζε·   [στρ.
ἡμῖν δ' ἂν αἰσχύνην φέροι   484
πάσαισι παρὰ τοῖς ἀνδράσιν τὸ πρᾶγμα τοῦτ' ἐλεγχθέν.
πρὸς ταῦτα συστέλλου σεαυ-
τὴν καὶ περισκοπουμένη
⟨τἀνθένδε καὶ⟩ τἀκεῖσε καὶ
τἀκ δεξιᾶς, μὴ ξυμφορὰ γενήσεται τὸ πρᾶγμα.
ἀλλ' ἐγκονῶμεν· τοῦ τόπου γὰρ ἐγγύς ἐσμεν ἤδη,
ὅθενπερ εἰς ἐκκλησίαν ὡρμώμεθ' ἡνίκ' ἦμεν·   490
τὴν δ' οἰκίαν ἔξεσθ' ὁρᾶν, ὅθενπερ ἡ στρατηγὸς
ἔσθ' ἡ τὸ πρᾶγμ' εὑροῦσ' ὃ νῦν ἔδοξε τοῖς πολίταις.

ὥστ' εἰκὸς ἡμᾶς μὴ βραδύνειν ἔστ' ἐπαναμενούσας   [ἀντ.
πώγωνας ἐξηρτημένας,
μὴ καί τις †ὄψεθ' ἡμᾶς† χἠμῶν ἴσως κατείπῃ.   495
ἀλλ' εἶα δεῦρ' ἐπὶ σκιᾶς
ἐλθοῦσα πρὸς τὸ τειχίον
παραβλέπουσα θατέρῳ

483-492 = 493-503

473 γέ Suid.: τέ codd.   474 ὅσ' ἂν ἀνόητα καὶ (χ' ἢ R) μῶρα
R Γ Ald. : ὅσ' ἂν ἀνόητ' ἢ μῶρα Bentl.   482 καταφυλάξῃ R Ald. :
φυλάξῃ Β Γ : παραφυλάξῃ Mein.   487 τἀνθένδε καὶ add. Cobet
τἀκεῖσε Faber : κἀκεῖσε codd.   488 γενήσεται] γένηται B unde τὸ
πρᾶγμά σοι γένηται Blaydes   490 ὁρμώμεθ' vel ὁρμώμεθα codd. :
corr. Portus   495 ὄψεθ' ἡμᾶς] ἡμᾶς ὄψεται Herm.: fortasse ὀψωνῶν ἴδῃ

ΕΚΚΛΗΣΙΑΖΟΥΣΑΙ

πάλιν μετασκεύαζε σαυτὴν αὖθις ἥπερ ἦσθα,   499
καὶ μὴ βράδυν'· ὡς τήνδε καὶ δὴ τὴν στρατηγὸν ἡμῶν
χωροῦσαν ἐξ ἐκκλησίας ὁρῶμεν. ἀλλ' ἐπείγου
ἅπασα καὶ μίσει σάκον πρὸς τοῖν γνάθοιν ἔχουσα·
χαὖται γὰρ ἥκουσιν πάλαι τὸ σχῆμα τοῦτ' ἔχουσαι.

Πρ. ταυτὶ μὲν ἡμῖν ὦ γυναῖκες εὐτυχῶς
τὰ πράγματ' ἐκβέβηκεν ἀβουλεύσαμεν.   505
ἀλλ' ὡς τάχιστα πρίν τιν' ἀνθρώπων ἰδεῖν,
ῥιπτεῖτε χλαίνας, ἐμβὰς ἐκποδὼν ἴτω,
χάλα συναπτοὺς ἡνίας Λακωνικάς,
βακτηρίας ἄφεσθε. καὶ μέντοι σὺ μὲν
ταύτας κατευτρέπιζ', ἐγὼ δὲ βούλομαι   510
εἴσω παρερπύσασα πρὶν τὸν ἄνδρα με
ἰδεῖν, καταθέσθαι θοἰμάτιον αὐτοῦ πάλιν
ὅθενπερ ἔλαβον τἄλλα θ' ἁξηνεγκάμην.

Χο. κεῖται ⟨καὶ⟩ δὴ πάνθ' ἅπερ εἶπας, σὸν δ' ἔργον τἄλλα
διδάσκειν,   514
ὅ τί σοι δρῶσαι ξύμφορον ἡμεῖς δόξομεν ὀρθῶς ὑπακούειν·
οὐδεμιᾷ γὰρ δεινοτέρᾳ σου ξυμμείξασ' οἶδα γυναικί.

Πρ. περιμείνατέ νυν, ἵνα τῆς ἀρχῆς ἣν ἄρτι κεχειροτόνημαι,
ξυμβούλοισιν πάσαις ὑμῖν χρήσωμαι. καὶ γὰρ ἐκεῖ μοι
ἐν τῷ θορύβῳ καὶ τοῖς δεινοῖς ἀνδρειόταται γεγένησθε.

Βλ. αὕτη πόθεν ἥκεις Πραξαγόρα;   Πρ. τί δ' ὦ μέλε
σοὶ τοῦθ';   Βλ. ὅ τί μοι τοῦτ' ἔστιν; ὡς εὐηθικῶς.
Πρ. οὔτοι παρὰ τοῦ μοιχοῦ γε φήσεις.   Βλ. οὐκ ἴσως
ἑνός γε.   Πρ. καὶ μὴν βασανίσαι τουτί γέ σοι
ἔξεστι.   Βλ. πῶς;   Πρ. εἰ τῆς κεφαλῆς ὄζω μύρου.
Βλ. τί δ'; οὐχὶ βινεῖται γυνὴ κἄνευ μύρου;   525
Πρ. οὐ δῆτα τάλαν ἔγωγε.   Βλ. πῶς οὖν ὄρθριον
ᾤχου σιωπῇ θοἰμάτιον λαβοῦσά μου;

502 μίσει] μὴ θεῖ Nairn   503 πάλαι] πάλιν Dobr.   τοῦτ'
ἔχουσαι] μεταβαλοῦσαι Wecklein   504 ὦ γυναῖκες ἡμῖν R   514 καὶ
add. Dobr.   515 ἐπακούειν Ald.   526 οὐ δὴ τάλαιν' ἔγωγε
codd. : corr. Reiske   ὀρθρία Cobet   527 μοι] μοι Β Γ Ald.

Πρ. γυνή μέ τις νύκτωρ ἑταίρα καὶ φίλη
μετεπέμψατ' ὠδίνουσα.   Βλ.   κᾆτ' οὐκ ἦν ἐμοὶ
φράσασαν ἰέναι;   Πρ.   τῆς λεχοῦς δ' οὐ φροντίσαι
οὕτως ἐχούσης ὦνερ;   Βλ.   εἰποῦσάν γέ μοι. 531
ἀλλ' ἔστιν ἐνταῦθά τι κακόν.   Πρ.   μὰ τὼ θεὼ
ἀλλ' ὥσπερ εἶχον ᾠχόμην· ἐδεῖτο δὲ
ἥπερ μεθῆκέ μ' ἐξιέναι πάσῃ τέχνῃ.

Βλ. εἶτ' οὐ τὸ σαυτῆς ἱμάτιον ἐχρῆν σ' ἔχειν;   535
ἀλλ' ἔμ' ἀποδύσασ' ἐπιβαλοῦσα τοὐγκυκλον
ᾤχου καταλιποῦσ' ὡσπερεὶ προκείμενον,
μόνον οὐ στεφανώσασ' οὐδ' ἐπιθεῖσα λήκυθον.

Πρ. ψῦχος γὰρ ἦν, ἐγὼ δὲ λεπτὴ κἀσθενής·
ἔπειθ' ἵν' ἀλεαίνοιμι, τοῦτ' ἠμπεσχόμην·   540
σὲ δ' ἐν ἀλέᾳ κατακείμενον καὶ στρώμασιν
κατέλιπον ὦνερ.   Βλ.   αἱ δὲ δὴ Λακωνικαὶ
ᾤχοντο μετὰ σοῦ κατὰ τί χἠ βακτηρία;

Πρ. ἵνα θοἰμάτιον σώσαιμι, μεθυπεδησάμην
μιμουμένη σε καὶ κτυποῦσα τοῖν ποδοῖν   545
καὶ τοὺς λίθους παίουσα τῇ βακτηρίᾳ.

Βλ. οἶσθ' οὖν ἀπολωλεκυῖα πυρῶν ἑκτέα,
ὃν χρῆν ἔμ' ἐξ ἐκκλησίας εἰληφέναι;

Πρ. μὴ φροντίσῃς· ἄρρεν γὰρ ἔτεκε παιδίον.   549

Βλ. ἠκκλησία;   Πρ.   μὰ Δί' ἀλλ' ἐφ' ἣν ἐγᾠχόμην.
ἀτὰρ γεγένηται;   Βλ.   ναὶ μὰ Δί'.   οὐκ ᾔδησθά με
φράσαντά σοι χθές;   Πρ.   ἄρτι γ' ἀναμιμνήσκομαι.

Βλ. οὐδ' ἄρα τὰ δόξαντ' οἶσθα;   Πρ.   μὰ Δί' ἐγὼ μὲν οὔ.

Βλ. κάθησο τοίνυν σηπίας μασωμένη.
ὑμῖν δέ φασι παραδεδόσθαι τὴν πόλιν.   555

Πρ. τί δρᾶν; ὑφαίνειν;   Βλ.   οὐ μὰ Δί' ἀλλ' ἄρχειν.
        Πρ.   τίνων;

Βλ. ἀπαξαπάντων τῶν κατὰ πόλιν πραγμάτων.

Πρ. νὴ τὴν Ἀφροδίτην μακαρία γ' ἄρ' ἡ πόλις

530 οὐ] ἦν B   540 ἠμπισχημένον Γ: ἠμπισχόμην vulg. : corr. ex
Bekk. Anecd. 381. 25

ΕΚΚΛΗΣΙΑΖΟΥΣΑΙ

ἔσται τὸ λοιπόν.   Βλ.   κατὰ τί;   Πρ.   πολλῶι᾽
οὕνεκα.
οὐ γὰρ ἔτι τοῖς τολμῶσιν αὐτὴν αἰσχρὰ δρᾶν   560
ἔσται τὸ λοιπόν, οὐδαμοῦ δὲ μαρτυρεῖν,
οὐ συκοφαντεῖν—   Βλ.   μηδαμῶς πρὸς τῶν θεῶν᾽
τουτὶ ποιήσῃς μηδ᾽ ἀφέλῃ μου τὸν βίον.
Αν. ὦ δαιμόνι᾽ ἀνδρῶν τὴν γυναῖκ᾽ ἔα λέγειν.
Πρ. μὴ λωποδυτῆσαι, μὴ φθονεῖν τοῖς πλησίον,   565
μὴ γυμνὸν εἶναι μὴ πένητα μηδένα,
μὴ λοιδορεῖσθαι, μὴ 'νεχυραζόμενον φέρειν.
Αν. νὴ τὸν Ποσειδῶ μεγάλα γ᾽, εἰ μὴ ψεύσεται.
Πρ. ἀλλ᾽ ἀποφανῶ τοῦθ᾽, ὥστε σέ τέ μοι μαρτυρεῖν
καὶ τοῦτον αὐτὸν μηδὲν ἀντειπεῖν ἐμοί.   570

Χο. νῦν δὴ δεῖ σε πυκνὴν φρένα καὶ φιλόσοφον ἐγείρειν᾽
φροντίδ᾽ ἐπισταμένην
ταῖσι φίλαισιν ἀμύνειν.
καινὴ γὰρ ἐπ᾽ εὐτυχίαισιν
ἔρχεται γλώττης ἐπίνοια πολίτην
δῆμον ἐπαγλαΐοῦσα   575
μυρίαισιν ὠφελίαισι βίου· δηλοῦν δ᾽ ὅ τί περ δύνασαι
καιρός.
δεῖται γάρ τοι σοφοῦ τινος ἐξευρήματος ἡ πόλις ἡμῶν.
ἀλλὰ πέραινε μόνον
μήτε δεδραμένα μήτ᾽ εἰρημένα πω πρότερον·
μισοῦσι γὰρ ἢν τὰ παλαιὰ πολλάκις θεῶνται.   580
ἀλλ᾽ οὐ μέλλειν, ἀλλ᾽ ἅπτεσθαι καὶ δὴ χρῆν ταῖς
διανοίαις,

561 οὐδαμοῦ δὲ] οὐδάμ᾽ οὐδὲ Blaydes   563 ἀφέλῃς Ald.   569 ὥστε
σέ τε Bergk : ὥστε σε γέ R : ὅστις ἂν B : ὅστις γε Γ : ὥστ᾽ ἔμοιγε Ald.
570 ἐμοί] ἔτι Cobet : ἔχειν Dind.   571 φιλόσοφον] φιλόδημον
Dind.   572 ταῖσι᾽ ταῖσι σαῖσι Dind.   573 καινὴ Blaydes :
κοινὴ codd.   574 γλώττης] γνώμης Markland   576 ὠφελίαισι R :
εὐτυχίαισι(ν) ΓΒ   δύνασαι Blaydes : δύναται codd.   δήλου δ᾽ ὅτι
περ δύναται᾽ καιρὸς δὲ Mein. et Herm.   577 τοι] τοί γε R : τι Brunck
581 ἀλλ᾽ ἅπτεσθαι] ἀλλὰ πέτεσθαι Bentl.   τῆς διανοίας Faber

ΑΡΙΣΤΟΦΑΝΟΥΣ

ὡς τὸ ταχύνειν χαρίτων μετέχει πλεῖστον παρὰ τοῖσι
θεαταῖς.

Πρ. καὶ μὴν ὅτι μὲν χρηστὰ διδάξω πιστεύω· τοὺς δὲ θεατάς,
εἰ καινοτομεῖν ἐθελήσουσιν καὶ μὴ τοῖς ἠθάσι λίαν
τοῖς τ᾽ ἀρχαίοις ἐνδιατρίβειν, τοῦτ᾽ ἔσθ᾽ ὃ μάλιστα
δέδοικα.   585

Βλ. περὶ μὲν τοίνυν τοῦ καινοτομεῖν μὴ δείσῃς· τοῦτο γὰρ
ἡμῖν
δρᾶν ἀντ᾽ ἄλλης ἀρχῆς ἐστιν, τῶν δ᾽ ἀρχαίων ἀμελῆσαι.

Πρ. μή νυν πρότερον μηδεὶς ὑμῶν ἀντείπῃ μηδ᾽ ὑποκρούσῃ,
πρὶν ἐπίστασθαι τὴν ἐπίνοιαν καὶ τοῦ φράζοντος ἀκοῦσαι.
κοινωνεῖν γὰρ πάντας φήσω χρῆναι πάντων μετέχοντας
κἀκ ταὐτοῦ ζῆν, καὶ μὴ τὸν μὲν πλουτεῖν, τὸν δ᾽ ἄθλιον
εἶναι,   591
μηδὲ γεωργεῖν τὸν μὲν πολλήν, τῷ δ᾽ εἶναι μηδὲ ταφῆναι,
μηδ᾽ ἀνδραπόδοις τὸν μὲν χρῆσθαι πολλοῖς, τὸν δ᾽ οὐδ᾽
ἀκολούθῳ·
ἀλλ᾽ ἕνα ποιῶ κοινὸν πᾶσιν βίοτον καὶ τοῦτον ὅμοιον.

Βλ. πῶς οὖν ἔσται κοινὸς ἅπασιν;   Πρ. κατέδει πέ-
λεθον πρότερός μου.   595

Βλ. καὶ τῶν πελέθων κοινωνοῦμεν;   Πρ. μὰ Δί᾽ ἀλλ᾽
ἔφθης μ᾽ ὑποκρούσας.
τοῦτο γὰρ ἤμελλον ἐγὼ λέξειν· τὴν γῆν πρώτιστα ποιήσω
κοινὴν πάντων καὶ τἀργύριον καὶ τἄλλ᾽ ὁπόσ᾽ ἐστὶν
ἑκάστῳ.
εἶτ᾽ ἀπὸ τούτων κοινῶν ὄντων ἡμεῖς βοσκήσομεν ὑμᾶς
ταμιευόμεναι καὶ φειδόμεναι καὶ τὴν γνώμην προσ-
έχουσαι.   600

Βλ. πῶς οὖν ὅστις μὴ κέκτηται γῆν ἡμῶν, ἀργύριον δὲ
καὶ Δαρεικοὺς ἀφανῆ πλοῦτον;   Πρ. τοῦτ᾽ ἐς τὸ
μέσον καταθήσει.

584 ἤθεσι B γρ.   587 ἀρχῆς] ἀρετῆς Bergk   595–6 σπέλεθον,
σπελέθων codd. : corr. Bothe

186

καὶ μὴ καταθεὶς ψευδορκήσει.   Βλ.   κἀκτήσατο γὰρ
    διὰ τοῦτο.
Πρ. ἀλλ᾽ οὐδέν τοι χρήσιμον ἔσται πάντως αὐτῷ.   Βλ.   κατὰ
       δὴ τί;   604
Πρ. οὐδεὶς οὐδὲν πενίᾳ δράσει· πάντα γὰρ ἕξουσιν ἅπαντες,
    ἄρτους τεμάχη μάζας χλαίνας οἶνον στεφάνους ἐρεβίν-
    θους.
    ὥστε τί κέρδος μὴ καταθεῖναι; σὺ γὰρ ἐξευρὼν ἀπό-
    δειξον.
Βλ. οὔκουν καὶ νῦν οὗτοι μᾶλλον κλέπτουσ᾽ οἷς ταῦτα
    πάρεστιν;
Πρ. πρότερόν γ᾽ ὦταῖρ᾽ ὅτε τοῖσι νόμοις διεχρώμεθα τοῖς
    προτέροισιν·   609
    νῦν δ᾽ ἔσται γὰρ βίος ἐκ κοινοῦ, τί τὸ κέρδος μὴ καταθεῖναι;
Βλ. ἢν μείρακ᾽ ἰδὼν ἐπιθυμήσῃ καὶ βούληται σκαλαθῦραι,
    ἕξει τούτων ἀφελὼν δοῦναι, τῶν ἐκ κοινοῦ δὲ μεθέξει
    ξυγκαταδαρθών.   Πρ.   ἀλλ᾽ ἐξέσται προῖκ᾽ αὐτῷ
    ξυγκαταδαρθεῖν.
    καὶ ταύτας γὰρ κοινὰς ποιῶ τοῖς ἀνδράσι συγκατακεῖσθαι
    καὶ παιδοποιεῖν τῷ βουλομένῳ.   Βλ.   πῶς οὖν οὐ
    πάντες ἴασιν   615
    ἐπὶ τὴν ὡραιοτάτην αὐτῶν καὶ ζητήσουσιν ἐρείδειν;
Πρ. αἱ φαυλότεραι καὶ σιμότεραι παρὰ τὰς σεμνὰς καθε-
       δοῦνται·
    κᾆτ᾽ ἢν ταύτης ἐπιθυμήσῃ, τὴν αἰσχρὰν πρῶθ᾽ ὑπο-
    κρούσει.
Βλ. καὶ πῶς ἡμᾶς τοὺς πρεσβύτας, ἢν ταῖς αἰσχραῖσι
    συνῶμεν,
    οὐκ ἐπιλείψει τὸ πέος πρότερον πρὶν ἐκεῖσ᾽ οἷ φῂς ἀφι-
    κέσθαι;   620
Πρ. οὐχὶ μαχοῦνται· περὶ σοῦ θάρρει· μὴ δείσῃς· οὐχὶ
    μαχοῦνται.

609 ὦταῖρ᾽] ὦ τὰν B   διεχρώμεθα] ἔτ᾽ ἐχρώμεθα Mein.

ΑΡΙΣΤΟΦΑΝΟΥΣ

Βλ. περὶ τοῦ;   Πρ.   τοῦ μὴ ξυγκαταδαρθεῖν.   καὶ σοὶ
τοιοῦτον ὑπάρχει.

Βλ. τὸ μὲν ὑμέτερον γνώμην τιν' ἔχει· προβεβούλευται γάρ,
ὅπως ἂν
μηδεμιᾶς ᾗ τρύπημα κενόν· τὸ δὲ τῶν ἀνδρῶν τί ποιήσει;
φεύξονται γὰρ τοὺς αἰσχίους, ἐπὶ τοὺς δὲ καλοὺς βα-
διῶνται.   625

Πρ. ἀλλὰ φυλάξουσ' οἱ φαυλότεροι τοὺς καλλίους ἀπιόντας
ἀπὸ τοῦ δείπνου καὶ τηρήσουσ' ἐπὶ τοῖσιν δημοσίοισιν·
κοὐκ ἐξέσται παρὰ τοῖσι καλοῖς ⟨καὶ τοῖς μεγάλοις⟩
καταδαρθεῖν
ταῖσι γυναιξὶ πρὶν ⟨ἂν⟩ τοῖς αἰσχροῖς καὶ τοῖς μικροῖς
χαρίσωνται.   629

Βλ. ἡ Λυσικράτους ἄρα νυνὶ ῥὶς ἴσα τοῖσι καλοῖσι φρονήσει.

Πρ. νὴ τὸν Ἀπόλλω καὶ δημοτική γ' ἡ γνώμη καὶ καταχήνη
τῶν σεμνοτέρων ἔσται πολλὴ καὶ τῶν σφραγῖδας
ἐχόντων,
ὅταν ἐμβάδ' ἔχων εἴπῃ πρότερος, ' παραχώρει κᾆτ' ἐπι-
τήρει,
ὅταν ἤδη 'γὼ διαπραξάμενος παραδῶ σοι δευτεριάζειν.'

Βλ. πῶς οὖν οὕτω ζώντων ἡμῶν τοὺς αὑτοῦ παῖδας ἕκαστος 635
ἔσται δυνατὸς διαγιγνώσκειν;   Πρ.   τί δὲ δεῖ;
πατέρας ⟨γὰρ⟩ ἅπαντας
τοὺς πρεσβυτέρους αὑτῶν εἶναι τοῖσι χρόνοισιν νομι-
οῦσιν.

Βλ. οὐκοῦν ἄγξουσ' εὖ καὶ χρηστῶς ἑξῆς τὸν πάντα γέροντα
διὰ τὴν ἄγνοιαν, ἐπεὶ καὶ νῦν γιγνώσκοντες πατέρ' ὄντα
ἄγχουσι.   τί δῆθ' ὅταν ἀγνὼς ᾖ; πῶς οὐ τότε κἀπιχε-
σοῦνται;   640

622 Βλ. περὶ τοῦ; Πρ. τοῦ μὴ] περὶ τοῦ μή σοι (cont. Praxagorae)
Dobr.   ὑπάρξει Ald.   628 οἱ φαυλότεροι ante κοὐκ codd.: del.
Tyrwhitt   καὶ τοῖς μεγάλοις add. idem   629 ἂν add. Elmsl
633 ἐμβάδ' ἔχων] Ἐμβαδίων D. Heinsius   hoc versu carent Β Γ
636 γὰρ add. Faber   638 οὐκοῦν ἑξῆς εὖ καὶ χρηστῶς ἄγξουσιν πάντα
γέροντα Blaydes

188

ΕΚΚΛΗΣΙΑΖΟΥΣΑΙ

Πρ. ἀλλ᾽ ὁ παρεστὼς οὐκ ἐπιτρέψει· τότε δ᾽ αὐτοῖς οὐκ ἔμελ᾽
  οὐδὲν
  τῶν ἀλλοτρίων ὅστις τύπτοι· νῦν δ᾽ ἦν πληγέντος
  ἀκούσῃ,
  μὴ αὐτὸν ἐκεῖνον τύπτῃ δεδιὼς τοῖς δρῶσιν τοῦτο
  μαχεῖται.
Βλ. τὰ μὲν ἄλλα λέγεις οὐδὲν σκαιῶς· εἰ δὲ προσελθὼν
  Ἐπίκουρος
  ἢ Λευκολόφας πάππαν με καλεῖ, τοῦτ᾽ ἤδη δεινὸν
  ἀκοῦσαι.   645
Πρ. πολὺ μέντοι δεινότερον τούτου τοῦ πράγματός ἐστι,
Βλ.   τὸ ποῖον;
Πρ. εἴ σε φιλήσειεν Ἀρίστυλλος φάσκων αὐτοῦ πατέρ᾽ εἶναι.
Βλ. οἰμώζοι γ᾽ ἂν καὶ κωκύοι.   Πρ.   σὺ δέ γ᾽ ὄζοις ἂν
  καλαμίνθης,
  ἀλλ᾽ οὗτος μὲν πρότερον γέγονεν πρὶν τὸ ψήφισμα γε-
  νέσθαι,
  ὥστ᾽ οὐχὶ δέος μή σε φιλήσῃ.   Βλ.   δεινὸν μέντἂν
  ἐπεπόνθη.   650
  τὴν γῆν δὲ τίς ἔσθ᾽ ὁ γεωργήσων;   Πρ.   οἱ δοῦλοι.
  σοὶ δὲ μελήσει,
  ὅταν ᾖ δεκάπουν τὸ στοιχεῖον, λιπαρὸν χωρεῖν ἐπὶ
  δεῖπνον.
Βλ. περὶ δ᾽ ἱματίων τίς πόρος ἔσται; καὶ γὰρ τοῦτ᾽ ἔστιν
  ἐρέσθαι.
Πρ. τὰ μὲν ὄνθ᾽ ὑμῖν πρῶτον ὑπάρξει, τὰ δὲ λοίφ᾽ ἡμεῖς
  ὑφανοῦμεν.
Βλ. ἓν ἔτι ζητῶ· πῶς ἤν τις ὄφλῃ παρὰ τοῖς ἄρχουσι
  δίκην τῳ,   655
  πόθεν ἐκτείσει ταύτην; οὐ γὰρ τῶν κοινῶν γ᾽ ἐστὶ
  δίκαιον.

643 μὴ αὐτὸν ἐκεῖνος Bergk : fort. μὴ αὐτὸν ἐκεῖνος   648 γ᾽ ἂν]
τἂν Lenting   652 λιπαρὸν Β : λιπαρῶς R Γ : λιπαρῷ Bentl.
656 τῶν κοινῶν γ᾽ ἐστὶ ¦ δὴ ᾽κ τῶν κοινῶν γε Cobet

ΑΡΙΣΤΟΦΑΝΟΥΣ

Πρ. ἀλλ' οὐδὲ δίκαι πρῶτον ἔσονται.   Βλ.   τουτὶ τοὔπος
    σ' ἐπιτρίψει.

Πρ. κἀγὼ ταύτην γνώμην ἐθέμην· τοῦ γὰρ τάλαν οὕνεκ'
    ἔσονται;

Βλ. πολλῶν οὕνεκα νὴ τὸν Ἀπόλλω· πρῶτον δ' ἑνὸς οὕνεκα
    δήπου,

ἤν τις ὀφείλων ἐξαρνῆται.   Πρ.   πόθεν οὖν ἐδάνεισ'
    ὁ δανείσας   660

ἐν τῷ κοινῷ πάντων ὄντων; κλέπτων δήπου 'στ' ἐπίδηλος.

Βλ. νὴ τὴν Δήμητρ' εὖ γε διδάσκεις.   τουτὶ τοίνυν φρασάτω
    μοι,

τῆς αἰκείας οἱ τύπτοντες πόθεν ἐκτείσουσιν, ἐπειδὰν

εὐωχηθέντες ὑβρίζωσιν; τοῦτο γὰρ οἶμαί σ' ἀπορήσειν.

Πρ. ἀπὸ τῆς μάζης ἧς σιτεῖται· ταύτης γὰρ ὅταν τις
    ἀφαιρῇ,   665

οὐχ ὑβριεῖται φαύλως οὕτως αὖθις τῇ γαστρὶ κολασθείς.

Βλ. οὐδ' αὖ κλέπτης οὐδεὶς ἔσται;   Πρ.   πῶς γὰρ κλέψει
    μετὸν αὐτῷ;

Βλ. οὐδ' ἀποδύσουσ' ἄρα τῶν νυκτῶν;   Πρ.   οὐκ ἢν οἴκοι
    γε καθεύδῃς,

οὐδ' ἤν γε θύραζ' ὥσπερ πρότερον· βίοτος γὰρ πᾶσιν
    ὑπάρξει.

ἢν δ' ἀποδύῃ γ', αὐτὸς δώσει.   τί γὰρ αὐτῷ πρᾶγμα
    μάχεσθαι;   670

ἕτερον γὰρ ἰὼν ἐκ τοῦ κοινοῦ κρεῖττον ἐκείνου κομιεῖται.

Βλ. οὐδὲ κυβεύσουσ' ἆρ' ἄνθρωποι;   Πρ.   περὶ τοῦ γὰρ
    τοῦτο ποιήσει;

Βλ. τὴν δὲ δίαιταν τίνα ποιήσεις;   Πρ.   κοινὴν πᾶσιν.

τὸ γὰρ ἄστυ

μίαν οἴκησίν φημι ποιήσειν συρρήξασ' εἰς ἓν ἅπαντα,

657 τοὔπος σ' Mein.: τ' οὖπος R: ποσσ' Γ: πάλιν B : πόσους Ald. :
γε πόσους Bentl.   658 ταύτην] ταύτῃ Toup   665 ταύτης
R : ταύτην Β Γ Ald.   663 τὴν αἰκείας Dobr.   667 κλέψει
Brunck : κλέψαι codd.

190

ὥστε βαδίζειν ὡς ἀλλήλους.　　Βλ.　τὸ δὲ δεῖπνον
　　　ποῦ παραθήσεις;　　　　　　　　　　675
Πρ. τὰ δικαστήρια καὶ τὰς στοιὰς ἀνδρῶνας πάντα ποιήσω.
Βλ. τὸ δὲ βῆμα τί σοι χρήσιμον ἔσται;　　Πρ. τοὺς
　　κρατῆρας καταθήσω
καὶ τὰς ὑδρίας, καὶ ῥαψῳδεῖν ἔσται τοῖς παιδαρίοισιν 678
τοὺς ἀνδρείους ἐν τῷ πολέμῳ, κεἴ τις δειλὸς γεγένηται,
ἵνα μὴ δειπνῶσ' αἰσχυνόμενοι.　　Βλ.　νὴ τὸν Ἀπόλλω
　　χάριέν γε.
τὰ δὲ κληρωτήρια ποῖ τρέψεις;　　Πρ.　εἰς τὴν ἀγορὰν
　　καταθήσω·
κᾆτα στήσασα παρ' Ἁρμοδίῳ κληρώσω πάντας, ἕως ἂν
εἰδὼς ὁ λαχὼν ἀπίῃ χαίρων ἐν ὁποίῳ γράμματι δειπνεῖ·
καὶ κηρύξει τοὺς ἐκ τοῦ βῆτ' ἐπὶ τὴν στοιὰν ἀκολουθεῖν
τὴν βασίλειον δειπνήσοντας· τὸ δὲ θῆτ' ἐς τὴν παρὰ
　　ταύτην,　　　　　　　　　　　　685
τοὺς δ' ἐκ τοῦ κάππ' ἐς τὴν στοιὰν χωρεῖν τὴν ἀλφιτό-
　　πωλιν.
Βλ. ἵνα κάπτωσιν;　　Πρ.　μὰ Δί' ἀλλ' ἵν' ἐκεῖ δειπνῶσιν.
Βλ.　ὅτῳ δὲ τὸ γράμμα
μὴ 'ξελκυσθῇ καθ' ὃ δειπνήσει, τούτους ἀπελῶσιν
　　ἅπαντες.
Πρ.　ἀλλ' οὐκ ἔσται τοῦτο παρ' ἡμῖν·
πᾶσι γὰρ ἄφθονα πάντα παρέξομεν,　　　　　690
ὥστε μεθυσθεὶς αὐτῷ στεφάνῳ
πᾶς τις ἄπεισιν τὴν δᾷδα λαβών.
αἱ δὲ γυναῖκες κατὰ τὰς διόδους
προσπίπτουσαι τοῖς ἀπὸ δείπνου
τάδε λέξουσιν· 'δεῦρο παρ' ἡμᾶς·　　　　　695
ἐνθάδε μεῖράξ ἐσθ' ὡραία.'
　　'παρ' ἐμοὶ δ' ἑτέρα'

675 ὡς Γ Ald. : εἰς R B　　685 τοὺς δ' ἐκ τοῦ θῆτα παρ' αὐτὴν Β :
τὸ δὲ θῆτ' ἐστι παρ' αὐτὴν Γ　　688 ἅπαντας Ald.

φήσει τις ἄνωθ' ἐξ ὑπερῴου,
'καὶ καλλίστη καὶ λευκοτάτη·
πρότερον μέντοι δεῖ σε καθεύδειν 700
αὐτῆς παρ' ἐμοί.'
τοῖς εὐπρεπέσιν δ' ἀκολουθοῦντες
καὶ μειρακίοις οἱ φαυλότεροι
τοιάδ' ἐροῦσιν· 'ποῖ θεῖς οὗτος;
πάντως οὐδὲν δράσεις ἐλθών·
τοῖς γὰρ σιμοῖς καὶ τοῖς αἰσχροῖς 705
ἐψήφισται προτέροις βινεῖν,
ὑμᾶς δὲ τέως θρῖα λαβόντας
διφόρου συκῆς
ἐν τοῖς προθύροισι δέφεσθαι.'
φέρε νυν φράσον μοι, ταῦτ' ἀρέσκει σφῷν;   Βλ.   πάνυ.
Πρ. βαδιστέον τἄρ' ἐστὶν εἰς ἀγορὰν ἐμοί, 711
ἵν' ἀποδέχωμαι τὰ προσιόντα χρήματα,
λαβοῦσα κηρύκαιναν εὔφωνόν τινα.
ἐμὲ γὰρ ἀνάγκη ταῦτα δρᾶν ᾑρημένην
ἄρχειν, καταστῆσαί τε τὰ ξυσσίτια, 715
ὅπως ἂν εὐωχῆσθε πρῶτον τήμερον.
Βλ. ἤδη γὰρ εὐωχησόμεσθα;   Πρ.   φήμ' ἐγώ.
ἔπειτα τὰς πόρνας καταπαῦσαι βούλομαι
ἁπαξαπάσας.   Βλ.   ἵνα τί;   Πρ.   δῆλον τουτογί·
ἵνα τῶν νέων ἔχωσιν αὗται τὰς ἀκμάς. 720
καὶ τάς γε δούλας οὐχὶ δεῖ κοσμουμένας
τὴν τῶν ἐλευθέρων ὑφαρπάζειν Κύπριν,
ἀλλὰ παρὰ τοῖς δούλοισι κοιμᾶσθαι μόνον
κατωνάκην τὸν χοῖρον ἀποτετιλμένας.
Βλ. φέρε νυν ἐγώ σοι παρακολουθῶ πλησίον, 725
ἵν' ἀποβλέπωμαι καὶ λέγωσί μοι ταδί,
τὸν τῆς στρατηγοῦ τοῦτον οὐ θαυμάζετε;

---

702 τοῖς δ' εὐπρεπέσιν codd. : corr. Bentl.   719 τουτογί Bentl. :
τουτοτί codd.   724 κατωνάκη codd. : corr. Bentl.   727 post
h. v. lacunam indicat Dind.

ΕΚΚΛΗΣΙΑΖΟΥΣΑΙ

ΑΝΗΡ Α

ἐγὼ δ᾽ ἵν᾽ εἰς ἀγοράν γε τὰ σκεύη φέρω,
προχειριοῦμαι κἀξετάσω τὴν οὐσίαν.

ΧΟΡΟΥ

Αν.ᵃ χώρει σὺ δεῦρο κιναχύρα καλὴ καλῶς   730
τῶν χρημάτων θύραζε πρώτη τῶν ἐμῶν,
ὅπως ἂν ἐντετριμμένη κανηφορῇς,
πολλοὺς κάτω δὴ θυλάκους στρέψασ᾽ ἐμούς.
ποῦ ᾽σθ᾽ ἡ διφροφόρος; ἡ χύτρα δεῦρ᾽ ἔξιθι,
νὴ Δία μέλαινά γ᾽, οὐδ᾽ ἂν εἰ τὸ φάρμακον   735
ἕψουσ᾽ ἔτυχες ᾧ Λυσικράτης μελαίνεται.
ἴστω παρ᾽ αὐτήν, δεῦρ᾽ ἴθ᾽, ἡ κομμώτρια.
φέρε δεῦρο ταύτην τὴν ὑδρίαν ὑδριαφόρε
ἐνταῦθα.   σὺ δὲ δεῦρ᾽ ἡ κιθαρῳδὸς ἔξιθι,
πολλάκις ἀναστήσασά μ᾽ εἰς ἐκκλησίαν   740
ἀωρὶ νυκτῶν διὰ τὸν ὄρθριον νόμον.
ὁ τὴν σκάφην λαβὼν προΐτω· τὰ κηρία
κόμιζε, τοὺς θαλλοὺς καθίστη πλησίον,
καὶ τὼ τρίποδ᾽ ἐξένεγκε καὶ τὴν λήκυθον.
τὰ χυτρίδι᾽ ἤδη καὶ τὸν ὄχλον ἀφίετε.   745

ΑΝΗΡ Β

ἐγὼ καταθήσω τἀμά; κακοδαίμων ἄρα
ἀνὴρ ἔσομαι καὶ νοῦν ὀλίγον κεκτημένος.
μὰ τὸν Ποσειδῶ γ᾽ οὐδέποτ᾽, ἀλλὰ βασανιῶ
πρώτιστον αὐτὰ πολλάκις καὶ σκέψομαι.
οὐ γὰρ τὸν ἐμὸν ἱδρῶτα καὶ φειδωλίαν   750
οὐδὲν πρὸς ἔπος οὕτως ἀνοήτως ἐκβαλῶ,
πρὶν ⟨ἂν⟩ ἐκπύθωμαι πᾶν τὸ πρᾶγμ᾽ ὅπως ἔχει.
οὗτος τί τὰ σκευάρια ταυτὶ βούλεται;

---

729 ἐξετῶ Cobet   post h. v. Χοροῦ add. R unus, quod post v. 727
transponit Dind.   733 τρέψασ᾽ Cobet   735 οὐδ᾽] ὡς Halbertsma
741 νύκτωρ R Suid.   742 λαχὼν Mein.   744 τὼ] τὸν B
746 ΑΝΗΡ Β Dind. : ἄλλος φειδωλὸς R² Γ: ἀνὴρ Ald.: om. R¹ B
748 Ποσειδῶ οὐδέποτέ γ᾽ Pors.   752 ἂν add. Pors.

193

ΑΡΙΣΤΟΦΑΝΟΥΣ

πότερον μετοικιζόμενος ἐξενήνοχας
αὔτ᾽ ἢ φέρεις ἐνέχυρα θήσων;   Αν.ᵃ οὐδαμῶς.
Αν.ᵝ τί δῆτ᾽ ἐπὶ στοίχου 'στὶν οὕτως; οὔτι μὴ   756
Ἱέρωνι τῷ κήρυκι πομπὴν πέμπετε;
Αν.ˣ μὰ Δί᾽ ἀλλ᾽ ἀποφέρειν αὐτὰ μέλλω τῇ πόλει
ἐς τὴν ἀγορὰν κατὰ τοὺς δεδογμένους νόμους.
Αν.ᵝ μέλλεις ἀποφέρειν;   Αν.ᵃ πάνυ γε.   Αν.ᵝ κακο-
δαίμων ἄρ᾽ εἶ   760
νὴ τὸν Δία τὸν σωτῆρα.   Αν.ᵃ πῶς;   Αν.ᵝ πῶς;
ῥᾳδίως.
Αν.ᵃ τί δ᾽; οὐχὶ πειθαρχεῖν με τοῖς νόμοισι δεῖ;
Αν.ᵝ ποίοισιν ὦ δύστηνε;   Αν.ᵃ τοῖς δεδογμένοις.
Αν.ᵝ δεδογμένοισιν; ὡς ἀνόητος ἦσθ᾽ ἄρα.
Αν.ᵃ ἀνόητος;   Αν.ᵝ οὐ γάρ; ἠλιθιώτατος μὲν οὖν   765
ἀπαξαπάντων.   Αν.ᵃ ὅτι τὸ ταττόμενον ποιῶ;
Αν.ᵝ τὸ ταττόμενον γὰρ δεῖ ποιεῖν τὸν σώφρονα;
Αν.ᵃ μάλιστα πάντων.   Αν.ᵝ τὸν μὲν οὖν ἀβέλτερον.
Αν.ᵃ σὺ δ᾽ οὐ καταθεῖναι διανοεῖ;   Αν.ᵝ φυλάξομαι,
πρὶν ἄν γ᾽ ἴδω τὸ πλῆθος ὅ τι βουλεύεται.   770
Αν.ᵃ τί γὰρ ἄλλο γ᾽ ἢ φέρειν παρεσκευασμένοι
τὰ χρήματ᾽ εἰσίν;   Αν.ᵝ ἀλλ᾽ ἰδὼν ἐπειθόμην.
Αν.ᵃ λέγουσι γοῦν ἐν ταῖς ὁδοῖς.   Αν.ᵝ λέξουσι γάρ.
Αν.ᵃ καί φασιν οἴσειν ἀράμενοι.   Αν.ᵝ φήσουσι γάρ.
Αν.ᵃ ἀπολεῖς ἀπιστῶν πάντ᾽.   Αν.ᵝ ἀπιστήσουσι γάρ.
Αν.ᵃ ὁ Ζεύς σέ γ᾽ ἐπιτρίψειεν.   Αν.ᵝ ἐπιτρίψουσι γάρ.
οἴσειν δοκεῖς τιν᾽ ὅστις αὐτῶν νοῦν ἔχει;   777
οὐ γὰρ πάτριον τοῦτ᾽ ἐστίν, ἀλλὰ λαμβάνειν
ἡμᾶς μόνον δεῖ νὴ Δία· καὶ γὰρ οἱ θεοί·
γνώσει δ᾽ ἀπὸ τῶν χειρῶν γε τῶν ἀγαλμάτων·   780
ὅταν γὰρ εὐχώμεσθα διδόναι τἀγαθά,
ἕστηκεν ἐκτείνοντα τὴν χεῖρ᾽ ὑπτίαν

756 οὔτι που Brunck   757 πομπὴ πέμπεται Ald.   772 ἐπειθόμην]
ἂν ἐπιθόμην Brunck   773 λέξουσι Ald.: λέγουσι codd.   775 πάντ᾽]
σύ γε Ε: om. Γ   780 γε Reiske : τε codd.

οὐχ ὥς τι δώσοντ᾽ ἀλλ᾽ ὅπως τι λήψεται.
Αν. ὦ δαιμόνι᾽ ἀνδρῶν ἔα με τῶν προὔργου τι δρᾶν.
ταυτὶ γάρ ἐστι συνδετέα. ποῦ μοῦσθ᾽ ἱμάς;   785
Αν. ὄντως γὰρ οἴσεις; Αν. ναὶ μὰ Δία, καὶ δὴ μὲν οὖν
τωδὶ ξυνάπτω τὼ τρίποδε. Αν. τῆς μωρίας,
τὸ μηδὲ περιμείναντα τοὺς ἄλλους ὅ τι
δράσουσιν εἶτα τηνικαῦτ᾽ ἤδη— Αν. τί δρᾶν;
Αν. ἐπαναμένειν, ἔπειτα διατρίβειν ἔτι.   790
Αν. ἵνα δὴ τί; Αν. σεισμὸς εἰ γένοιτο πολλάκις
ἢ πῦρ ἀπότροπον, ἢ διᾴξειεν γαλῆ,
παύσαιντ᾽ ἂν ἐσφέροντες ὠμβρόντητε σύ.
Αν. χαρίεντα γοῦν πάθοιμ᾽ ἄν, εἰ μὴ ᾽χοιμ᾽ ὅποι   794
ταῦτα καταθείμην. Αν. μὴ γὰρ οὐ λάβῃς ὅποι·
θάρρει, καταθήσεις, κἂν ἕνης ἔλθῃς. Αν. τιή;
Αν. ἐγᾦδα τούτους χειροτονοῦντας μὲν ταχύ,
ἅττ᾽ ἂν δὲ δόξῃ ταῦτα πάλιν ἀρνουμένους.
Αν. οἴσουσιν ὦ τᾶν. Αν. ἢν δὲ μὴ κομίσωσι, τί;
Αν. ἀμέλει κομιοῦσιν. Αν. ἢν δὲ μὴ κομίσωσι, τί; 800
Αν. μαχούμεθ᾽ αὐτοῖς. Αν. ἢν δὲ κρείττους ὦσι, τί;
Αν. ἄπειμ᾽ ἐάσας. Αν. ἢν δὲ πωλῶσ᾽ αὐτά, τί;
Αν. διαρραγείης. Αν. ἢν διαρραγῶ δέ, τί;
Αν. καλῶς ποιήσεις. Αν. σὺ δ᾽ ἐπιθυμήσεις φέρειν;
Αν. ἔγωγε· καὶ γὰρ τοὺς ἐμαυτοῦ γείτονας   805
ὁρῶ φέροντας. Αν. πάνυ γ᾽ ἂν οὖν Ἀντισθένης
αὔτ᾽ εἰσενέγκοι· πολὺ γὰρ ἐμμελέστερον
πρότερον χέσαι πλεῖν ἢ τριάκονθ᾽ ἡμέρας.
Αν. οἴμωζε. Αν. Καλλίμαχος δ᾽ ὁ χοροδιδάσκαλος
αὐτοῖσιν εἰσοίσει τι; Αν. πλείω Καλλίου.   810
Αν. ἄνθρωπος οὗτος ἀποβαλεῖ τὴν οὐσίαν.
Αν. δεινά γε λέγεις. Αν. τί δεινόν; ὥσπερ οὐχ ὁρῶν

790 Αν. ἔπειτα; Αν. διατρίβειν ἔτι Mein.   795 καταθείην
Brunck   λάβοις codd. : corr. Heindorf   797 ταχύ] ταχεῖς
Β Γ Ald.   799 κομίσωσι] ᾽νέγκωσι Elmsl.   802 ἄπει μ᾽ ἐάσας;
Tyrwhitt   807 αὐτοῖς ἐνέγκοι Mein.

1) s. διᾴσσω (schnell) daherrennen

vgl. Theophrast A k. 3

ΑΡΙΣΤΟΦΑΝΟΥΣ

ἀεὶ τοιαῦτα γιγνόμενα ψηφίσματα.

οὐκ οἶσθ᾽ ἐκεῖν᾽ οὔδοξε τὸ περὶ τῶν ἁλῶν;

Αν.ᵃ ἔγωγε.   Αν.ᵝ τοὺς χαλκοῦς δ᾽ ἐκείνους ἡνίκα   815
ἐψηφισάμεθ᾽, οὐκ οἶσθα;   Αν.ᵃ καὶ κακόν γέ μοι
τὸ κόμμ᾽ ἐγένετ᾽ ἐκεῖνο.   πωλῶν γὰρ βότρυς
μεστὴν ἀπῆρα τὴν γνάθον χαλκῶν ἔχων,
κᾆπειτ᾽ ἐχώρουν εἰς ἀγορὰν ἐπ᾽ ἄλφιτα.
ἔπειθ᾽ ὑπέχοντος ἄρτι μου τὸν θύλακον,   820
ἀνέκραγ᾽ ὁ κῆρυξ μὴ δέχεσθαι μηδένα
χαλκοῦν τὸ λοιπόν· ʽἀργύρῳ γὰρ χρώμεθα.᾽

Αν.ᵝ τὸ δ᾽ ἔναγχος οὐχ ἅπαντες ἡμεῖς ὤμνυμεν
τάλαντ᾽ ἔσεσθαι πεντακόσια τῇ πόλει
τῆς τετταρακοστῆς, ἣν ἐπόρισ᾽ Εὐριπίδης;   825
κεὐθὺς κατεχρύσου πᾶς ἀνὴρ Εὐριπίδην·
ὅτε δὴ δ᾽ ἀνασκοπουμένοις ἐφαίνετο
ὁ Διὸς Κόρινθος καὶ τὸ πρᾶγμ᾽ οὐκ ἤρκεσεν,
πάλιν κατεπίττου πᾶς ἀνὴρ Εὐριπίδην.

Αν.ᵃ οὐ ταὐτὸν ὦ τᾶν. τότε μὲν ἡμεῖς ἤρχομεν,   830
νῦν δ᾽ αἱ γυναῖκες.   Αν.ᵝ ἃς ἐγὼ φυλάξομαι
νὴ τὸν Ποσειδῶ μὴ κατουρήσωσί μου.

Αν.ᵃ οὐκ οἶδ᾽ ὅ τι ληρεῖς.   φέρε σὺ τἀνάφορον ὁ παῖς.

ΚΗΡΥΚΑΙΝΑ

ὦ πάντες ἀστοί, νῦν γὰρ οὕτω ταῦτ᾽ ἔχει,
χωρεῖτ᾽ ἐπείγεσθ᾽ εὐθὺ τῆς στρατηγίδος,   835
ὅπως ἂν ὑμῖν ἡ τύχη κληρουμένοις
φράσῃ καθ᾽ ἕκαστον ἄνδρ᾽ ὅποι δειπνήσετε·
ὡς αἱ τράπεζαί γ᾽ εἰσὶν ἐπινενησμέναι
ἀγαθῶν ἁπάντων καὶ παρεσκευασμέναι,
κλῖναί τε σισυρῶν καὶ δαπίδων †νενασμέναι†,   840
κρατῆρα συγκιρνᾶσιν, αἱ μυροπώλιδες

822 χαλκὸν Pollux   826 κεὐθὺς Kuster : καὺθὺς codd.
836 ἡμῖν codd : corr. Faber   837 ὅπου B   838 ἐπινενασμέναι
codd. : corr. Brunck : ἐπινενημέναι Wecklein   840 νεναγμένα·
Dind. : σεσαγμέναι Mein.   841 κρατῆρας ἐγκιρνᾶσιν Dawes

ΕΚΚΛΗΣΙΑΖΟΥΣΑΙ

ἑστᾶσ' ἐφεξῆς, τὰ τεμάχη ῥιπίζεται,
λαγῷ ἀναπηγνύασι, πόπανα πέττεται,
στέφανοι πλέκονται, φρύγεται τραγήματα,
χύτρας ἔτνους ἕψουσιν αἱ νεώταται.   845
Σμοῖος δ' ἐν αὐταῖς ἱππικὴν στολὴν ἔχων
τὰ τῶν γυναικῶν διακαθαίρει τρύβλια.
Γέρων δὲ χωρεῖ χλανίδα καὶ κονίποδε
ἔχων, καχάζων μεθ' ἑτέρου νεανίου·
ἐμβὰς δὲ κεῖται καὶ τρίβων ἐρριμμένος.   850
πρὸς ταῦτα χωρεῖθ', ὡς ὁ τὴν μᾶζαν φέρων
ἕστηκεν· ἀλλὰ τὰς γνάθους διοίγνυτε.
Αν.ᵝ οὐκοῦν βαδιοῦμαι δῆτα.   τί γὰρ ἔστηκ' ἔχων
ἐνταῦθ', ἐπειδὴ ταῦτα τῇ πόλει δοκεῖ;
Αν.ᵃ καὶ ποῖ βαδιεῖ σὺ μὴ καταθεὶς τὴν οὐσίαν;   855
Αν.ᵝ ἐπὶ δεῖπνον.   Αν.ᵃ οὐ δῆτ', ἤν γ' ἐκείναις νοῦς ἐνῇ,
πρίν γ' ἂν ἀπενέγκῃς.   Αν.ᵝ ἀλλ' ἀποίσω.
              Αν.ᵃ πηνίκα;
Αν.ᵝ οὐ τοὐμὸν ὦ τᾶν ἐμποδὼν ἔσται.   Αν.ᵃ τί δή;
Αν.ᵝ ἑτέρους ἀποίσειν φήμ' ἔθ' ὑστέρους ἐμοῦ.
Αν.ᵃ βαδιεῖ δὲ δειπνήσων ὅμως;   Αν.ᵝ τί γὰρ πάθω; 860
τὰ δυνατὰ γὰρ δεῖ τῇ πόλει ξυλλαμβάνειν
τοὺς εὖ φρονοῦντας.   Αν.ᵃ ἢν δὲ κωλύσωσι, τί;
Αν.ᵝ ὁμόσ' εἶμι κύψας.   Αν.ᵃ ἢν δὲ μαστιγῶσι, τί;
Αν.ᵝ καλούμεθ' αὐτάς.   Αν.ᵃ ἢν δὲ καταγελῶσι, τί;
Αν.ᵝ ἐπὶ ταῖς θύραις ἑστώς—   Αν.ᵃ τί δράσεις; εἰπέ μοι.
Αν.ᵃ τῶν ἐσφερόντων ἁρπάσομαι τὰ σιτία.   866
Αν.ᵃ βάδιζε τοίνυν ὕστερος· σὺ δ' ὦ Σίκων
καὶ Παρμένων αἴρεσθε τὴν παμπησίαν.
Αν.ᵝ φέρε νυν ἐγώ σοι ξυμφέρω.   Αν.ᵃ μὴ μηδαμῶς.
δέδοικα γὰρ μὴ καὶ παρὰ τῇ στρατηγίδι,   870
ὅταν κατατιθῶ, προσποιῇ τῶν χρημάτων.

843 πόπανα] λάγανα Athenaeus   848 κονίποδα codd. : corr.
Dind.   857 πρίν γ' ἂν Β : πρίν γ' vulg. : πρὶν ἄν γ' Pors.
862 κωλύωσι Herwerden   867 Σίκων] σίμων Β

ΑΡΙΣΤΟΦΑΝΟΥΣ

Αν.^β νὴ τὸν Δία δεῖ γοῦν μηχανήματός τινος,
ὅπως τὰ μὲν ὄντα χρήμαθ' ἔξω, τοισδεδὶ
τῶν ματτομένων κοινῇ μεθέξω πως ἐγώ.
ὀρθῶς ἔμοιγε φαίνεται· βαδιστέον   875
ὁμόσ' ἐστὶ δειπνήσοντα κοὐ μελλητέον.

ΧΟΡΟΥ

ΓΡΑΥΣ Α

τί ποθ' ἄνδρες οὐχ ἥκουσιν; ὥρα δ' ἦν πάλαι·
ἐγὼ δὲ καταπεπλασμένη ψιμυθίῳ
ἔστηκα καὶ κροκωτὸν ἠμφιεσμένη
ἀργός, μινυρομένη τι πρὸς ἐμαυτὴν μέλος,   880
παίζουσα.   πῶς ἂν περιλάβοιμ' αὐτῶν τινὰ
παριόντα; Μοῦσαι δεῦρ' ἴτ' ἐπὶ τοὐμὸν στόμα,
μελύδριον εὑροῦσαί τι τῶν Ἰωνικῶν.

ΝΕΑΝΙΣ

νῦν μέν με παρακύψασα προὔφθης ὦ σαπρά.
ᾤου δ' ἐρήμας οὐ παρούσης ἐνθάδε   885
ἐμοῦ τρυγήσειν καὶ προσάξεσθαί τινα
ᾄδουσ'· ἐγὼ δ' ἢν τοῦτο δρᾷς ἀντᾴσομαι.
κεἰ γὰρ δι' ὄχλου τοῦτ' ἐστὶ τοῖς θεωμένοις,
ὅμως ἔχει τερπνόν τι καὶ κωμῳδικόν.

Γρ.^α τούτῳ διαλέγου κἀποχώρησον· σὺ δὲ   890
φιλοττάριον αὐλητὰ τοὺς αὐλοὺς λαβὼν
ἄξιον ἐμοῦ καὶ σοῦ προσαύλησον μέλος.

εἴ τις ἀγαθὸν βούλεται πα-
θεῖν τι, παρ' ἐμοὶ χρὴ καθεύδειν.
οὐ γὰρ ἐν νέαις τὸ σοφὸν ἔν-   895
εστιν ἀλλ' ἐν ταῖς πεπείραις·
οὐδέ τις στέργειν ἂν ἐθέλοι μᾶλλον ἢ 'γὼ

---

873 τοισδεδὶ Bergk : τοῖσδέ γε codd.   876 χοροῦ R : om. Β Γ
877 ἥξουσιν codd. : corr. Brunck   881 παίζουσα.   πῶς Dobr.:
παίζουσ' ὅπως R Ald. : παίζουσ' ὅμως Β Γ   περιβάλοιμ' Dobr.
890 τούτῳ] τύμβῳ Mein.   896 πεπείροις Ald. Suid.   897 τις Β :
τοι vulg.

τὸν φίλον ᾧπερ ξυνείην,
ἀλλ' ἐφ' ἕτερον ἂν πέτοιτο.

Νε⟨ι⟩. μὴ φθόνει ταῖσιν νέαισι.　　　　　　900
τὸ τρυφερὸν γὰρ ἐμπέφυκε
τοῖς ἁπαλοῖσι μηροῖς
κἀπὶ τοῖς μήλοις ἐπανθεῖ· σὺ δ' ὦ γραῦ,
παραλέλεξαι κἀντέτριψαι,
τῷ θανάτῳ μέλημα.　　　　　　905

Γρ.ᵃ ἐκπέσοι σου τὸ τρῆμα
τό τ' ἐπίκλιντρον ἀποβάλοιο
βουλομένη σποδεῖσθαι,
κἀπὶ τῆς κλίνης ὄφιν εὕροις
καὶ προσελκύσαιο . . .
βουλομένη φιλῆσαι.　　　　　　91c

Νε⟨ι⟩. αἰαῖ τί ποτε πείσομαι;
οὐχ ἥκει μοὐταῖρος·
μόνη δ' αὐτοῦ λείπομ'· ἡ
γάρ μοι μήτηρ ἄλλη
βέβηκε· †καὶ τἄλλ' οὐδὲν μετὰ ταῦτα δεῖ λέγειν†.
ἀλλ' ὦ μαῖ' ἱκετεύομαι, κά-　　　　　　915
λει τὸν Ὀρθαγόραν, ὅπως
σαυτῆς κατόναι', ἀντιβολῶ σε.

Γρ.ᵃ ἤδη τὸν ἀπ' Ἰωνίας
τρόπον τάλαινα κνησιᾷς·

·　·　·　·　·
·　·　·　·　·

δοκεῖς δέ μοι καὶ λάβδα κατὰ τοὺς Λεσβίους.　　920

900–905 = 906–911
911–917 = 918–923

898 ᾧπερ] ὅτῳπερ Dobr.　　900 ταῖσιν⟩ ταῖς Herm.　　904 fort.
omittendum κἀντέτριψαι　　907 ἀποβάλοις codd. : corr. Bothe
909 post ὄφιν add. ψυχρὸν Bergk　　post προσελκύσαιο add. σαυτῇ
Blaydes　　914 μετά] με Ald.　　δεῖ λέγειν om. Β Γ　　915 ἱκε-
τεύομεν Herm.　　917 σαυτῆς ἂν κατόναι' Herm.

ἀλλ' οὐκ ἄν ποθ' ὑφαρπάσαιο
τἀμὰ παίγνια· τὴν δ' ἐμὴν
ὥραν οὐκ ἀπολεῖς οὐδ' ἀπολήψει.

Νε. ᾆδ' ὁπόσα βούλει καὶ παράκυφθ' ὥσπερ γαλῆ·
οὐδεὶς γὰρ ὡς σὲ πρότερον εἴσεισ' ἀντ' ἐμοῦ.   925
Γρ. οὔκουν ἐπ' ἐκφοράν γε.   Νε. καινόν γ' ὦ σαπρά.
Γρ. οὐ δῆτα.   Νε. τί γὰρ ἂν γραῖ καινά τις λέγοι;
Γρ. οὐ τοὐμὸν ὀδυνήσει σε γῆρας.   Νε. ἀλλὰ τί;
ἤγχουσα μᾶλλον καὶ τὸ σὸν ψιμύθιον;
Γρ. τί μοι διαλέγει;   Νε. σὺ δὲ τί διακύπτεις;   Γρ. ἐγώ;
ᾄδω πρὸς ἐμαυτὴν Ἐπιγένει τὠμῷ φίλῳ.   931
Νε. σοὶ γὰρ φίλος τίς ἐστιν ἄλλος ἢ Γέρης;
Γρ. δείξει γε καὶ σοί. τάχα γὰρ εἶσιν ὡς ἐμέ.
Νε. ὁδὶ γὰρ αὐτός ἐστιν.   Γρ. οὐ σοῦ γ' ὤλεθρε
δεόμενος οὐδέν.   Νε. νὴ Δί' ὦ φθίνυλλα σὺ   935
δείξει τάχ' αὐτός, ὡς ἔγωγ' ἀπέρχομαι.
Γρ. κἄγωγ', ἵνα γνῷς ὡς πολύ σου μεῖζον φρονῶ.

ΝΕΑΝΙΑΣ
εἴθ' ἐξῆν παρὰ τῇ νέᾳ καθεύδειν,
καὶ μὴ 'δει πρότερον διασποδῆσαι
ἀνάσιμον ἢ πρεσβυτέραν·   940
οὐ γὰρ ἀνασχετὸν τοῦτό γ' ἐλευθέρῳ.

Γρ. οἰμώζων ἄρα νὴ Δία σποδήσεις.
οὐ γὰρ τἀπὶ Χαριξένης τάδ' ἐστίν.
κατὰ τὸν νόμον ταῦτα ποιεῖν
ἔστι δίκαιον, εἰ δημοκρατούμεθα.   945

ἀλλ' εἶμι τηρήσουσ' ὅ τι καὶ δράσει ποτέ.
Νε. εἴθ' ὦ θεοὶ λάβοιμι τὴν καλὴν μόνην,

938-941 = 942-945

921 ὑφαρπάσαις Scaliger   923 ἀπολάψει Dind.   927-9 fortasse
Νε. τί γὰρ ἂν . . . γῆρας.   Γρ. ἀλλὰ τί; Νε. ἤγχουσα . . .   933 δείξει
Aid. : δόξει codd.   937 μεῖζον] μᾶλλον Mein.   939 μὴ 'δει
Elmsl. : μηδὲν codd.   940 πρεσβύτερον codd.: corr. Bothe
946 δράσει Brunck : δράσεις R Ald. : δράσοι Β Γ

ΕΚΚΛΗΣΙΑΖΟΥΣΑΙ

ἐφ' ἣν πεπωκὼς ἔρχομαι πάλαι ποθῶν.
Νε͂. ἐξηπάτησα τὸ κατάρατον γρᾴδιον·
φρούδη γάρ ἐστιν οἰομένη μ' ἔνδον μένειν.　　　　950
ἀλλ' οὑτοσὶ γὰρ αὐτὸς οὗ 'μεμνήμεθα.

δεῦρο δὴ δεῦρο δή,
φίλον ἐμόν, δεῦρό μοι
πρόσελθε καὶ ξύνευνος
τὴν εὐφρόνην ὅπως ἔσει.
πάνυ γάρ τις ἔρως με δονεῖ
τῶνδε τῶν σῶν βοστρύχων.　　　　955
ἄτοπος δ' ἔγκειταί μοί τις
πόθος, ὅς με διακναίσας ἔχει.
μέθες, ἱκνοῦμαί σ' Ἔρως,
καὶ ποίησον τόνδ' ἐς εὐνὴν
τὴν ἐμὴν ἱκέσθαι.

Νε͂ᵃˢ.　δεῦρο δὴ δεῦρο δή,　　　　960
καὶ σύ μοι καταδραμοῦ-
σα τὴν θύραν ἄνοιξον
τήνδ'· εἰ δὲ μή, καταπεσὼν κείσομαι.
φίλον, ἀλλ' ἐν τῷ σῷ
βούλομαι κόλπῳ πληκτίζεσθαι
μετὰ τῆς σῆς πυγῆς.　　　　965
Κύπρι τί μ' ἐκμαίνεις ἐπὶ ταύτῃ;
μέθες, ἱκνοῦμαί σ' Ἔρως,
καὶ ποίησον τήνδ' ἐς εὐνὴν
τὴν ἐμὴν ἱκέσθαι.

Νε͂. καὶ ταῦτα μέντοι μετρίως πρὸς τὴν ἐμὴν ἀνάγκην
εἰρημέν' ἐστίν.　σὺ δέ μοι, φίλτατον, ὦ ἱκετεύω,　　970

952–959 = 960–968
969–972 = 973–976

948 πάλαι ποθῶν] ποθῶν πάλιν Β Γ　　　953 ξύνευνος Bothe: ξύνευ-
νός μοι codd.　　ὅπως] ἐμὸς ὅπως τήνδ' Blaydes

ἄνοιξον ἀσπάζου με·
διά τοι σὲ πόνους ἔχω.

Νε.ᵃˢ ὦ χρυσοδαίδαλτον ἐμὸν μέλημα, Κύπριδος ἔρνος,
μέλιττα Μούσης, Χαρίτων θρέμμα, Τρυφῆς πρόσωπον,
ἄνοιξον ἀσπάζου με·
διά τοι σὲ πόνους ἔχω.   975

Γρ.ᵃ οὗτος τί κόπτεις; μῶν ἐμὲ ζητεῖς;   Νε.ᵃˢ πόθεν;
Γρ.ᵃ καὶ τὴν θύραν γ᾽ ἤραττες.   Νε.ᵃˢ ἀποθάνοιμ᾽ ἄρα.
Γρ.ᵃ τοῦ δαὶ δεόμενος δᾷδ᾽ ἔχων ἐλήλυθας;
Νε.ᵃˢ Ἀναφλύστιον ζητῶν τιν᾽ ἄνθρωπον.   Γρ.ᵃ τίνα;
Νε.ᵃˢ οὐ τὸν Σεβῖνον, ὃν σὺ προσδοκᾷς ἴσως.   980
Γρ.ᵃ νὴ τὴν Ἀφροδίτην, ἤν τε βούλῃ γ᾽ ἤν τε μή.
Νε.ᵃˢ ἀλλ᾽ οὐχὶ νυνὶ τὰς ὑπερεξηκοντέτεις
εἰσάγομεν, ἀλλ᾽ εἰσαῦθις ἀναβεβλήμεθα.
τὰς ἐντὸς εἴκοσιν γὰρ ἐκδικάζομεν.
Γρ.ᵃ ἐπὶ τῆς προτέρας ἀρχῆς γε ταῦτ᾽ ἦν ὦ γλύκων·   985
νυνὶ δὲ πρῶτον εἰσάγειν ἡμᾶς δοκεῖ.
Νε.ᵃˢ τῷ βουλομένῳ γε κατὰ τὸν ἐν πεττοῖς νόμον.
Γρ.ᵃ ἀλλ᾽ οὐδὲ δειπνεῖς κατὰ τὸν ἐν πεττοῖς νόμον.
Νε.ᵃˢ οὐκ οἶδ᾽ ὅ τι λέγεις· τηνδεδί μοι κρουστέον.
Γρ.ᵃ ὅταν γε κρούσῃς τὴν ἐμὴν πρῶτον θύραν.   990
Νε.ᵃˢ ἀλλ᾽ οὐχὶ νυνὶ κρησέραν αἰτούμεθα.
Γρ.ᵃ οἶδ᾽ ὅτι φιλοῦμαι· νῦν δὲ θαυμάζεις ὅτι
θύρασί μ᾽ ηὗρες· ἀλλὰ πρόσαγε τὸ στόμα.
Νε.ᵃˢ ἀλλ᾽ ὦ μέλ᾽ ὀρρωδῶ τὸν ἐραστήν σου.   Γρ.ᵃ τίνα;
Νε.ᵃˢ τὸν τῶν γραφέων ἄριστον.   Γρ.ᵃ οὗτος δ᾽ ἔστι τίς;
Νε.ᵃˢ ὃς τοῖς νεκροῖσι ζωγραφεῖ τὰς ληκύθους.   996
ἀλλ᾽ ἄπιθ᾽, ὅπως μή σ᾽ ἐπὶ θύραισιν ὄψεται.
Γρ.ᵃ οἶδ᾽ οἶδ᾽ ὅ τι βούλει.   Νε.ᵃˢ καὶ γὰρ ἐγώ σε νὴ Δία.
Γρ.ᵃ μὰ τὴν Ἀφροδίτην ἥ μ᾽ ἔλαχε κληρουμένη,

973 θρύμμα R Suid.   980 οὐ τὸν] αὐτὸν Β Γ Ald.   Σεβῖνον
Bentl. : σὲ βινοῦνθ᾽ R Ald. : σε κινοῦνθ᾽ Β Γ   985 τῆς πρότερον Β
987–8 πεττοῖς] παιτοῖς R Ald. et apud schol.

μὴ 'γώ σ' ἀφήσω.   Νε. παραφρονεῖς ὦ γρᾴδιον.

Γρ. ληρεῖς· ἐγὼ δ' ἄξω σ' ἐπὶ τἀμὰ στρώματα.   1001

Νε. τί δῆτα κρεάγρας τοῖς κάδοις ὠνούμεθα,
ἐξὸν καθέντα γρᾴδιον τοιουτονὶ
ἐκ τῶν φρεάτων τοὺς κάδους ξυλλαμβάνειν;

Γρ. μὴ σκῶπτέ μ' ὦ τάλαν ἀλλ' ἕπου δεῦρ' ὡς ἐμέ.   1005

Νε. ἀλλ' οὐκ ἀνάγκη μοὐστίν, εἰ μὴ τῶν ἐμῶν
τὴν πεντακοσιοστὴν κατέθηκας τῇ πόλει.

Γρ. νὴ τὴν Ἀφροδίτην δεῖ γε μέντοι ⟨σ'⟩. ὡς ἐγὼ
τοῖς τηλικούτοις ξυγκαθεύδουσ' ἥδομαι.

Νε. ἐγὼ δὲ ταῖς γε τηλικαύταις ἄχθομαι,   1010
κοὐκ ἂν πιθοίμην οὐδέποτ'.   Γρ. ἀλλὰ νὴ Δία
ἀναγκάσει τουτί σε.   Νε. τοῦτο δ' ἔστι τί;

Γρ. ψήφισμα, καθ' ὅ σε δεῖ βαδίζειν ὡς ἐμέ.

Νε. λέγ' αὐτὸ τί ποτε κἄστι.   Γρ. καὶ δή σοι λέγω.
ἔδοξε ταῖς γυναιξίν, ἢν ἀνὴρ νέος   1015
νέας ἐπιθυμῇ, μὴ σποδεῖν αὐτὴν πρὶν ἂν
τὴν γραῦν προκρούσῃ πρῶτον· ἢν δὲ μὴ 'θέλῃ
πρότερον προκρούειν ἀλλ' ἐπιθυμῇ τῆς νέας,
ταῖς πρεσβυτέραις γυναιξὶν ἔστω τὸν νέον
ἕλκειν ἀνατεὶ λαβομένας τοῦ παττάλου.   1020

Νε. οἴμοι Προκρούστης τήμερον γενήσομαι.

Γρ. τοῖς γὰρ νόμοις τοῖς ἡμετέροισι πειστέον.

Νε. τί δ' ἢν ἀφαιρῆταί μ' ἀνὴρ τῶν δημοτῶν
ἢ τῶν φίλων ἐλθών τις;   Γρ. ἀλλ' οὐ κύριος
ὑπὲρ μέδιμνόν ἐστ' ἀνὴρ οὐδεὶς ἔτι.   1025

Νε. ἐξωμοσία δ' οὐκ ἔστω;   Γρ. οὐ γὰρ δεῖ στροφῆς.

Νε. ἀλλ' ἔμπορος εἶναι σκήψομαι.   Γρ. κλάων γε σύ.

Νε. τί δῆτα χρὴ δρᾶν;   Γρ. δεῦρ' ἀκολουθεῖν ὡς ἐμέ.

Νε. καὶ ταῦτ' ἀνάγκη μοὐστί;   Γρ. Διομήδειά γε.

Νε. ὑποστόρεσαί νυν πρῶτα τῆς ὀριγάνου   1030

1002 ὠνούμεθα Cobet : ὠνοίμεθ' ἄν codd.   1005 τάλαν] τᾶν
Bentl.   1006 ἐμῶν] ἐτῶν Tyrwhitt   1008 σ' add. Reisig
1026 στροφῆς] στροφῶν B

ΑΡΙΣΤΟΦΑΝΟΥΣ

καὶ κλήμαθ᾽ ὑπόθου συγκλάσασα τέτταρα,
καὶ ταινίωσαι καὶ παράθου τὰς ληκύθους,
ὕδατός τε κατάθου τοὔστρακον πρὸ τῆς θύρας.

Γρ.ᵃ ἦ μὴν ἔτ᾽ ὠνήσει σὺ καὶ στεφάνην ἐμοί.

Νε.ᵃˢ νὴ τὸν Δί᾽ ἥνπερ ᾖ γέ που τῶν κηρίνων·   1035
οἶμαι γὰρ ἔνδον διαπεσεῖσθαί σ᾽ αὐτίκα.

Νε.ⁱˢ ποῖ τοῦτον ἕλκεις;   Γρ.ᵃ τὸν ἐμὸν αὐτῆς εἰσάγω.

Νε.ⁱˢ οὐ σωφρονοῦσά γ᾽· οὐ γὰρ ἡλικίαν ἔχει
παρὰ σοὶ καθεύδειν τηλικοῦτος ὤν, ἐπεὶ
μήτηρ ἂν αὐτῷ μᾶλλον εἴης ἢ γυνή.   1040
ὥστ᾽ εἰ καταστήσεσθε τοῦτον τὸν νόμον,
τὴν γῆν ἅπασαν Οἰδιπόδων ἐμπλήσετε.

Γρ.ᵃ ὦ παμβδελυρὰ φθονοῦσα τόνδε τὸν λόγον
ἐξηῦρες· ἀλλ᾽ ἐγώ σε τιμωρήσομαι.

Νε.ᵃˢ νὴ τὸν Δία τὸν σωτῆρα κεχάρισαί γέ μοι   1045
ὦ γλυκύτατον τὴν γραῦν ἀπαλλάξασά μου·
ὥστ᾽ ἀντὶ τούτων τῶν ἀγαθῶν εἰς ἑσπέραν
μεγάλην ἀποδώσω καὶ παχεῖάν σοι χάριν.

ΓΡΑΥΣ Β

αὕτη σὺ ποῖ τονδὶ παραβᾶσα τὸν νόμον
ἕλκεις, παρ᾽ ἐμοὶ τῶν γραμμάτων εἰρηκότων   1050
πρότερον καθεύδειν αὐτόν;   Νε.ᵃˢ οἴμοι δείλαιος.
πόθεν ἐξέκυψας ὦ κάκιστ᾽ ἀπολουμένη;
τοῦτο γὰρ ἐκείνου τὸ κακὸν ἐξωλέστερον.

Γρ.ᵝ βάδιζε δεῦρο.   Νε.ᵃˢ μηδαμῶς με περιίδῃς
ἑλκόμενον ὑπὸ τῆσδ᾽ ἀντιβολῶ σ᾽.   Γρ.ᵝ ἀλλ᾽ οὐκ ἐγώ,
ἀλλ᾽ ὁ νόμος ἕλκει σ᾽.   Νε.ᵃˢ οὐκ ἐμέ γ᾽, ἀλλ᾽ ἔμ-
πουσά τις   1056
ἐξ αἵματος φλύκταιναν ἠμφιεσμένη.

Γρ.ᵝ ἕπου μαλακίων δεῦρ᾽ ἀνύσας καὶ μὴ λάλει.

1035 κηρίνων R : κηρίων ΒΓ Ald. : κειρίων Bentl.   1037 τὸν
ἐμὸν αὐτῆς nos : τὸν ἐμαυτῆς codd. : εἰς ἐμαυτῆς Mein.   1043 λόγον
Faber : νόμον codd.   1049 τονδὶ παραβᾶσα Bothe : παραβᾶσα τόνδε
codd.

204

ΕΚΚΛΗΣΙΑΖΟΥΣΑΙ

Νε. ἴθι νυν ἔασον εἰς ἄφοδον πρώτιστά με
ἐλθόντα θαρρῆσαι πρὸς ἐμαυτόν· εἰ δὲ μή,   1060
αὐτοῦ τι δρῶντα πυρρὸν ὄψει μ' αὐτίκα
ὑπὸ τοῦ δέους.   Γρ. θάρρει, βάδιζ'· ἔνδον χεσεῖ.
Νε. δέδοικα κἀγὼ μὴ πλέον γ' ἢ βούλομαι.
ἀλλ' ἐγγυητάς σοι καταστήσω δύο
ἀξιόχρεως.   Γρ. μή μοι καθίστη.

ΓΡΑΥΣ Γ

                                                ποῖ σὺ ποῖ   1065
χωρεῖς μετὰ ταύτης;   Νε. οὐκ ἔγωγ', ἀλλ' ἕλκομαι.
ἀτὰρ ἥτις εἶ γε, πόλλ' ἀγαθὰ γένοιτό σοι,
ὅτι μ' οὐ περιεῖδες ἐπιτριβέντ'. ὦ Ἡράκλεις
ὦ Πᾶνες ὦ Κορύβαντες ὦ Διοσκόρω,
τοῦτ' αὖ πολὺ τούτου τὸ κακὸν ἐξωλέστερον.   1070
ἀτὰρ τί τὸ πρᾶγμ' ἔστ' ἀντιβολῶ τουτί ποτε;
πότερον πίθηκος ἀνάπλεως ψιμυθίου,
ἢ γραῦς ἀνεστηκυῖα παρὰ τῶν πλειόνων;
Γρ. μὴ σκῶπτέ μ' ἀλλὰ δεῦρ' ἕπου.   Γρ. δευρὶ μὲν οὖν.
Γρ. ὡς οὐκ ἀφήσω σ' οὐδέποτ'.   Γρ. οὐδὲ μὴν ἐγώ.
Νε. διασπάσεσθέ μ' ὦ κακῶς ἀπολούμεναι.   1076
Γρ. ἐμοὶ γὰρ ἀκολουθεῖν σ' ἔδει κατὰ τὸν νόμον.
Γρ. οὐκ ἦν ἑτέρα γε γραῦς ἔτ' αἰσχίων φανῇ.
Νε. ἢν οὖν ὑφ' ὑμῶν πρῶτον ἀπόλωμαι κακῶς,
φέρε πῶς ἐπ' ἐκείνην τὴν καλὴν ἀφίξομαι;   1080
Γρ. αὐτὸς σκόπει σύ· τάδε δέ σοι ποιητέον.
Νε. ποτέρας προτέρας οὖν κατελάσας ἀπαλλαγῶ;
Γρ. οὐκ οἶσθα; βαδιεῖ δεῦρ'.   Νε. ἀφέτω νύν μ' αὑτηί.
Γρ. δευρὶ μὲν οὖν ἴθ' ὡς ἔμ'.   Νε. ἢν ἡδί μ' ἀφῇ.
Γρ. ἀλλ' οὐκ ἀφήσω μὰ Δία σ'.   Γρ. οὐδὲ μὴν ἐγώ.
Νε. χαλεπαί γ' ἂν ἦστε γενόμεναι πορθμῆς.   Γρ. τιή;
Νε. ἕλκοντε τοὺς πλωτῆρας ἂν ἀπεκναίετε.   1087

1067 γε] σύ Cobet   1077 σ' ἔδει] σε δεῖ Cobet   1086 ἦστε]
ἦτε Suid.

ΑΡΙΣΤΟΦΑΝΟΥΣ

Γρ.^β σιγῇ βάδιζε δεῦρο.   Γρ.^γ μὰ Δί᾽ ἀλλ᾽ ὡς ἐμέ.

Νε.^{ας} τουτὶ τὸ πρᾶγμα κατὰ τὸ Καννωνοῦ σαφῶς
ψήφισμα, βινεῖν δεῖ με διαλελημμένον.   1090
πῶς οὖν δικωπεῖν ἀμφοτέρας δυνήσομαι;

Γρ.^β καλῶς, ἐπειδὰν καταφάγῃς βολβῶν χύτραν.

Νε.^{ας} οἴμοι κακοδαίμων ἐγγὺς ἤδη τῆς θύρας
ἑλκόμενός εἰμ᾽.   Γρ.^γ ἀλλ᾽ οὐδὲν ἔσται σοι πλέον.
ξυνεσπεσοῦμαι γὰρ μετὰ σοῦ.   Νε.^{ας} μὴ πρὸς θεῶν·
ἑνὶ γὰρ ξυνέχεσθαι κρεῖττον ἢ δυοῖν κακοῖν.   1096

Γρ.^γ νὴ τὴν Ἑκάτην ἐάν τε βούλῃ γ᾽ ἤν τε μή.

Νε.^{ας} ὦ τρισκακοδαίμων εἰ γυναῖκα δεῖ σαπρὰν
βινεῖν ὅλην τὴν νύκτα καὶ τὴν ἡμέραν,
κἄπειτ᾽ ἐπειδὰν τῆσδ᾽ ἀπαλλαγῶ, πάλιν   1100
φρύνην ἔχουσαν λήκυθον πρὸς ταῖς γνάθοις.
ἆρ᾽ οὐ κακοδαίμων εἰμί; βαρυδαίμων μὲν οὖν
νὴ τὸν Δία τὸν σωτῆρ᾽ ἀνὴρ καὶ δυστυχής,
ὅστις τοιούτοις θηρίοις συνείρξομαι.
ὅμως δ᾽ ἐάν τι πολλὰ πολλάκις πάθω   1105
ὑπὸ τοῖνδε τοῖν κασαλβάδοιν δεῦρ᾽ ἐσπλέων,
θάψαι μ᾽ ἐπ᾽ αὐτῷ τῷ στόματι τῆς ἐσβολῆς,
καὶ τήνδ᾽ ἄνωθεν ἐπιπολῆς τοῦ σήματος
ζῶσαν καταπιττώσαντες εἶτα τὼ πόδε
μολυβδοχοήσαντες κύκλῳ περὶ τὰ σφυρὰ   1110
ἄνω 'πιθεῖναι πρόφασιν ἀντὶ ληκύθου.

ΘΕΡΑΠΑΙΝΑ

ὦ μακάριος μὲν δῆμος, εὐδαίμων δ᾽ ἐγώ,
αὐτή τέ μοι δέσποινα μακαριωτάτη,
ὑμεῖς θ᾽ ὅσαι παρέστατ᾽ ἐπὶ ταῖσιν θύραις
οἱ γείτονές τε πάντες οἵ τε δημόται,   1115

1104 συνείρξομαι Brubachiana : συνείξομαι codd.   1105 ὅμως
ὑμεῖς Herwerden   1108 τήνδ᾽ Bergk : τὴν Β : τῶν R Γ Ald.
1109 καταπιττώσαντας codd. praeter Γ   1110 μολυβδοχοήσαντας
codd. : corr. Herwerden   τὼ σφυρὼ Blaydes   1112 δ᾽ ἐγώ δὲ
γῇ Dobr.   1114 θ᾽ Dind. : δ᾽ codd.   1115 οἵ τε δημόται
Brunck : οἱ τῶν δημοτῶν codd.

206

ἐγώ τε πρὸς τούτοισιν ἡ διάκονος,
ἥτις μεμύρισμαι τὴν κεφαλὴν μυρώμασιν,
ἀγαθοῖσιν ὦ Ζεῦ· πολὺ δ' ὑπερπέπαικεν αὖ
τούτων ἁπάντων τὰ Θάσι' ἀμφορείδια.
ἐν τῇ κεφαλῇ γὰρ ἐμμένει πολὺν χρόνον·   1120
τὰ δ' ἄλλ' ἀπανθήσαντα πάντ' ἀπέπτετο·
ὥστ' ἐστὶ πολὺ βέλτιστα, πολὺ δῆτ' ὦ θεοί.
κέρασον ἄκρατον, εὐφρανεῖ τὴν νύχθ' ὅλην
ἐκλεγομένας ὅ τι ἂν μάλιστ' ὀσμὴν ἔχῃ.
ἀλλ' ὦ γυναῖκες φράσατέ μοι τὸν δεσπότην,   1125
τὸν ἄνδρ', ὅπου 'στί, τῆς ἐμῆς κεκτημένης.
Χο. αὐτοῦ μένουσ' ἡμῖν γ' ἂν ἐξευρεῖν δοκεῖς.
Θε. μάλισθ'· ὁδὶ γὰρ ἐπὶ τὸ δεῖπνον ἔρχεται.
ὦ δέσποτ' ὦ μακάριε καὶ τρισόλβιε.
Βλ. ἐγώ;   Θε.   σὺ μέντοι νὴ Δί' ὥς γ' οὐδεὶς ἀνήρ. 1130
τίς γὰρ γένοιτ' ἂν μᾶλλον ὀλβιώτερος,
ὅστις πολιτῶν πλεῖον ἢ τρισμυρίων
ὄντων τὸ πλῆθος οὐ δεδείπνηκας μόνος;
Χο. εὐδαιμονικόν γ' ἄνθρωπον εἴρηκας σαφῶς.
Θε. ποῖ ποῖ βαδίζεις;   Βλ.   ἐπὶ τὸ δεῖπνον ἔρχομαι. 1135
Θε. νὴ τὴν Ἀφροδίτην πολύ γ' ἁπάντων ὕστατος.
ὅμως δ' ἐκέλευε συλλαβοῦσάν μ' ἡ γυνὴ
ἄγειν σε καὶ τασδὶ μετὰ σοῦ τὰς μείρακας.
οἶνος δὲ Χῖός ἐστι περιλελειμμένος
καὶ τἄλλ' ἀγαθά. πρὸς ταῦτα μὴ βραδύνετε,   1140
καὶ τῶν θεατῶν εἴ τις εὔνους τυγχάνει,
καὶ τῶν κριτῶν εἰ μή τις ἑτέρωσε βλέπει,
ἴτω μεθ' ἡμῶν· πάντα γὰρ παρέξομεν.
Βλ. οὔκουν ἅπασι δῆτα γενναίως ἐρεῖς
καὶ μὴ παραλείψεις μηδέν', ἀλλ' ἐλευθέρως   1145
καλεῖς γέροντα μειράκιον παιδίσκον; ὡς

1117 μεμύρισμαι Athenaeus: μεμύρωμαι R Ald.: μύρωμαι Β Γ
1127 γ' ἂν Brunck: γὰρ codd.   1135 h. v. desinunt Β Γ
1145 παραλείψῃς codd.: corr. Brunck   1146 καλεῖς Cobet: καλεῖν
R Ald.

τὸ δεῖπνον αὐτοῖς ἐστ' ἐπεσκευασμένον
ἀπαξάπασιν, ἢν ἀπίωσιν οἴκαδε.
ἐγὼ δὲ πρὸς τὸ δεῖπνον ἤδη 'πείξομαι·
ἔχω δέ τοι καὶ δᾷδα ταυτηνὶ καλῶς.   1150

Χο. τί δῆτα διατρίβεις ἔχων, ἀλλ' οὐκ ἄγεις
τασδὶ λαβών; ἐν ὅσῳ δὲ καταβαίνεις, ἐγὼ
ἐπᾴσομαι μέλος τι μελλοδειπνικόν.

σμικρὸν δ' ὑποθέσθαι τοῖς κριταῖσι βούλομαι,
τοῖς σοφοῖς μὲν τῶν σοφῶν μεμνημένοις κρίνειν ἐμέ, 1155
τοῖς γελῶσι δ' ἡδέως διὰ τὸν γέλων κρίνειν ἐμέ·
σχεδὸν ἅπαντας οὖν κελεύω δηλαδὴ κρίνειν ἐμέ,
μηδὲ τὸν κλῆρον γενέσθαι μηδὲν ἡμῖν αἴτιον,
ὅτι προείληχ'· ἀλλὰ πάντα ταῦτα χρὴ μεμνημένους
μὴ 'πιορκεῖν ἀλλὰ κρίνειν τοὺς χοροὺς ὀρθῶς ἀεί, 1160
μηδὲ ταῖς κακαῖς ἑταίραις τὸν τρόπον προσεικέναι,
αἳ μόνον μνήμην ἔχουσι τῶν τελευταίων ἀεί.
ὦ ὦ ὥρα δή,
〈ὦ〉 φίλαι γυναῖκες, εἴπερ μέλλομεν τὸ χρῆμα δρᾶν,
ἐπὶ τὸ δεῖπνον ὑπαποκινεῖν.   κρητικῶς οὖν τὼ πόδε 1165
καὶ σὺ κίνει.   Βλ. τοῦτο δρῶ.   Χο. καὶ τάσδε
νῦν . . . .
. . . . . . λαγαρὰς τοῖν σκελίσκοιν τὸν ῥυθμόν.

τάχα γὰρ ἔπεισι   1168
λοπαδοτεμαχοσελαχογαλεο-
κρανιολειψανοδριμυποτριμματο-   1170
σιλφιοτυρομελιτοκατακεχυμενο-
κιχλεπικοσσυφοφαττοπεριστερα-
λεκτρυονοπτεκεφαλλιοκιγκλοπε-
λειολαγῳοσιραιοβαφητραγα-

1159 ἀλλ' ἅπαντας Dobr.   1161 τὸν Brunck : τόν τε R : τόν γε
Ald.   1164 ὦ add. Dind.   1165 ὑπαποκινεῖν Cobet : ὑπανα-
κινεῖν R Ald.   1169 λεπαδο- Faber   -τεμαχοσσελα- R : -τέμαχος
σελα- Bergk   1171 -τυρο- Blaydes : -παραο- R Ald.   1172 -κιχλ-
Faber : -κινκλ- R Ald.   1173 -εκεφαλλιο- Ald. : -εγκεφαλλιο- R :
-εγκεφαλο- Dind.

νοπτερυγών· σὺ δὲ ταῦτ᾽ ἀκροασάμε-   1175
νος ταχὺ καὶ ταχέως λαβὲ τρύβλιον·
    εἶτα λαβὼν κόνισαι
λέκιθον, ἵν᾽ ἐπιδειπνῇς·
ἀλλὰ λαιμάττουσί που.
αἴρεσθ᾽ ἄνω, ἰαὶ εὐαί.   1180
δειπνήσομεν, εὐοῖ εὐαί,
    εὐαί, ὡς ἐπὶ νίκῃ·
εὐαί, εὐαί, εὐαί, εὐαί.

     1179 λιμώττουσι Blaydes

ΠΛΟΥΤΟΣ

ΥΠΟΘΕΣΕΙΣ

I

Βουλόμενος Ἀριστοφάνης σκῶψαι τοὺς Ἀθηναίους ἀδικίᾳ καὶ συκο-
φαντίᾳ καὶ τοῖς τοιούτοις συνόντας καὶ διὰ τοῦτο πλουτοῦντας, πλάττει
πρεσβύτην τινὰ γεωργὸν Χρεμυλον τοὖνομα, δίκαιον μὲν ὄντα καὶ τοὺς
τρόπους χρηστόν, πένητα δὲ ἄλλως· ὃς μετά τινος αὐτῷ θεράποντος
ἐλθὼν εἰς Ἀπόλλω ἐρωτᾷ περὶ τοῦ ἰδίου παιδός, εἰ χρὴ τουτονὶ τρόπων 5
χρηστῶν ἀμελήσαντα ἀδικίας ἀντιποιεῖσθαι καὶ ταὐτὰ τοῖς ἄλλοις
ἐπιτηδεύειν, ἐπειδήπερ οἱ μὲν τοιοῦτοι ἐπλούτουν, οἱ δὲ τὰ ἀγαθὰ
πράττοντες πένητες ἦσαν, καθάπερ αὐτὸς οὗτος ὁ Χρεμύλος. ἔχρησεν
οὖν αὐτῷ ὁ θεὸς σαφὲς μὲν οὐδέν, ὅτῳ δὲ ἐξιὼν ἐντύχῃ, τούτῳ ἔπεσθαι.
καὶ ὃς γέροντι ἐντυγχάνει τυφλῷ, ἦν δὲ οὗτος ὁ Πλοῦτος, καὶ ἀκο- 10
λουθεῖ κατὰ τὰς μαντείας, μὴ εἰδὼς ὅτι ὁ Πλοῦτός ἐστι. δυσχεραίνων
δὲ ἐπὶ τούτῳ καθ᾽ ἑαυτὸν ὁ θεράπων μόλις αὐτὸν ἐρωτᾷ τίνος ἕνεκα
τούτῳ ἀκολουθοῦσι. καὶ ὁ Χρεμύλος λέγει αὐτῷ τὴν μαντείαν. ἔπειτα
μανθάνουσι παρ᾽ αὐτοῦ τοῦ Πλούτου ὅστις ἐστὶ καὶ ὅτου χάριν τυφλὸς
ἐγεγόνει παρὰ τοῦ Διός. οἱ δὲ ἀκούσαντες ἥσθησάν τε καὶ βουλὴν 15
ἐβουλεύσαντο ἀπαγαγεῖν αὐτὸν εἰς Ἀσκληπιοῦ καὶ τὴν τῶν ὀφθαλμῶν
θεραπεῦσαι πήρωσιν. καὶ ἵνα τὰ ἐν μέσῳ παρῶ, τάς τε τοῦ Βλεψιδήμου
ἀντιλογίας καὶ τῆς Πενίας αὐτῆς, ἀπήγαγόν τε αὐτὸν ὅ τι τάχιστα καὶ
ὑγιᾶ ἐπανήγαγον οἴκαδε, ἐπλούτησάν τε ἱκανῶς οὐκ αὐτοὶ μόνον, ἀλλὰ
καὶ ὅσοι βίου χρηστοῦ πρόσθεν ἀντεχόμενοι πένητες ἦσαν. ἐπιγέ- 20
γραπται δὲ τὸ δρᾶμα Πλοῦτος Ἀριστοφάνους.

II

Πρεσβύτης τις Χρεμύλος πένης ὢν τὴν οὐσίαν ἀφικνεῖται εἰς θεοῦ·
ἐρωτᾷ δὲ τὸν θεὸν πῶς ἂν εἰς ἔκδηλον ἁβρόν τε μετασταίη βίον. τοίονδε

Argumentis carent R A
Ὑπόθεσις I] om. V : accessit ex Aldina et dett. aliquot   9 ἐντύχοι
Kuster   τούτῳ Kuster : τοῦτο Ald.
Ὑπόθεσις II] habent V Ald.   23 ἐπερωτᾷ Ald.

δὲ ἐγγεγύηται ὁ χρησμός. χρᾷ γὰρ αὐτῷ ὁ θεὸς ἐξιόντι τοῦ ναοῦ,
τούτῳ ἕπεσθαι, ᾧ πρώτῳ συντύχῃ. καὶ δὴ τυφλῷ γέροντι συντυχὼν
εἵπετο πληρῶν τὸν χρησμόν· ἦν δὲ Πλοῦτος οὗτος. ὕστερον δὲ
προσδιαλεχθεὶς αὐτῷ εἰσάγει εἰς Ἀσκληπιοῦ, ἰασόμενος αὐτὸν τῆς
5 πηρώσεως, καὶ οὕτω πλούσιος γίνεται. ἐφ' ᾧ δυσχεράνασα ἡ Πενία
παραγίνεται λοιδορουμένη τοῖς τοῦτο κατορθώσασι· πρὸς ἣν καὶ διά-
λογος οὐκ ἀφυὴς γίνεται, συγκρινομένων τῶν φαύλων τῆς Πενίας καὶ
τῶν τοῦ Πλούτου ἀγαθῶν ὑπὸ Βλεψιδήμου καὶ Χρεμύλου. πολλῶν τε
καὶ ἄλλων ἐπεισρεόντων ἐν τῷ ὀπισθοδόμῳ τῆς Ἀθηνᾶς ἀφιερώσαντο
10 Πλούτου ἰνδάλματα. τὰ μὲν οὖν τῆς ὑποθέσεως ταῦτα· προλογίζει δὲ
θεράπων δυσχεραίνων πρὸς τὸν δεσπότην, ὅτι τυφλῷ καὶ γέροντι
κατακολουθεῖν οὐκ ᾐσχύνετο.

III

Πρεσβύτης τις Χρεμύλος πένης ὢν καὶ ἔχων υἱόν, κατανοήσας ὡς οἱ
φαῦλοι τὸ τηνικαῦτα εὖ πράττουσιν, οἱ δὲ χρηστοὶ ἀτυχοῦσιν, ἀφι-
15 κνεῖται εἰς θεοῦ, χρησόμενος πότερον τὸν παῖδα σωφρόνως ἀναθρέψειε
καὶ ὅμοιον ἑαυτῷ τοὺς τρόπους διδάξειεν (ἦν γὰρ οὗτος χρηστός), ἢ
φαῦλον, ὡς τῶν φαύλων τότε εὐπραγούντων. ἐλθὼν οὖν εἰς τὸ μαν-
τεῖον, περὶ μὲν ὧν ἤρετο οὐδὲν ἤκουσεν, προστάττει δὲ αὐτῷ, ᾧ τινι
πρῶτον ἐξιὼν συντύχῃ, ἀκολουθεῖν. καὶ τὰ λοιπὰ ὡσαύτως.

IV

20 Ἐδιδάχθη ἐπὶ ἄρχοντος Ἀντιπάτρου, ἀνταγωνιζομένου αὐτῷ Νικο-
χάρους μὲν Λάκωσιν, Ἀριστομένους δὲ Ἀδμήτῳ, Νικοφῶντος δὲ
Ἀδώνιδι, Ἀλκαίου δὲ Πασιφάῃ. τελευταίαν δὲ διδάξας τὴν κωμῳδίαν
ταύτην ἐπὶ τῷ ἰδίῳ ὀνόματι, καὶ τὸν υἱὸν αὐτοῦ συστῆσαι Ἀραρότα δι'
αὑτῆς τοῖς θεαταῖς βουλόμενος, τὰ ὑπόλοιπα δύο δι' ἐκείνου καθῆκε,
25 Κώκαλον καὶ Αἰολοσίκωνα.

V

Ἰστέον δὲ ὅτι τὰ τοῦ δράματος πρόσωπα πεπλασμένα εἰσὶ παρὰ τοῦ
ποιητοῦ. Χρεμύλος γὰρ ἀπὸ τοῦ χρέος καὶ τοῦ αἱμύλλω τὸ ἀπατῶ

Ὑπόθεσις III] habent V Ald.   13 τις om. V   15 ἀναθρέψει V
Ὑπόθεσις IV] habent V Ald.
Ὑπόθεσις V] accessit e Junt 2

214

εἴρηται, ὁ ἀπατῶν δηλαδὴ τοὺς χρεωφειλέτας διὰ πενίαν. καὶ τὸ
Καρίων ἐξελληνιζόμενον τὸν δοῦλον δηλοῖ· Κᾶρες γὰρ οἱ δοῦλοι, ὅθεν
καὶ ἡ παροιμία, ἐν Καρὸς αἴσῃ, ἤτοι ἐν δούλου τάξει. καὶ τὸ Βλεψί-
δημος δὲ ἤτοι πτωχός, ὁ βλέπων ἀεί ποτε εἰς τὸν δῆμον.

VI

ΑΡΙΣΤΟΦΑΝΟΥΣ ΓΡΑΜΜΑΤΙΚΟΥ

Μαντεύεται δίκαιος ὤν τις καὶ πένης   5
εἰ μεταβαλὼν πλούτου τυχεῖν δυνήσεται.
ἔχρησεν ὁ θεὸς συνακολουθεῖν ᾧπερ ἂν
ἀνέρι περιτύχῃ. Πλοῦτος ὀπτάνεται τιφλός.
γνοὺς δ' αὐτὸν ἤγαγ' οἴκαδ', ἄλλους δημότας
καλέσας μετασχεῖν· εἶθ' ὑγιάσαι τὰς κόρας   10
ἔσπευδον· εἰς Ἀσκληπιοῦ δ' ἀπήγαγον.
ἡ δ' ⟨ἀναφανεῖσ'⟩ ἄφνω Πειλία διεκώλυεν.
ὅμως ἀναβλέψαντος αὐτοῦ τῶν κακῶν
οὐδεὶς ἐπλούτει, τῶν δ' ἀγαθῶν ἦν τἀγαθά.

V 3 αἴσῃ Bentl. : ἄτῃ Junt. 2
Ὑπόθεσις VI] habent V Ald.   8 Πλοῦτος δ' V Ald. : corr.
Hemsterhuys   12 ἀναφανεῖσ' add. Blaydes

215

ΤΑ ΤΟΥ ΔΡΑΜΑΤΟΣ ΠΡΟΣΩΠΑ

ΚΑΡΙΩΝ   ΔΙΚΑΙΟΣ ΑΝΗΡ

ΧΡΕΜΥΛΟΣ   ΣΥΚΟΦΑΝΤΗΣ

ΠΛΟΥΤΟΣ   ΓΡΑΥΣ

ΧΟΡΟΣ ΑΓΡΟΙΚΩΝ   ΝΕΑΝΙΑΣ

ΒΛΕΨΙΔΗΜΟΣ   ΕΡΜΗΣ

ΠΕΝΙΑ   ΙΕΡΕΥΣ ΔΙΟΣ

ΓΥΝΗ ΧΡΕΜΥΛΟΥ

216

ΠΛΟΥΤΟΣ

ΚΑΡΙΩΝ

Ὡς ἀργαλέον πρᾶγμ᾽ ἐστὶν ὦ Ζεῦ καὶ θεοὶ
δοῦλον γενέσθαι παραφρονοῦντος δεσπότου.
ἢν γὰρ τὰ βέλτισθ᾽ ὁ θεράπων λέξας τύχῃ,
δόξῃ δὲ μὴ δρᾶν ταῦτα τῷ κεκτημένῳ,
μετέχειν ἀνάγκη τὸν θεράποντα τῶν κακῶν.   5
τοῦ σώματος γὰρ οὐκ ἐᾷ τὸν κύριον
κρατεῖν ὁ δαίμων, ἀλλὰ τὸν ἐωνημένον.
καὶ ταῦτα μὲν δὴ ταῦτα.   τῷ δὲ Λοξίᾳ,
ὃς θεσπιῳδεῖ τρίποδος ἐκ χρυσηλάτου,
μέμψιν δικαίαν μέμφομαι ταύτην, ὅτι   10
ἰατρὸς ὢν καὶ μάντις, ὥς φασιν, σοφὸς
μελαγχολῶντ᾽ ἀπέπεμψέ μου τὸν δεσπότην,
ὅστις ἀκολουθεῖ κατόπιν ἀνθρώπου τυφλοῦ,
τοὐναντίον δρῶν ἢ προσῆκ᾽ αὐτῷ ποιεῖν.
οἱ γὰρ βλέποντες τοῖς τυφλοῖς ἡγούμεθα,   15
οὗτος δ᾽ ἀκολουθεῖ, κἀμὲ προσβιάζεται,
καὶ ταῦτ᾽ ἀποκρινομένῳ τὸ παράπαν οὐδὲ γρῦ.
ἐγὼ μὲν οὖν οὐκ ἔσθ᾽ ὅπως σιγήσομαι,
ἢν μὴ φράσῃς ὅ τι τῷδ᾽ ἀκολουθοῦμέν ποτε
ὦ δέσποτ᾽, ἀλλά σοι παρέξω πράγματα.   20
οὐ γάρ με τυπτήσεις στέφανον ἔχοντά γε.

Codd. hos citavimus R V A
4 ταὐτὰ A   17 ἀποκρινομένου V A : ἀποκρινόμενος Bentl.

ΑΡΙΣΤΟΦΑΝΟΥΣ

ΧΡΕΜΥΛΟΣ

μὰ Δί' ἀλλ' ἀφελὼν τὸν στέφανον, ἢν λυπῇς τί με,
ἵνα μᾶλλον ἀλγῇς.   Κα. λῆρος· οὐ γὰρ παύσομαι
πρὶν ἂν φράσῃς μοι τίς ποτ' ἐστὶν οὑτοσί·
εὔνους γὰρ ὤν σοι πυνθάνομαι πάνυ σφόδρα.   25

Χρ. ἀλλ' οὔ σε κρύψω· τῶν ἐμῶν γὰρ οἰκετῶν
πιστότατον ἡγοῦμαί σε καὶ κλεπτίστατον.
ἐγὼ θεοσεβὴς καὶ δίκαιος ὢν ἀνὴρ
κακῶς ἔπραττον καὶ πένης ἦν·   Κα. οἶδά τοι.

Χρ. ἕτεροι δ' ἐπλούτουν ἱερόσυλοι ῥήτορες   30
καὶ συκοφάνται καὶ πονηροί·   Κα. πείθομαι.

Χρ. ἐπερησόμενος οὖν ᾠχόμην ὡς τὸν θεόν,
τὸν ἐμὸν μὲν αὐτοῦ τοῦ ταλαιπώρου σχεδὸν
ἤδη νομίζων ἐκτετοξεῦσθαι βίον,
τὸν δ' υἱόν, ὅσπερ ὢν μόνος μοι τυγχάνει,   35
πευσόμενος εἰ χρὴ μεταβαλόντα τοὺς τρόπους
εἶναι πανοῦργον, ἄδικον, ὑγιὲς μηδὲ ἕν,
ὡς τῷ βίῳ τοῦτ' αὐτὸ νομίσας συμφέρειν.

Κα. τί δῆτα Φοῖβος ἔλακεν ἐκ τῶν στεμμάτων;

Χρ. πεύσει.   σαφῶς γὰρ ὁ θεὸς εἶπέ μοι τοδί·   40
ὅτῳ ξυναντήσαιμι πρῶτον ἐξιών,
ἐκέλευε τούτου μὴ μεθίεσθαί μ' ἔτι,
πείθειν δ' ἐμαυτῷ ξυνακολουθεῖν οἴκαδε.

Κα. καὶ τῷ ξυναντᾷς δῆτα πρώτῳ;   Χρ. τουτῳί.

Κα. εἶτ' οὐ ξυνίης τὴν ἐπίνοιαν τοῦ θεοῦ   45
φράζουσαν ὦ σκαιότατέ σοι σαφέστατα
ἀσκεῖν τὸν υἱὸν τὸν ἐπιχώριον τρόπον;

Χρ. τῷ τοῦτο κρίνεις;   Κα. δῆλον ὁτιὴ καὶ τυφλῷ
γνῶναι δοκεῖ τοῦθ', ὡς σφόδρ' ἐστὶ συμφέρον

26 σε] τι R   27 καὶ κλεπτίστατον Carioni tribuit Coppello
32 ὡς] πρὸς R   39 δῆτα δῆθ' ὁ A   42 ἐκέλευσε VA
45 ξυνίεις R V   46 φράζοντος Cobet   48 τυφλὸς Hemster-
huys   49–50 secl. Rutherford   49 συμφέρον] σύμφορον
Mein.

218

τὸ μηδὲν ἀσκεῖν ὑγιὲς ἐν τῷ νῦν χρόνῳ.   50

Χρ. οὐκ ἔσθ' ὅπως ὁ χρησμὸς ἐς τοῦτο ῥέπει,
   ἀλλ' εἰς ἕτερόν τι μεῖζον. ἢν δ' ἡμῖν φράσῃ
   ὅστις ποτ' ἐστὶν οὑτοσὶ καὶ τοῦ χάριν
   καὶ τοῦ δεόμενος ἦλθε μετὰ νῷν ἐνθαδί,
   πυθοίμεθ' ἂν τὸν χρησμὸν ἡμῶν ὅ τι νοεῖ.   55

Κα. ἄγε δὴ σὺ πότερον σαυτὸν ὅστις εἶ φράσεις,
   ἢ τἀπὶ τούτοις δρῶ; λέγειν χρὴ ταχὺ πάνυ.

ΠΛΟΥΤΟΣ
   ἐγὼ μὲν οἰμώζειν λέγω σοι.   Κα.   μανθάνεις
   ὅς φησιν εἶναι;   Χρ.   σοὶ λέγει τοῦτ', οὐκ ἐμοί·
   σκαιῶς γὰρ αὐτοῦ καὶ χαλεπῶς ἐκπυνθάνει.   60
   ἀλλ' εἴ τι χαίρεις ἀνδρὸς εὐόρκου τρόποις,
   ἐμοὶ φράσον.   Πλ.   κλάειν ἔγωγέ σοι λέγω.

Κα. δέχου τὸν ἄνδρα καὶ τὸν ὄρνιν τοῦ θεοῦ.

Χρ. οὔ τοι μὰ τὴν Δήμητρα χαιρήσεις ἔτι.   64
   εἰ μὴ φράσεις γάρ—   Κα.   ἀπό σ' ὀλῶ κακὸν κακῶς.

Χρ. ὦ τᾶν—   Πλ.   ἀπαλλάχθητον ἀπ' ἐμοῦ.   Χρ.   πώ-
   μαλα.

Κα. καὶ μὴν ὃ λέγω βέλτιστόν ἐστ' ὦ δέσποτα.
   ἀπολῶ τὸν ἄνθρωπον κάκιστα τουτονί.
   ἀναθεὶς γὰρ ἐπὶ κρημνόν τιν' αὐτὸν καταλιπὼν
   ἄπειμ', ἵν' ἐκεῖθεν ἐκτραχηλισθῇ πεσών.   70

Χρ. ἀλλ' αἶρε ταχέως.   Πλ.   μηδαμῶς.   Χρ.   οὔκουν ἐρεῖς;

Πλ. ἀλλ' ἢν πύθησθέ μ' ὅστις εἴμ', εὖ οἶδ' ὅτι
   κακόν τί μ' ἐργάσεσθε κοὐκ ἀφήσετον.

Χρ. νὴ τοὺς θεοὺς ἡμεῖς γ', ἐὰν βούλῃ γε σύ.

Πλ. μέθεσθε νῦν μου πρῶτον.   Χρ.   ἤν, μεθίεμεν.   75

Πλ. ἀκούετον δή· δεῖ γὰρ ὡς ἔοικέ με

50 χρόνῳ Α : βίῳ R : ἔτει (γρ. γένει καὶ χρόνῳ) V   51 τοῦτο]
τουτὶ V   56 σὺ πρότερον R² : πρότερον σὺ A   φράσεις] φρά-
σον VA   57 πάνυ ταχύ V   65–66 Κα. εἰ μὴ . . . κακῶς.   Πλ. ὦ
τᾶν . . . ἀπ' ἐμοῦ vulg.: personas corr. Rutherford   65 εἰ] ἢν Α²
φράσεις] φράσῃς Α   67 βέλτιόν R   75 μέθεσθε νῦν μου] μέθεσθέ
μου τὸ Α : μέθετόν με νῦν V : fortasse μέθετόν με νυνὶ

ΑΡΙΣΤΟΦΑΝΟΥΣ

λέγειν ἃ κρύπτειν ἦν παρεσκευασμένος.
ἐγὼ γάρ εἰμι Πλοῦτος.   Χρ. ὦ μιαρώτατε
ἀνδρῶν ἁπάντων, εἶτ᾽ ἐσίγας Πλοῦτος ὤν;
Κα. σὺ Πλοῦτος, οὕτως ἀθλίως διακείμενος;   80
ὦ Φοῖβ᾽ Ἄπολλον καὶ θεοὶ καὶ δαίμονες
καὶ Ζεῦ, τί φῄς; ἐκεῖνος ὄντως εἶ σύ;   Πλ. ναί.
Χρ. ἐκεῖνος αὐτός;   Πλ. αὐτότατος.   Χρ. πόθεν
        οὖν φράσον
αὐχμῶν βαδίζεις;   Πλ. ἐκ Πατροκλέους ἔρχομαι,
ὃς οὐκ ἐλούσατ᾽ ἐξ ὅτουπερ ἐγένετο.   85
Χρ. τουτὶ δὲ τὸ κακὸν πῶς ἔπαθες; κάτειπέ μοι.
Πλ. ὁ Ζεύς με ταῦτ᾽ ἔδρασεν ἀνθρώποις φθονῶν.
ἐγὼ γὰρ ὢν μειράκιον ἠπείλησ᾽ ὅτι
ὡς τοὺς δικαίους καὶ σοφοὺς καὶ κοσμίους
μόνους βαδιοίμην· ὁ δέ μ᾽ ἐποίησεν τυφλόν,   90
ἵνα μὴ διαγιγνώσκοιμι τούτων μηδένα.
οὕτως ἐκεῖνος τοῖσι χρηστοῖσι φθονεῖ.
Χρ. καὶ μὴν διὰ τοὺς χρηστούς γε τιμᾶται μόνους
καὶ τοὺς δικαίους.   Πλ. ὁμολογῶ σοι.   Χρ. φέρε
        τί οὖν;
εἰ πάλιν ἀναβλέψειας ὥσπερ καὶ πρὸ τοῦ,   95
φεύγοις ἂν ἤδη τοὺς πονηρούς;   Πλ. φήμ᾽ ἐγώ.
Χρ. ὡς τοὺς δικαίους δ᾽ ἂν βαδίζοις;   Πλ. πάνυ μὲν οὖν·
πολλοῦ γὰρ αὐτοὺς οὐχ ἑόρακά ⸗ω χρόνου.
Χρ. καὶ θαυμά γ᾽ οὐδέν· οὐδ᾽ ἐγὼ γὰρ ὁ βλέπων.
Πλ. ἄφετόν με νῦν.   ἴστον γὰρ ἤδη τἀπ᾽ ἐμοῦ.   100
Χρ. μὰ Δί᾽ ἀλλὰ πολλῷ μᾶλλον ἐξόμεσθά σου.
Πλ. οὐκ ἠγόρευον ὅτι παρέξειν πράγματα
ἐμέλλετόν μοι;   Χρ. καὶ σύ γ᾽ ἀντιβολῶ πιθοῦ,
καὶ μή μ᾽ ἀπολίπῃς· οὐ γὰρ εὑρήσεις ἐμοῦ
ζητῶν ἔτ᾽ ἄνδρα τοὺς τρόπους βελτίονα.   105
μὰ τὸν Δί᾽ οὐ γὰρ ἔστιν ἄλλος πλὴν ἐγώ.

98 πω R: που V: om. A: ἐγώ Dawes   106 Κα. praef. V

ΠΛΟΥΤΟΣ

Πλ. ταυτὶ λέγουσι πάντες· ἡνίκ' ἂν δέ μου
τύχωσ' ἀληθῶς καὶ γένωνται πλούσιοι,
ἀτεχνῶς ὑπερβάλλουσι τῇ μοχθηρίᾳ.
Χρ. ἔχει μὲν οὕτως, εἰσὶ δ' οὐ πάντες κακοί.   110
Πλ. μὰ Δί' ἀλλ' ἀπαξάπαντες.   Κα. οἰμώξει μακρά.
Χρ. σοὶ δ' ὡς ἂν εἰδῇς ὅσα παρ' ἡμῖν ἦν μένῃς
γενήσετ' ἀγαθά, πρόσεχε τὸν νοῦν ἵνα πύθῃ.
οἶμαι γὰρ οἶμαι, σὺν θεῷ δ' εἰρήσεται,
ταύτης ἀπαλλάξειν σε τῆς ὀφθαλμίας   115
βλέψαι ποιήσας.   Πλ. μηδαμῶς τοῦτ' ἐργάσῃ.
οὐ βούλομαι γὰρ πάλιν ἀναβλέψαι.   Χρ. τί φῄς;
Κα. ἄνθρωπος οὗτός ἐστιν ἄθλιος φύσει.
Πλ. ὁ Ζεὺς †μὲν οὖν εἰδὼς τὰ τούτων μῶρ' ἔμ' εἰ†
πύθοιτ' ἂν ἐπιτρίψειε.   Χρ. νῦν δ' οὐ τοῦτο δρᾷ,
ὅστις σε προσπταίοντα περινοστεῖν ἐᾷ;   121
Πλ. οὐκ οἶδ'· ἐγὼ δ' ἐκεῖνον ὀρρωδῶ πάνυ.
Χρ. ἄληθες ὦ δειλότατε πάντων δαιμόνων;
οἴει γὰρ εἶναι τὴν Διὸς τυραννίδα
καὶ τοὺς κεραυνοὺς ἀξίους τριωβόλου,   125
ἐὰν ἀναβλέψῃς σὺ κἂν σμικρὸν χρόνον;
Πλ. ἆ μὴ λέγ' ὦ πόνηρε ταῦτ'.   Χρ. ἔχ' ἥσυχος.
ἐγὼ γὰρ ἀποδείξω σε τοῦ Διὸς πολὺ
μεῖζον δυνάμενον.   Πλ. ἐμὲ σύ;   Χρ. νὴ τὸν
οὐρανόν.
αὐτίκα γὰρ ἄρχει διὰ τίν' ὁ Ζεὺς τῶν θεῶν;   130
Κα. διὰ τἀργύριον· πλεῖστον γάρ ἐστ' αὐτῷ.   Χρ. φέρε
τίς οὖν ὁ παρέχων ἐστὶν αὐτῷ τοῦθ';   Κα. ὁδί.
Χρ. θύουσι δ' αὐτῷ διὰ τίν'; οὐ διὰ τουτονί;
Κα. καὶ νὴ Δί' εὔχονταί γε πλουτεῖν ἄντικρυς.
Χρ. οὔκουν ὅδ' ἐστὶν αἴτιος καὶ ῥᾳδίως   135
παύσειεν, εἰ βούλοιτο, ταῦτ' ἄν;   Πλ. ὅτι τί δή;

111 μακράν R V   119 εἰδὼς] οἶδ' ὡς Harl. 1   ἔμ' εἰ] ἔπη
Mut. 2. 3 : ἔπη εἰ Par. Reg. 2717   129 μείζω R   130 τίν']
τί Pors.   132 αὐτῷ] αὐτὸ R A   136 παύσειαν ... ταῦτα R

Χρ. ὅτι οὐδ᾽ ἂν εἷς θύσειεν ἀνθρώπων ἔτι,
οὐ βοῦν ἄν, οὐχὶ ψαιστόν, οὐκ ἄλλ᾽ οὐδὲ ἕν,
μὴ βουλομένου σοῦ.   Πλ. πῶς;   Χρ. ὅπως;
οὐκ ἔσθ᾽ ὅπως
ὠνήσεται δήπουθεν, ἢν σὺ μὴ παρὼν   140
αὐτὸς διδῷς τἀργύριον· ὥστε τοῦ Διὸς
τὴν δύνcμ , ἢν λυπῇ τι, καταλύσεις μόνος.
Πλ. τί λέγεις; δι᾽ ἐμὲ θύουσιν αὐτῷ;   Χρ. φήμ᾽ ἐγώ.
καὶ νὴ Δί᾽ εἴ τί γ᾽ ἔστι λαμπρὸν καὶ καλὸν
ἢ χαρίεν ἀνθρώποισι, διὰ σὲ γίγνεται.   145
ἅπαντα τῷ πλουτεῖν γάρ ἐσθ᾽ ὑπήκοα.
Κα. ἔγωγέ τοι διὰ μικρὸν ἀργυρίδιον
δοῦλος γεγένημαι, διὰ τὸ μὴ πλουτεῖν ἴσως.
Χρ. καὶ τάς γ᾽ ἑταίρας φασὶ τὰς Κορινθίας,
ὅταν μὲν αὐτάς τις πένης πειρῶν τύχῃ,   150
οὐδὲ προσέχειν τὸν νοῦν, ἐὰν δὲ πλούσιος,
τὸν πρωκτὸν αὐτὰς εὐθὺς ὡς τοῦτον τρέπειν.
Κα. καὶ τούς γε παῖδάς φασι ταὐτὸ τοῦτο δρᾶν
οὐ τῶν ἐραστῶν ἀλλὰ τἀργυρίου χάριν.
Χρ. οὐ τούς γε χρηστούς, ἀλλὰ τοὺς πόρνους· ἐπεὶ   155
αἰτοῦσιν οὐκ ἀργύριον οἱ χρηστοί.   Κα. τί δαί;
Χρ. ὁ μὲν ἵππον ἀγαθόν, ὁ δὲ κύνας θηρευτικάς.
Κα. αἰσχυνόμενοι γὰρ ἀργύριον αἰτεῖν ἴσως
ὀνόματι περιπέττουσι τὴν μοχθηρίαν.
Χρ. τέχναι δὲ πᾶσαι διὰ σὲ καὶ σοφίσματα   160
ἐν τοῖσιν ἀνθρώποισίν ἐσθ᾽ ηὑρημένα.
ὁ μὲν γὰρ ἡμῶν σκυτοτομεῖ καθήμενος·
Κα. ἕτερος δὲ χαλκεύει τις, ὁ δὲ τεκταίνεται·
Χρ. ὁ δὲ χρυσοχοεῖ γε χρυσίον παρὰ σοῦ λαβών·
Κα. ὁ δὲ λωποδυτεῖ γε νὴ Δί᾽, ὁ δὲ τοιχωρυχεῖ·   165

146 secl. Rutherford   148 διὰ τὸ μὴ πλουτεῖν ἴσως] πρότερον ὢν
ἐλεύθερος Heimreich ex schol.   152 ὡς] ἐς R   153 ταὐτὸ]
αὐτὸ R   157 θηρευτικούς R   162 ἡμῶν V: om. R:
αὐτῶν A

ΠΛΟΥΤΟΣ

Χρ. ὁ δὲ γναφεύει γ'·   Κα.   ὁ δέ γε πλύνει κῴδια·
Χρ. ὁ δὲ βυρσοδεψεῖ γ'·   Κα.   ὁ δέ γε πωλεῖ κρόμμυα·
Χρ. ὁ δ' ἁλούς γε μοιχὸς διὰ σέ που παρατίλλεται.
Πλ. οἴμοι τάλας ταυτί μ' ἐλάνθανεν πάλαι.
Κα. μέγας δὲ βασιλεὺς οὐχὶ διὰ τοῦτον κομᾷ;   170
Χρ. ἐκκλησία δ' οὐχὶ διὰ τοῦτον γίγνεται;
Κα. τί δέ; τὰς τριήρεις οὐ σὺ πληροῖς; εἰπέ μοι.
Χρ. τὸ δ' ἐν Κορίνθῳ ξενικὸν οὐχ οὗτος τρέφει;
Κα. ὁ Πάμφιλος δ' οὐχὶ διὰ τοῦτον κλαύσεται;
Χρ. ὁ βελονοπώλης δ' οὐχὶ μετὰ τοῦ Παμφίλου;   175
Κα. Ἀγύρριος δ' οὐχὶ διὰ τοῦτον πέρδεται;
Χρ. Φιλέψιος δ' οὐχ ἕνεκα σοῦ μύθους λέγει;
Κα. ἡ ξυμμαχία δ' οὐ διὰ σὲ τοῖς Αἰγυπτίοις;
Χρ. ἐρᾷ δὲ Λαῒς οὐ διὰ σὲ Φιλωνίδου;
Κα. ὁ Τιμοθέου δὲ πύργος—   Χρ.   ἐμπέσοι γέ σοι. 180
    τὰ δὲ πράγματ' οὐχὶ διὰ σὲ πάντα πράττεται;
    μονώτατος γὰρ εἶ σὺ πάντων αἴτιος
    καὶ τῶν κακῶν καὶ τῶν ἀγαθῶν, εὖ ἴσθ' ὅτι.
Κα. κρατοῦσι γοῦν κἂν τοῖς πολέμοις ἑκάστοτε,
    ἐφ' οἷς ἂν οὗτος ἐπικαθέζηται μόνον.   185
Πλ. ἐγὼ τοσαῦτα δυνατός εἰμ' εἷς ὢν ποιεῖν;
Χρ. καὶ ναὶ μὰ Δία τούτων γε πολλῷ πλείονα·
    ὥστ' οὐδὲ μεστὸς σοῦ γέγον' οὐδεὶς πώποτε.
    τῶν μὲν γὰρ ἄλλων ἐστὶ πάντων πλησμονή,
    ἔρωτος   Κα. ἄρτων   Χρ. μουσικῆς   Κα. τραγη-
         μάτων   190
Χρ. τιμῆς   Κα. πλακούντων   Χρ. ἀνδραγαθίας
      Κα. ἰσχάδων
Χρ. φιλοτιμίας   Κα. μάζης   Χρ. στρατηγίας
      Κα. φακῆς·
Χρ. σοῦ δ' ἐγένετ' οὐδεὶς μεστὸς οὐδεπώποτε.

166 κναφεύει R V: τις γναφεύει Brunck   168 που] γ' οὐ
Valckenaer   172 τί δαί; R V   τὰς om. R V   179 Λαῒς
Athenaeus   185 μόνον] μόνος V A

ἀλλ᾽ ἢν τάλαντά τις λάβῃ τριακαίδεκα,
πολὺ μᾶλλον ἐπιθυμεῖ λαβεῖν ἑκκαίδεκα·   195
κἂν ταῦτ᾽ ἀνύσηται, τετταράκοντα βούλεται,
ἤ φησιν εἶν᾽ ἀβίωτον αὑτῷ τὸν βίον.

Πλ. εὖ τοι λέγειν ἔμοιγε φαίνεσθον πάνυ·
πλὴν ἓν μόνον δέδοικα.   Χρ.   φράζε τοῦ πέρι;

Πλ. ὅπως ἐγὼ τὴν δύναμιν ἣν ὑμεῖς φατε   200
ἔχειν με, ταύτης δεσπότης γενήσομαι.

Χρ. νὴ τὸν Δί᾽ ἀλλὰ καὶ λέγουσι πάντες ὡς
δειλότατόν ἐσθ᾽ ὁ Πλοῦτος.   Πλ.   ἥκιστ᾽, ἀλλά με
τοιχωρύχος τις διέβαλ᾽. ἐσδὺς γάρ ποτε
οὐκ εἶχεν ἐς τὴν οἰκίαν οὐδὲν λαβεῖν,   205
εὑρὼν ἀπαξάπαντα κατακεκλῃμένα·
εἶτ᾽ ὠνόμασέ μου τὴν πρόνοιαν δειλίαν.

Χρ. μή νυν μελέτω σοι μηδέν· ὡς ἐὰν γένῃ
ἀνὴρ πρόθυμος αὐτὸς ἐς τὰ πράγματα,
βλέποντ᾽ ἀποδείξω σ᾽ ὀξύτερον τοῦ Λυγκέως.   210

Πλ. πῶς οὖν δυνήσει τοῦτο δρᾶσαι θνητὸς ὤν;

Χρ. ἔχω τιν᾽ ἀγαθὴν ἐλπίδ᾽ ἐξ ὧν εἶπέ μοι
ὁ Φοῖβος αὐτὸς Πυθικὴν σείσας δάφνην.

Πλ. κἀκεῖνος οὖν σύνοιδε ταῦτα;   Χρ.   φήμ᾽ ἐγώ.

Πλ. ὁρᾶτε.   Χρ.   μὴ φρόντιζε μηδὲν ὦγαθέ.   215
ἐγὼ γάρ, εὖ τοῦτ᾽ ἴσθι, κεἰ δεῖ μ᾽ ἀποθανεῖν,
αὐτὸς διαπράξω ταῦτα.   Κα.   κἂν βούλῃ γ᾽, ἐγώ.

Χρ. πολλοὶ δ᾽ ἔσονται χἄτεροι νῷν ξύμμαχοι,
ὅσοις δικαίοις οὖσιν οὐκ ἦν ἄλφιτα.

Πλ. παπαῖ πονηρούς γ᾽ εἶπας ἡμῖν συμμάχους.   220

Χρ. οὐκ ἤν γε πλουτήσωσιν ἐξ ἀρχῆς πάλιν.
ἀλλ᾽ ἴθι σὺ μὲν ταχέως δραμών—   Κα.   τί δρῶ; λέγε.

---

196 ἀνύσῃ codd. : corr. Dawes   197 εἶν᾽ ἀβίωτον αὑτῷ scripsi-
mus : ἀβίωτον αὑτῶ A : οὐκ εἶναι βιωτὸν αὑτῷ R V Ald.   203 δειλότατος
R A   205 ἐκ τῆς οἰκίας Bothe   215–217 om. R¹ : in marg.
add. R²   216 κεἰ δεῖ A : καὶ δεῖ V : κ᾽ ἂν δεῖ R² : κἂν χρῇ
Cobet

Χρ. τοὺς ξυγγεώργους κάλεσον, εὑρήσεις δ' ἴσως
ἐν τοῖς ἀγροῖς αὐτοὺς ταλαιπωρουμένους,
ὅπως ἂν ἴσον ἕκαστος ἐνταυθοῖ παρὼν   225
ἡμῖν μετάσχῃ τοῦδε τοῦ Πλούτου μέρος.

Κα. καὶ δὴ βαδίζω· τουτοδὶ τὸ κρεᾴδιον
τῶν ἔνδοθέν τις εἰσενεγκάτω λαβών.

Χρ. ἐμοὶ μελήσει τοῦτό γ'· ἀλλ' ἀνύσας τρέχε.
σὺ δ' ὦ κράτιστε Πλοῦτε πάντων δαιμόνων   230
εἴσω μετ' ἐμοῦ δεῦρ' εἴσιθ'· ἡ γὰρ οἰκία
αὕτη 'στὶν ἣν δεῖ χρημάτων σε τήμερον
μεστὴν ποιῆσαι καὶ δικαίως κἀδίκως.

Πλ. ἀλλ' ἄχθομαι μὲν εἰσιὼν νὴ τοὺς θεοὺς
εἰς οἰκίαν ἑκάστοτ' ἀλλοτρίαν πάνυ·   235
ἀγαθὸν γὰρ ἀπέλαυσ' οὐδὲν αὐτοῦ πώποτε.
ἢν μὲν γὰρ ὡς φειδωλὸν εἰσελθὼν τύχω,
εὐθὺς κατώρυξέν με κατὰ τῆς γῆς κάτω·
κἄν τις προσέλθῃ χρηστὸς ἄνθρωπος φίλος
αἰτῶν λαβεῖν τι σμικρὸν ἀργυρίδιον,   240
ἐξαρνός ἐστι μηδ' ἰδεῖν με πώποτε.
ἢν δ' ὡς παραπλῆγ' ἄνθρωπον εἰσελθὼν τύχω,
πόρναισι καὶ κύβοισι παραβεβλημένος
γυμνὸς θύραζ' ἐξέπεσον ἐν ἀκαρεῖ χρόνου.

Χρ. μετρίου γὰρ ἀνδρὸς οὐκ ἐπέτυχες πώποτε.   245
ἐγὼ δὲ τούτου τοῦ τρόπου πώς εἰμ' ἀεί,
χαίρω τε γὰρ φειδόμενος ὡς οὐδεὶς ἀνὴρ
πάλιν τ' ἀναλῶν, ἡνίκ' ἂν τούτου δέῃ.
ἀλλ' εἰσίωμεν, ὡς ἰδεῖν σε βούλομαι
καὶ τὴν γυναῖκα καὶ τὸν υἱὸν τὸν μόνον,   250
ὃν ἐγὼ φιλῶ μάλιστα μετὰ σέ.   Πλ.   πείθομαι.

Χρ. τί γὰρ ἂν τις οὐχὶ πρὸς σὲ τἀληθῆ λέγοι;

227 τουτοδὶ] Elmsl.: τουτο δὴ R: τοῦτο δὴ V. τοῦτο δὲ A
228 λαβών] παρών V   231 ἐμοῦ] ἐμὲ R   237 ὡς Junt.: εἰς
codd.   244 χρόνου Et. Mag.: χρόνῳ codd.   245 οὐκ ἐπέτυχες]
ἐπέτυχες οὐδὲ V

ΑΡΙΣΤΟΦΑΝΟΥΣ

Κα. ὦ πολλὰ δὴ τῷ δεσπότῃ ταὐτὸν θύμον φαγόντες,
ἄνδρες φίλοι καὶ δημόται καὶ τοῦ πονεῖν ἐρασταί,
ἴτ᾽ ἐγκονεῖτε σπεύδεθ᾽, ὡς ὁ καιρὸς οὐχὶ μέλλειν,   255
ἀλλ᾽ ἔστ᾽ ἐπ᾽ αὐτῆς τῆς ἀκμῆς, ᾗ δεῖ παρόντ᾽ ἀμύνειν.

ΧΟΡΟΣ

οὔκουν ὁρᾷς ὁρμωμένους ἡμᾶς πάλαι προθύμως,
ὡς εἰκός ἐστιν ἀσθενεῖς γέροντας ἄνδρας ἤδη;
σὺ δ᾽ ἀξιοῖς ἴσως με θεῖν, πρὶν ταῦτα καὶ φράσαι μοι
ὅτου χάριν μ᾽ ὁ δεσπότης ὁ σὸς κέκληκε δεῦρο.   260
Κα. οὔκουν πάλαι δήπου λέγω; σὺ δ᾽ αὐτὸς οὐκ ἀκούεις.
ὁ δεσπότης γάρ φησιν ὑμᾶς ἡδέως ἅπαντας
ψυχροῦ βίου καὶ δυσκόλου ζήσειν ἀπαλλαγέντας.
Χο. ἔστιν δὲ δὴ τί καὶ πόθεν τὸ πρᾶγμα τοῦθ᾽ ὅ φησιν;
Κα. ἔχων ἀφῖκται δεῦρο πρεσβύτην τιν᾽ ὦ πόνηροι   265
ῥυπῶντα κυφὸν ἄθλιον ῥυσὸν μαδῶντα νωδόν·
οἶμαι δὲ νὴ τὸν οὐρανὸν καὶ ψωλὸν αὐτὸν εἶναι.
Χο. ὦ χρυσὸν ἀγγείλας ἐπῶν πῶς φῄς; πάλιν φράσον μοι.
δηλοῖς γὰρ αὐτὸν σωρὸν ἥκειν χρημάτων ἔχοντα.
Κα. πρεσβυτικῶν μὲν οὖν κακῶν ἔγωγ᾽ ἔχοντα σωρόν.   270
Χο. μῶν ἀξιοῖς φενακίσας ἔπειτ᾽ ἀπαλλαγῆναι
ἀζήμιος, καὶ ταῦτ᾽ ἐμοῦ βακτηρίαν ἔχοντος;
Κα. πάντως γὰρ ἄνθρωπον φύσει τοιοῦτον ἐς τὰ πάντα
ἡγεῖσθέ μ᾽ εἶναι κοὐδὲν ἂν νομίζεθ᾽ ὑγιὲς εἰπεῖν;
Χο. ὡς σεμνὸς οὑπίτριπτος· αἱ κνῆμαι δέ σου βοῶσιν   275
'ἰοὺ ἰού,᾽ τὰς χοίνικας καὶ τὰς πέδας ποθοῦσαι.
Κα. ἐν τῇ σορῷ νυνὶ λαχὸν τὸ γράμμα σου δικάζειν,
σὺ δ᾽ οὐ βαδίζεις, ὁ δὲ Χάρων τὸ ξύμβολον δίδωσιν.
Χο. διαρραγείης, ὡς μόθων εἶ καὶ φύσει κόβαλος,
ὅστις φενακίζεις, φράσαι δ᾽ οὔπω τέτληκας ἡμῖν,   280
οἱ πολλὰ μοχθήσαντες οὐκ οὔσης σχολῆς προθύμως

256 παρόντ᾽ V: παρόντας R A   257 προθύμους A   258 ἄνδρας]
ὄντας Mein.   260 μ᾽ ὁ] χ᾽ ὦ A   κέκληκε δεῦρο] κέκληκεν ἡμᾶς A
271 ἔπειτ᾽] ἡμᾶς R A: μ᾽ ἔπειτ᾽ Mein.   277 λαχὼν V¹   280 post
h. v. repetunt v. 260 A Ald.

ΠΛΟΥΤΟΣ

δεῦρ' ἤλθομεν, πολλῶν θύμων ῥίζας διεκπερῶντες.

Κα. ἀλλ' οὐκέτ' ἂν κρύψαιμι. τὸν Πλοῦτον γὰρ ὦνδρες ἥκει
ἄγων ὁ δεσπότης, ὃς ὑμᾶς πλουσίους ποιήσει. 285

Χο. ὄντως γὰρ ἔστι πλουσίοις ἡμῖν ἅπασιν εἶναι;

Κα. νὴ τοὺς θεοὺς Μίδαις μὲν οὖν, ἢν ὦτ' ὄνου λάβητε.

Χο. ὡς ἥδομαι καὶ τέρπομαι καὶ βούλομαι χορεῦσαι
ὑφ' ἡδονῆς, εἴπερ λέγεις ὄντως σὺ ταῦτ' ἀληθῆ.

Κα. καὶ μὴν ἐγὼ βουλήσομαι θρεττανελὸ τὸν Κύκλωπα 290
μιμούμενος καὶ τοῖν ποδοῖν ὡδὶ παρενσαλεύων
ὑμᾶς ἄγειν.   ἀλλ' εἶα τέκεα θαμίν' ἐπαναβοῶντες
βληχώμενοί τε προβατίων
αἰγῶν τε κιναβρώντων μέλη
ἕπεσθ' ἀπεψωλημένοι· τράγοι δ' ἀκρατιεῖσθε. 295

Χο. ἡμεῖς δέ γ' αὖ ζητήσομεν θρεττανελὸ τὸν Κύκλωπα
βληχώμενοι, σὲ τουτονὶ πεινῶντα καταλαβόντες,
πήραν ἔχοντα λάχανά τ' ἄγρια δροσερά, κραιπαλῶντα
ἡγούμενον τοῖς προβατίοις,
εἰκῇ δὲ καταδαρθόντα που 300
μέγαν λαβόντες ἡμμένον σφηκίσκον ἐκτυφλῶσαι.

Κα. ἐγὼ δὲ τὴν Κίρκην γε τὴν τὰ φάρμακ' ἀνακυκῶσαν,
ἣ τοὺς ἑταίρους τοῦ Φιλωνίδου ποτ' ἐν Κορίνθῳ
ἔπεισεν ὡς ὄντας κάπρους
μεμαγμένον σκῶρ ἐσθίειν, αὐτὴ δ' ἔματτεν αὐτοῖς, 305
μιμήσομαι πάντας τρόπους·
ὑμεῖς δὲ γρυλίζοντες ὑπὸ φιληδίας
ἕπεσθε μητρὶ χοῖροι.

285 ἄγων] φέρων V   ὑμᾶς] ἡμᾶς R   286 ἡμῖν ἅπασιν V : ἅπασιν
ἡμιν R A Ald.   287 μίδας codd. : corr. Kuster   293 βληχωμένων
Bergk   297 βληχώμενον V   σὲ] τε V   πινῶντα Brunck
300 καταδαρθέντα vel καταδραθέντα codd.: corr. Pors.   301 σφηνίσκον
Bentl.   307 γρυλλίζοντες R A Ald.

ΑΡΙΣΤΟΦΑΝΟΥΣ

Χο. οὐκοῦν σε τὴν Κίρκην γε τὴν τὰ φάρμακ᾽ ἀνακυκῶσαν
καὶ μαγγανεύουσαν μολύνουσάν τε τοὺς ἑταίρους   310
λαβόντες ὑπὸ φιληδίας
τὸν Λαρτίου μιμούμενοι τῶν ὄρχεων κρεμῶμεν,
μινθώσομέν θ᾽ ὥσπερ τράγου
τὴν ῥῖνα· σὺ δ᾽ Ἀρίστυλλος ὑποχάσκων ἐρεῖς,
ἕπεσθε μητρὶ χοῖροι.   315

Κα. ἀλλ᾽ εἶα νῦν τῶν σκωμμάτων ἀπαλλαγέντες ἤδη
ὑμεῖς ἐπ᾽ ἄλλ᾽ εἶδος τρέπεσθ᾽,
ἐγὼ δ᾽ ἰὼν ἤδη λάθρᾳ
βουλήσομαι τοῦ δεσπότου
λαβών τιν᾽ ἄρτον καὶ κρέας   320
μασώμενος τὸ λοιπὸν οὕτω τῷ κόπῳ ξυνεῖναι.

ΧΟΡΟΥ

Χρ. χαίρειν μὲν ὑμᾶς ἐστιν ὦνδρες δημόται
ἀρχαῖον ἤδη προσαγορεύειν καὶ σαπρόν·
ἀσπάζομαι δ᾽ ὁτιὴ προθύμως ἥκετε
καὶ συντεταμένως κοὐ κατεβλακευμένως.   325
ὅπως δέ μοι καὶ τἄλλα συμπαραστάται
ἔσεσθε καὶ σωτῆρες ὄντως τοῦ θεοῦ.

Χο. θάρρει· βλέπειν γὰρ ἄντικρυς δόξεις μ᾽ Ἄρη.
δεινὸν γὰρ εἰ τριωβόλου μὲν οὕνεκα
ὠστιζόμεσθ᾽ ἑκάστοτ᾽ ἐν τἠκκλησίᾳ,   330
αὐτὸν δὲ τὸν Πλοῦτον παρείην τῳ λαβεῖν.

Χρ. καὶ μὴν ὁρῶ καὶ Βλεψίδημον τουτονὶ
προσιόντα· δῆλος δ᾽ ἐστὶν ὅτι τοῦ πράγματος
ἀκήκοέν τι τῇ βαδίσει καὶ τῷ τάχει.

ΒΛΕΨΙΔΗΜΟΣ

τί ἂν οὖν τὸ πρᾶγμ᾽ εἴη; πόθεν καὶ τίνι τρόπῳ   335
Χρεμύλος πεπλούτηκ᾽ ἐξαπίνης; οὐ πείθομαι.

312 τῶν] 'κ τῶν Cobet   316 ἄγ' εἶα V   335 πόθεν Ald. : καὶ
πόθεν R V A

228

ΠΛΟΥΤΟΣ

καίτοι λόγος γ' ἦν νὴ τὸν Ἡρακλέα πολὺς
ἐπὶ τοῖσι κουρείοισι τῶν καθημένων,
ὡς ἐξαπίνης ἀνὴρ γεγένηται πλούσιος.
ἔστιν δέ μοι τοῦτ' αὐτὸ θαυμάσιον, ὅπως   340
χρηστόν τι πράττων τοὺς φίλους μεταπέμπεται.
οὔκουν ἐπιχώριόν γε πρᾶγμ' ἐργάζεται.
Χρ. ἀλλ' οὐδὲν ἀποκρύψας ἐρῶ· νὴ τοὺς θεοὺς
ὦ Βλεψίδημ' ἄμεινον ἢ χθὲς πράττομεν,
ὥστε μετέχειν ἔξεστιν· εἰ γὰρ τῶν φίλων.   345
Βλ. γέγονας δ' ἀληθῶς, ὡς λέγουσι, πλούσιος;
Χρ. ἔσομαι μὲν οὖν αὐτίκα μάλ', ἢν θεὸς θέλῃ.
ἔνι γάρ τις ἔνι κίνδυνος ἐν τῷ πράγματι.
Βλ. ποῖός τις;   Χρ. οἷος;   · Βλ.   λέγ' ἀνύσας ὅ τι
φῇς ποτε.
Χρ. ἢν μὲν κατορθώσωμεν, εὖ πράττειν ἀεί·   350
ἢν δὲ σφαλῶμεν, ἐπιτετρῖφθαι τὸ παράπαν.
Βλ. τουτὶ πονηρὸν φαίνεται τὸ φορτίον
καί μ' οὐκ ἀρέσκει. τό τε γὰρ ἐξαίφνης ἄγαν
οὕτως ὑπερπλουτεῖν τό τ' αὖ δεδοικέναι
πρὸς ἀνδρὸς οὐδὲν ὑγιές ἐστ' εἰργασμένου.   355
Χρ. πῶς οὐδὲν ὑγιές;   Βλ.   εἴ τι κεκλοφὼς νὴ Δία
ἐκεῖθεν ἥκεις ἀργύριον ἢ χρυσίον
παρὰ τοῦ θεοῦ, κᾆπειτ' ἴσως σοι μεταμέλει.
Χρ. Ἄπολλον ἀποτρόπαιε μὰ Δί' ἐγὼ μὲν οὔ.
Βλ. παῦσαι φλυαρῶν ὦγάθ'· οἶδα γὰρ σαφῶς.   360
Χρ. σὺ μηδὲν εἰς ἔμ' ὑπονόει τοιουτονί.
Βλ. φεῦ,
ὡς οὐδὲν ἀτεχνῶς ὑγιές ἐστιν οὐδενός,
ἀλλ' εἰσὶ τοῦ κέρδους ἅπαντες ἥττονες.
Χρ. οὔ τοι μὰ τὴν Δήμητρ' ὑγιαίνειν μοι δοκεῖς.
Βλ. ὡς πολὺ μεθέστηχ' ὧν πρότερον εἶχεν τρόπων.   365

338 ἐπὶ] ἐν Cobet   340 θαυμαστὸν R A   343 νὴ] μὰ A
361 τοιουτονί Pors. : τοιοῦτον vel τοιοῦτο vulg.   365 εἶχες R

ΑΡΙΣΤΟΦΑΝΟΥΣ

Χρ. μελαγχολᾷς ὦνθρωπε νὴ τὸν οὐρανόν.

Βλ. ἀλλ' οὐδὲ τὸ βλέμμ' αὐτὸ κατὰ χώραν ἔχει,
ἀλλ' ἐστὶν ἐπίδηλόν τι πεπανουργηκότι.

Χρ. σὺ μὲν οἶδ' ὃ κρώζεις· ὡς ἐμοῦ τι κεκλοφότος   369
ζητεῖς μεταλαβεῖν.   Βλ.   μεταλαβεῖν ζητῶ; τίνος;

Χρ. τὸ δ' ἐστὶν οὐ τοιοῦτον ἀλλ' ἑτέρως ἔχον.

Βλ. μῶν οὐ κέκλοφας ἀλλ' ἥρπακας;   Χρ.   κακοδαιμονᾷς.

Βλ. ἀλλ' οὐδὲ μὴν ἀπεστέρηκάς γ' οὐδένα;

Χρ. οὐ δῆτ' ἔγωγ'.   Βλ.   ὦ Ἡράκλεις, φέρε ποῖ τις ἂν
τράποιτο; τἀληθὲς γὰρ οὐκ ἐθέλει φράσαι.   375

Χρ. κατηγορεῖς γὰρ πρὶν μαθεῖν τὸ πρᾶγμά μου.

Βλ. ὦ τᾶν ἐγώ τοι τοῦτ' ἀπὸ σμικροῦ πάνυ
ἐθέλω διαπρᾶξαι πρὶν πυθέσθαι τὴν πόλιν,
τὸ στόμ' ἐπιβύσας κέρμασιν τῶν ῥητόρων.

Χρ. καὶ μὴν φίλως γ' ἄν μοι δοκεῖς νὴ τοὺς θεοὺς   380
τρεῖς μνᾶς ἀναλώσας λογίσασθαι δώδεκα.

Βλ. ὁρῶ τιν' ἐπὶ τοῦ βήματος καθεδούμενον
ἱκετηρίαν ἔχοντα μετὰ τῶν παιδίων
καὶ τῆς γυναικός, κοὐ διοίσοντ' ἄντικρυς
τῶν Ἡρακλειδῶν οὐδ' ὁτιοῦν τῶν Παμφίλου.   385

Χρ. οὐκ ὦ κακόδαιμον, ἀλλὰ τοὺς χρηστοὺς μόνους
ἔγωγε καὶ τοὺς δεξιοὺς καὶ σώφρονας
ἀπαρτὶ πλουτῆσαι ποιήσω.   Βλ.   τί σὺ λέγεις;
οὕτω πάνυ πολλὰ κέκλοφας;   Χρ.   οἴμοι τῶν κακῶν,
ἀπολεῖς.   Βλ.   σὺ μὲν οὖν σεαυτόν, ὥς γ' ἐμοὶ δοκεῖς.

. Χρ. οὐ δῆτ', ἐπεὶ τὸν Πλοῦτον ὦ μόχθηρε σὺ   391
ἔχω.   Βλ.   σὺ Πλοῦτον; ποῖον;   Χρ.   αὐτὸν
τὸν θεόν.

Βλ. καὶ ποῦ 'στιν;   Χρ.   ἔνδον.   Βλ.   ποῦ;   Χρ.   παρ'
ἐμοί.   Βλ.   παρὰ σοί;   Χρ.   πάνυ.

367 ἔχει A : ἔχεις R : ἔχεις γρ. μένει V   368 πεπανουργευκότι
R : πεπανούργηχ' ὅτι Bergk   369 σὺ] σὲ Elmsl.   374 ἂν
Kuster : οὖν codd.   375 ἐθέλει Mut. 1. 2 : ἐθέλεις R V A
Ald.

ΠΛΟΥΤΟΣ

Βλ. οὐκ ἐς κόρακας; Πλοῦτος παρὰ σοί;   Χρ.   νὴ τοὺς
    θεούς.

Βλ. λέγεις ἀληθῆ;   Χρ.   φημί.   Βλ.   πρὸς τῆς
    Ἑστίας;   395

Χρ. νὴ τὸν Ποσειδῶ.   Βλ.   τὸν θαλάττιον λέγεις;

Χρ. εἰ δ᾽ ἔστιν ἕτερός τις Ποσειδῶν, τὸν ἕτερον.

Βλ. εἶτ᾽ οὐ διαπέμπεις καὶ πρὸς ἡμᾶς τοὺς φίλους;

Χρ. οὐκ ἔστι πω τὰ πράγματ᾽ ἐν τούτῳ.   Βλ.   τί φῄς;
    οὐ τῷ μεταδοῦναι;   Χρ.   μὰ Δία.   δεῖ γὰρ πρῶτα

Βλ. τί;   400

Χρ. βλέψαι ποιῆσαι νώ—   Βλ.   τίνα βλέψαι; φράσον.

Χρ. τὸν Πλοῦτον ὥσπερ πρότερον ἑνί γέ τῳ τρόπῳ.

Βλ. τυφλὸς γὰρ ὄντως ἐστί;   Χρ.   νὴ τὸν οὐρανόν.

Βλ. οὐκ ἐτὸς ἄρ᾽ ὡς ἔμ᾽ ἦλθεν οὐδεπώποτε.

Χρ. ἀλλ᾽ ἢν θεοὶ θέλωσι, νῦν ἀφίξεται.   405

Βλ. οὔκουν ἰατρὸν εἰσάγειν ἐχρῆν τινά;

Χρ. τίς δῆτ᾽ ἰατρός ἐστι νῦν ἐν τῇ πόλει;
    οὔτε γὰρ ὁ μισθὸς οὐδὲν ἔστ᾽ οὔθ᾽ ἡ τέχνη.

Βλ. σκοπῶμεν.   Χρ.   ἀλλ᾽ οὐκ ἔστιν.   Βλ.   οὐδ᾽
    ἐμοὶ δοκεῖ.

Χρ. μὰ Δί᾽ ἀλλ᾽ ὅπερ πάλαι παρεσκευαζόμην   410
    ἐγώ, κατακλίνειν αὐτὸν εἰς Ἀσκληπιοῦ
    κράτιστόν ἐστι.   Βλ.   πολὺ μὲν οὖν νὴ τοὺς θεούς.
    μή νυν διάτριβ᾽ ἀλλ᾽ ἄνυε πράττων ἕν γέ τι.

Χρ. καὶ δὴ βαδίζω.   Βλ.   σπεῦδέ νυν.   Χρ.   τοῦτ᾽
    αὐτὸ δρῶ.

ΠΕΝΙΑ

    ὦ θερμὸν ἔργον κἀνόσιον καὶ παράνομον   415
    τολμῶντε δρᾶν ἀνθρωπαρίω κακοδαίμονε—
    ποῖ ποῖ; τί φεύγετον; οὐ μενεῖτον;   Βλ.   Ἡράκλεις.

Πε. ἐγὼ γὰρ ὑμᾶς ἐξολῶ κακοὺς κακῶς·

396 γρ. βοιώτιον λέγεις V in marg.   406 εἰσαγαγεῖν R A
414 δὴ] μὴν R

231

ΑΡΙΣΤΟΦΑΝΟΥΣ

τόλμημα γὰρ τολμᾶτον οὐκ ἀνασχετόν,
ἀλλ' οἷον οὐδεὶς ἄλλος οὐδεπώποτε   420
οὔτε θεὸς οὔτ' ἄνθρωπος· ὥστ' ἀπολώλατον.
Χρ. σὺ δ' εἶ τίς; ὠχρὰ μὲν γὰρ εἶναί μοι δοκεῖς.
Βλ. ἴσως 'Ερινύς ἐστιν ἐκ τραγῳδίας·
βλέπει γέ τοι μανικόν τι καὶ τραγῳδικόν.
Χρ. ἀλλ' οὐκ ἔχει γὰρ δᾷδας.   Βλ. οὐκοῦν κλαύσεται.
Πε. οἴεσθε δ' εἶναι τίνα με;   Χρ. πανδοκεύτριαν   426
ἢ λεκιθόπωλιν.   οὐ γὰρ ἂν τοσουτονὶ
ἀνέκραγες ἡμῖν οὐδὲν ἠδικημένη.
Πε. ἄληθες; οὐ γὰρ δεινότατα δεδράκατον
ζητοῦντες ἐκ πάσης με χώρας ἐκβαλεῖν;   430
Χρ. οὔκουν ὑπόλοιπον τὸ βάραθρόν σοι γίγνεται;
ἀλλ' ἥτις εἶ λέγειν σ' ἐχρῆν αὐτίκα μάλα.
Πε. ἢ σφὼ ποιήσω τήμερον δοῦναι δίκην
ἀνθ' ὧν ἐμὲ ζητεῖτον ἐνθένδ' ἀφανίσαι.
Βλ. ἆρ' ἐστὶν ἡ καπηλὶς ἡκ τῶν γειτόνων,   435
ἢ ταῖς κοτύλαις ἀεί με διαλυμαίνεται;
Πε. Πενία μὲν οὖν, ἢ σφῶν ξυνοικῶ πόλλ' ἔτη.
Βλ. ἄναξ 'Άπολλον καὶ θεοί, ποῖ τις φύγῃ;
Χρ. οὗτος τί δρᾷς; ὦ δειλότατον σὺ θηρίον·
οὐ παραμενεῖς;   Βλ. ἥκιστα πάντων.   Χρ. οὐ
μενεῖς;   440
ἀλλ' ἄνδρε δύο γυναῖκα φεύγομεν μίαν;
Βλ. Πενία γάρ ἐστιν ὦ πόνηρ', ἧς οὐδαμοῦ
οὐδὲν πέφυκε ζῷον ἐξωλέστερον.
Χρ. στῆθ', ἀντιβολῶ σε, στῆθι.   Βλ. μὰ Δί' ἐγὼ μὲν οὔ.
Χρ. καὶ μὴν λέγω, δεινότατον ἔργον παρὰ πολὺ   445
ἔργων ἁπάντων ἐργασόμεθ', εἰ τὸν θεὸν
ἔρημον ἀπολιπόντε ποι φευξούμεθα
τηνδὶ δεδιότε, μηδὲ διαμαχούμεθα.

428 ἀνέκραγες R : ἀνακέκραγες V : ἐνέκραγες A Ald.   438 φύγοι
A Ald.   441 φεύγομεν] ω supra A   446 ἐργασόμεθα, τὸν θεὸν
Mein.   447 ἀπολιπόντες εἰ Dobr.   448 δεδιότες V

ΠΛΟΥΤΟΣ

Βλ. ποίοις ὅπλοισιν ἢ δυνάμει πεποιθότες;
    ποῖον γὰρ οὐ θώρακα, ποίαν δ᾽ ἀσπίδα   450
    οὐκ ἐνέχυρον τίθησιν ἡ μιαρωτάτη;
Χρ. θάρρει· μόνος γὰρ ὁ θεὸς οὗτος οἶδ᾽ ὅτι
    τροπαῖον ἂν στήσαιτο τῶν ταύτης τρόπων.
Πε. γρύζειν δὲ καὶ τολμᾶτον ὦ καθάρματε,
    ἐπ᾽ αὐτοφώρῳ δεινὰ δρῶντ᾽ εἰλημμένω;   455
Χρ. σὺ δ᾽ ὦ κάκιστ᾽ ἀπολουμένη τί λοιδορεῖ
    ἡμῖν προσελθοῦσ᾽ οὐδ᾽ ὁτιοῦν ἀδικουμένη;
Πε. οὐδὲν γὰρ ὦ πρὸς τῶν θεῶν νομίζετε
    ἀδικεῖν με τὸν Πλοῦτον ποιεῖν πειρωμένω
    βλέψαι πάλιν;   Χρ. τί οὖν ἀδικοῦμεν τοῦτό σε,
    εἰ πᾶσιν ἀνθρώποισιν ἐκπορίζομεν   461
    ἀγαθόν;   Πε. τί δ᾽ ἂν ὑμεῖς ἀγαθὸν ἐξεύροιθ᾽;
        Χρ. ὅ τι;
    σὲ πρῶτον ἐκβαλόντες ἐκ τῆς Ἑλλάδος.
Πε. ἔμ᾽ ἐκβαλόντες; καὶ τί ἂν νομίζετον
    κακὸν ἐργάσασθαι μεῖζον ἀνθρώπους;   Χρ. ὅ τι;
    εἰ τοῦτο δρᾶν μέλλοντες ἐπιλαθοίμεθα.   466
Πε. καὶ μὴν περὶ τούτου σφῷν ἐθέλω δοῦναι λόγον
    τὸ πρῶτον αὐτοῦ· κἂν μὲν ἀποφήνω μόνην
    ἀγαθῶν ἁπάντων οὖσαν αἰτίαν ἐμὲ
    ὑμῖν δι᾽ ἐμέ τε ζῶντας ὑμᾶς· εἰ δὲ μή,   470
    ποιεῖτον ἤδη τοῦθ᾽ ὅ τι ἂν ὑμῖν δοκῇ.
Χρ. ταυτὶ σὺ τολμᾷς ὦ μιαρωτάτη λέγειν;
Πε. καὶ σύ γε διδάσκου· πάνυ γὰρ οἶμαι ῥᾳδίως
    ἅπανθ᾽ ἁμαρτάνοντά σ᾽ ἀποδείξειν ἐγώ,
    εἰ τοὺς δικαίους φῂς ποιήσειν πλουσίους.   475
Χρ. ὦ τύμπανα καὶ κύφωνες οὐκ ἀρήξετε;
Πε. οὐ δεῖ σχετλιάζειν καὶ βοᾶν πρὶν ἂν μάθῃς.

---

454 καθάρματοι R : καθάρματα A   461-2 εἰ πᾶσιν ἀνθρώποις
ἀγαθὰ πορίζομεν· | Πε. τί δ᾽ ἂν ποθ᾽ ὑμεῖς Elmsl.   461 ἐκπορίζομεν]
ἐκποριζοίμεθ᾽ V : πορίζομεν Ald.   464 νομίζετε R   465 ἀν-
θρώποις R V   472 τουτὶ A Ald.   476 καὶ] ὦ Bentl.

233

Χρ. καὶ τίς δύναιτ' ἂν μὴ βοᾶν ' ἰοὺ ἰοὺ '
    τοιαῦτ' ἀκούων;   Πε. ὅστις ἐστὶν εὖ φρονῶν.

Χρ. τί δῆτά σοι τίμημ' ἐπιγράψω τῇ δίκῃ,   480
    ἐὰν ἁλῷς;   Πε. ὅ τι σοι δοκεῖ.   Χρ. καλῶς
    λέγεις.

Πε. τὸ γὰρ αὖτ', ἐὰν ἡττᾶσθε, καὶ σφὼ δεῖ παθεῖν.

Χρ. ἱκανοὺς νομίζεις δῆτα θανάτους εἴκοσιν;

Βλ. ταύτῃ γε· νῷν δὲ δύ' ἀποχρήσουσιν μόνω.

Πε. οὐκ ἂν φθάνοιτον τοῦτο πράττοντ', ἢ τί γ' ἂν   485
    ἔχοι τις ἂν δίκαιον ἀντειπεῖν ἔτι;

Χο. ἀλλ' ἤδη χρῆν τι λέγειν ὑμᾶς σοφὸν ᾧ νικήσετε τηνδὶ
    ἐν τοῖσι λόγοις ἀντιλέγοντες, μαλακὸν δ' ἐνδώσετε
    μηδέν.

Χρ. φανερὸν μὲν ἔγωγ' οἶμαι γνῶναι τοῦτ' εἶναι πᾶσιν
    ὁμοίως,

    ὅτι τοὺς χρηστοὺς τῶν ἀνθρώπων εὖ πράττειν ἐστὶ
    δίκαιον,   490

    τοὺς δὲ πονηροὺς καὶ τοὺς ἀθέους τούτων τἀναντία
    δήπου.

    τοῦτ' οὖν ἡμεῖς ἐπιθυμοῦντες μόλις ηὕρομεν, ὥστε γε-
    νέσθαι

    βούλευμα καλὸν καὶ γενναῖον καὶ χρήσιμον εἰς ἅπαν
    ἔργον.

    ἦν γὰρ ὁ Πλοῦτος νυνὶ βλέψῃ καὶ μὴ τυφλὸς ὢν
    περινοστῇ,

    ὡς τοὺς ἀγαθοὺς τῶν ἀνθρώπων βαδιεῖται κοὐκ ἀπο-
    λείψει,   495

    τοὺς δὲ πονηροὺς καὶ τοὺς ἀθέους φευξεῖται· κᾆτα ποιήσει
    πάντας χρηστοὺς καὶ πλουτοῦντας δήπου τά τε θεῖα
    σέβοντας.

480 ἐπεγράψω R   485 φθάνοιτον . . . πράττοντ' Ald. : φθάνοιτε
. . . πράττοντες codd.   ἢ τί γ' ἂν A Ald. : εἴ (ἢ R²) τι γὰρ R V
φθάνοιτε . . . πράττοντες· τί γὰρ Bergk   493 βούλευμα Flor. Laur.
31. 16 et schol. : βούλημα R V A Ald.

ΠΛΟΥΤΟΣ

καίτοι τούτου τοῖς ἀνθρώποις τίς ἂν ἐξεύροι ποτ᾽ ἄμεινον;

Βλ. οὐδείς· τούτου μάρτυς ἐγώ σοι· μηδὲν ταύτην γ᾽
ἀνερώτα.

Χρ. ὡς μὲν γὰρ νῦν ἡμῖν ὁ βίος τοῖς ἀνθρώποις διάκειται,
τίς ἂν οὐχ ἡγοῖτ᾽ εἶναι μανίαν κακοδαιμονίαν τ᾽ ἔτι
μᾶλλον;   501
πολλοὶ μὲν γὰρ τῶν ἀνθρώπων ὄντες πλουτοῦσι πονηροί,
ἀδίκως αὐτὰ ξυλλεξάμενοι· πολλοὶ δ᾽ ὄντες πάνυ χρηστοὶ
πράττουσι κακῶς καὶ πεινῶσιν μετὰ σοῦ τε τὰ πλεῖστα
σύνεισιν.
οὔκουν εἶναί φημ᾽, εἰ παύσει ταύτην βλέψας ποθ᾽ ὁ
Πλοῦτος,   505
ὁδὸν ἥντιν᾽ ἰὼν τοῖς ἀνθρώποις ἀγάθ᾽ ἂν μείζω πορίσειεν.

Πε. ἀλλ᾽ ὦ πάντων ῥᾷστ᾽ ἀνθρώπων ἀναπεισθέντ᾽ οὐχ
ὑγιαίνειν
δύο πρεσβύτα, ξυνθιασώτα τοῦ ληρεῖν καὶ παραπαίειν,
εἰ τοῦτο γένοιθ᾽ ὃ ποθεῖθ᾽ ὑμεῖς, οὔ φημ᾽ ἂν λυσιτελεῖν
σφῷν.   509
εἰ γὰρ ὁ Πλοῦτος βλέψειε πάλιν διανείμειέν τ᾽ ἴσον αὑτόν,
οὔτε τέχνην ἂν τῶν ἀνθρώπων οὔτ᾽ ἂν σοφίαν μελετῴη
οὐδείς· ἀμφοῖν δ᾽ ὑμῖν τούτοιν ἀφανισθέντοιν ἐθελήσει
τίς χαλκεύειν ἢ ναυπηγεῖν ἢ ῥάπτειν ἢ τροχοποιεῖν,
ἢ σκυτοτομεῖν ἢ πλινθουργεῖν ἢ πλύνειν ἢ σκυλοδεψεῖν,
ἢ γῆς ἀρότροις ῥήξας δάπεδον καρπὸν Δηοῦς θερίσασθαι,
ἢν ἐξῇ ζῆν ἀργοῖς ὑμῖν τούτων πάντων ἀμελοῦσιν;   516

Χρ. λῆρον ληρεῖς.   ταῦτα γὰρ ἡμῖν πάνθ᾽ ὅσα νῦν δὴ κατ-
έλεξας
οἱ θεράποντες μοχθήσουσιν.   Πε.   πόθεν οὖν ἕξεις
θεράποντας;

498 τίς] τὶς Mein. : τί Bamberg   499 οὐδείς] οὗτις Ald. : οὐδέν
Cobet   ἐγώ σοι τούτου μάρτυς R V A Ald.: correximus   503 αὐτὰ]
πολλὰ Reiske   505 εἰ παύσει V : εἰ παῦσαι R : ἢ παύσει A Ald.
ταύτην βλέψας R : ταῦτ᾽ ἢν βλέψῃ V A Ald.   506 ἥντιν᾽] ἥν τις
Hemsterhuys   514 σκυτοδεψεῖν R A Ald.: βυρσοδεψεῖν V: corr.
Bentl.   517 νῦν δὴ R : νῦν V : νυνὶ A Ald.

ΑΡΙΣΤΟΦΑΝΟΥΣ

Χρ. ὠνησόμεθ᾽ ἀργυρίου δήπου.   Πε.   τίς δ᾽ ἔσται
    πρῶτον ὁ πωλῶν,
ὅταν ἀργύριον κἀκεῖνος ἔχῃ;   Χρ.   κερδαίνειν βου-
    λόμενός τις   520
ἔμπορος ἥκων ἐκ Θετταλίας παρὰ πλείστων ἀνδραπο-
    διστῶν.
Πε. ἀλλ᾽ οὐδ᾽ ἔσται πρῶτον ἁπάντων οὐδεὶς οὐδ᾽ ἀνδραπο-
    διστὴς
κατὰ τὸν λόγον ὃν σὺ λέγεις δήπου. τίς γὰρ πλουτῶν
    ἐθελήσει
κινδυνεύων περὶ τῆς ψυχῆς τῆς αὑτοῦ τοῦτο ποιῆσαι;
ὥστ᾽ αὐτὸς ἀροῦν ἐπαναγκασθεὶς καὶ σκάπτειν τἄλλα
    τε μοχθεῖν   525
ὀδυνηρότερον τρίψεις βίοτον πολὺ τοῦ νῦν.   Χρ.   ἐς
    κεφαλὴν σοί.
Πε. ἔτι δ᾽ οὐχ ἕξεις οὔτ᾽ ἐν κλίνῃ καταδαρθεῖν, οὐ γὰρ
    ἔσονται,
οὔτ᾽ ἐν δάπισιν· τίς γὰρ ὑφαίνειν ἐθελήσει χρυσίου
    ὄντος;
οὔτε μύροισιν μυρίσαι στακτοῖς ὁπόταν νύμφην ἀγά-
    γησθον,   529
οὔθ᾽ ἱματίων βαπτῶν δαπάναις κοσμῆσαι ποικιλομόρφων.
καίτοι τί πλέον πλουτεῖν ἐστιν τούτων πάντων ἀπο-
    ροῦντας;
παρ᾽ ἐμοῦ δ᾽ ἔστιν ταῦτ᾽ εὔπορα πάνθ᾽ ὑμῖν ὧν δεῖσθον·
    ἐγὼ γὰρ
τὸν χειροτέχνην ὥσπερ δέσποιν᾽ ἐπαναγκάζουσα κάθημαι
διὰ τὴν χρείαν καὶ τὴν πενίαν ζητεῖν ὁπόθεν βίον ἕξει.
Χρ. σὺ γὰρ ἂν πορίσαι τί δύναι᾽ ἀγαθὸν πλὴν φῴδων ἐκ
    βαλανείου   535

519 πρῶτος V A   521 πλείστων] ληστῶν Bergk   528 δάπησι
V: τάπησιν A   531 καίτοι] καὶ τῷ Rutherford   ἐστιν]
ἔσται Pors.   ἀπορῦντας V A Ald.: ἀποροῦντα R: ἀποροῦντι
Valckenaer

ΠΛΟΥΤΟΣ

καὶ παιδαρίων ὑποπεινώντων καὶ γραϊδίων κολοσυρτόν;
φθειρῶν τ' ἀριθμὸν καὶ κωνώπων καὶ ψυλλῶν οὐδὲ
λέγω σοι
ὑπὸ τοῦ πλήθους, αἳ βομβοῦσαι περὶ τὴν κεφαλὴν
ἀνιῶσιν,
ἐπεγείρουσαι καὶ φράζουσαι, 'πεινήσεις, ἀλλ' ἐπανίστω.'
πρὸς δέ γε τούτοις ἀνθ' ἱματίου μὲν ἔχειν ῥάκος· ἀντὶ
δὲ κλίνης   540
στιβάδα σχοίνων κόρεων μεστήν, ἢ τοὺς εὔδοντας
ἐγείρει·
καὶ φορμὸν ἔχειν ἀντὶ τάπητος σαπρόν· ἀντὶ δὲ προσ-
κεφαλαίου
λίθον εὐμεγέθη πρὸς τῇ κεφαλῇ· σιτεῖσθαι δ' ἀντὶ μὲν
ἄρτων
μαλάχης πτόρθους, ἀντὶ δὲ μάζης φυλλεῖ' ἰσχνῶν
ῥαφανίδων,
ἀντὶ δὲ θράνους στάμνου κεφαλὴν κατεαγότος, ἀντὶ δὲ
μάκτρας   545
φιδάκνης πλευρὰν ἐρρωγυῖαν καὶ ταύτην. ἀρά γε
πολλῶν
ἀγαθῶν πᾶσιν τοῖς ἀνθρώποις ἀποφαίνω σ' αἴτιον οὖσαν;
Πε. σὺ μὲν οὐ τὸν ἐμὸν βίον εἴρηκας, τὸν τῶν πτωχῶν δ'
ὑπεκρούσω.
Χρ. οὐκοῦν δήπου τῆς Πτωχείας Πενίαν φαμὲν εἶναι ἀδελφήν.
Πε. ὑμεῖς γ' οἵπερ καὶ Θρασυβούλῳ Διονύσιον εἶναι ὅμοιον.
ἀλλ' οὐχ οὑμὸς τοῦτο πέπονθεν βίος οὐ μὰ Δί', οὐδέ
γε μέλλει.   551
πτωχοῦ μὲν γὰρ βίος, ὃν σὺ λέγεις, ζῆν ἐστιν μηδὲν
ἔχοντα·
τοῦ δὲ πένητος ζῆν φειδόμενον καὶ τοῖς ἔργοις προσ-
έχοντα,

536 κολοσυρτοῦ Kuster   544 φυλλεῖ scho1. ad Ach. 469: φύλλ'
codd.   545 θράνου Pollux   547 αἰτίαν codd. : corr. Bentl.
548 ἐπεκρούσω Pollux

237

περιγίγνεσθαι δ' αὐτῷ μηδέν, μὴ μέντοι μηδ' ἐπιλείπειν.

Χρ. ὡς μακαρίτην ὦ Δάματερ τὸν βίον αὐτοῦ κατέλεξας, 555
εἰ φεισάμενος καὶ μοχθήσας καταλείψει μηδὲ ταφῆναι.

Πε. σκώπτειν πειρᾷ καὶ κωμῳδεῖν τοῦ σπουδάζειν ἀμελήσας,
οὐ γιγνώσκων ὅτι τοῦ Πλούτου παρέχω βελτίονας ἄνδρας
καὶ τὴν γνώμην καὶ τὴν ἰδέαν. παρὰ τῷ μὲν γὰρ
ποδαγρῶντες
καὶ γαστρώδεις καὶ παχύκνημοι καὶ πίονές εἰσιν ἀσελγῶς,
παρ' ἐμοὶ δ' ἰσχνοὶ καὶ σφηκώδεις καὶ τοῖς ἐχθροῖς
ἀνιαροί. 561

Χρ. ἀπὸ τοῦ λιμοῦ γὰρ ἴσως αὐτοῖς τὸ σφηκῶδες σὺ πορίζεις.

Πε. περὶ σωφροσύνης ἤδη τοίνυν περανῶ σφῷν κἀναδιδάξω
ὅτι κοσμιότης οἰκεῖ μετ' ἐμοῦ, τοῦ Πλούτου δ' ἐστὶ
ὑβρίζειν.

Χρ. πάνυ γοῦν κλέπτειν κόσμιόν ἐστιν καὶ τοὺς τοίχους
διορύττειν. 565

Βλ. †νὴ τὸν Δί', εἰ δεῖ λαθεῖν αὐτόν, πῶς οὐχὶ κόσμιόν
ἐστι;†

Πε. σκέψαι τοίνυν ἐν ταῖς πόλεσιν τοὺς ῥήτορας, ὡς ὁπόταν
μὲν
ὦσι πένητες, περὶ τὸν δῆμον καὶ τὴν πόλιν εἰσὶ δίκαιοι,
πλουτήσαντες δ' ἀπὸ τῶν κοινῶν παραχρῆμ' ἄδικοι
γεγένηνται, 569
ἐπιβουλεύουσί τε τῷ πλήθει καὶ τῷ δήμῳ πολεμοῦσιν.

Χρ. ἀλλ' οὐ ψεύδει τούτων γ' οὐδέν, καίπερ σφόδρα βάσκα-
νος οὖσα.

ἀτὰρ οὐχ ἧττόν γ' οὐδὲν κλαύσει, μηδὲν ταύτῃ γε κομήσῃς,
ὁτιὴ ζητεῖς τοῦτ' ἀναπείθειν ἡμᾶς, ὡς ἔστιν ἄμεινον
Πενία Πλούτου.   Πε. καὶ σύ γ' ἐλέγξαι μ' οὔπω
δύνασαι περὶ τούτου,

562 ἀπὸ] ὑπὸ V Ald.   564 ἐνυβρίζειν R (om. ἐστὶν)   566 eicit
Bentl.   Δί' R V Ald. : Δία γ' A   εἰ δεῖ R : εἴ γε A V : εἴ γε δεῖ
Ald.   πῶς οὐχὶ R : δεῖ V : δεῖ πῶς οὐ A   573 ὁτιὴ Vat.-Urb.
141 : ὅτι γε R V A Ald.   ἀναπείσειν R V Ald. : ἀναπείσεις A : corr.
Pors.   ἀμείνων A Ald.

238

ΠΛΟΥΤΟΣ

ἀλλὰ φλυαρεῖς καὶ πτερυγίζεις.   Χρ. καὶ πῶς
    φεύγουσί σ᾽ ἅπαντες;   575
Πε. ὅτι βελτίους αὐτοὺς ποιῶ. σκέψασθαι δ᾽ ἔστι μάλιστα
    ἀπὸ τῶν παίδων· τοὺς γὰρ πατέρας φεύγουσι φρονοῦ-
    ντας ἄριστα
    αὐτοῖς. οὕτω διαγιγνώσκειν χαλεπὸν πρᾶγμ᾽ ἐστὶ δί-
    καιον.
Χρ. τὸν Δία φήσεις ἆρ᾽ οὐκ ὀρθῶς διαγιγνώσκειν τὸ κρά-
    τιστον·
    κἀκεῖνος γὰρ τὸν Πλοῦτον ἔχει.   Βλ. ταύτην δ᾽
    ἡμῖν ἀποπέμπει.   580
Πε. ἀλλ᾽ ὦ Κρονικαῖς λήμαις ὄντως λημῶντες τὰς φρένας
    ἄμφω,
    ὁ Ζεὺς δήπου πένεται, καὶ τοῦτ᾽ ἤδη φανερῶς σε διδάξω.
    εἰ γὰρ ἐπλούτει, πῶς ἂν ποιῶν τὸν Ὀλυμπικὸν αὐτὸς
    ἀγῶνα
    ἵνα τοὺς Ἕλληνας ἅπαντας ἀεὶ δι᾽ ἔτους πέμπτου ξυν-
    αγείρει,   584
    ἀνεκήρυττεν τῶν ἀσκητῶν τοὺς νικῶντας στεφανώσας
    κοτίνου στεφάνῳ; καίτοι χρυσῷ μᾶλλον ἐχρῆν, εἴπερ
    ἐπλούτει.
Χρ. οὐκοῦν τούτῳ δήπου δηλοῖ τιμῶν τὸν Πλοῦτον ἐκεῖνος·
    φειδόμενος γὰρ καὶ βουλόμενος τούτου μηδὲν δαπα-
    νᾶσθαι,
    λήροις ἀναδῶν τοὺς νικῶντας τὸν Πλοῦτον ἐᾷ παρ᾽
    ἑαυτῷ.   589
Πε. πολὺ τῆς Πενίας πρᾶγμ᾽ αἴσχιον ζητεῖς αὐτῷ περιάψαι,
    εἰ πλούσιος ὢν ἀνελεύθερός ἐσθ᾽ οὑτωσὶ καὶ φιλοκερδής.
Χρ. ἀλλὰ σέ γ᾽ ὁ Ζεὺς ἐξολέσειεν κοτίνου στεφάνῳ στεφα-
    νώσας.

---

581 γρ. γνώμαις V in marg.   583 αὐτὸς τὸν ὀλυμπικὸν R V : τὸν
ὀλυμπιακὸν αὐτὸς A : corr. Kuster   584 eicit Cobet   586 κοτίνου
V Ald. : κοτίνῳ R A : κοτίνῳ (idemque v. 592) Pors.   587 δηλοῖ]
δῆλος Cobet   592 σέ γ᾽ Junt. 2 : σε A : σ᾽ R V Ald.   κοτίνου
A Ald. : κοτίνῳ R V

Πε. τὸ γὰρ ἀντιλέγειν τολμᾶν ὑμᾶς ὡς οὐ πάντ' ἔστ' ἀγάθ'
    ὑμῖν
διὰ τὴν Πενίαν.   Χρ. παρὰ τῆς Ἑκάτης ἔξεστιν
    τοῦτο πυθέσθαι,   594
εἴτε τὸ πλουτεῖν εἴτε τὸ πεινῆν βέλτιον. φησὶ γὰρ αὕτη
τοὺς μὲν ἔχοντας καὶ πλουτοῦντας δεῖπνον κατὰ μῆν'
    ἀποπέμπειν,
τοὺς δὲ πένητας τῶν ἀνθρώπων ἁρπάζειν πρὶν καταθεῖναι.
ἀλλὰ φθείρου καὶ μὴ γρύξῃς
    ἔτι μηδ' ὁτιοῦν.
οὐ γὰρ πείσεις, οὐδ' ἢν πείσῃς.   600

Πε. ὦ πόλις Ἄργους, κλύεθ' οἷα λέγει.

Χρ. Παύσωνα κάλει τὸν ξύσσιτον.

Πε.   τί πάθω τλήμων;

Χρ. ἔρρ' ἐς κόρακας θᾶττον ἀφ' ἡμῶν.

Πε.   εἶμι δὲ ποῖ γῆς;   605

Χρ. ἐς τὸν κύφων'· ἀλλ' οὐ μέλλειν
    χρῆν σ', ἀλλ' ἀνύειν.

Πε. ἢ μὴν ὑμεῖς γ' ἔτι μ' ἐνταυθοῖ
    μεταπέμψεσθον.

Χρ. τότε νοστήσεις· νῦν δὲ φθείρου.   610
κρεῖττον γάρ μοι πλουτεῖν ἐστίν,
σὲ δ' ἐᾶν κλάειν μακρὰ τὴν κεφαλήν.

Βλ. νὴ Δί' ἐγὼ γοῦν ἐθέλω πλουτῶν
εὐωχεῖσθαι μετὰ τῶν παίδων
τῆς τε γυναικός, καὶ λουσάμενος   615
λιπαρὸς χωρῶν ἐκ βαλανείου
τῶν χειροτεχνῶν
καὶ τῆς Πενίας καταπαρδεῖν.

Χρ. αὕτη μὲν ἡμῖν ἠπίτριπτος οἴχεται.
    ἐγὼ δὲ καὶ σύ γ' ὡς τάχιστα τὸν θεὸν   620

    598 γρύζῃς RA: γρύζεις V: corr. Brunck   607 χρῆν V Ald:
χρή RA

ΠΛΟΥΤΟΣ

ἐγκατακλινοῦντ᾽ ἄγωμεν εἰς Ἀσκληπιοῦ.

Βλ. καὶ μὴ διατρίβωμέν γε, μὴ πάλιν τις αὖ
ἐλθὼν διακωλύσῃ τι τῶν προὔργου ποιεῖν.

Χρ. παῖ Καρίων τὰ στρώματ᾽ ἐκφέρειν σ᾽ ἐχρῆν
αὐτόν τ᾽ ἄγειν τὸν Πλοῦτον, ὡς νομίζεται,   625
καὶ τἄλλ᾽ ὅσ᾽ ἐστὶν ἔνδον ηὐτρεπισμένα.

ΧΟΡΟΥ

Κα. ὦ πλεῖστα Θησείοις μεμυστιλημένοι
γέροντες ἄνδρες ἐπ᾽ ὀλιγίστοις ἀλφίτοις,
ὡς εὐτυχεῖθ᾽, ὡς μακαρίως πεπράγατε,
ἄλλοι θ᾽ ὅσοις μέτεστι τοῦ χρηστοῦ τρόπου.   630
Χο. τί δ᾽ ἔστιν ὦ βέλτιστε τῶν σαυτοῦ φίλων;
φαίνει γὰρ ἥκειν ἄγγελος χρηστοῦ τινος.
Κα. ὁ δεσπότης πέπραγεν εὐτυχέστατα,
μᾶλλον δ᾽ ὁ Πλοῦτος αὐτός· ἀντὶ γὰρ τυφλοῦ
ἐξωμμάτωται καὶ λελάμπρυνται κόρας,   635
Ἀσκληπιοῦ παιῶνος εὐμενοῦς τυχών.
Χο. λέγεις μοι χαράν, λέγεις μοι βοάν.
Κα. πάρεστι χαίρειν, ἤν τε βούλησθ᾽ ἤν τε μή.
Χο. ἀναβοάσομαι τὸν εὔπαιδα καὶ
μέγα βροτοῖσι φέγγος Ἀσκληπιόν.   640

ΓΥΝΗ

τίς ἡ βοή ποτ᾽ ἐστίν; ἆρ᾽ ἀγγέλλεται
χρηστόν τι; τοῦτο γὰρ ποθοῦσ᾽ ἐγὼ πάλαι
ἔνδον κάθημαι περιμένουσα τουτονί.
Κα. ταχέως ταχέως φέρ᾽ οἶνον ὦ δέσποιν᾽, ἵνα
καὐτὴ πίῃς· φιλεῖς δὲ δρῶσ᾽ αὐτὸ σφόδρα·   645
ὡς ἀγαθὰ συλλήβδην ἅπαντά σοι φέρω.
Γυ. καὶ ποῦ ᾽στιν; Κα. ἐν τοῖς λεγομένοις εἴσει τάχα.

621 ἐγκατακλινοῦντες R A Ald.   626 εὐπρεπισμένα R   641 ἆρ᾽
Ald.: ἀρά γ᾽ codd.   ἀγγέλλεται R : ἀγγελεῖ V A Ald.   647 post
λεγομένοις interpungit Boissonade

Γυ. πέραινε τοίνυν ὅ τι λέγεις ἀνύσας ποτέ.

Κα. ἄκουε τοίνυν, ὡς ἐγὼ τὰ πράγματα
ἐκ τῶν ποδῶν ἐς τὴν κεφαλήν σοι πάντ᾽ ἐρῶ.   650

Γυ. μὴ δῆτ᾽ ἔμοιγ᾽ ἐς τὴν κεφαλήν.   Κα.   μὴ τἀγαθὰ
ἃ νῦν γεγένηται;   Γυ.   μὴ μὲν οὖν τὰ πράγματα.

Κα. ὡς γὰρ τάχιστ᾽ ἀφικόμεθα πρὸς τὸν θεὸν
ἄγοντες ἄνδρα τότε μὲν ἀθλιώτατον
νῦν δ᾽ εἴ τιν᾽ ἄλλον μακάριον κεὐδαίμονα,   655
πρῶτον μὲν αὐτὸν ἐπὶ θάλατταν ἤγομεν,
ἔπειτ᾽ ἐλοῦμεν.   Γυ.   νὴ Δί᾽ εὐδαίμων ἄρ᾽ ἦν
ἀνὴρ γέρων ψυχρᾷ θαλάττῃ λούμενος.

Κα. ἔπειτα πρὸς τὸ τέμενος ᾖμεν τοῦ θεοῦ.
ἐπεὶ δὲ βωμῷ πόπανα καὶ προθύματα   660
καθωσιώθη πέλανος Ἡφαίστου φλογί,
κατεκλίναμεν τὸν Πλοῦτον, ὥσπερ εἰκὸς ἦν·
ἡμῶν δ᾽ ἕκαστος στιβάδα παρεκαττύετο.

Γυ. ἦσαν δέ τινες κἄλλοι δεόμενοι τοῦ θεοῦ;

Κα. εἷς μέν γε Νεοκλείδης, ὅς ἐστι μὲν τυφλός,   665
κλέπτων δὲ τοὺς βλέποντας ὑπερηκόντικεν·
ἕτεροί τε πολλοὶ παντοδαπὰ νοσήματα
ἔχοντες· ὡς δὲ τοὺς λύχνους ἀποσβέσας
ἡμῖν παρήγγειλεν καθεύδειν τοῦ θεοῦ
ὁ πρόπολος, εἰπών, ἤν τις αἴσθηται ψόφου   670
σιγᾶν, ἅπαντες κοσμίως κατεκείμεθα.
κἀγὼ καθεύδειν οὐκ ἐδυνάμην, ἀλλά με
ἀθάρης χύτρα τις ἐξέπληττε κειμένη
ὀλίγον ἄπωθεν τῆς κεφαλῆς του γρᾳδίου,
ἐφ᾽ ἣν ἐπεθύμουν δαιμονίως ἐφερπύσαι.   675
ἔπειτ᾽ ἀναβλέψας ὁρῶ τὸν ἱερέα
τοὺς φθοῖς ἀφαρπάζοντα καὶ τὰς ἰσχάδας

660 προθύματα] θηλύματα v. l. apud schol. Rav.   661 πέλανος]
μέλανος Bergk   662 κατεκλίνομεν A Ald.   666 ὑπερηκόντισεν
R¹ Ald.   668 ἀποσβέσαι R   669 παρήγγειλ᾽ ἐγκαθεύδειν Pors.
670 πρόσπολος V A

ἀπὸ τῆς τραπέζης τῆς ἱερᾶς· μετὰ τοῦτο δὲ
περιῆλθε τοὺς βωμοὺς ἅπαντας ἐν κύκλῳ,
εἴ που πόπανον εἴη τι καταλελειμμένον·   680
ἔπειτα ταῦθ᾽ ἥγιζεν ἐς σάκταν τινά.
κἀγὼ νομίσας πολλὴν ὁσίαν τοῦ πράγματος
ἐπὶ τὴν χύτραν τὴν τῆς ἀθάρης ἀνίσταμαι.
Γυ. ταλάντατ᾽ ἀνδρῶν οὐκ ἐδεδοίκεις τὸν θεόν;
Κα. νὴ τοὺς θεοὺς ἔγωγε μὴ φθάσειέ με   685
ἐπὶ τὴν χύτραν ἐλθὼν ἔχων τὰ στέμματα·
ὁ γὰρ ἱερεὺς αὐτοῦ με προὐδιδάξατο.
τὸ γρᾴδιον δ᾽ ὡς ᾔσθετο δή μου τὸν ψόφον,
ἄρασ᾽ ὑφῄρει· κᾆτα συρίξας ἐγὼ
ὀδὰξ ἐλαβόμην ὡς παρείας ὢν ὄφις.   690
ἡ δ᾽ εὐθέως τὴν χεῖρα πάλιν ἀνέσπασεν,
κατέκειτο δ᾽ αὑτὴν ἐντυλίξασ᾽ ἡσυχῇ
ὑπὸ τοῦ δέους βδέουσα δριμύτερον γαλῆς.
κἀγὼ τότ᾽ ἤδη τῆς ἀθάρης πολλὴν ἔφλων·
ἔπειτ᾽ ἐπειδὴ μεστὸς ἦν, ἀνεπαλλόμην.   695
Γυ. ὁ δὲ θεὸς ὑμῖν οὐ προσῄειν;   Κα.   οὐδέπω.
μετὰ τοῦτο δ᾽ ἤδη καὶ γέλοιον δῆτά τι
ἐποίησα.   προσιόντος γὰρ αὐτοῦ μέγα πάνυ
ἀπέπαρδον· ἡ γαστὴρ γὰρ ἐπεφύσητό μου.
Γυ. ἦ πού σε διὰ τοῦτ᾽ εὐθὺς ἐβδελύττετο.   700
Κα. οὔκ, ἀλλ᾽ Ἰασὼ μέν τις ἀκολουθοῦσ᾽ ἅμα
ὑπηρυθρίασε χἠ Πανάκει᾽ ἀπεστράφη
τὴν ῥῖν᾽ ἐπιλαβοῦσ᾽· οὐ λιβανωτὸν γὰρ βδέω.
Γυ. αὐτὸς δ᾽ ἐκεῖνος;   Κα.   οὐ μὰ Δί᾽ οὐδ᾽ ἐφρόν-
τισεν.
Γυ. λέγεις ἄγροικον ἄρα σύ γ᾽ εἶναι τὸν θεόν.   705

678 ταῦτα V   681 ἥγιζεν] ἤίτιζεν R : ἥικιζεν V : ἥλιζεν Blaydes
σάκταν] σάκκον v. l. apud schol.   688 ᾐσθάνετό (om. δή) Pors.   δή
om. R V   689 ἄρασ᾽ Dobr. : τὴν χεῖρ᾽ codd.   692 συντυλίξασ᾽ V
695 om. A   ἀνεπαυόμην V γρ. Vat.-Urb. 141   701 τις A Ald. :
γέ τις R : γε V : γ᾽ ἐπ- Reisig   702 ὑπερυθρίασε R : ὑπερηρυθρίασε
Bergk

Κα. μὰ Δί᾽ οὐκ ἔγωγ᾽, ἀλλὰ σκατοφάγον.   Γυ. αἲ τάλαν.

Κα. μετὰ ταῦτ᾽ ἐγὼ μὲν εὐθὺς ἐνεκαλυψάμην
δείσας, ἐκεῖνος δ᾽ ἐν κύκλῳ τὰ νοσήματα
σκοπῶν περιῄει πάντα κοσμίως πάνυ.
ἔπειτα παῖς αὐτῷ λίθινον θυείδιον   710
παρέθηκε καὶ δοίδυκα καὶ κιβώτιον.

Γυ. λίθινον;   Κα. μὰ Δί᾽ οὐ δῆτ᾽ οὐχὶ τό γε κιβώτιον.

Γυ. σὺ δὲ πῶς ἑώρας ὦ κάκιστ᾽ ἀπολούμενε,
ὃς ἐγκεκαλύφθαι φῄς;   Κα. διὰ τοῦ τριβωνίου·
ὀπὰς γὰρ εἶχεν οὐκ ὀλίγας μὰ τὸν Δία.   715
πρῶτον δὲ πάντων τῷ Νεοκλείδῃ φάρμακον
καταπλαστὸν ἐνεχείρησε τρίβειν, ἐμβαλὼν
σκορόδων κεφαλὰς τρεῖς Τηνίων. ἔπειτ᾽ ἔφλα
ἐν τῇ θυείᾳ συμπαραμιγνύων ὀπὸν
καὶ σχῖνον· εἶτ᾽ ὄξει διέμενος Σφηττίῳ   720
κατέπλασεν αὐτοῦ τὰ βλέφαρ᾽ ἐκστρέψας, ἵνα
ὀδυνῷτο μᾶλλον. ὁ δὲ κεκραγὼς καὶ βοῶν
ἔφευγ᾽ ἀνάξας· ὁ δὲ θεὸς γελάσας ἔφη·
᾽ ἐνταῦθα νῦν κάθησο καταπεπλασμένος,
ἵν᾽ ὑπομνύμενον παύσω σε τὰς ἐκκλησίας.᾽   725

Γυ. ὡς φιλόπολίς τίς ἐσθ᾽ ὁ δαίμων καὶ σοφός.

Κα. μετὰ τοῦτο τῷ Πλούτωνι παρεκαθέζετο,
καὶ πρῶτα μὲν δὴ τῆς κεφαλῆς ἐφήψατο,
ἔπειτα καθαρὸν ἡμιτύβιον λαβὼν
τὰ βλέφαρα περιέψησεν· ἡ Πανάκεια δὲ   730
κατεπέτασ᾽ αὐτοῦ τὴν κεφαλὴν φοινικίδι
καὶ πᾶν τὸ πρόσωπον· εἶθ᾽ ὁ θεὸς ἐπόππυσεν.
ἐξῃξάτην οὖν δύο δράκοντ᾽ ἐκ τοῦ νεὼ
ὑπερφυεῖς τὸ μέγεθος.   Γυ. ὦ φίλοι θεοί.

Κα. τούτω δ᾽ ὑπὸ τὴν φοινικίδ᾽ ὑποδύνθ᾽ ἡσυχῇ   735

721 ἐκτρέψας R V   725 ἐπομνύμενον codd. : corr. Girardus τὰς
ἐκκλησίας] τῆς ἐκκλησίας A : ταῖς ἐκκλησίαις Bergk (cf. schol.)
727 τοῦτο] ταῦτα V   Πλούτῳ ᾽τι Mein.   729 ἡμιτύβιον Ald.,
lemma schol. Rav. : ἡμιτύμβιον codd.   731 κατεπέτασ᾽] κατέπασσ᾽ R :
κατέπλασ᾽ V

ΠΛΟΥΤΟΣ

τὰ βλέφαρα περιέλειχον, ὥς γ᾽ ἐμοὶ δοκεῖ·
καὶ πρίν σε κοτύλας ἐκπιεῖν οἴνου δέκα,
ὁ Πλοῦτος ὦ δέσποιν᾽ ἀνειστήκει βλέπων·
ἐγὼ δὲ τὼ χεῖρ᾽ ἀνεκρότησ᾽ ὑφ᾽ ἡδονῆς
τὸν δεσπότην τ᾽ ἤγειρον. ὁ θεὸς δ᾽ εὐθέως   740
ἠφάνισεν αὐτὸν οἵ τ᾽ ὄφεις ἐς τὸν νεών.
οἱ δ᾽ ἐγκατακείμενοι παρ᾽ αὐτῷ πῶς δοκεῖς
τὸν Πλοῦτον ἠσπάζοντο καὶ τὴν νύχθ᾽ ὅλην
ἐγρηγόρεσαν, ἕως διέλαμψεν ἡμέρα.
ἐγὼ δ᾽ ἐπῄνουν τὸν θεὸν πάνυ σφόδρα,   745
ὅτι βλέπειν ἐποίησε τὸν Πλοῦτον ταχύ,
τὸν δὲ Νεοκλείδην μᾶλλον ἐποίησεν τυφλόν.
Γυ. ὅσην ἔχεις τὴν δύναμιν ὦναξ δέσποτα.
ἀτὰρ φράσον μοι, ποῦ 'σθ᾽ ὁ Πλοῦτος;   Κα.   ἔρχεται.
ἀλλ᾽ ἦν περὶ αὐτὸν ὄχλος ὑπερφυὴς ὅσος.   750
οἱ γὰρ δίκαιοι πρότερον ὄντες καὶ βίον
ἔχοντες ὀλίγον αὐτὸν ἠσπάζοντο καὶ
ἐδεξιοῦνθ᾽ ἅπαντες ὑπὸ τῆς ἡδονῆς·
ὅσοι δ᾽ ἐπλούτουν οὐσίαν τ᾽ εἶχον συχνὴν
οὐκ ἐκ δικαίου τὸν βίον κεκτημένοι,   755
ὀφρῦς ξυνῆγον ἐσκυθρώπαζόν θ᾽ ἅμα.
οἱ δ᾽ ἠκολούθουν κατόπιν ἐστεφανωμένοι
γελῶντες εὐφημοῦντες· ἐκτυπεῖτο δὲ
ἐμβὰς γερόντων εὐρύθμοις προβήμασιν.
ἀλλ᾽ εἶ᾽ ἀπαξάπαντες ἐξ ἑνὸς λόγου   760
ὀρχεῖσθε καὶ σκιρτᾶτε καὶ χορεύετε·
οὐδεὶς γὰρ ὑμῖν εἰσιοῦσιν ἀγγελεῖ,
ὡς ἄλφιτ᾽ οὐκ ἔνεστιν ἐν τῷ θυλάκῳ.
Γυ. νὴ τὴν Ἑκάτην κἀγὼ δ᾽ ἀναδῆσαι βούλομαι
εὐαγγέλιά σε κριβανωτῶν ὁρμαθῷ   765
τοιαῦτ᾽ ἀπαγγείλαντα.   Κα.   μή νυν μέλλ᾽ ἔτι,

736 γέ μοι δοκεῖν Ald., lemma schol. : γ᾽ ἐμοὐδόκει Dind.   755 om.
R¹A : in marg. add. R²   759 προβήμασιν] κροτήμασιν Mein.
765 κριβανιτῶν Caninius

ΑΡΙΣΤΟΦΑΝΟΥΣ

ὡς ἄνδρες ἐγγύς εἰσιν ἤδη τῶν θυρῶν.
Γυ. φέρε νυν ἰοῦσ' εἴσω κομίσω καταχύσματα
ὥσπερ νεωνήτοισιν ὀφθαλμοῖς ἐγώ.
Κα. ἐγὼ δ' ἀπαντῆσαί γ' ἐκείνοις βούλομαι.   770

KOMMATION ΧΟΡΟΥ

Πλ. καὶ προσκυνῶ γε πρῶτα μὲν τὸν ἥλιον,
ἔπειτα σεμνῆς Παλλάδος κλεινὸν πέδον
χώραν τε πᾶσαν Κέκροπος ἥ μ' ἐδέξατο.
αἰσχύνομαι δὲ τὰς ἐμαυτοῦ συμφοράς,
οἵοις ἄρ' ἀνθρώποις ξυνὼν ἐλάνθανον,   775
τοὺς ἀξίους δὲ τῆς ἐμῆς ὁμιλίας
ἔφευγον, εἰδὼς οὐδέν· ὦ τλήμων ἐγώ,
ὡς οὔτ' ἐκεῖν' ἄρ' οὔτε ταῦτ' ὀρθῶς ἔδρων·
ἀλλ' αὐτὰ πάντα πάλιν ἀναστρέψας ἐγὼ
δείξω τὸ λοιπὸν πᾶσιν ἀνθρώποις ὅτι   780
ἄκων ἐμαυτὸν τοῖς πονηροῖς ἐπεδίδουν.
Χρ. βάλλ' ἐς κόρακας· ὡς χαλεπόν εἰσιν οἱ φίλοι
οἱ φαινόμενοι παραχρῆμ' ὅταν πράττῃ τις εὖ.
νύττουσι γὰρ καὶ φλῶσι τἀντικνήμια,
ἐνδεικνύμενος ἕκαστος εὔνοιάν τινα.   785
ἐμὲ γὰρ τίς οὐ προσεῖπε; ποῖος οὐκ ὄχλος
περιεστεφάνωσεν ἐν ἀγορᾷ πρεσβυτικός;
Γυ. ὦ φίλτατ' ἀνδρῶν καὶ σὺ καὶ σὺ χαίρετε.
φέρε νυν, νόμος γάρ ἐστι, τὰ καταχύσματα
ταυτὶ καταχέω σου λαβοῦσα.   Πλ. μηδαμῶς.   790
ἐμοῦ γὰρ εἰσιόντος ἐς τὴν οἰκίαν
πρώτιστα καὶ βλέψαντος οὐδὲν ἐκφέρειν
πρεπῶδές ἐστιν, ἀλλὰ μᾶλλον ἐσφέρειν.
Γυ. εἶτ' οὐχὶ δέξει δῆτα τὰ καταχύσματα;

769 secl. Rutherford   770 ὑπαντῆσαι Mein.   κομμάτιον
χοροῦ om. A   772 κλεινὴν πόλιν Steph. Byz.   779 αὐτὰ] αὖ
τὰ Bentl.   781 ἐνεδίδουν R A   783 οἱ φαινόμενοι] ὀσφραινόμενοι
Hemsterhuys

ΠΛΟΥΤΟΣ

Πλ. ἔνδον γε παρὰ τὴν ἑστίαν, ὥσπερ νόμος·   795
ἔπειτα καὶ τὸν φόρτον ἐκφύγοιμεν ἄν.
οὐ γὰρ πρεπῶδές ἐστι τῷ διδασκάλῳ
ἰσχάδια καὶ τρωγάλια τοῖς θεωμένοις
προβαλόντ' ἐπὶ τούτοις εἶτ' ἀναγκάζειν γελᾶν.
Γυ. εὖ πάνυ λέγεις· ὡς Δεξίνικός γ' οὑτοσὶ   800
ἀνίσταθ' ὡς ἁρπασόμενος τὰς ἰσχάδας.

ΧΟΡΟΥ

Κα. ὡς ἡδὺ πράττειν ὦνδρές ἐστ' εὐδαιμόνως,
καὶ ταῦτα μηδὲν ἐξενεγκόντ' οἴκοθεν.
ἡμῖν γὰρ ἀγαθῶν σωρὸς ἐς τὴν οἰκίαν
ἐπεσπέπαικεν οὐδὲν ἠδικηκόσιν.   805
[οὕτω τὸ πλουτεῖν ἐστιν ἡδὺ πρᾶγμα δή.]   805 a
ἡ μὲν σιπύη μεστή 'στι λευκῶν ἀλφίτων,
οἱ δ' ἀμφορῆς οἴνου μέλανος ἀνθοσμίου.
ἅπαντα δ' ἡμῖν ἀργυρίου καὶ χρυσίου
τὰ σκευάρια πλήρη 'στίν, ὥστε θαυμάσαι.
τὸ φρέαρ δ' ἐλαίου μεστόν· αἱ δὲ λήκυθοι   810
μύρου γέμουσι, τὸ δ' ὑπερῷον ἰσχάδων.
ὀξὶς δὲ πᾶσα καὶ λοπάδιον καὶ χύτρα
χαλκῆ γέγονε· τοὺς δὲ πινακίσκους τοὺς σαπροὺς
τοὺς ἰχθυηροὺς ἀργυροῦς πάρεσθ' ὁρᾶν.
ὁ δ' ἰπνὸς γέγον' ἡμῖν ἐξαπίνης ἐλεφάντινος.   815
στατῆρσι δ' οἱ θεράποντες ἀρτιάζομεν
χρυσοῖς· ἀποψώμεσθα δ' οὐ λίθοις ἔτι,
ἀλλὰ σκοροδίοις ὑπὸ τρυφῆς ἑκάστοτε.
καὶ νῦν ὁ δεσπότης μὲν ἔνδον βουθυτεῖ
ὗν καὶ τράγον καὶ κριὸν ἐστεφανωμένος·   820
ἐμὲ δ' ἐξέπεμψεν ὁ καπνός. οὐχ οἷός τε γὰρ
ἔνδον μένειν ἦν. ἔδακνε γὰρ τὰ βλέφαρά μου.

801 τῶν ἰσχάδων Suid.   χοροῦ R² Ald. : om. vulg.   805 a δή]
πού A   h. v. eicit Bentl.   813 σαθροὺς Kuster   815 ἰπνὸς
γέγον'] ἰπνὸς A Ald. : ἴπος Bentl. ex Polluce

ΑΡΙΣΤΟΦΑΝΟΥΣ

ΔΙΚΑΙΟΣ

ἕπου μετ' ἐμοῦ παιδάριον, ἵνα πρὸς τὸν θεὸν
ἴωμεν.   Κα.   ἔα τίς ἔσθ' ὁ προσιὼν οὑτοσί;
Δι. ἀνὴρ πρότερον μὲν ἄθλιος, νῦν δ' εὐτυχής.   825
Κα. δῆλον ὅτι τῶν χρηστῶν τις, ὡς ἔοικας, εἶ.
Δι. μάλιστ'.   Κα.   ἔπειτα τοῦ δέει;   Δι. πρὸς τὸν θεὸν
ἥκω· μεγάλων γάρ μοὔστὶν ἀγαθῶν αἴτιος.
ἐγὼ γὰρ ἱκανὴν οὐσίαν παρὰ τοῦ πατρὸς
λαβὼν ἐπήρκουν τοῖς δεομένοις τῶν φίλων,   830
εἶναι νομίζων χρήσιμον πρὸς τὸν βίον.
Κα. ἦ πού σε ταχέως ἐπέλιπεν τὰ χρήματα.
Δι. κομιδῇ μὲν οὖν.   Κα.   οὐκοῦν μετὰ ταῦτ' ἦσθ' ἄθλιος.
Δι. κομιδῇ μὲν οὖν. κἀγὼ μὲν ᾤμην οὓς τέως
εὐηργέτησα δεομένους ἕξειν φίλους   835
ὄντως βεβαίους, εἰ δεηθείην ποτέ·
οἱ δ' ἐξετρέποντο κοὐκ ἐδόκουν ὁρᾶν μ' ἔτι.
Κα. καὶ κατεγέλων δ' εὖ οἶδ' ὅτι.   Δι.   κομιδῇ μὲν οὖν·
αὐχμὸς γὰρ ὢν τῶν σκευαρίων μ' ἀπώλεσεν.
Κα. ἀλλ' οὐχὶ νῦν.   Δι.   ἀνθ' ὧν ἐγὼ πρὸς τὸν θεὸν 840
προσευξόμενος ἥκω δικαίως ἐνθάδε.
Κα. τὸ τριβώνιον δὲ τί δύναται πρὸς τῶν θεῶν,
ὃ φέρει μετὰ σοῦ τὸ παιδάριον τουτί; φράσον.
Δι. καὶ τοῦτ' ἀναθήσων ἔρχομαι πρὸς τὸν θεόν.
Κα. μῶν οὖν ἐμυήθης δῆτ' ἐν αὐτῷ τὰ μεγάλα;   845
Δι. οὐκ ἀλλ' ἐνερρίγωσ' ἔτη τριακαίδεκα.
Κα. τὰ δ' ἐμβάδια;   Δι.   καὶ ταῦτα συνεχειμάζετο.
Κα. καὶ ταῦτ' ἀναθήσων ἔφερες οὖν;   Δι.   νὴ τὸν Δία.
Κα. χαρίεντά γ' ἥκεις δῶρα τῷ θεῷ φέρων.

ΣΥΚΟΦΑΝΤΗΣ

οἴμοι κακοδαίμων, ὡς ἀπόλωλα δείλαιος,   850
καὶ τρὶς κακοδαίμων καὶ τετράκις καὶ πεντάκις·

824 ἴωμεν] ἔλθωμεν V   833 om. R   834 τέως] τότε V
842 πρὸς τὸν θεὸν Hemsterhuys   843 μετὰ σοῦ τὸ] τὸ μετὰ σοῦ
Mein.   845 οὖν om. R V   ἐνεμυήθης R   848 secl. Rutherford

ΠΛΟΥΤΟΣ

καὶ δωδεκάκις καὶ μυριάκις· ἰοὺ ἰού.
οὕτω πολυφόρῳ συγκέκραμαι δαίμονι.
Κα. Ἄπολλον ἀποτρόπαιε καὶ θεοὶ φίλοι,
τί ποτ᾽ ἐστὶν ὅ τι πέπονθεν ἄνθρωπος κακόν;   855
Συ. οὐ γὰρ σχέτλια πέπονθα νυνὶ πράγματα,
ἀπολωλεκὼς ἅπαντα τἀκ τῆς οἰκίας
διὰ τὸν θεὸν τοῦτον, τὸν ἐσόμενον τυφλὸν
πάλιν αὖθις, ἤνπερ μὴ ᾽λλίπωσιν αἱ δίκαι;
Δι. ἐγὼ σχεδὸν τὸ πρᾶγμα γιγνώσκειν δοκῶ.   860
προσέρχεται γάρ τις κακῶς πράττων ἀνήρ,
ἔοικε δ᾽ εἶναι τοῦ πονηροῦ κόμματος.
Κα. νὴ Δία καλῶς τοίνυν ποιῶν ἀπόλλυται.
Συ. ποῦ ποῦ ᾽σθ᾽ ὁ μόνος ἅπαντας ἡμᾶς πλουσίους
ὑποσχόμενος οὗτος ποιήσειν εὐθέως,   865
εἰ πάλιν ἀναβλέψειεν ἐξ ἀρχῆς· ὁ δὲ
πολὺ μᾶλλον ἐνίους ἐστὶν ἐξολωλεκώς.
Κα. καὶ τίνα δέδρακε δῆτα τοῦτ᾽;   Συ. ἐμὲ τουτονί.
Κα. ἦ τῶν πονηρῶν ἦσθα καὶ τοιχωούχων;
Συ. μὰ Δί᾽ οὐ μὲν οὖν ἔσθ᾽ ὑγιὲς ὑμῶν οὐδενός,   870
κοὐκ ἔσθ᾽ ὅπως οὐκ ἔχετέ μου τὰ χρήματα.
Κα. ὡς σοβαρὸς ὦ Δάματερ εἰσελήλυθεν
ὁ συκοφάντης. δῆλον ὅτι βουλιμιᾷ.
Συ. σὺ μὲν εἰς ἀγορὰν ἰὼν ταχέως οὐκ ἂν φθάνοις·
ἐπὶ τοῦ τροχοῦ γὰρ δεῖ σ᾽ ἐκεῖ στρεβλούμενον   875
εἰπεῖν ἃ πεπανούργηκας.   Κα. οἰμώξαρα σύ.
Δι. νὴ τὸν Δία τὸν σωτῆρα πολλοῦ γ᾽ ἄξιος
ἅπασι τοῖς Ἕλλησιν ὁ θεός ἐσθ᾽ ὅτι
τοὺς συκοφάντας ἐξολεῖ κακοὺς κακῶς.
Συ. οἴμοι τάλας· μῶν καὶ σὺ μετέχων καταγελᾷς;   880
ἐπεὶ πόθεν θοἰμάτιον εἴληφας τοδί;

852 καὶ ἰοὺ ἰού codd. : corr. edd.   859 λίπωσιν R A Ald. :
λείπωσιν V : corr. Dawes   870 οὐδενός] οὐδὲ ἐν Scaliger
871 χρήματα] πράγματα (γρ. χρήματα) V   876 οἴμως᾽ ἄρα σὺ
V A Ald.   878 ἔσθ᾽ ὅτι V : ἔσθ᾽ οὑτοσὶ R A : οὗτος εἰ Vat.-Urb. 141

249

ΑΡΙΣΤΟΦΑΝΟΥΣ

ἐχθὲς δ' ἔχοντ' εἶδόν σ' ἐγὼ τριβώνιον.

Δι. οὐδὲν προτιμῶ σου.   φορῶ γὰρ πριάμενος
τὸν δακτύλιον τονδὶ παρ' Εὐδάμου δραχμῆς.

Κα. †ἀλλ' οὐκ ἔνεστι συκοφάντου δήγματος†.   885

Συ. ἆρ' οὐχ ὕβρις ταῦτ' ἐστὶ πολλή; σκώπτετον,
ὅ τι δὲ ποιεῖτον ἐνθάδ' οὐκ εἰρήκατον.
οὐκ ἐπ' ἀγαθῷ γὰρ ἐνθάδ' ἐστὸν οὐδενί.

Δι. μὰ τὸν Δί' οὔκουν τῷ γε σῷ, σάφ' ἴσθ' ὅτι.

Συ. ἀπὸ τῶν ἐμῶν γὰρ ναὶ μὰ Δία δειπνήσετον.   890

Κα. ὡς δὴ 'π' ἀληθείᾳ σὺ μετὰ τοῦ μάρτυρος
διαρραγείης μηδενός γ' ἐμπλήμενος.

Συ. ἀρνεῖσθον; ἔνδον ἐστὶν ὦ μιαρωτάτω
πολὺ χρῆμα τεμαχῶν καὶ κρεῶν ὠπτημένων.
ὗ ὗ ὗ ὗ ὗ ὗ ὗ ὗ ὗ ὗ ὗ.   895

Κα. κακόδαιμον ὀσφραίνει τι;   Δι.   τοῦ ψύχους γ' ἴσως.
ἐπεὶ τοιοῦτόν γ' ἀμπέχεται τριβώνιον.

Συ. ταῦτ' οὖν ἀνασχέτ' ἐστὶν ὦ Ζεῦ καὶ θεοί,
τούτους ὑβρίζειν εἰς ἔμ'; οἴμ' ὡς ἄχθομαι
ὅτι χρηστὸς ὢν καὶ φιλόπολις πάσχω κακῶς.   900

Δι. σὺ φιλόπολις καὶ χρηστός;   Συ.   ὡς οὐδείς γ' ἀνήρ.

Δι. καὶ μὴν ἐπερωτηθεὶς ἀπόκριναί μοι.   Συ.   τὸ τί;

Δι. γεωργὸς εἶ;   Συ.   μελαγχολᾶν μ' οὕτως οἴει;

Δι. ἀλλ' ἔμπορος;   Συ.   ναί, σκήπτομαί γ', ὅταν τύχω.

Δι. τί δαί; τέχνην τιν' ἔμαθες;   Συ.   οὐ μὰ τὸν Δία.   905

Δι. πῶς οὖν διέζης ἢ πόθεν μηδὲν ποιῶν;

Συ. τῶν τῆς πόλεώς εἰμ' ἐπιμελητὴς πραγμάτων
καὶ τῶν ἰδίων πάντων.   Δι. σύ; τί μαθών;   Συ.
βούλομαι.

Δι. πῶς οὖν ἂν εἴης χρηστὸς ὦ τοιχωρύχε,
εἴ σοι προσῆκον μηδὲν εἶτ' ἀπεχθάνει;   910

Συ. οὐ γὰρ προσήκει τὴν ἐμαυτοῦ μοι πόλιν

---

885 ἀλλ' οὐκ] φάρμακα δ' Velsen   ἔνεστι] ἔστι Suid.   895 ὗῦ
septies deinde ῦ V   897 secl. Rutherford   γ' om. V   901 γ'
om. V   908 τί παθών; Brunck   910 μηδὲν] δεινὸν R

250

ΠΛΟΥΤΟΣ

εὐεργετεῖν ὦ κέπφε καθ' ὅσον ἂν σθένω;

Δι. εὐεργετεῖν οὖν ἐστι τὸ πολυπραγμονεῖν;

Συ. τὸ μὲν οὖν βοηθεῖν τοῖς νόμοις τοῖς κειμένοις
καὶ μὴ 'πιτρέπειν ἐάν τις ἐξαμαρτάνῃ.   915

Δι. οὔκουν δικαστὰς ἐξεπίτηδες ἡ πόλις
ἄρχειν καθίστησιν;   Συ. κατηγορεῖ δὲ τίς;

Δι. ὁ βουλόμενος.   Συ. οὐκοῦν ἐκεῖνός εἰμ' ἐγώ,
ὥστ' εἰς ἔμ' ἥκει τῆς πόλεως τὰ πράγματα.

Δι. νὴ Δία πονηρόν γ' ἆρα προστάτην ἔχει.   920
ἐκεῖνο δ' οὐ βούλοι' ἄν, ἡσυχίαν ἔχων
ζῆν ἀργός;   Συ. ἀλλὰ προβατίου βίον λέγεις,
εἰ μὴ φανεῖται διατριβή τις τῷ βίῳ.

Δι. οὐδ' ἂν μεταμάθοις;   Συ. οὐδ' ἂν εἰ δοίης γέ μοι
τὸν Πλοῦτον αὐτὸν καὶ τὸ Βάττου σίλφιον.   925

Δι. κατάθου ταχέως θοἰμάτιον.   Κα. οὗτος, σοὶ λέγει.

Δι. ἔπειθ' ὑπόλυσαι.   Κα. ταῦτα πάντα σοὶ λέγει.

Συ. καὶ μὴν προσελθέτω πρὸς ἔμ' ὑμῶν ἐνθαδὶ
ὁ βουλόμενος.   Κα. οὐκοῦν ἐκεῖνός εἰμ' ἐγώ.

Συ. οἴμοι τάλας ἀποδύομαι μεθ' ἡμέραν.   930

Κα. σὺ γὰρ ἀξιοῖς τἀλλότρια πράττων ἐσθίειν.

Συ. ὁρᾷς ἃ ποιεῖς; ταῦτ' ἐγὼ μαρτύρομαι.

Δι. ἀλλ' οἴχεται φεύγων ὃν ἦγες μάρτυρα.

Συ. οἴμοι περιείλημμαι μόνος.   Κα. νυνὶ βοᾷς;

Συ. οἴμοι μάλ' αὖθις.   Κα. δὸς σύ μοι τὸ τριβώνιον, 935
ἵν' ἀμφιέσω τὸν συκοφάντην τουτονί.

Δι. μὴ δῆθ'· ἱερὸν γάρ ἐστι τοῦ Πλούτου πάλαι.

Κα. ἔπειτα ποῦ κάλλιον ἀνατεθήσεται
ἢ περὶ πονηρὸν ἄνδρα καὶ τοιχωρύχον;
Πλοῦτον δὲ κοσμεῖν ἱματίοις σεμνοῖς πρέπει.   940

Δι. τοῖς δ' ἐμβαδίοις τί χρήσεταί τις; εἰπέ μοι.

Κα. καὶ ταῦτα πρὸς τὸ μέτωπον αὐτίκα δὴ μάλα

917 ἄρχειν] κἄρχὰς Herwerden   919 ὥστ'] ὡς Mein.   920 γ'
ἆρα] τἆρα Dind.   932 ποιεῖ Budaeus   933 ἦγες V Ald. :
εἶχες R A

251

ΑΡΙΣΤΟΦΑΝΟΥΣ

ὥσπερ κοτίνῳ προσπατταλεύσω τουτῳί.

Συ. ἄπειμι· γιγνώσκω γὰρ ἥττων ὢν πολὺ
ὑμῶν· ἐὰν δὲ σύζυγον λάβω τινὰ 945
καὶ σύκινον, τοῦτον τὸν ἰσχυρὸν θεὸν
ἐγὼ ποιήσω τήμερον δοῦναι δίκην,
ὁτιὴ καταλύει περιφανῶς εἷς ὢν μόνος
τὴν δημοκρατίαν, οὔτε τὴν βουλὴν πιθὼν
τὴν τῶν πολιτῶν οὔτε τὴν ἐκκλησίαν. 950

Δι. καὶ μὴν ἐπειδὴ τὴν πανοπλίαν τὴν ἐμὴν
ἔχων βαδίζεις, ἐς τὸ βαλανεῖον τρέχε·
ἔπειτ' ἐκεῖ κορυφαῖος ἑστηκὼς θέρου.
κἀγὼ γὰρ εἶχον τὴν στάσιν ταύτην ποτέ.

Κα. ἀλλ' ὁ βαλανεὺς ἕλξει θύραζ' αὐτὸν λαβὼν 955
τῶν ὀρχιπέδων· ἰδὼν γὰρ αὐτὸν γνώσεται
ὅτι ἔστ' ἐκείνου τοῦ πονηροῦ κόμματος.
νὼ δ' εἰσίωμεν, ἵνα προσεύξῃ τὸν θεόν.

ΧΟΡΟΥ

ΓΡΑΥΣ

ἆρ' ὦ φίλοι γέροντες ἐπὶ τὴν οἰκίαν
ἀφίγμεθ' ὄντως τοῦ νέου τούτου θεοῦ, 960
ἢ τῆς ὁδοῦ τὸ παράπαν ἡμαρτήκαμεν;

Χο. ἀλλ' ἴσθ' ἐπ' αὐτὰς τὰς θύρας ἀφιγμένη
ὦ μειρακίσκη· πυνθάνει γὰρ ὡρικῶς.

Γρ. φέρε νυν ἐγὼ τῶν ἔνδοθεν καλέσω τινά.

Χρ. μὴ δῆτ'· ἐγὼ γὰρ αὐτὸς ἐξελήλυθα. 965
ἀλλ' ὅ τι μάλιστ' ἐλήλυθας λέγειν σ' ἐχρῆν.

Γρ. πέπονθα δεινὰ καὶ παράνομ' ὦ φίλτατε·
ἀφ' οὗ γὰρ ὁ θεὸς οὗτος ἤρξατο βλέπειν,
ἀβίωτον εἶναί μοι πεποίηκε τὸν βίον.

Χρ. τί δ' ἔστιν; ἦ που καὶ σὺ συκοφάντρια 970

946 καὶ] κἂν Hemsterhuys   948 ὁτιὴ Bentl. : ὅτι ἢ V : ὅτι R A
Ald.   949–50 fortasse οὔτε τὴν ἐκκλησίαν | τὴν τῶν πολιτῶν οὔτε
τὴν βουλὴν πιθών : cf. schol. τὴν τῶν πολιτῶν· ἤγουν τοὺς πολίτας ὅλους
957 del. Hamaker

ΠΛΟΥΤΟΣ

ἐν ταῖς γυναιξὶν ἦσθα;   Γρ.   μὰ Δί' ἐγὼ μὲν οὔ.

Χρ. ἀλλ' οὐ λαχοῦσ' ἔπινες ἐν τῷ γράμματι;

Γρ. σκώπτεις· ἐγὼ δὲ κατακέκνισμαι δειλάκρα.

Χρ. οὔκουν ἐρεῖς ἀνύσασα τὸν κνισμὸν τίνα;

Γρ. ἄκουέ νυν.   ἦν μοί τι μειράκιον φίλον,   975
πενιχρὸν μέν, ἄλλως δ' εὐπρόσωπον καὶ καλὸν
καὶ χρηστόν· εἰ γάρ του δεηθείην ἐγώ,
ἅπαντ' ἐποίει κοσμίως μοι καὶ καλῶς·
ἐγὼ δ' ἐκείνῳ πάντα ταῦθ' ὑπηρέτουν.

Χρ. τί δ' ἦν ὅ τι σου μάλιστ' ἐδεῖθ' ἑκάστοτε;   980

Γρ. οὐ πολλά· καὶ γὰρ ἐκνομίως μ' ᾐσχύνετο.
ἀλλ' ἀργυρίου δραχμὰς ἂν ᾔτησ' εἴκοσιν
εἰς ἱμάτιον, ὀκτὼ δ' ἂν εἰς ὑποδήματα·
καὶ ταῖς ἀδελφαῖς ἀγοράσαι χιτώνιον
ἐκέλευσεν ἂν τῇ μητρί θ' ἱματίδιον·   985
πυρῶν τ' ἂν ἐδεήθη μεδίμνων τεττάρων.

Χρ. οὐ πολλὰ τοίνυν μὰ τὸν Ἀπόλλω ταῦτά γε
εἴρηκας, ἀλλὰ δῆλον ὅτι σ' ᾐσχύνετο.

Γρ. καὶ ταῦτα τοίνυν οὐχ ἕνεκα μισητίας
αἰτεῖν μ' ἔφασκεν, ἀλλὰ φιλίας οὔνεκα,   990
ἵνα τοὐμὸν ἱμάτιον φορῶν μεμνῇτό μου.

Χρ. λέγεις ἐρῶντ' ἄνθρωπον ἐκνομιώτατα.

Γρ. ἀλλ' οὐχὶ νῦν ὁ βδελυρὸς ἔτι τὸν νοῦν ἔχει
τὸν αὐτόν, ἀλλὰ πολὺ μεθέστηκεν πάνυ.
ἐμοῦ γὰρ αὐτῷ τὸν πλακοῦντα τουτονὶ   995
καὶ τἄλλα τἀπὶ τοῦ πίνακος τραγήματα
ἐπόντα πεμψάσης ὑπειπούσης θ' ὅτι
εἰς ἑσπέραν ἥξοιμι—   Χρ.   τί σ' ἔδρασ'; εἰπέ μοι.

Γρ. ἄμητα προσαπέπεμψεν ἡμῖν τουτονί,
ἐφ' ᾧ τ' ἐκεῖσε μηδέποτέ μ' ἐλθεῖν ἔτι,   1000

979 πάντα ταῦθ' V Ald.: ταῦτα πάνθ' R A: γ' αὖ τὰ πάνθ' Holden
985 θ' ἱματίδιον Urbinas: τε θοἱματίδιον R A Ald.: τ' εισ ἱμάτιον V
988 ὅτι σ'] ὡς A   993 νῦν] τοίνυν R: νυνί γ' Ald.   ἔτι V: om.
R A Ald.

253

καὶ πρὸς ἐπὶ τούτοις εἶπεν ἀποπέμπων ὅτι
'πάλαι ποτ' ἦσαν ἄλκιμοι Μιλήσιοι.'

Χρ. δῆλον ὅτι τοὺς τρόπους τις οὐ μοχθηρὸς ἦν,
ἔπειτα πλουτῶν οὐκέθ' ἥδεται φακῇ·
πρὸ τοῦ δ' ὑπὸ τῆς πενίας ἅπανθ' ὑπήσθιεν.   1005

Γρ. καὶ μὴν πρὸ τοῦ γ' ὁσημέραι νὴ τὼ θεὼ
ἐπὶ τὴν θύραν ἐβάδιζεν ἀεὶ τὴν ἐμήν.

Χρ. ἐπ' ἐκφοράν;   Γρ. μὰ Δί' ἀλλὰ τῆς φωνῆς μόνον
ἐρῶν ἀκοῦσαι.   Χρ. τοῦ λαβεῖν μὲν οὖν χάριν.

Γρ. καὶ νὴ Δί' εἰ λυπουμένην γ' αἴσθοιτό με,   1010
νηττάριον ἂν καὶ φάττιον ὑπεκορίζετο.

Χρ. ἔπειτ' ἴσως ᾔτει σ' ἂν εἰς ὑποδήματα.

Γρ. μυστηρίοις δὲ τοῖς μεγάλοις ὀχουμένην
ἐπὶ τῆς ἀμάξης ὅτι προσέβλεψέν μέ τις,
ἐτυπτόμην διὰ τοῦθ' ὅλην τὴν ἡμέραν.   1015
οὕτω σφόδρα ζηλότυπος ὁ νεανίσκος ἦν.

Χρ. μόνος γὰρ ἤδεθ', ὡς ἔοικεν, ἐσθίων.

Γρ. καὶ τάς γε χεῖρας παγκάλας ἔχειν μ' ἔφη.

Χρ. ὁπότε προτείνοιέν γε δραχμὰς εἴκοσιν.

Γρ. ὄζειν τε τῆς χρόας ἔφασκεν ἡδύ μου.   1020

Χρ. εἰ Θάσιον ἐνέχεις, εἰκότως γε νὴ Δία.

Γρ. τὸ βλέμμα θ' ὡς ἔχοιμι μαλακὸν καὶ καλόν.

Χρ. οὐ σκαιὸς ἦν ἄνθρωπος, ἀλλ' ἠπίστατο
γραὸς καπρώσης τἀφόδια κατεσθίειν.

Γρ. ταῦτ' οὖν ὁ θεὸς ὦ φίλ' ἄνερ οὐκ ὀρθῶς ποιεῖ,   1025
φάσκων βοηθεῖν τοῖς ἀδικουμένοις ἀεί.

Χρ. τί γὰρ ποιήσει; φράζε, καὶ πεπράξεται.

Γρ. ἀναγκάσαι δίκαιόν ἐστι νὴ Δία

1004 ἐπεὶ ζαπλουτῶν Mein.   1005 ἅπανθ' ὑπηίσθιεν R : ἅπαντα
γ ἦσθιεν V : ἅπαντα κατῆσθιε(ν) A Ald. : ἅπαντ' ἂν ἦσθιεν Dobr.
1010 γ' om. R   1011 νίταριον codd. : corr. Bentl.   φάττιον
Bentl. : βάτιον codd. : φάβιον Mein.   1012 ᾔτει σ' R² : ᾔτησ'
vulg.   1013 μεγάλοις ὀχουμένην] μεγάλοισι νὴ δία V   1018 παγκά-
λους Ald.   1027 ποιήσῃ Bekker

ΠΛΟΥΤΟΣ

τὸν εὖ παθόνθ᾽ ὑπ᾽ ἐμοῦ πάλιν μ᾽ ἀντευποιεῖν,
ἢ μηδ᾽ ὁτιοῦν ἀγαθὸν δίκαιόν ἐστ᾽ ἔχειν.　　　　1030
Χρ. οὔκουν καθ᾽ ἑκάστην ἀπεδίδου τὴν νύκτα σοι;
Γρ. ἀλλ᾽ οὐδέποτέ με ζῶσαν ἀπολείψειν ἔφη.
Χρ. ὀρθῶς γε· νῦν δέ γ᾽ οὐκέτι ζῆν σ᾽ υἵεται.
Γρ. ὑπὸ τοῦ γὰρ ἄλγους κατατέτηκ᾽ ὦ φίλτατε.
Χρ. οὐκ ἀλλὰ κατασέσηπας, ὥς γ᾽ ἐμοὶ δοκεῖς.　　　　1035
Γρ. διὰ δακτυλίου μὲν οὖν ἔμεγ᾽ ἂν διελκύσαις.
Χρ. εἰ τυγχάνοι γ᾽ ὁ δακτύλιος ὢν τηλία.
Γρ. καὶ μὴν τὸ μειράκιον τοδὶ προσέρχεται,
οὗπερ πάλαι κατηγοροῦσα τυγχάνω·
ἔοικε δ᾽ ἐπὶ κῶμον βαδίζειν.　　Χρ.　φαίνεται. 1040
στέφανόν γέ τοι καὶ δᾷδ᾽ ἔχων πορεύεται.

ΝΕΑΝΙΑΣ

ἀσπάζομαί σε.　　Γρ.　τί φησιν;　　Νε.　ἀρχαία φίλη,
πολιὰ γεγένησαι ταχύ γε νὴ τὸν οὐρανόν.
Γρ. τάλαιν᾽ ἐγὼ τῆς ὕβρεος ἧς ὑβρίζομαι.
Χρ. ἔοικε διὰ πολλοῦ χρόνου σ᾽ ἑορακέναι.　　　　1045
Γρ. ποίου χρόνου ταλάνταθ᾽, ὃς παρ᾽ ἐμοὶ χθὲς ἦν;
Χρ. τοὐναντίον πέπονθε τοῖς πολλοῖς ἄρα·
μεθύων γάρ, ὡς ἔοικεν, ὀξύτερον βλέπει.
Γρ. οὔκ, ἀλλ᾽ ἀκόλαστός ἐστιν ἀεὶ τοὺς τρόπους.
Νε. ὦ Ποντοπόσειδον καὶ θεοὶ πρεσβυτικοί,　　　　1050
ἐν τῷ προσώπῳ τῶν ῥυτίδων ὅσας ἔχει.
Γρ. ἆ ἆ,
τὴν δᾷδα μή μοι πρόσφερ᾽.　　Χρ.　εὖ μέντοι λέγει.
ἐὰν γὰρ αὐτὴν εἰς μόνος σπινθὴρ λάβῃ
ὥσπερ παλαιὰν εἰρεσιώνην καύσεται.　　　　1054
Νε. βούλει διὰ χρόνου πρός με παῖσαι;　　Γρ.　ποῖ τάλαν;

1029 μ᾽ Mut. 2, 3 : om. RVA Ald.　　1030 δίκαιός Brunck
1033 ζῆν σ᾽] σε ζῆν R　　1037 τηλίας R　　1041 στεφάνους R
1042 ἀσπάζομαι— Χρ. σέ φησιν Bergk　σε om. V Ald.　Γρ. τί
om. R　　1044 ὑβρίζομαι] αἰσχύνομαι V　　1047 πολλοῖς] ἄλλοις V
1052 λέγεις R　　1053 λάβῃ] βάλῃ Wakefield　　1054 παλαιά γ᾽
εἰρεσιώνη Wakefield　　1055 ποῖ] ποῦ Herwerden

ΑΡΙΣΤΟΦΑΝΟΥΣ

Νε. αὐτοῦ, λαβοῦσα κάρυα.　Γρ.　παιδιὰν τίνα;

Νε. πόσους ἔχεις ὀδόντας.　Χρ.　ἀλλὰ γνώσομαι
κἄγωγ'· ἔχει γὰρ τρεῖς ἴσως ἢ τέτταρας.

Νε. ἀπότεισον· ἕνα γὰρ γόμφιον μόνον φορεῖ.

Γρ. ταλάντατ' ἀνδρῶν οὐχ ὑγιαίνειν μοι δοκεῖς,　1060
πλυνόν με ποιῶν ἐν τοσούτοις ἀνδράσιν.

Νε. ὄναιο μέντἄν, εἴ τις ἐκπλύνειέ σε.

Χρ. οὐ δῆτ', ἐπεὶ νῦν μὲν καπηλικῶς ἔχει,
εἰ δ' ἐκπλυνεῖται τοῦτο τὸ ψιμύθιον,
ὄψει κατάδηλα τοῦ προσώπου τὰ ῥάκη.　1065

Γρ. γέρων ἀνὴρ ὢν οὐχ ὑγιαίνειν μοι δοκεῖς.

Νε. πειρᾷ μὲν οὖν ἴσως σε καὶ τῶν τιτθίων
ἐφάπτεταί σου λανθάνειν δοκῶν ἐμέ.

Γρ. μὰ τὴν Ἀφροδίτην οὐκ ἐμοῦ γ' ὦ βδελυρὲ σύ.

Χρ. μὰ τὴν Ἑκάτην οὐ δῆτα· μαινοίμην γὰρ ἄν.　1070
ἀλλ' ὦ νεανίσκ' οὐκ ἐῶ τὴν μείρακα
μισεῖν σε ταύτην.　Νε.　ἀλλ' ἔγωγ' ὑπερφιλῶ.

Χρ. καὶ μὴν κατηγορεῖ γέ σου.　Νε.　τί κατηγορεῖ;

Χρ. εἶναί σ' ὑβριστήν φησι καὶ λέγειν ὅτι
'πάλαι ποτ' ἦσαν ἄλκιμοι Μιλήσιοι.'　1075

Νε. ἐγὼ περὶ ταύτης οὐ μαχοῦμαί σοι.　Χρ.　τὸ τί;

Νε. αἰσχυνόμενος τὴν ἡλικίαν τὴν σήν, ἐπεὶ
οὐκ ἄν ποτ' ἄλλῳ τοῦτ' ἐπέτρεψ' ἐγὼ ποιεῖν·
νῦν δ' ἄπιθι χαίρων συλλαβὼν τὴν μείρακα.

Χρ. οἶδ' οἶδα τὸν νοῦν· οὐκέτ' ἀξιοῖς ἴσως　1080
εἶναι μετ' αὐτῆς.　Γρ.　ὁ δ' ἐπιτρέψων ἐστὶ τίς;

Νε. οὐκ ἂν διαλεχθείην διεσπλεκωμένῃ
ὑπὸ μυρίων ἐτῶν γε καὶ τρισχιλίων.

Χρ. ὅμως δ' ἐπειδὴ καὶ τὸν οἶνον ἠξίους
πίνειν, συνεκποτέ' ἐστί σοι καὶ τὴν τρύγα.　1085

Νε. ἀλλ' ἔστι κομιδῇ τρὺξ παλαιὰ καὶ σαπρά.

1064 ἐκπλυνεῖ τις Wakefield　1078 ἐπέτρεψ' ἐγὼ V : ἐπέτρεπον R A
Ald. : ἐπέτρεπον ἂν Blaydes　1081 Γρ.] Νε. R　ἐπιτρέπων V lemma
schol. Rav.　1082 διεσπεκλωμένη R V² A Ald.　1083 ὑπὸ] ἀπὸ Kuster

256

ΠΛΟΥΤΟΣ

Χρ. οὐκοῦν τρύγοιπος ταῦτα πάντ᾽ ἰάσεται.

Νε. ἀλλ᾽ εἴσιθ᾽ εἴσω· τῷ θεῷ γὰρ βούλομαι
ἐλθὼν ἀναθεῖναι τοὺς στεφάνους τούσδ᾽ οὓς ἔχω.

Γρ. ἐγὼ δέ γ᾽ αὐτῷ καὶ φράσαι τι βούλομαι.   1090

Νε. ἐγὼ δέ γ᾽ οὐκ εἴσειμι.   Χρ. θάρρει, μὴ φοβοῦ.
οὐ γὰρ βιάσεται.   Νε. πάνυ καλῶς τοίνυν λέγεις.
ἱκανὸν γὰρ αὐτὴν πρότερον ὑπεπίττουν χρόνον.

Γρ. βάδιζ᾽· ἐγὼ δέ σου κατόπιν εἰσέρχομαι.

Χρ. ὡς εὐτόνως ὦ Ζεῦ βασιλεῦ τὸ γρᾴδιον   1095
ὥσπερ λεπὰς τῷ μειρακίῳ προσείχετο.

ΧΟΡΟΥ

Κα. τίς ἔσθ᾽ ὁ κόπτων τὴν θύραν; τουτὶ τί ἦν;
οὐδεὶς ἔοικεν· ἀλλὰ δῆτα τὸ θύριον
φθεγγόμενον ἄλλως κλαυσιᾷ.

ΕΡΜΗΣ
                                        σέ τοι λέγω,
ὁ Καρίων, ἀνάμεινον.   Κα. οὗτος εἰπέ μοι,   1100
σὺ τὴν θύραν ἔκοπτες οὑτωσὶ σφόδρα;

Ερ. μὰ Δί᾽ ἀλλ᾽ ἔμελλον· εἶτ᾽ ἀνέῳξάς με φθάσας.
ἀλλ᾽ ἐκκάλει τὸν δεσπότην τρέχων ταχύ,
ἔπειτα τὴν γυναῖκα καὶ τὰ παιδία,
ἔπειτα τοὺς θεράποντας, εἶτα τὴν κύνα,   1105
ἔπειτα σαυτόν, εἶτα τὴν ὗν.   Κα. εἰπέ μοι,
τί δ᾽ ἔστιν;   Ερ. ὁ Ζεὺς ὦ πόνηρε βούλεται
ἐς ταὐτὸν ὑμᾶς συγκυκήσας τρύβλιον
ἀπαξάπαντας ἐς τὸ βάραθρον ἐμβαλεῖν.

Κα. ἡ γλῶττα τῷ κήρυκι τούτων τέμνεται.   1110
ἀτὰρ διὰ τί δὴ ταῦτ᾽ ἐπιβουλεύει ποιεῖν
ἡμᾶς;   Ερ. ὁτιὴ δεινότατα πάντων πραγμάτων

1093 ὑπεπίττουν Ald. : ὑπέπιττον γρ. ὑπεπείρων R V : ἐπίττουν A
1096 προσείχετο] προσίσχεται A   post h. v. Χοροῦ Ald. : om. vulg.
1100 ὁ A : ὦ R V   1110 τούτων R V : τούτω A   τέμνεται]
γίνεται R V γρ.

εἴργασθ'. ἀφ' οὗ γὰρ ἤρξατ' ἐξ ἀρχῆς βλέπειν
ὁ Πλοῦτος, οὐδεὶς οὐ λιβανωτόν, οὐ δάφνην,
οὐ ψαιστόν, οὐχ ἱερεῖον, οὐκ ἀλλ' οὐδὲ ἓν   1115
ἡμῖν ἔτι θύει τοῖς θεοῖς.   Κα. μὰ Δί' οὐδέ γε
θύσει. κακῶς γὰρ ἐπεμελεῖσθ' ἡμῶν τότε.
Ερ. καὶ τῶν μὲν ἄλλων μοι θεῶν ἧττον μέλει,
ἐγὼ δ' ἀπόλωλα κἀπιτέτριμμαι.   Κα. σωφρονεῖς.
Ερ. πρότερον γὰρ εἶχον μὲν παρὰ ταῖς καπηλίσιν   1120
πάντ' ἀγάθ' ἔωθεν εὐθύς, οἰνοῦτταν μέλι
ἰσχάδας, ὅσ' εἰκός ἐστιν Ἑρμῆν ἐσθίειν·
νυνὶ δὲ πεινῶν ἀναβάδην ἀναπαύομαι.
Κα. οὔκουν δικαίως, ὅστις ἐποίεις ζημίαν
ἐνίοτε τοιαῦτ' ἀγάθ' ἔχων;   Ερ. οἴμοι τάλας, 1125
οἴμοι πλακοῦντος τοῦ 'ν τετράδι πεπεμμένου.
Κα. ποθεῖς τὸν οὐ παρόντα καὶ μάτην καλεῖς.
Ερ. οἴμοι δὲ κωλῆς ἣν ἐγὼ κατήσθιον.
Κα. ἀσκωλίαζ' ἐνταῦθα πρὸς τὴν αἰθρίαν.
Ερ. σπλάγχνων τε θερμῶν ὧν ἐγὼ κατήσθιον.   1130
Κα. ὀδύνη σε περὶ τὰ σπλάγχν' ἔοικέ τι στρέφειν.
Ερ. οἴμοι δὲ κύλικος ἴσον ἴσῳ κεκραμένης.
Κα. ταύτην ἐπιπιὼν ἀποτρέχων οὐκ ἂν φθάνοις.
Ερ. ἆρ' ὠφελήσαις ἄν τι τὸν σαυτοῦ φίλον;
Κα. εἴ του δέει γ' ὧν δυνατός εἰμί σ' ὠφελεῖν.   1135
Ερ. εἴ μοι πορίσας ἄρτον τιν' εὖ πεπεμμένον
δοίης καταφαγεῖν καὶ κρέας νεανικὸν
ὧν θύεθ' ὑμεῖς ἔνδον.   Κα. ἀλλ' οὐκ ἐκφορά.
Ερ. καὶ μὴν ὁπότε τι σκευάριον τοῦ δεσπότου
ὑφέλοι', ἐγώ σε λανθάνειν ἐποίουν ἀεί.   1140
Κα. ἐφ' ᾧ τε μετέχειν καὐτὸς ὦ τοιχωρύχε.

1116 ἔτι θύει V : ἐπιθύει R A   1120 μὲν Ald. : om. codd.
1128 ἧς ἐγὼ Bentl.   1131 ἔοικ(εν) ἐπιστρέφειν A Ald. : ἔοικ' ἔτι
στρέφειν Hemsterhuys : ἔοικέ τις στρέφειν dett. aliquot   1138 ἐκφορά]
ἔκφορα R A Ald.   1139 ὁπότε τι V Ald. : ὅτε γε R A   1140 ὑφέλοι'
V : ὑφέλοις R A : ὑφείλου Ald.   σε] σ' ἂν R

ΠΛΟΥΤΟΣ

ἧκεν γὰρ ἄν σοι ναστὸς εὖ πεπεμμένος.

Ερ. ἔπειτα τοῦτόν γ᾽ αὐτὸς ἂν κατῆσθιες.

Κα. οὐ γὰρ μετεῖχες τὰς ἴσας πληγὰς ἐμοί,
ὁπότε τι ληφθείην πανουργήσας ἐγώ.   1145

Ερ. μὴ μνησικακήσῃς, εἰ σὺ Φυλὴν κατέλαβες.
ἀλλὰ ξύνοικον πρὸς θεῶν δέξασθέ με.

Κα. ἔπειτ᾽ ἀπολιπὼν τοὺς θεοὺς ἐνθάδε μενεῖς;

Ερ. τὰ γὰρ παρ᾽ ὑμῖν ἐστι βελτίω πολύ.

Κα. τί δέ; ταὐτομολεῖν ἀστεῖον εἶναί σοι δοκεῖ;   1150

Ερ. πατρὶς γάρ ἐστι πᾶσ᾽ ἵν᾽ ἂν πράττῃ τις εὖ.

Κα. τί δῆτ᾽ ἂν εἴης ὄφελος ἡμῖν ἐνθάδ᾽ ὤν;

Ερ. παρὰ τὴν θύραν στροφαῖον ἱδρύσασθέ με.

Κα. στροφαῖον; ἀλλ᾽ οὐκ ἔργον ἔστ᾽ οὐδὲν στροφῶν.

Ερ. ἀλλ᾽ ἐμπολαῖον.   Κα.   ἀλλὰ πλουτοῦμεν· τί οὖν
Ἑρμῆν παλιγκάπηλον ἡμᾶς δεῖ τρέφειν;   1156

Ερ. ἀλλὰ δόλιον τοίνυν.   Κα.   δόλιον; ἥκιστά γε·
οὐ γὰρ δόλου νῦν ἔργον, ἀλλ᾽ ἁπλῶν τρόπων.

Ερ. ἀλλ᾽ ἡγεμόνιον.   Κα.   ἀλλ᾽ ὁ θεὸς ἤδη βλέπει,
ὥσθ᾽ ἡγεμόνος οὐδὲν δεησόμεσθ᾽ ἔτι.   1160

Ερ. ἐναγώνιος τοίνυν ἔσομαι.   τί δῆτ᾽ ἐρεῖς;
Πλούτῳ γάρ ἐστι τοῦτο συμφορώτατον
ποιεῖν ἀγῶνας μουσικοὺς καὶ γυμνικούς.

Κα. ὡς ἀγαθόν ἐστ᾽ ἐπωνυμίας πολλὰς ἔχειν·
οὗτος γὰρ ἐξηύρηκεν αὑτῷ βιότιον.   1165
οὐκ ἐτὸς ἅπαντες οἱ δικάζοντες θαμὰ
σπεύδουσιν ἐν πολλοῖς γεγράφθαι γράμμασιν.

Ερ. οὐκοῦν ἐπὶ τούτοις εἰσίω;   Κα.   καὶ πλῦνέ γε
αὐτὸς προσελθὼν πρὸς τὸ φρέαρ τὰς κοιλίας,
ἵν᾽ εὐθέως διακονικὸς εἶναι δοκῇς.   1170

⟨ΧΟΡΟΥ⟩

1161 τί δῆτ᾽ V: καὶ τί ἔτ᾽ RA   1163 μουσικῆς Hemster-
huys   1170 εἶναί μοι codd.: corr. Brunck   Χοροῦ add.
Bergk

ΑΡΙΣΤΟΦΑΝΟΥΣ

ΙΕΡΕΥΣ
τίς ἂν φράσειε ποῦ 'στι Χρεμύλος μοι σαφῶς;
Χρ. τί δ' ἔστιν ὦ βέλτιστε;   Ιε. τί γὰρ ἀλλ' ἢ κακῶς;
ἀφ' οὗ γὰρ ὁ Πλοῦτος οὗτος ἤρξατο βλέπειν,
ἀπόλωλ' ὑπὸ λιμοῦ.   καταφαγεῖν γὰρ οὐκ ἔχω,
καὶ ταῦτα τοῦ σωτῆρος ἱερεὺς ὢν Διός.   1175
Χρ. ἡ δ' αἰτία τίς ἐστιν ὦ πρὸς τῶν θεῶν;
Ιε. θύειν ἔτ' οὐδεὶς ἀξιοῖ.   Χρ. τίνος οὕνεκα;
Ιε. ὅτι πάντες εἰσὶ πλούσιοι· καίτοι τότε,
ὅτ' εἶχον οὐδέν, ὁ μὲν ἂν ἥκων ἔμπορος
ἔθυσεν ἱερεῖόν τι σωθείς, ὁ δέ τις ἂν   1180
δίκην ἀποφυγών, ὁ δ' ἂν ἐκαλλιερεῖτό τις
κἀμέ γ' ἐκάλει τὸν ἱερέα· νῦν δ' οὐδὲ εἷς
θύει τὸ παράπαν οὐδὲν οὐδ' εἰσέρχεται,
πλὴν ἀποπατησόμενοί γε πλεῖν ἢ μύριοι.
Χρ. οὔκουν τὰ νομιζόμενα σὺ τούτων λαμβάνεις;   1185
Ιε. τὸν οὖν Δία τὸν σωτῆρα καὐτός μοι δοκῶ
χαίρειν ἐάσας ἐνθάδ' αὐτοῦ καταμένειν.
Χρ. θάρρει· καλῶς ἔσται γάρ, ἢν θεὸς θέλῃ.
ὁ Ζεὺς ὁ σωτὴρ γὰρ πάρεστιν ἐνθάδε,   1189
αὐτόματος ἥκων.   Ιε. πάντ' ἀγαθὰ τοίνυν λέγεις.
Χρ. ἱδρυσόμεθ' οὖν αὐτίκα μάλ', ἀλλὰ περίμενε
τὸν Πλοῦτον, οὗπερ πρότερον ἦν ἱδρυμένος
τὸν ὀπισθόδομον ἀεὶ φυλάττων τῆς θεοῦ.
ἀλλ' ἐκδότω τις δεῦρο δᾷδας ἡμμένας,   1194
ἵν' ἔχων προηγῇ τῷ θεῷ σύ.   Ιε. πάνυ μὲν οὖν
δρᾶν ταῦτα χρή.   Χρ. τὸν Πλοῦτον ἔξω τις κάλει.
Γρ. ἐγὼ δὲ τί ποιῶ;   Χρ. τὰς χύτρας, αἷς τὸν θεὸν
ἱδρυσόμεθα, λαβοῦσ' ἐπὶ τῆς κεφαλῆς φέρε
σεμνῶς· ἔχουσα δ' ἦλθες αὐτὴ ποικίλα.   1199
Γρ. ὧν δ' οὕνεκ' ἦλθον;   Χρ. πάντα σοι πεπράξεται.

1171 φράσει' ὅπου 'στὶ Cobet   1173 Πλοῦτος] θεὸς Elmsl.   οὗτος
om. R V   βλέπειν ante ὁ habet V   1182 κἀμέ γ' ἐκάλει] καὶ
μετεκάλει A   1183 οὐδεὶς ἔρχεται R   1190 ἥκων] ἐλθών V

ΠΛΟΥΤΟΣ

ἥξει γὰρ ὁ νεανίσκος ὡς σ' εἰς ἑσπέραν.　　　1201

Γρ. ἀλλ' εἴ γε μέντοι νὴ Δί' ἐγγυᾷ σύ μοι
ἥξειν ἐκεῖνον ὡς ἔμ', οἴσω τὰς χύτρας.

Χρ. καὶ μὴν πολὺ τῶν ἄλλων χυτρῶν τἀναντία
αὗται ποιοῦσι· ταῖς μὲν ἄλλαις γὰρ χύτραις　　1205
ἡ γραῦς ἔπεστ' ἀνωτάτω, ταύτης δὲ νῦν
τῆς γραὸς ἐπιπολῆς ἔπεισιν αἱ χύτραι.

Χο. οὐκ ἔτι τοίνυν εἰκὸς μέλλειν οὐδ' ἡμᾶς, ἀλλ' ἀναχωρεῖν
ἐς τοὔπισθεν· δεῖ γὰρ κατόπιν τούτων ᾄδοντας ἔπεσθαι.

1207 ἔνεισιν A Ald.　　in exitu fabulae aliquot versus videntur
excidisse

FRAGMENTA

ΑΙΟΛΟΣΙΚΩΝ

1 ἥκω Θεαρίωνος ἀρτοπώλιον
λιπών, ἵν᾽ ἐστὶ κριβάνων ἐδώλια.

2 ἀλλ᾽ ἄνυσον· οὐ μέλλειν ἐχρῆν· ὡς ἀγοράσω
ἀπαξάπανθ᾽ ὅσ᾽ ⟨ἂν⟩ κελεύῃς, ὦ γύναι.

3 ὅπερ ⟨δὲ⟩ λοιπὸν μόνον ⟨ἔτ᾽⟩ ἦν ἐν τῇ γνάθῳ
διώβολον, γεγένητ᾽ ἐμοὶ δικόλλυβον.

4 καὶ μὴν τὸ δεῖν᾽, ἀκροκώλια δή σοι τέτταρα
ἥψησα τακερά.

*Numeros editionis Kockianae secuti sumus. Asterisco notantur
fabulae quarum nova fragmenta in appendice adiecimus.*

ΑΙΟΛΟΣΙΚΩΝ] τελευταίαν δὲ διδάξας τὴν κωμῳδίαν ταύτην (sc. Plutum)
ἐπὶ τῷ ἰδίῳ ὀνόματι, καὶ τὸν υἱὸν αὐτοῦ συστῆσαι ᾽Αραρότα δι᾽ αὐτῆς τοῖς
θεαταῖς βουλόμενος, τὰ ὑπόλοιπα δύο δι᾽ ἐκείνου καθῆκε, Κώκαλον καὶ
Αἰολοσίκωνα. (Arg. Plut. iv)   ἐπέλιπον οἱ χορηγοί. οὐ γὰρ ἔτι προ-
θυμίαν εἶχον οἱ ᾽Αθηναῖοι τοὺς χορηγοὺς τοὺς τὰς δαπάνας τοῖς χορευταῖς
παρέχοντας χειροτονεῖν. τὸν γοῦν Αἰολοσίκωνα ᾽Αριστοφάνης ἐδίδαξεν, ὃς
οὐκ ἔχει τὰ χορικὰ μέλη. τῶν γὰρ χορηγῶν μὴ χειροτονουμένων καὶ τῶν
χορευτῶν οὐκ ἐχόντων τὰς τροφὰς ὑπεξηρέθη τῆς κωμῳδίας τὰ χορικὰ
μέλη καὶ τῶν ὑποθέσεων ὁ τρόπος μετεβλήθη. σκοποῦ γὰρ ὄντος τῆς
ἀρχαίας κωμῳδίας τοῦ σκώπτειν δήμους καὶ δικαστὰς καὶ στρατηγούς,
παρεὶς ὁ ᾽Αριστοφάνης τοῦ συνήθως ἀποσκῶψαι διὰ τὸν πολὺν φόβον,
Αἴολον τὸ δρᾶμα τὸ γραφὲν τοῖς τραγῳδοῖς ὡς κακῶς ἔχον διασύρει.
τοιοῦτος οὖν ἐστιν ὁ τῆς μέσης κωμῳδίας τύπος οἷός ἐστιν ὁ Αἰολοσίκων
᾽Αριστοφάνους καὶ οἱ ᾽Οδυσσεῖς Κρατίνου καὶ πλεῖστα τῶν παλαιῶν δρα-
μάτων οὔτε χορικὰ οὔτε παραβάσεις ἔχοντα. (Platonius xiii. 28 Dübner)
Αἰολοσίκων δεύτερον commemoratur apud Ath. 372 a, Schol. Hephaest.
Gaisf.² p. 56   1 Ath. 112 e   2 Bekk. An. 331. 24 : Suid.
(ἀγοράσαι)   ὅσα κελεύεις codd. : corr. Bekker   3 Poll. 9. 63
δὲ et ἔτ᾽ add. Bergk   γεγένητ᾽ ἐμοὶ δικόλλυβον Bergk : γένηταί μοι
ἰδικόλλοικον margo Falckenburgii : γένηταί μοι vulg.   4 Ath. 95 e
δή Bergk : δέ vulg.

263

ΑΙΟΛΟΣΙΚΩΝ

5   τῶν δὲ γηθύων
ῥίζας ἐχούσας σκοροδομίμητον φύσιν.

6   κοιτὼν ἁπάσαις εἷς, πύελος δὲ μί' ἀρκέσει.

7   δοῖδυξ, θυεία, τυρόκνηστις, ἐσχάρα.

8   καὶ διαστίλβονθ' ὁρῶμεν
ὥσπερ ἐν καινῷ λυχνούχῳ
πάντα τῆς ἐξωμίδος.

9   καί ⟨κ'⟩ ἐπιθυμήσειε νέος νῆς ἀμφιπόλοιο,

10   οὐκ ἐτός, ὦ γυναῖκες,
πᾶσι κακοῖσιν ἡμᾶς
φλῶσιν ἑκάστοθ' ἄνδρες·
δεινὰ γὰρ ἔργα δρῶσαι
λαμβανόμεσθ' ὑπ' αὐτῶν.

11   καὶ δι' ὀπῆς κἀπὶ τέγους

12   Ἀριστοφάνης ὡς γαστρίμαργον τὸν Ἡρακλέα κωμῳδεῖ καὶ ἐν
Ὄρνισι καὶ ἐν Αἰολοσίκωνι.

13   τῶν δὲ παρόντων γραμματικῶν τις ἀποβλέψας εἰς τὴν τοῦ δείπνου
παρασκευὴν ἔφη, εἶτα πῶς δειπνήσομεν τοσαῦτα δεῖπνα;
ἴσως διὰ νυκτός; ὡς ⟨ὁ⟩ χαρίεις Ἀριστοφάνης ἐν Αἰολοσίκωνι
εἶπεν, οὕτως λέγων οἱονεὶ δι' ὅλης νυκτός.

14   δυοῖν λυχνειδίοιν

15   ἀκερματίαν

16   κληδίον

17   σμηματοφορεῖον

5 Ath. 372 a   σκοροδομίμητον Toup: σκοροδόμητον codd.   6 Poll.
1. 79   7 Poll. 10. 104   8 Poll. 10. 116: Ath. 699 f   καινῷ
Salmasius : κενῷ codd. : ἐκ καινοῦ λυχνούχου Kock   9 Herod.
i. 405. 10 : ii. 912. 4   κ' add. Dind.   10 Heph. 9. 3   11 Poll.
10. 25   12 schol. Pac. 741   13 Ath. 276 c   14 Poll.
10. 118   15 Poll. 9. 89   ἀκερμίαν cod. Florent. Pollucis : ἀκερ-
ματιᾶν Fritzsche   16 κλειδίον Poll. 10. 24 · corr. Dind.   17 Poll.
10. 127.

18 Α. γύναι τί τὸ ψοφῆσάν ἐσθ'; Β. ἀλεκτρυὼν
    τὴν κύλικα καταβέβληκεν. Α. οἰμώζουσά γε.

19 καὶ νὴ Δί' ἐκ τοῦ δωματίου γε νῷν φέρε
    κνέφαλλον ἅμα καὶ προσκεφάλαιον τῶν λινῶν.

20 νόσῳ βιασθεὶς ἢ φίλων ἀχηνίᾳ;

21 ' ἀλλ' ὦ θύγατερ ' ἔλεξ' ' Ἰασοῖ πρευμενής

22 ἔπειτ' ἔρειξον ἐπιβαλοῦσ' ὁμοῦ πίσους.

23 ὅστις φακῆν ἥδιστον ὄψων λοιδορεῖς.

24 πόθεν ἂν λάβοιμι βῦσμα τῷ πρωκτῷ φλέων;

25 ταυτὶ τὰ κρέ' αὐτῷ παρὰ γυναικός του φέρω.

26 a ὦ μιαρὲ καὶ Φρυνῶνδα καὶ πόνηρε σύ.

26 b πρῶτον γὰρ ἐπὶ θήραν τὸν ἄνδρ' ἐξήγαγον.

27 a Λαμπτρεὺς ἔγωγε τῶν κάτω

27 b ἐμβαλὼν ἀχηνίαν.

28 καὶ τοὺς μὲν ὄφεις, οὓς ἐπιπέμπεις
    ἐν κίστῃ που κατασήμηναι
    καὶ παῦσαι φαρμακοπωλῶν.

ΑΜΦΙΑΡΕΩΣ] ἐπὶ Χαβρίου τὸ δρᾶμα (sc. Aves) καθῆκεν εἰς ἄστυ διὰ
Καλλιστράτου· εἰς δὲ Λήναια τὸν Ἀμφιάραον ἐδίδαξε διὰ Φιλωνίδου. Arg.
Av. ii)   18 schol. Nub. 663   οἰμώζουσά Brunck   19 Herod.
i. 319. 18: ii. 348. 10, 944. 23: Poll. 10. 40   20 Suid. (ἀχηνία
21 schol. Plut. 701   ἔλεξ' Ἰασοῖ Seidler : ἔλεξά σοι codd.   22 Poll.
J. 181   ἔρειξον Dobr.: ἔρειξεν ὡς codd.   23 Ath. 158 c   24 schol.
Ran. 244, Suid. (φλέων)   25 Phot. Suid. (τοῦ)   26 a Suid.
(Φρυνώνδας)   26 b cod. Vat. Gr. 2226, Cohn. Rh. M. 43 (1888
27 a Harp. (Λαμπτρεῖς)   27 b Lex. Sabbaiticum   28 Poll.
10. 180

29 ὀσφῦν δ' ἐξ ἄκρων διακίγκλισον ἤυτε κίγκλου
   ἀνδρὸς πρεσβύτου· τελέειν δ' ἀγαθὴν ἐπαοιδήν.

30 οἶδα μὲν ἀρχαῖόν τι δρῶν κοὐχὶ λέληθ' ἐμαυτόν.

31 – ᴗ ἀφ' οὗ κωμῳδικὸν μορμολυκεῖον ἔγνων.

32 ἀκραιφνὲς ὕδωρ

33 ἱερὸν συμβουλή

34 πλεκτὴν σχοῖνον

35 τυφλότερος λεβηρίδος

36 ἀναφλᾶν καὶ ἀνακνῆν

37 ἀνθρωπίζεται

38 ἠντεβόλησε

39 ῥόπτρον

40 καὶ νὴ Δί' εἰ Πάμφιλόν γε φαίης
   κλέπτειν τὰ κοίν' ἅμα τε συκοφαντεῖν.

ΑΝΑΓΥΡΟΣ *

41 μὴ κλᾶ', ἐγώ σοι βινκέφαλον ὠνήσομαι

42 ψήχει . . . ἠρέμα
   τὸν βουκέφαλον καὶ κοππατίαν.

43 Α. ὡς δ' ὀρθοπλήξ.   Β. πέφυκε γὰρ δυσγάργαλις.

29 Ael. N. A. 12. 9   τελέειν Bergk : τελέει codd.   30 Heph.
9. 5   31 schol. Pac. 474   32 Bekk. An. 81. 24, 23. 4
33 schol. Platon. 383 (Bekk.)   34 Poll. 10. 92   35 Hesych.
(γυμνότερος λεβηρίδος)   36 Poll. 2. 176   ἀναφλᾶν] ἀναφᾶν A : om.
B   ἀνακνῆν] ἀνακλᾶν B : ἀνακνᾶν καὶ ἀνακλᾶν A   37 Bekk. An.
82. 15 : Poll. 2. 5   38 E. M. 112. 52   39 Harp. (s. v.)   40 schol.
Plut. 174   συκοφάντην codd.: corr. Hemsterhuys   ΑΝΑΓΥΡΟΣ]
41 E. M. 207. 55 : Et. Gud. 113. 47   42 E. M., Gud. ibid.
lacunam indicavimus   43 Phot. Suid. (ὀρθοπλὴξ ἵππος)

ΑΝΑΓΥΡΟΣ

44 Α. τοῦτ' αὐτὸ πράττω, δύ' ὀβολὼ καὶ σύμβολον
ὑπὸ τῷ 'πικλίντρῳ.   Β. μῶν τις αὕτ' ἀνείλετο;

45 εἰ μὴ παραμυθεῖ μ' ὀψαρίοις ἑκάστοτε.

46 καὶ ξυννένοφε καὶ χειμέρια βροντᾷ μάλ' αὖ.

47 ὅρμου παρόντος τὴν ἀτραπὸν κατερρύην.

48 ἐν τῷ στόματι τριημιωβόλιον ἔχων

49 † καὶ ἡμισκάφης δ' ὡς ἔν τι ἐνποδιλονίων ἐμοῦμεν †

50 πλὴν ἀλεύρου καὶ ῥόας

51 πρὸς θεῶν ἔραμαι τέττιγα φαγεῖν
καὶ κερκώπην θηρευσαμένη
καλάμῳ λεπτῷ.

52 οὐχ ἑψητῶν λοπάς ἐστιν.

53 καὶ μὴν χθές γ' ἦν Πέρδιξ χωλός.

54 ἐκ δὲ τῆς ἐμῆς χλανίδος τρεῖς ἀπληγίδας ποιῶν

55 ἀλλὰ πάντας χρὴ παραλοῦσθαι καὶ τοὺς σπόγγους ἐᾶν.

56 ἀναχύρωτον τὸν πηλόν

57 Ἀργεῖοι φῶρες

58 στόμια πριονωτά

44 Poll. 9. 72   δύ' ὀβολὼ Pors. : διωβόλω codd.   45 Ath.
385 f   46 Phot. Suid. (ξυννένοφε)   47 Phot. Suid. (ὁδοῦ
παρούσης)   ὅρμου] φορμοῦ Kock   48 Poll. 9. 64   49 Poll.
10. 76   χημῖν σκάφην δὸς νῦν τινα πτίλον θ' ἵν' ἐξεμῶμεν Bentl.
50 Ath. 650 e   51 Ath. 133 b   1 ἐρᾷ Ath. : corr. Pors.
3 cf. Anth. Pal. 9. 264, 9. 273   52 Ath. 301 a   53 schol.
Av. 1292   καὶ μὴ Πέρδιξ χθὲς ἦν χωλός R : καὶ μὴν χθὲς γὰρ ἦν Πέρδιξ
χωλός vulg. : corr. Pors. : καὶ μὴν χθὲς παρῆν Πέρδιξ ὁ χωλός Nauck
54 Bekk. An. 425. 20 : Suid. (ἀπλήγιος)   55 Phot. Suid.
(παραλοῦμαι)   56 Poll. 7. 164   57 Suid. (s. v.)   58 Poll.
10. 56

267

59 ἀμφιανακτίζειν

60 τὸν πνιγέα ἐπὶ ἵππου Ἀριστοφάνης ἐν Ἀναγύρῳ λέγει.

61 ὑφόλμιον

62 τὴν ψήκτραν

63a ἀλλ' Ἀριφράδη δέδοικα μὴ τὰ πράγματα
ἡμῶν διακναίσῃ.

63b   ἐκλιμάκισεν, ὥστ' εἰς μέσην
ἔπιπτε τὴν τάφρον.

ΒΑΒΥΛΩΝΙΟΙ

64 Σαμίων ὁ δῆμός ἐστιν· ὡς πολυγράμματος.

65 ἀνὴρ πεδήτης ἰτέαν ἐνημμένος.

66 ἵστασθ' ἐφεξῆς πάντες ἐπὶ τρεῖς ἀσπίδας.

67 ὦ Ζεῦ τὸ χρῆμα τῆς νεολαίας ὡς καλόν.

68 ἀνέχασκον εἷς ἕκαστος ἐμφερέστατα
ὀπτωμέναις κόγχαισιν ἐπὶ τῶν ἀνθράκων.

69 ἀνήρ τις ἡμῖν ἐστιν ἐγκινούμενος.

59 Suid. (s. v.)   60 Poll. 10. 54   61 Poll. 10. 114
62 Poll. 10. 55   63 a Et. Gud. 330. 52   ἀλλ' Ἀριφράδη . . .
διακναίσῃ Dobr. : ἀλλὰ ῥίμφα . . . διακνήσει codd.   63 b Lex.
Sabbaiticum   ΒΑΒΥΛΩΝΙΟΙ] τοὺς δὲ Βαβυλωνίους ἐδίδαξε διὰ
Καλλιστράτου Ἀριστοφάνης . . . ἐπὶ Εὐκλέους. Suid. (Σαμίων ὁ δῆμος)
τὴν πέρυσι κωμῳδίαν· τοὺς Βαβυλωνίους· τούτους πρὸ τῶν Ἀχαρνέων
Ἀριστοφάνης ἐδίδαξεν, ἐν οἷς πολλοὺς κακῶς εἶπεν· ἐκωμῴδησε γὰρ τάς
τε κληρωτὰς καὶ χειροτονητὰς ἀρχὰς καὶ Κλέωνα παρόντων ξένων. εἶπε
γὰρ δρᾶμα τοὺς Βαβυλωνίους τῇ τῶν Διονυσίων ἑορτῇ . . . ἐν τῷ ἔαρι.
schol. Ach. 378   64 Hesych. Phot. (Σαμίων ὁ δῆμος) Plut. Pericl.
26   65 Eustath. 911. 63   66 schol. Lysistr. 282   67 Phot.
(νεολαίαν)   68 Ath. 86 f   69 E. M. 311. 1

70 κἂν τοῖς Βαβυλωνίοις οὖν τοῖς Ἀριστοφάνους ἀκουσόμεθα ποτήριον
τὸ ὀξύβαφον, ὅταν ὁ Διόνυσος λέγῃ περὶ τῶν Ἀθήνησι δημαγωγῶν
ὡς αὐτὸν ᾔτουν ἐπὶ τὴν δίκην ἀπελθόντα ὀξυβάφω
δύο.

71   Α. δεῖ διακοσίων δραχμῶν.
Β. πόθεν οὖν γένοιντ' ἄν; Α. τὸν κότυλον τοῦτον φέρε.

72 πόσους ἔχει στρωτῆρας ἀνδρὼν οὑτοσί;

73 ὡς οὐ καλυμματίοις τὸν οἶκον ἤρεφεν.

74 μέσην ἔρειδε πρὸς τὸ σιμόν.

75 ἐννεύει με φεύγειν οἴκαδε.

76 εἰς ἄχυρα καὶ χνοῦν

77 τὴν αὐτοῦ σκιὰν δέδοικεν.

78 ναυλόχιον ἐν τῷ μέσῳ

79 ἢ που κατὰ στοίχους κεκράξονταί τι βαρβαριστί.

80 εὖ γ' ἐξεκολύμβησ' οὑπιβάτης ὡς ἐξοίσων ἐπίγονον.

81 ἢ δῶρ' αἰτῶν ἀρχὴν πολέμου μετὰ Πεισάνδρου πορίσειεν.

82 ἢ βοιδαρίων τις ἀπέκτεινε ζεῦγος χολίκων ἐπιθυμῶν.

83 κατάγου ῥοθιάζων

84 ναῦς ὅταν ἐκ πιτύλων ῥοθιάζῃ σώφρονι κόσμῳ

85 ἐς τὸν λιμένα

70 Ath. 494 d   poetae verba ita restituit Kock ᾔτουν δ' ἐμὲ | ἐπὶ
τὴν δίκην ἄγοντες ὀξυβάφω δύο   71 Poll. 10. 85: cf. Ath. 478 c
72 Poll. 10. 173   73 ibid.   οὐ] εὖ Bergk   74 schol. Lysistr.
288 : Suid. (σιμός)   75 Prisc. 18. 207   76 Poll. 10. 38
77 schol. Platon. 381 (Bekk.)   78 Phot. (ναυλοχεῖν)   79 Phot.
(στοῖχος)   80 Harp. (ἐπιβάτης)   81 schol. Av. 1556   αἰτῶν
Dind. : αἰτοῦντες codd.   πορίσειεν μετὰ Πεισάνδρου codd. : trans-
posuit Bergk   82 Amm. 149 : App. Et. Gud. 640. 44 : Bachm. An.
2. 381. 10   83–84 Suid. (ῥοθιάζουσιν): Phot. (ῥόθιον)   85 Hesych.
(s. v.)

86 Φορμίων . . . αὐτοῦ μέμνηται ὁ κωμικὸς ἐν Ἱππεῦσι καὶ Νεφέλαις καὶ Βαβυλωνίοις.

87 ἀνθ' Ἑρμίωνος : εἴρηται ἡ παροιμία ἐπὶ τῶν σωζόντων τοὺς ἱκέτας, ἐπειδὴ ἐν Ἑρμιόνῃ τῆς Πελοποννήσου ἱερὸν ἦν Κόρης καὶ Δήμητρος ἀσφάλειαν παρέχον τοῖς καταφεύγουσι. μέμνηται ταύτης Ἀριστοφάνης ἐν Βαβυλωνίοις.

88 Ἰστριανά. Ἀριστοφάνης ἐν Βαβυλωνίοις τὰ μέτωπα τῶν οἰκετῶν Ἰστριανά φησιν, ἐπεὶ ἐστιγμένοι εἰσίν. οἱ γὰρ παρὰ τῷ Ἴστρῳ οἰκοῦντες στίζονται καὶ ποικίλαις ἐσθήσεσι χρῶνται. Διονύσιος δέ φησιν, ἐπεὶ πρότερός τις Ἰστριανὸς λέγεται, ὁ λευκός, κατὰ ἀντίφρασιν εἰρῆσθαι ὡς καθαρὰ καὶ λευκὰ τὰ μέτωπα, τοὐναντίον δὲ νοεῖσθαι ἐστιγμένα.

89 πόδα βαλλαντίου

90 ἔστι δὲ ὁ ὑποκορισμός, ὃς ἔλαττον ποιεῖ καὶ τὸ κακὸν καὶ τὸ ἀγαθόν, ὥσπερ καὶ Ἀριστοφάνης σκώπτει ἐν τοῖς Βαβυλωνίοις ἀντὶ μὲν χρυσίου χρυσιδάριον, ἀντὶ δ' ἱματίου ἱματιδάριον, ἀντὶ δὲ λοιδορίας λοιδορημάτιον καὶ νοσημάτιον.

91 ἁλυκόν

92 δύσριγος

93 ζώστειον

94 θωμόν

95 λακεδαιμονιάζω

96 ὀρκωμοτεῖν

97 στίγων, ὁ στιγματίας

98 ὠτοκάταξιν τὸν συντετριμμένον τὸ οὖς.

99 Κράτης μέντοι δύο οἶδεν δράματα γράφων οὕτως· ʼ ἀλλ' οὖν γε ἐν τοῖς Ἀχαρνεῦσιν ἢ Βαβυλωνίοις ἢ ἐν τῇ ἑτέρᾳ Εἰρήνῃ.ʼ

86 schol. Pac. 347   87 Zen. 2. 22   Ἑρμίωνος] Ἑρμιόνος
Fritzsche : fortasse Ἑρμιόνης   88 Hesych. (s. v.)   89 Poll.
10. 152   90 Aristot. Rhet. 3. 2   νοσημάτιον] νοημάτιον Fritzsche
91 Bekk. An. 80. 14   92 Poll. 4. 186   93 E. M. 414. 40
94 Moer. 199   95 Steph. Byz. (Λακεδαίμων)   96 Phot. (s. v.)
97 Phot. (s. v.)   98 Bekk. An. 116. 32   99 Arg. Pac. iii

ΓΕΩΡΓΟΙ*

100 A. ἐθέλω γεωργεῖν· B. εἶτα τίς σε κωλύει;
A. ὑμεῖς. ἐπεὶ δίδωμι χιλίας δραχμάς,
ἐάν με τῶν ἀρχῶν ἀφῆτε. B. δεχόμεθα·
δισχίλιαι γάρ εἰσι σὺν ταῖς Νικίου.

101 A. ὅτου δοκεῖ σοι δεῖν μάλιστα τῇ πόλει.
B. ἐμοὶ μὲν †ἐπὶ τὸν μολγὸν εἶναι†· οὐκ ἀκήκοας;

102 τί δῆτα τούτων τῶν κακῶν, ὦ παῖ, γλίχει;

103 εἶτ' ἄρτον ὀπτῶν τυγχάνει τις ὀβελίαν.

104 ὥσπερ κυλικείου τοὐθόνιον προπέπταται

105 ' εἴ γ' ἐγκιλικίσαιμ', ἐξολοίμην ' φαθὶ λέγων

106 †καχέτας καὶ Μεγακλέας καὶ μαλακοὺς†

107 ἐξ ἄστεως νῦν εἰς ἀγρὸν χωρῶμεν· ὡς πάλαι δεῖ
ἡμᾶς ἐκεῖ ⟨'ν⟩ τῷ χαλκίῳ λελουμένους σχολάζειν.

108 – ᵕ – συκᾶς φυτεύω †πάντα† πλὴν Λακωνικῆς·
τοῦτο γὰρ τὸ σῦκον ἐχθρόν ἐστι καὶ τυραννικόν·
οὐ γὰρ ἦν ἂν μικρόν, εἰ μὴ μισόδημον ἦν σφόδρα.

109 Εἰρήνη βαθύπλουτε καὶ ζευγάριον βοεικόν,
εἰ γὰρ ἐμοὶ παυσαμένῳ τοῦ πολέμου γένοιτο

ΓΕΩΡΓΟΙ] 100 Plut. Nic. 8   2 ἐπεὶ] τί δ' εἰ Kock   101 schol.
Eq. 963   1 ὅτου Brunck : οὕτω Θ : ὅτῳ vulg.   2 ἐπὶ τὸν μολγὸν εἶναι]
αἴνειν μολγόν Bergk : ἐπὶ τὸν μολγόν Pors. : εἶναι μολγόν Herwerden
102 E. M. 234. 35   103 Ath. 111 b   εἶτ'] εἶτ' Bergk
104 Ath. 460 d   105 Prisc. 18. 303   εἴ γ' ἐγκιλικίσαιμ' Bergk :
eirekiaMA M : ΕΙΓΕ ΚΙΜΚΙΑΣΑΙΜΑ L : κιλικίας διμα C : εἴρηκεν (cum
praecedentibus Ἀριστοφάνης Γεωργοῖς coniungendum) ἀλλ' Jacobi
106 Suid. (Ἀτρέα)   Λάχητας Μεγακλέας καὶ Λαμάχους Bergk :
Λάχητα Μεγακλέα καὶ Λάμαχον Kock   107 Poll. 9. 69   2 'ν add.
Kock   χαλκῷ ἐλλουσάμενον κολάζειν codd. : corr. Pors.   108 Ath.
75 a   1 πάντα] κάρτα Kock : πάνυ τι Meineke : ⟨καὶ γένη⟩ συκῆς
φυτεύω πάντα Blaydes   109 Stob. Flor. 55. 2   1 βοεικόν Dind. :
βοϊκόν codd.

ΓΕΩΡΓΟΙ

σκάψαι κἀποκλάσαι τε καὶ λουσαμένῳ †διελκύσαι†
τῆς τρυγὸς ἄρτον λιπαρὸν καὶ ῥάφανον φαγόντι.

110 ὦ πόλι φίλη Κέκροπος, αὐτοφυὲς ᾿Αττική,
χαῖρε λιπαρὸν δάπεδον, οὖθαρ ἀγαθῆς χθονός.

111 ἐν ἀγορᾷ δ᾽ αὖ πλάτανον εὖ διαφυτεύσομεν.

112 τοῖς Ἱπποκράτους υἱέσιν· οὗτοι ὡς ὑώδεις τινὲς καὶ ἀπαί-
δευτοι ἐκωμῳδοῦντο. καὶ τάχ᾽ ἂν ἦσαν προκέφαλοί τινες, ὡς
ἐν Γεωργοῖς φησι καὶ ἐν Τριφάλητι.

113 τοῦ δὲ Φιλίππου καὶ ἐν Γεωργοῖς μνημονεύει ᾿Αριστοφάνης.

114 Μέλητος τραγῳδίας φαῦλος ποιητής. ἐν δὲ Γεωργοῖς (᾿Αριστο-
φάνης) ὡς Καλλίαν περαίνοντος αὐτοῦ μέμνηται.

115 †αὐτῷ μελητέον, ἀλλ᾽ ἐπὶ τὸν οἶκον† μέμνηται αὐτῆς ᾿Αριστο-
φάνης ἐν Γεωργοῖς καὶ Πλάτων ὁ κωμικός. ἦν δὲ οὗτος ὁ οἶκος
μέγας εἰς ὑποδοχὴν μισθουμένων.

116 καλὰ δὴ παταγεῖς.

117 ἀγαθήν γε κῳδίαν

118 τῶν γὰρ ἀπυρήνων (ῥοῶν) ᾿Αριστοφάνης ἐν Γεωργοῖς μνη-
μονεύει.

119 ἐλαΐζειν

120 μετόρχιον

121 πορνεύτριαν

3 σκάψαι κἀποκλάσαι Dind.: σκάψαντ᾽ (vel σκάψαι τ᾽) ἀποκλάσαι
codd.   4 φαγόντι Bothe: φέροντι codd.   110 Heph. 13. 3:
Marc. Aurel. 4. 23   111 Heph. 13. 4   112 Suid. (τοῖς Ἱπ-
ποκράτους υἱέσιν)   113 schol. Ἀν. 1701   114 schol. Platon. 330
(Bekk.)   ὡς Καλλίου περαίνοντος αὐτὸν Bergk   115 Zen. 2. 27
αὐτῷ μελητέον] ἐν τῷ Μελιτέων Mein.   ἀλλ᾽ ἐπὶ τὸν οἶκον] λείπει
(τῷ) οἴκῳ Kock : fortasse ἐλλείπει τὸ οἴκῳ   116 schol. Platon.
369 (Bekk.)   117 Harp. (κῳδία)   118 Ath. 650e   119 E. M.
326. 20   120 E. M. 634. 38   121 Poll. 7. 201

272

122 Σηράγγιον

123 Στρεψαίους

124 τραπεζοφόρον

ΓΗΡΑΣ *

125 Κριβανίτην· τούτου μνημονεύει Ἀριστοφάνης ἐν Γήρᾳ· ποιεῖ δὲ
λέγουσαν ἀρτόπωλιν διηρπασμένων αὐτῆς τῶν ἄρτων ὑπὸ τῶν
τὸ γῆρας ἀποβαλλόντων

A. Τουτὶ τί ἦν τὸ πρᾶγμα;   B. θερμοὺς ὦ τέκνον.
A. ἀλλ' ἦ παραφρονεῖς;   B. κριβανίτας ὦ τέκνον.
A. τί κριβανίτας;   B. πάνυ δὲ λευκούς, ὦ τέκνον.

126 ὁ δὲ μεθύων ἤμει παρὰ τοὺς ἀρχηγέτας.

127 πτωχικοῦ βακτηρίου

128 βακτηρία δὲ Περσὶς ἀντὶ καμπύλης

129 ὀφθαλμιάσας πέρυσιν εἶτ' ἔσχον κακῶς,
ἔπειθ' ὑπαλειφόμενος παρ' ἰατρῷ

130 ὀξωτὰ σιλφιωτὰ βολβὸς τευτλίον,
περίκομμα θρῖον ἐγκέφαλος ὀρίγανον,
καταπυγοσύνη ταῦτ' ἐστὶ πρὸς κρέας μέγα.

131 A. τίς ἂν φράσειε ποῦ 'στι τὸ Διονύσιον;
B. ὅπου τὰ μορμολυκεῖα προσκρεμάννυται.

132 ἔδει δέ γέ σε βληθεῖσαν εἰς Ἁλμυρίδας
. . . τῃδὶ μὴ παρέχειν σε πράγματα.

122 Harp. (s. v.)   123 Phot. (s. v.)   124 Poll. 10. 69
ΓΗΡΑΣ] 125 Ath. 109 f   126 Bekk. An. 449. 14   ἤμει Bekk. :
ἤμεῖς codd.   127, 128 Poll. 10. 173   129 Poll. 4. 180   130 1, 2
Poll. 6. 69   3 Diog. Laert. 4. 18, Suid. (ὀξωτά)   131 Phryn.
Epit. 367   132 Bekk. An. 383. 16 ubi Aristophanis 'Τηρεῖ'
tribuitur : Γήρᾳ Seidler   Vid. Append.

ΓΗΡΑΣ

133 ἐπὶ τοῦ περιδρόμου στᾶσα τῆς συνοικίας

134 Α. σὺ δ᾽ οὐκ ἐγήμω;   Β. νὴ Δί᾽ ὀλίγας ἡμέρας

135 ἐγὼ δ᾽ ἀπολοπίζειν τε κᾆτ᾽ ἐπ᾽ ἀνθράκων

136 ὑδρίαν διανίζειν πεντέχουν ἢ μείζονα

137 ταῖς πολιόχρωσι μεμβράσιν τεθραμμένη

138 κοπίδι τῶν μαγειρικῶν

139 εἰ παιδαρίοις ἀκολουθεῖν δεῖ σφαῖραν καὶ στλεγγίδ᾽
     ἔχοντα.

140 λορδοῦ κιγκλοβάταν ῥυθμόν

141 ὦ πρεσβῦτα πότερα φιλεῖς τὰς δρυπεπεῖς ἑταίρας
     ἢ ⟨σὺ⟩ τὰς ὑποπαρθένους, ἁλμάδας ὡς ἐλάας
     στιφράς;

142 καὶ Ἀριστοφάνης ἐν τῷ Γήρᾳ γυναῖκα ποιήσας ἐπὶ ζεύγους
     ὄνων ὀχουμένην παράγει τινὰ ἐρῶντα αὐτῆς, ἢ καὶ ἐρε-
     θίζουσά φησι πρὸς αὐτόν
     ἀποπλευστέον ἐπὶ τὸν νυμφίον, ᾧ γαμοῦμαι τήμερον.

143 Μελιτέα κάπρον

144 καλαμίνους αὐλούς

145 καταλαλεῖν

146 κληρωτήριον

133 Poll. 9. 39   134 Prisc. 18. 246   ἐγήμω Haupt : ΕΓΗΙΜΟΥ
vel similia codd.   135 Bekk. An. 430. 15   ἐγὼ δ᾽] ἐγῴδ᾽ Fritzsche
136 Poll. 10. 74   δανείζειν codd. : corr. Herwerden   137 Ath.
287 d   μεμβράσιν scripsimus : βεμβράσιν codd.   138 Poll. 10.
104   139 schol. Eq. 580 : schol. Platon. 334 (Bekk.) : Phot. Suid.
(στλεγγίς)   140 Ael. N. A. 12. 9   141 Ath. 133 a   1 δρυπεπεῖς
V : δρυπετεῖς vulg.   2 σὺ add. Bergk   142 schol. Nicandr.
Ther. 295   ἀποπλευστέον Toup : ἀπέπλεις τεδν vel similia codd.
ἐπὶ τὸν νυμφίον | ἀποπλευστέ ἐστιν Blaydes   143 Phot. (s. v.)
144 Poll. 10. 173   145 Bekk. An. 102. 15   146 Poll. 10. 61

147   σκάφιον

148 a τῆτες

148 b ᾠδικός

ΓΗΡΥΤΑΔΗΣ

149   καὶ Ἀριστοφάνης δὲ ἐν Γηρυτάδῃ λεπτοὺς τούσδε καταλέγει,
οὓς καὶ πρέσβεις ὑπὸ τῶν ποιητῶν φησιν εἰς Ἅιδου πέμπεσθαι
πρὸς τοὺς ἐκεῖ ποιητάς, λέγων οὑτωσὶ

A. καὶ τίς νεκρῶν κευθμῶνα καὶ σκότου πύλας
ἔτλη κατελθεῖν;   B. ἕνα γὰρ ἀφ' ἑκάστης τέχνης
εἱλόμεθα κοινῇ, γενομένης ἐκκλησίας,
οὓς ᾖσμεν ὄντας Ἁιδοφοίτας καὶ θαμὰ
ἐκεῖσε φιλοχωροῦντας.   A. εἰσὶ γάρ τινες   5
ἄνδρες παρ' ὑμῖν Ἁιδοφοῖται;   B. νὴ Δία
μάλιστά γ', ὥσπερ Θρᾳκοφοῖται.   πάντ' ἔχεις.
A. καὶ τίνες ἂν εἶεν;   B. πρῶτα μὲν Σαννυρίων
ἀπὸ τῶν τρυγῳδῶν, ἀπὸ δὲ τῶν τραγικῶν χορῶν
Μέλητος, ἀπὸ δὲ τῶν κυκλίων Κινησίας.   10

150   εἶθ' ἑξῆς φησιν
ὡς σφόδρ' ἐπὶ λεπτῶν ἐλπίδων ὠχεῖσθ' ἄρα·
τούτους γάρ, ἢν †πολλῷ ξυνέλθῃ†, ξυλλαβὼν
ὁ τῆς διαρροίας ποταμὸς οἰχήσεται.

151   A. καὶ πῶς ἐγὼ Σθενέλου φάγοιμ' ἂν ῥήματα;
B. εἰς ὄξος ἐμβαπτόμενος ἢ ξηροὺς ἅλας.

147 Harp. (s. v.) Eust. 1292. 61   148 a Harp.   148 b Lex.
Messanense   149, 150 Ath. 551 a   149 2 ἕνα γὰρ Herm. :
ἕνα δ' codd.   4 οὓς ᾖσμεν ὄντας Tyrwhitt : οὐ ση μένοντας vel
similia codd.   9 τρυγῳδῶν Bentl. : τραγῳδῶν codd.   10 κυκλίων
Bentl. : κυλίκων vel κυλικῶν codd.   150 2 πολλῷ A : πολλῶν
V L : πολὺς Bergk   ξυνέλθη] κατέλθη Blaydes   3 ἐξοιχή-
σεται codd. : corr. Dawes   151 schol. Vesp. 1312 : Ath. 367 b :
v. 2 etiam Poll. 6. 65   ξηροὺς schol. : λευκοὺς Ath. : λεπτοὺς
Poll.

ΓΗΡΥΤΑΔΗΣ

152 τότε μὲν . . . σου κατεκοττάβιζον ⟨ἂν⟩
νυνὶ δὲ ⟨καὶ⟩ κατεμοῦσι, τάχα δ' εὖ οἶδ' ὅτι
καὶ καταχέσονται

153 ἐν τοῖσι συνδείπνοις ἐπαινῶν Αἰσχύλον

154 θεράπευε καὶ χόρταζε τῶν μονῳδιῶν.

155 ἥκω Θεαρίωνος ἀρτοπώλιον
λιπών, ἵν' ἐστὶ κριβάνων ἐδώλια.

156 ἆρ' ἔνδον ἀνδρῶν κεστρέων ἀποικία;
ὡς μὲν γάρ ἐστε νήστιδες, γιγνώσκετε.

157 τὴν μάλθαν ἐκ τῶν γραμματείων ἤσθιον.

158 ἀκροκώλι' ἄρτοι κάραβοι βολβοὶ φακῆ.

159 πτισάνην διδάσκεις αὐτὸν ἕψειν ἢ φακῆν;

160 †ἄλλος δ' εἰσέφερε πλεκτῷ κανισκίῳ†
ἄρτων περίλοιπα θρύμματα.

161 ἦσαν εὐθὺ τοῦ Διονυσίου.

162 ἀλλ' ἴσθ' ἐπ' αὐτὴν τὴν θύραν ἀφιγμένος.

163 πόλος τόδ' ἐστίν; εἶτα πόστην ἥλιος τέτραπται;

164 †φήμαις οὖν ἐγὼ† βροτῶν ἅπαντας ἐκλαπῆναι.

152 Poll. 6. 111   1 ἂν add. Bergk   2 καὶ add. Dind.
153 Ath. 365 b   154 Ath. 99 f   155 Ath. 112 e: cf. Fr. 1
156 Ath. 307 e   2 ἐστε] ἐστι (ἐ supra) P: ἐστι vulg.: εἰσι
Casaubon   γιγνώσκετε Α : γιγνώσκεται vulg.   157 Poll. 10. 59
158 ἀκροκώλι' ἄρτοι κάραβοι Ath. 95 f: ἀκροκώλι' ἄρτοι βολβοὶ φακῆ
Ε. Μ. 53. 14: corr. Dind.   159 Ath. 158 c   160 Poll. 10. 91
161 Ε. Μ. 420. 5: Herod. ii. 517. 8   162 schol. Ven. Ran. 436
163 Poll. 9. 46   πόλος τοῦτ' ἐστὶν ἑκασταποστὴν codd.: corr.
Pors.   164 Erot. 68. 5 (Klein)   φήμη 'στιν ἐξ ὧν βροτοὺς
Bothe

ΓΗΡΥΤΑΔΗΣ

165 †ἦν δὲ τὸ πρᾶγμ' ἑορτή· περιέφερε δ' ἐν κύκλῳ
λεπαστὴν ἡμῖν ταχὺ προσφέρων παῖς ἐνέχει τε
σφόδρα κυανοβενθῆ†.

166 χαριεντίζει καὶ καταπαίζεις ἡμῶν καὶ βωμολοχεύει.

167 ψίθυρός τε καλοῦ καὶ ψωμοκόλαξ.

168 'ὦ δύσθεον μίσημα, σοὶ μόνη πατὴρ τέθνηκεν;' καὶ ταῦτα
'Αριστοφάνης παρῴδηκεν ἐν Γηρυτάδῃ.

169 'Αγάθων, τραγῳδίας ποιητὴς εἰς μαλακίαν σκωπτό-
μενος 'Αριστοφάνει Γηρυτάδῃ.

170 Ναῖς

171 αὐτοὶ θύομεν.

172 φορμῷ σχοινίνῳ

173 ῥόαι

174 ἀσκοθύλακος

175 γαργαλισμοῦ

176 ἕρμα

177 καρπεῖα

178 κατάπλασμα

179 μέτοχος

180 οἰκοδόμους

165 Ath. 485 a   περιέφερε δὲ κύκλῳ λεπαστὴν ἡμῖν ταχὺ προσφέρων
παῖς ἐνέχει τε Poll. 10. 75   166 Harp. (βωμολοχεύεσθαι)
167 Ath. 261 f   168 schol. Soph. Elect. 289   169 schol. Lucian.
222 (Jacobitz): cf. schol. Platon. 373 (Bekk.)   170 Ath. 592 c
171 Hesych. (s. v.)   172 Poll. 10. 169   173 Ath. 650 e
174 Poll. 10. 160   175 Erot. 61. 6 (Klein)   176 ἑρμάν
Harp. Phot. (s. v.) Suid. (ἑρμαῖος): ἑρμᾶ Suidae A: corr. Valesius
177 Poll. 7. 149   178 Poll. 4. 181   179 Bekk. An. 107. 32
180 Poll. 7. 117

277

181 περίθεσιν

182 σκόμβρος

183 σύντεχνοι

ΔΑΙΔΑΛΟΣ

184 Εὐρυβάτος· πονηρός· καὶ Ἀριστοφάνης ἐν Δαιδάλῳ ὑπο-
θέμενος τὸν Δία εἰς πολλὰ ἑαυτὸν μεταβάλλοντα καὶ
πλάττοντα

ἤδη τις ὑμῶν εἶδεν Εὐρύβατον Δία;

185 ᾠὸν μέγιστον τέτοκεν ὡς ἀλεκτρυών.

186 †ἐνίοτε† πολλαὶ τῶν ἀλεκτρυόνων βίᾳ
ὑπηνέμια τίκτουσιν ᾠὰ πολλάκις.

187 πάσαις γυναιξὶν ἐξ ἑνός γέ του τρόπου
ὥσπερ παροψὶς μοιχὸς ἐσκευασμένος.

188 ὁ μηχανοποιός, ὁπότε βούλει τὸν τροχὸν
†ἐᾶν† ἀνεκάς, λέγε 'χαῖρε φέγγος ἡλίου.'

189 καὶ ταῦτ' ἔχοντα πουλύπους καὶ σηπίας.

190 τὸν πουλύπουν μοὔθηκε.

191 πληγαὶ λέγονται πουλύπου πιλουμένου.

192 περὶ τοῦ γὰρ ὑμῖν ὁ πόλεμος
νῦν ἐστι; περὶ ὄνου σκιᾶς.

181 Poll. 10. 170   182 Ath. 321 a   183 Poll. 7. 7
ΔΑΙΔΑΛΟΣ] cf. Clem. Alex. Strom. 6, p. 753 Πλάτων δὲ ὁ κωμικὸς καὶ
Ἀριστοφάνης ἐν τῷ Δαιδάλῳ τὰ ἀλλήλων ὑφαιροῦνται   184 Suid.
(Εὐρύβατος): cf. Eust. 1864. 31   πλάττοντα Bothe : πλουτοῦντα
Suid. : πλουτοῦντα καὶ πανουργοῦντα Eust.   ἤδη Eust. : εἰ δὴ Suid.
εἶδεν] οἶδεν Eust.   185, 186 Ath. 374 c   186 Phot. Suid.
(ὑπηνέμια)   1 ἐνίοτε] om. Ath. : εὖ ἴστε Mein.   187 Ath. 367 d.
368 b, c   188 Erot. 42. 5 (Klein)   2 ἐᾶν] ἱμᾶν Kock : ἕλκειν
Cobet   κάνεκὰς codd. : corr. Brunck   189–191 Ath. 316 b
189 etiam Ath. 323 c   191 πληγαὶ Casaubon : πηγαὶ A C
192 Phot. Suid. (ὄνου σκιά)

193 κογχυλίας λίθος

194 Δαιδάλεια· 'Αριστοφάνης τὸν ἀπὸ Δαιδάλου κατασκευασθέντα
ἀνδριάντα, ὡς διὰ τὸ ἀποδιδράσκειν δεδεμένον.

195 ἀρχιτεκτονεῖν

196 δορυφόνον

197 κακκάβη

ΔΑΙΤΑΛΗΣ*

198 Α. ἀλλ' εἶ σορέλλη καὶ μύρον καὶ ταινίαι.
B. ἰδοὺ σορέλλη· τοῦτο παρὰ Λυσιστράτου.
A. ἦ μὴν ἴσως σὺ καταπλαγήσει τῷ χρόνῳ.
B. τὸ καταπλαγήσει τοῦτο παρὰ τῶν ῥητόρων.
A. ἀποβήσεταί σοι ταῦτά ποι τὰ ῥήματα.   5
B. παρ' 'Αλκιβιάδου τοῦτο τἀποβήσεται.
A. τί ὑποτεκμαίρει καὶ κακῶς ἄνδρας λέγεις
καλοκἀγαθίαν ἀσκοῦντας; B. οἴμ', ὦ Θρασύμαχε,
τίς τοῦτο τῶν ξυνηγόρων τερατεύεται;

199 σοὶ γὰρ σοφίσματ' †ἐστίν· ἐγὼ κτησάμην†
οὐκ εὐθὺς ἀπεδίδρασκες ἐκ διδασκάλου;

200 οὐκ αἰσχυνοῦμαι τὸν τάριχον τουτονὶ
πλύνων ἅπασιν ὅσα σύνοιδ' αὐτῷ κακά.

193 Poll. 7. 100   194 Hesych. (s. v.)   195 Poll. 7. 117
196 Hesych. (s. v.)   δολοφόνον Blaydes   197 Phryn. Ecl. 427
ΔΑΙΤΑΛΗΣ] 198 Galen. Gloss. Hippocr. prooem. xix. 66 (Kuehn)
1 ἀλλ' εἶ σορέλλη Elmsl. : ἅλις ὀρέλλη codd.   2 ἰδοὺ σορέλλη : ἥδου
σωρέλη Ald. : ἥδουσ' ὀρέλη Dorv.   3 ἡμῶν ἴσως οὐ codd. : corr.
Pors.   3, 4 καταπληγήσῃ codd. : corr. Pors. : καταπλιγήσει Dind.
6 ἀποβήσεται codd. : corr. Brunck   7 κακῶς Elmsl. : κακοὺς codd.
8 καλοκἀγαθίαν H. Stephanus : καλοκἀγαθῶν Ald. : καλοκἀγαθεῖον ed.
Basil. : καλοκἀγαθεῖν Bergk   οἴμ' Elmsl. : οἶμαι vulg.   9 τοῦτο
Brunck : τούτων codd.   τερατεύεται Dobr. : τηρεύεται codd. : γηρύεται
Brunck   199 schol. Hippocr. Vatic. De Fractur. p. 212. 3
ἐστίν· ἐγὼ κτησάμην] εἴ τιν' εἰσηγησάμην Dübner : fort. εἴ τιν' ἐγὼ
'σοφιζόμην   200 Ath. 119 c

ΔΑΙΤΑΛΗΣ

201 ἢν μὴ μεταλάβῃ τοὐπίπεμπτον, κλαέτω.

202   ἐγὼ δὲ νῷν
πέψω πλακοῦντ' ⟨εἰς⟩ ἑσπέραν χαρίσιον.

203 ἢ χόνδρον ἕψων εἶτα μυῖαν ἐμβαλὼν
ἐδίδου ῥοφεῖν ἄν.

204 τί δαί; κυνίδιον λευκὸν ἐπρίω τῇ θεῷ
εἰς τὰς τριόδους;

205   τῆς μυρηρᾶς ληκύθου
πρὶν κατελάσαι τὴν σπαθίδα, γεύσασθαι μύρου.

206 φέρ' ἴδω, τί σοι δῶ τῶν μύρων; ψάγδαν φιλεῖς;

207 οὐδ' ἐστὶν αὕτη στλεγγὶς οὐδὲ λήκυθος.

208 οὐδ' ἀργύριόν ἐστιν κεκερματισμένον.

209 ἕτερον δ' ἐστὶν εἶδος παιδιᾶς τῆς ἐν λεκάνῃ . . . τὸ δ' ἆθλον
᾿Αριστοφάνης ἐν Δαιταλεῦσιν ἔγνωκεν· ἐγὼ δὲ χαλκίον (τοῦτ'
ἐστὶ κοτταβεῖον) ἱστάναι καὶ μυρρίνας.

210 ὁ δ' ἡλιαστὴς εἷρπε πρὸς τὴν κιγκλίδα.

211 τὸν ᾿Ερεχθέα μοι καὶ τὸν Αἰγέα κάλει.

212 ἀπόλωλα· τίλλων τὸν λαγὼν ὀφθήσομαι.

213 ταχύ νυν πέτου καὶ μὴ τροπίαν οἶνον φέρε.

---

201 Harp. (ἐπίπεμπτον)   ἢν Brunck: εἰ codd.   202 Ath.
646 b   1 δὲ νῷν] δ' ἰὼν Dind.   2 πέψω Fritzsche: πεμψω codd.
εἰς add. Bentl.   203 Ath. 127 c   204 schol. Theocr. 2. 12
1 δαί Toup : δέ codd.   λευκὸν] λεπρὸν λευκὸν codd. : λεπτὸν Bergk
205 Poll. 10. 120   2 κατελάσαι Hemsterhuys: κατήλασας codd.
206 Ath. 690 e   207 Phot. Suid. (στλεγγίς): schol. Eq. 577 :
schol. Platon. 334 (Bekk.)   αὕτη] αὐτῇ scholl. Eq. et Platon. :
αὐτῷ Bergk   208 Poll. 7. 170, 9. 88   209 Ath. 667 f   ἔγνωκεν
scripsimus: ἔγνωκ' editores, quod Aristophani tribuunt   ἐγὼ δὲ]
ἐγῷδα Mein.   χαλκίον] χαλκοῦν Blaydes   τοῦτ' ἐστὶ κοτταβεῖον
glossema esse cognovit Jacobs   ἱστάναι eicit Kock   210 Harp.
(κιγκλίς)   211 Suid. (Αἰγέα)   κάλει] καλεῖ A Suidae   212 Ath.
400 a   213 Phot. Suid. (τροπίας οἶνος)   ταχύ νυν Pors. : τάχυνον
codd.   πέτου] πότον Suidae nonnulli codd.

ΔΑΙΤΑΛΗΣ

214 οὔκ, ἀλλὰ ταῦτά γ' ἐπίχυσις τοῦ χαλκίου.

215 κἄγειν ἐκεῖθεν κακκάβην

216 ἀλλ' οὐ γὰρ ἔμαθε ταῦτ' ἐμοῦ πέμποντος, ἀλλὰ μᾶλλον
    πίνειν, ἔπειτ' ᾄδειν κακῶς, Συρακοσίων τράπεζαν,
    Συβαρίτιδάς τ' εὐωχίας καὶ Χῖον ἐκ Λακαινᾶν.

217 εἰ μὴ δικῶν τε γυργάθους ψηφισμάτων τε θωμοὺς
    φέροντες

218 καὶ λεῖος ὥσπερ ἔγχελυς χρυσοῦς ἔχων κικίννους.

219 ἔσειον, ᾔτουν χρήματ', ἠπείλουν ἐσυκοφάντουν.

220 ἐς τὰς τριήρεις δεῖ μ' ἀναλοῦν ταῦτα καὶ τὰ τείχη.

221 ὅστις αὐλοῖς καὶ λύραισι κατατέτριμμαι χρώμενος
    εἶτά με σκάπτειν κελεύεις;

222 Α. πρὸς ταῦτα σὺ λέξον Ὁμηρείους γλώττας, τί κα-
    λοῦσι κύρυμβα;
    . . . . τί καλοῦσ' ἀμενηνὰ κάρηνα;
    Β. ὁ μὲν οὖν σός, ἐμὸς δ' οὗτος ἀδελφὸς φρασάτω, τί
    καλοῦσιν ἰδυίους
    . . . . τί ποτ' ἐστὶ τὸ †εὖ ποιεῖν†;

214 Poll. 10. 109   215 Ath. 169 c   216 Ath. 527 c
1 ἔμαθε ταῦτ' Elmsl.: ἐμάθετε ταῦτ' codd.: ἐμάθετ' αὔτ' Pors.
2 Συρακοσίων] Συρακοσίαν Pors.   3 etiam apud Ath. 484 f ubi
sequuntur verba κυλίκων μέθυ ἡδέως καὶ φίλως   217 Poll. 10. 158
ubi legitur εἰ μὴ δικῶν τε γύργαθος ψηφισμάτων τε θωμός (om.
φέροντες) : corr. Kock ex Ath. 4 d γυργάθους ψηφισμάτων φέροντες
218 Ath. 299 b et schol. ad Theocr. 11. 10   219 Phot. Suid.
(σεῖσαι)   ἐσυκοφάντουν Bergk : ἐσυκοφάντουν πάλιν codd. : πάλιν |
ἐσυκοφάντουν Brunck   220 Suid. (ἀναλίσκειν), qui addit καὶ αὖθις·
εἰς οἷ' ἀνάλουν οἱ πρὸ τοῦ τὰ χρήματα, quem versum ad Daetalenses
refert Pors.   δεῖ μ'⌉ δεῖν Bergk   221 Ath. 184 e   1 ὅστις
Brunck: ὅστις δ' codd.   αὐλοῖς Casaubon : αὐτὴν αὐλοῖς codd.
κατατέτριμμαι] κατατέθρυμμαι Bergk   222 Galen. Gloss. Hippocr.
prooem. xix. 66 (Kuehn) · v. 1 etiam apud Poll. 2. 109   1 Ὁμηρείους
Dind. : Ὅμηρε Galen. : Ὁμήρου Poll.   3 ἰδυίους Seidler : ἰδοῦσ'
Galen.   4 τὸ εὖ ποιεῖν] ὀπυίειν Dind. : ἀποινᾶν Bergk

281

ΔΑΙΤΑΛΗΣ

223 ᾆσον δή μοι σκόλιόν τι λαβὼν Ἀλκαίου κἀνακρέοντος.

224 καὶ δελφακίων ἁπαλῶν κωλαῖ καὶ χναυμάτια πτερόεντα

225 ἐθέλω βάψας πρὸς ναυτοδίκας ξένον ἐξαίφνης

226 ὦ παρανοία καὶ ἀναιδεία

227 καὶ κόσκινον ἠπήσασθαι

228 ὅτε τὰς ὁὰς ἴσας ἐποιήσατο

229 εἶχον δε καὶ οἱ ἥρωες πανοπλίαν, καὶ δῆλον ἐκ τῶν Δαιταλεων.

230 ἐγένετο χρησμὸς Ἀθηναίοις ἐπὶ τοῦ δήμου αὐτῶν λεγόμενος·
'εὔδαιμον πτολίεθρον Ἀθηναίης ἀγελείης
πολλὰ ἰδὸν καὶ πολλὰ παθὸν καὶ πολλὰ μογῆσαν
αἰετὸς ἐν νεφέλῃσι γενήσεαι ἤματα πάντα'
... τούτου δὲ τοῦ χρησμοῦ ... καὶ ἐν Δαιταλεῦσι μέμνηται.

231 ὁ Ἀριστόδημος δὲ μιαρὸς καὶ καταπύγων εἰς ὑπερβολήν. ἀφ
οὗ καὶ ὁ πρωκτὸς Ἀριστόδημος καλεῖται ... Ἀριστοφάνης
Δαιταλεῦσιν.

232 θῆτες ... ὅτι δὲ οὐκ ἐστρατεύοντο εἴρηκε καὶ Ἀριστοφάνης ἐν
Δαιταλεῦσιν.

233 ἐν ἁλιπέδῳ

234 ἄγγη μυρηρά

235 ὡρικὴν ὑληφόρον· ἀντὶ τοῦ ὡραίαν καὶ ἀκμαίαν· ὡρικὸν δὲ
μειράκιον καὶ †κόοη, ὥς† ἐν Δαιταλεῦσιν αὐτός.

236 ἀποβροχθίσαι

237 ἐψυχρολουτήσαμεν

223 Ath. 694 a   224 Ath. 368 e   χναυμάτι' ἅττ' ἐρόεντα
Herwerden   225 Harp. (ναυτοδίκαι)   226 Eust. 1579. 30
παρανοία Dind. : προνοία Eust. : πορνεία Bergk   227 Phryn. Ecl. 91
228 Phot. (ὀαὶ τῶν ἱματίων) : Eust. 1828. 54 (om. ἴσας)   229 schol.
Vesp. 823   230 schol. Eq. 1013   231 schol. Lucian. 140
(Jacobitz)   232 Harp. (θῆτες)   233 Harp. (ἁλίπεδον)   234 Poll.
10. 119   235 schol. Ach. 272   καὶ κόρη ὥς] καὶ ὡρικῶς Dobr.
236 Bekk. An. 427. 3   237 Poll. 7. 168

238 θυλακίσκον

239 κλινάριον

240 λυρωνίαν

241 νεβλάρετοι· περαίνει· ἄσημος φωνὴ ἐπὶ τοῦ περαίνειν.

242 ὀρτυγοκόμον

243 ῥαγδαίους

244 τρίγωνον

ΔΑΝΑΙΔΕΣ

245 μαρτύρομαι δὲ Ζηνὸς ἑρκείου χύτρας,
    μεθ᾽ ὧν ὁ βωμὸς οὗτος ἱδρύθη ποτέ.

246 ἀλλ᾽ εἴσιθ᾽ ὡς τὸ πρᾶγμ᾽ ἐλέγξαι βούλομαι
    τουτί· προσόζειν γὰρ κακοῦ τού μοι δοκεῖ.

247 τραπόμενον εἰς τοὔψον λαβεῖν
    ὀσμύλια καὶ μαινίδια καὶ σηπίδια.

248 κακῶν τοσούτων ξυνελέγη μοι σώρακος.

249 ἤδη παροινεῖς ⟨εἰς⟩ ἐμὲ πρὶν δεδειπνάναι.

250 δακτύλιον χαλκοῦν φέρων ἀπείρονα

251 οὐδεὶς βεβαλάνωκε τὴν θύραν.

252 λύσας ἴσως ἂν τὸν λαγὼν ξυναρπάσειεν ἡμῶν.

238 Poll. 10. 172   239 Poll. 10. 32: cf. Bekk. An. 104. 28
240 Poll. 7. 153   λυρῳδίαν Bothe   241 Phot. (s. v.)   νεβλάρεται
Alberti   242 Phot. (s. v.)   ὀρτυγοκόπον Fritzsche   243 Phot.
Suid. (s. v.)   244 Ath. 183 e   ΔΑΝΑΙΔΕΣ] 245 schol. Pac.
923 et Plut. 1198.   2 μεθ᾽ ὧν ⌐ παρ᾽ αἷς schol. Plut.   246 Phot.
Suid. (τοῦ)   1 ἐλέγξαι Dobr. : λέξαι codd.   247 Poll. 2. 76 :
2 etiam apud. Phot. (ὀσμύλια) Ath. 324 b   248 Poll. 10. 130
249 Ath. 422 e   εἰς add. Brunck   250 schol. Il. 14. 200
251 Poll. 10. 26 : ad Eccl. 361 referendum censet Dind.   252 Ath.
400 a   λύσας] Ὕλας Mein. : μύσας Jacobs : ἀνύσας Kock   ἡμῶν]
ὑμῶν tres codd. : ἡμῖν Jacobs

ΔΑΝΑΙΔΕΣ

253 ὁ χορὸς δ᾽ ὠρχεῖτ᾽ ἂν ἐναψάμενος δάπιδας καὶ στρω-
μάτοδεσμα,
διαμασχαλίσας αὐτὸν σχελίσιν καὶ φύσκαις καὶ ῥαφα-
νῖσιν.

254 οὕτως αὐτοῖς ἀταλαιπώρως ἡ ποίησις διέκειτο.

255 πρὸς τὸν στροφέα τῆς αὐλείας σχίνου κεφαλὴν κατο-
ρύττειν

256 μήτ᾽ ἄρα μ᾽ εἶναι ἐγκριδοπώλην.

257 καὶ τὸν κυλλάστιν φθέγγου καὶ τὸν Πετόσιριν.

258 μνοῦς

259 Δαναώτατος

260a ὀξύτερον τοῦ Λυγκέως· Λυγκεύς, ὡς αὐτὸς ἐν Δαναΐσι φησίν,
υἱὸς Αἰγύπτου. ἐροῦμεν δ᾽ ἐκεῖ τὰ περὶ αὐτοῦ, ἐπεὶ δοκεῖ
παρ᾽ ἱστορίαν λέγειν.

260b Λυγκέως ὀξυωπέστερον βλέπεις· οὗτος ἐγένετο ἀδελφὸς Ἴδα,
ὡς δὲ Ἀριστοφάνης ἐν Δαναΐσιν, υἱὸς Αἰγύπτου.

261 Κλειταγόρα ποιήτρια ἦν Λακωνική, ἧς μέμνηται καὶ ἐν Δαναΐσιν
Ἀριστοφάνης.

262 ἀργύριον

263 ἐχῖνος

253 Ath. 57a   254 Bekk. An. 457. 29 : E. M. 162. 40 :
Gud. 88. 31 : Suid. (ἀταλαίπωρον)   διέκειτο] διάκειται E. M., Gud.
255 Suid. (αὔλειος)   σχίνου Dobr. : ἐχίνου codd.   κεφαλὴν
Kuster : κεφαλῆς codd.   256 Ath. 645 e   μήτ᾽ ἄρα μ᾽ εἶναι
Jacobs : μήτ᾽ ἄρμα εἶναι codd. : μή τἄρ᾽ εἶναί μ᾽ Bergk   257 Ath.
114c   258 Poll. 10. 38   ἐν δὲ Δαναῖσι τῶν χειρῶν ἔργα μνοῦς
ἐστιν] τῶν χηνῶν πτερὰ μνοῦς ἐστιν Bentl., quem secuti praeter μνοῦς
verba Pollucis non comici esse statuimus : τῶν χοίρων μνοῦς ἔρι᾽ ἐστίν
Bergk : at setas porci, non lanuginem praebent   259 Apoll.
Pron. 64. 11   260 (a) schol. Plut. 210   (b) Suid. (Λυγκεύς)
261 schol. Lys. 1237   262 Bekk. An. 442. 10 : Suid. (ἀργύρειος)
263 Harp. (s. v.)

ΔΑΝΑΙΔΕΣ—ΚΕΝΤΑΥΡΟΣ

264 προσωπίδιον

265 συρμαιοπῶλαι

ΔΙΣ ΝΑΥΑΓΟΣ

266 τί ὦ πόνηρέ μ' ἐξορίζεις ὡσπερεὶ
κλιντήριον;

ΔΡΑΜΑΤΑ Η ΚΕΝΤΑΥΡΟΣ

267 ἐγὼ γάρ, εἴ τί σ' ἠδίκηκ' ἐθέλω δίκην
δοῦναι πρόδικον ἐν τῶν φίλων τῶν σῶν ἑνί.

268 ἀνοιγέτω τις δώματ'· αὐτὸς ἔρχεται.

269 ἀλλ' ἐς κάδον λαβών τιν' οὔρει πίττινον.

270 ἐκκρουσαμένους τοὺς πύνδακας

271 πτίττω βράττω μάττω δεύω πέττω καταλῶ.

272 χωρεῖ δ' . . . ἄκλητος ἀεὶ δειπνήσων· οὐ γὰρ ἄκανθαι.

273 τὸ δὲ πορνεῖον Κύλλου πήρα.

274 κωμήτας τοὺς γείτονας καὶ κωμήτιδας ὠνόμαζον. Ἀριστοφάνης
γοῦν ἐν μὲν Δράμασιν ἢ Κενταύρῳ ἔφη ʻἐν κωμήτισι
καπήλοις ἐπίχαρτον.ʼ

264 Poll. 10. 127   265 Poll. 7. 199   ΔΙΣ ΝΑΥΑΓΟΣ]
ἐν Δὶ ναυαγῷ Ἀριστοφάνης ἔφη Poll. 10. 33 codd. Voss., ubi διοναναγῶ
plerique codd.: Ναυαγός Vita Aristoph. i. 84 (Dind.): Διόνυσος
ναυαγός index cod. Ambros.: inter spurias referebant hanc fabulam
veteres critici, cf. Vitam Aristophanis l. c. ἔγραψε δὲ δράματα μδ', ὧν
ἀντιλέγεται δ' ὡς οὐκ ὄντα αὐτοῦ· ἔστι δὲ ταῦτα Ποίησις, Ναυαγός,
Νῆσοι, Νίοβος, ἅ τινες εἶναι ἔφασαν Ἀρχίππου.   266 Poll. l. c.
1 ἐξορίζεις] ἐκκορίζεις Bergk   ΔΡΑΜΑΤΑ Η ΚΕΝΤΑΥΡΟΣ] 267 Phot.
(πρόδικον δίκην) Suid. (πρόδικον)   2 ἐν Pors.: ἐν Phot.: ἑνὶ Suid.
268 Poll. 3. 74   269 Poll. 10. 185   270 Poll. 10. 79
ἐκκρουσάμενος Casaubon   271 Poll. 7. 24   πτίττω Dind.:
πίττω vel πήττω vel πίπτω codd.   272 Hesych. (οὐ γὰρ ἄκανθαι)
273 Hesych. (Κύλλου πήρα)   274 Poll. 9. 36

275 ἀπόκινον

276 λίθος δεκατάλαντος

277 κλιμακτῆρες

ΔΡΑΜΑΤΑ Η ΝΙΟΒΟΣ

278 ἔστιν γὰρ ἡμῖν τοῖς κάτω πρὸς τοὺς ἄνω
ἀπὸ συμβόλων, καὶ μὴν ὁ Μαιμακτηριών,
ἐν ᾧ ποιοῦμεν τὰς δίκας καὶ τὰς γραφάς.

279 οἴμοι κακοδαίμων ὁ λύχνος ἡμῖν οἴχεται.

280 καὶ πῶς ὑπερβὰς τὸν λυχνοῦχον οἴχεται
κἄλαθέ σ᾽ . . .

281   ἀλλ᾽ ὥσπερ λύχνος
ὁμοιότατα καθηῦδ᾽ ἐπὶ τοῦ λυχνειδίου.

282 οὐδὲν μὰ Δί᾽ ἐρῶ λοπάδος ἑψητῶν.

283 ἐν Δράμασιν ἢ Νιόβῳ Ἀριστοφάνης περὶ τοῦ Κυκλοβόρου τοῦ
ποταμοῦ λέγων
ὁ δ᾽ ἐς τὸ πλινθεῖον γενόμενος ἐξέτρεψε . . .

284 περὶ δὲ τοῦ πλήθους τῶν Νιοβιδῶν αὐτὸς Εὐριπίδης ἐν Κρε-
σφόντῃ φησὶ
‘καὶ δὶς ἕπτ᾽ αὐτῆς τέκνα
Νιόβης θανόντα Λοξίου τοξεύμασιν.’
ὁμοίως καὶ Αἰσχύλος ἐν Νιόβῃ καὶ Ἀριστοφάνης δὲ ἐν Δρά-
μασιν ἢ Νιόβῳ ὁμοίως ζ᾽ αὐτὰς λέγουσιν, εἶναι δὲ ἑπτὰ καὶ τοὺς
ἄρρενας.

285 καττύς

275 Ath. 629 c   276 Poll. 9. 53   277 Poll. 10. 171
ΔΡΑΜΑΤΑ Η ΝΙΟΒΟΣ] cf. quae ad Δὶς ναναγὸν adnotavimus   278 Et.
Mag. Milleri (*Mélanges* 210)   279 Ath. 699 f   ὁ λύχνος Bergk:
λυχνοῦχος codd.   280–281 Ath. 699f   281 etiam Poll. 10. 119
282 Ath. 301 b   πλέον in fine versus add. Herwerden   283 Poll.
10. 185   284 schol. Eurip. Phoen. 159 ἐν Δράμασιν ἢ Νιόβῳ Dind. :
ἐν δράματι Νιόβης codd.   285 Poll. 10. 166

ΔΡΑΜΑΤΑ

286 ἀλλ' εὔχομαι 'γωγ' ἑλκύσαι σε τὸν ζυγόν,
ἵνα μή με προσπράττωσι †γραῦν† οἱ φράτερες.

287 αὐτοῖς σταθμοῖς ἐξέβαλε τὰς σιαγόνας.

288 πάντες δ' ἔνδον †πεταχνεῦται†.

289 ἐν τοῖς πρὸ τούτου δεδιδαγμένοις Δράμασιν εἰς τὴν Ἡρακλέους
ἀπληστίαν πολλὰ προείρηται.

290 οὐ μόνον ἐν τοῖς Δράμασιν εἰσῆκται οὕτως Εὐριπίδης, ἀλλὰ καὶ
ἐν τῷ Προαγῶνι καὶ ἐν τοῖς Ἀχαρνεῦσιν.

291 Χαιρεφῶντα . . . . Ἀριστοφάνης ἐν Δράμασι κλέπτην
(λέγει).

292 βύρσαν

293 κιχόρεια

ΕΙΡΗΝΗ ΕΤΕΡΑ

294 Γε. τῆς πᾶσιν ἀνθρώποισιν Εἰρήνης φίλης
πιστὴ τροφὸς ταμία συνεργὸς ἐπίτροπος
θυγάτηρ ἀδελφή· πάντα ταῦτ' ἐχρῆτό μοι.
Β. σοὶ δ' ὄνομα δὴ τί ἐστιν; Γε. ὅ τι; Γεωργία.

295   τὴν δ' ἀσπίδα
ἐπίθημα τῷ φρέατι παράθες εὐθέως.

286 schol. Ran. 798   1 ζυγόν Raspe : σφιγμόν codd. : σταθμόν
Brunck   2 προσπράτ-ωσι] προστάττωσι V   γραῦν om. V : ἕτερον
Kock : fortasse ἑτέρᾳ (sc. οἶν)   φράτορες codd. : corr. Dind.
287 Phot. (σταθμούς)   288 Ath. 496 a   πεταχνεῦται] πετα-
χνοῦνται Casaubon ex Photio : sed postulant Athenaei verba πέταχν'
εὔχονται vel simile quiddam   289 schol. Vesp. 60   δράμασιν
codd. : Δράμασιν Wilamowitz   290 schol. Ven. Vesp. 61   ἐν
τοῖς Δράμασιν] ἐν τούτῳ τῷ δράματι schol. Ald., quod falsum est
291 schol. Platon. 331 (Bekk.)   292 Hesych. (s. v.)   293 Bekk.
An. 105. 21   ΕΙΡΗΝΗ ΕΤΕΡΑ] de Pace bis docta, vide quae feruntur
in Arg. Pacis iii   294 Stob. Flor. 56. 1 : sequuntur apud Sto-
baeum Pacis quam habemus vv. 556-7   1 τῆς] τοῖς duo codd.
295 Poll. 10. 188

296 ἰὼ Λακεδαῖμον, τί ἄρα πείσει τήμερον;

297 πόθεν τὸ φῖτυ; τί τὸ γένος; τίς ἡ σπορά;

ΗΡΩΕΣ

298 Α. οὐκ ἠγόρευον; οὗτός ἐστ᾽ οὐκ Ἀργόλας.
   Β. μὰ Δί᾽ οὐδέ γ᾽ Ἕλλην, ὅσον ἔμοιγε φαίνεται.

299 τρέχ᾽ ἐς τὸν οἶνον ἀμφορέα κενὸν λαβὼν
   τῶν ἔνδοθεν καὶ βῦσμα καὶ γευστήριον,
   κἄπειτα μίσθου σαυτὸν ἀμφορεαφορεῖν.

300 ὀβολῶν δεουσῶν τεττάρων καὶ τῆς φορᾶς

301 ἢ καρδοπείῳ περιπαγῇ τὸν αὐχένα

302 παύσειν ἔοιχ᾽ ἡ παυσικάπη κάπτοντά σε.

303 ἴθι δὴ λαβὼν τὸν ῥόμβον ἀνακωδώνισον.

304 οἱ γὰρ ἥρως ἐγγύς εἰσιν.

305 a τὰ δὲ πεσόντα μὴ ἀναιρεῖσθαι, ὑπὲρ τοῦ ἐθίζεσθαι μὴ ἀκολάστως
   ἐσθίειν, ἢ ὅτι ἐπὶ τελευτῇ τινός. Ἀριστοφάνης δὲ τῶν ἡρώων
   φησὶν εἶναι τὰ πίπτοντα, λέγων ἐν τοῖς Ἥρωσι μὴ
   γεύεσθ᾽ ἅττ᾽ ἂν καταπέσῃ τῆς τραπέζης ἐντός. ἀλεκ-
   τρυόνος μὴ ἅπτεσθαι λευκοῦ.

305 b τὰ πίπτοντα ἀπὸ τῆς τραπέζης μὴ ἀναιρεῖσθαι παρεκελεύετο
   Πυθαγόρας, ἢ διὰ τὸ μὴ ἐθίζεσθαι ἀκολάστως ἐσθίειν, ἢ ὅτι
   ἐπὶ τελετῇ τινός. Ἀριστοφάνης γὰρ τῶν ἡρώων εἶναί φησι
   τὰ πίπτοντα, μήτε δὲ τὰ ἐντὸς τῆς τραπέζης πίπτοντα
   ἀναιρεῖσθαι μήτε λευκὸν ἀλεκτρυόνα ἐσθίειν.

296 scholl. Rav. et Ven. Nub. 699 : Suid. (τήμερος) h. v. Ὀλκάσιν
tribuit schol. Ald. Nub. 699   Λακεδαῖμον scholl. : Λακεδαίμων Suid.
τήμερον Blaydes, qui monet, si adiectivum esset, τημέρα scribendum
fuisse : τήμερα scholl., Suid.   297 Eust. 1291. 26   ΗΡΩΕΣ]
298 Steph. Byz. (Ἄργος)   1 ἐστ᾽ οὐκ Scaliger : ἐστί γ᾽ οὐκ codd.
2 οὐδέ γ᾽ Scaliger : οὐδ᾽ codd.   299 Suid. (ἀμφορεαφόρους) : vv. 1–2
etiam Poll. 10. 75   2 τῶν... βῦσμα Poll. : τὸν... γεῦμα Suid.
300 Poll. 7. 133   301 Poll. 10. 113   302 schol. Ven. Pac. 14,
cf. Poll. 7. 20, 10. 113   παυσικάπη codd. : corr. Dind.   303 Poll. 10.
173   ῥόμβον] ῥύμβον Mein.   304 Bekk. An. 1197   305 (a) Diog.
Laert. 8. 34   (b) Suid. (Πυθαγόρα τὰ σύμβολα)   τελετῇ] τελευτῇ edd.

306 μήτε ποδάνιπτρον θύραζ᾽ ἐκχεῖτε μήτε λούτριον

307 κἀπὸ τῆς Διειτρέφους τραπέζης

308 'οἷόν τέ πού 'στιν αἱ σοφαὶ ξυνουσίαι·' διὰ τούτου φαίνεται
ὑπονοῶν Εὐριπίδου εἶναι τὸ 'σοφοὶ τύραννοι τῶν σοφῶν
συνουσίᾳ.' ἔστι δὲ Σοφοκλέους ἐξ Αἴαντος Λοκροῦ. ἐνταῦθα
μέντοι ὑπονοεῖ μόνον, ἐν δὲ τοῖς῾Ηρωσιν ἄντικρυς ἀποφαίνεται.

309 δοκεῖ γὰρ ὁ Ἀπόλλων παρὰ Διὸς λαμβάνειν τοὺς χρησμούς, ὡς
. . . καὶ Ἀριστοφάνης ῞Ηρωσιν.

310 ἐμπόλω Διοσκόρω

311 πῶς πίομαι;

312 ἀνδραποδώνης

313 ἀρτοποιία

314 ἡλίσκον

315 πυελίδα

316 χερνιβεῖον

ΘΕΣΜΟΦΟΡΙΑΖΟΥΣΑΙ ΔΕΥΤΕΡΑΙ

317 οἶνον δὲ πίνειν οὐκ ἐάσω Πράμνιον,
οὐ Χῖον, οὐχὶ Θάσιον, οὐ Πεπαρήθιον,
οὐδ᾽ ἄλλον ὅστις ἐπεγερεῖ τὸν ἔμβολον.

318 Α. ἰχθὺς ἐώνηταί τις ἢ σηπίδιον
ἢ τῶν πλατειῶν καρίδων ἢ πουλύπους,

306 Poll. 7. 167   μήτ᾽ ἀπόνιπτρον codd. : corr. Seidler
307 schol. Av. 798   308 schol. Thesm. 21   309 schol.
Soph. Oed. Col. 793   310 Poll. 7. 15   311 E. M. 673. 1 :
Draco 73. 14   312 Poll. 7. 16   313 Poll. 7. 21   314 Poll.
10. 61   315 Harp. (s. v.)   316 Ath. 409 c   χερνίβιον
codd. : corr. Riemann   ΘΕΣΜΟΦΟΡΙΑΖΟΥΣΑΙ ΔΕΥΤΕΡΑΙ] 317 Ath.
29 a, cf. Hesych. (ἔμβολον)   2 οὐχὶ Dind. : οὐ codd.   3 ἐπεγερεῖ
Brunck : ἐπεγείρει codd.   318 Ath. 104 e : v. 1 etiam 324 b
1 ἰχθὺς Brunck : ἰχθῦς codd.

ΘΕΣΜΟΦΟΡΙΑΖΟΥΣΑΙ ΔΕΥΤΕΡΑΙ

ἢ νῆστις ὀπτᾶτ', ἢ γαλεός, ἢ τευθίδες;
Β. μὰ τὸν Δί' οὐ δῆτ'.   Α. οὐδὲ βατίς;   Β. οὔ
    φημ' ἐγώ.

Α. οὐ χόριον οὐδὲ πυός, οὐδ' ἧπαρ κάπρου,   5
οὐδὲ σχαδόνες, οὐδ' ἠτριαῖον δέλφακος,
οὐδ' ἐγχέλειον, οὐδὲ κάραβος; μέγ' ἂν
γυναιξὶ κοπιώσαισιν ἐπεκουρήσατε.

319 ὦ Ζεῦ πολυτίμηθ', οἷον ἐνέπνευσ' ὁ μιαρὸς
φάσκωλος εὐθὺς λυόμενός μοι τοῦ μύρου
καὶ βακκάριδος.

320 Α. ξυρόν, κάτοπτρον, ψαλίδα, κηρωτήν, λίτρον
προκόμιον, ὀχθοίβους, μίτρας, ἀναδήματα,
ἔγχουσαν, ὄλεθρον τὸν βαθύν, ψιμύθιον,
μύρον, κίσηριν, στρόφον, ὀπισθοσφενδόνην,
κάλυμμα, φῦκος, περιδέραι', ὑπογράμματα,   5
τρυφοκαλάσιριν, ἐλλέβορον, κεκρύφαλον,
ζῶμ', ἀμπέχονον, τρύφημα, παρυφές, ξυστίδα,
χιτῶνα, βάραθρον, ἔγκυκλον, κομμώτριον·
τὰ μέγιστα δ' οὐκ εἴρηκα τούτων.   Β. εἶτα τί;
Α. διόπας, διάλιθον, πλάστρα, μαλάχιον, βότρυς, 10
χλίδωνα, περόνας, ἀμφιδέας, ὅρμους, πέδας,
σφραγῖδας, ἁλύσεις, δακτυλίους, καταπλάσματα,
πομφόλυγας, ἀποδέσμους, ὀλίσβους, σάρδια,
ὑποδερίδας, ἑλικτῆρας, †ἀλλ' ἀφ' ὧν
οὐδ' ἂν λέγων λέξαις†.   15

4 οὐδὲ φήμ' codd. : corr. Pors.   5 οὐ Pors. : οὐδὲ codd.
6 οὐδὲ Brunck : οὐ δὴ codd.   7 κάραβος Blaydes : κάραβον codd.
μέγ' ἂν Wilamowitz : μέγα A : μέγαν vulg.   319 Ath. 690 d
1 ἐνέπνευσ' Dobr. : ἔπνευσ' codd.   2 λυόμενος Dalecamp. : λουόμενος
codd.   320 Poll. 7. 95 : μίτρας (v. 2) usque ad ἑλικτῆρας (v. 14)
etiam apud Clem. Alex. Paedag. 2. 245   3 om. Clemens   ἄγ-
χουσαν Poll. : corr. Dind.   4 μύρον] νίτρον Clemens   στρόφον
B C Pollucis : στρόφιον A Pollucis, Clemens : στρόφι' Bergk   8 post
h. v. ἕτερά τε ὅσα οὐδεὶς μνημονεύσειε ποτὲ λέγων add. Pollucis A
10 βότρυν Bergk   14, 15 ἄλλα πολλά θ' ὧν οὐδ' ἂν λέγων λήξαι τις
Fritzsche

ΘΕΣΜΟΦΟΡΙΑΖΟΥΣΑΙ ΔΕΥΤΕΡΑΙ

321 ὅσ' ἦν περίεργ' αὐταῖσι τῶν φορημάτων
ὅσαις τε περιπέττουσιν αὐτὰς προσθέτοις.

322   ἀγαθὰ μεγάλα τῇ πόλει
ἥκειν φέροντάς φασι τοὺς πυλαγόρας
. . . . καὶ τὸν ἱερομνήμονα.

323 ὡς διά γε τοῦτο τοὔπος οὐ δύναμαι φέρειν
σκεύη τοσαῦτα καὶ τὸν ὦμον θλίβομαι.

324 οἴμοι κακοδαίμων τῆς τόθ' ἡμέρας ὅτε
εἶπέν μ' ὁ κῆρυξ ' οὗτος ἀλφάνει . . . .'

325 τὴν πτέρυγα παραλύσασα τοῦ χιτωνίου
καὶ τῶν ἀποδέσμων, οἷς ἐνῆν τιτθίδια.

326 καὶ κατ' Ἀγάθων' ἀντίθετον ἐξευρημένον

327 Ἄμφοδον ἐχρῆν αὐτῷ τίθεσθαι τοὔνομα

328 σακίον ἐν οἷσπερ τἀργύριον ταμιεύεται

329 ἀναβῆναι τὴν γυναῖκα βούλομαι.

330 τὸ χαλκίον θερμαίνεται.

331 ἀγὼν πρόφασιν οὐ δέχεται.

332 ἅμα δ' ἠπίαλος πυρετοῦ πρόδρομος

321 schol. Plut. 159   1 ὅσα Bergk (om. ἦν)   2 ὅσαις V :
ὅσαι ἔτι Ald. : ὅσοις Bergk   **322** schol. Nub. 623   **323–324** in
unum coniungit Weil   **323** schol. Ran. 3   φέρειν σκεύη Seidler :
σκεύη (σκεύει R) φέρειν codd.   **324** Bekk. An. 382. 8 : Suid.
(ἀλφάνει)   **325** Poll. 7. 66   2 τὸν ἀπόδεσμον Bergk   τὰ τιτθία
Brunck   **326** Bekk. An. 410. 14   ἐξευρημένον Jahn : cf. Pers.
Sat. 1. 85   **327** Poll. 9. 36   τεθεῖσθαι codd. : corr. Cobet
328 Poll. 10. 152   **329** Zon. 1. 195   **330** Poll. 9. 69
331 schol. Platon. 370 (Bekk.)   **332** schol. Vesp. 1038

333 ἢ μέγα τι βρῶμ᾿ †ἐστὶν ἡ† τρυγῳδοποιομουσική,
ἡνίκα Κράτητί τε τάριχος ἐλεφάντινον
λαμπρὸν ἐκόμιζεν ἀπόνως παραβεβλημένον,
ἄλλα τε τοιαῦθ᾿ ἕτερα μυρί᾿ ἐκιχλίζετο.

334 μήτε Μούσας ἀνακαλεῖν ἑλικοβοστρύχους
μήτε Χάριτας βοᾶν ἐς χορὸν Ὀλυμπίας·
ἐνθάδε γάρ εἰσιν, ὥς φησιν ὁ διδάσκαλος.

335 a Καλλιγενείᾳ· δαίμων περὶ τὴν Δήμητραν, ἣν προλογίζουσαν
ἐν ταῖς ἑτέραις Θεσμοφοριαζούσαις ἐποίησεν.

335 b Καλλιγένειαν· Ἀπολλόδωρος μὲν τὴν γῆν, οἱ δὲ Διὸς καὶ
Δήμητρος θυγατέρα· Ἀριστοφάνης δὲ ὁ κωμικὸς τροφόν.

336 οἶνος ἀνθοσμίας

337 λύκος ἔχανεν

338 λακωνίζειν

339 καὶ τῶν πτισσουσῶν ἄλλη τις (ᾠδή), ὡς Ἀριστοφάνης ἐν
Θεσμοφοριαζούσαις.

340 ἀμεινόνως

341 βαρβός

342 βαυκίδων

343 διαλέξασθαι

344 a ἐπανορθώσασθαι

344 b ὄκλασμα

333 Ath. 117 c   1 ἢ] ἦν Elmsl.   βρῶμ᾿] χρῆμ᾿ Bergk
ἐστὶν ἡ] ἔτι Elmsl.   2 ἡνίκα Pors. : ἠνὶ codd.   Κράτητί τε]
Κράτης ποτὲ Kock   3 ἐκόμιζεν Casaubon : ἐνόμιζεν codd.
παραβεβλημένον] παρακεκλημένον duo codd.   334 Heph. 13. 5
335 a schol. Thesm. 298   335 b Phot. (Καλλιγένειαν)   336 Erot.
104. 14   337 Phot. (s. v.)   338 Phot. Suid. (s. v.)   339 Ath.
619 a   340 Bekk. An. 78. 24   341 Hesych. (s. v.)
342 Aspas. Arist. Eth. 58 a   343 Bekk. An. 88. 28 : cf. Poll.
2. 125   344 a Bekk. An. 96. 25   344 b Poll. 4. 100

345 Α. †παρέσο† κατέτριβεν ἱμάτια· Β. κᾆπειτα πῶς
φῷδας τοσαύτας εἶχε τὸν χειμῶν᾽ ὅλον;

346 Α. ⟨ἦ⟩ λοιδορία τις ἐγένεθ᾽ ὑμῖν; Β. πώμαλα·
οὐδ᾽ εἶπον οὐδέν.

347 ἀλλ᾽ ἐστὶν ὦ πάτερ κομιδῇ μεσημβρία,
ἡνίκα γε τοὺς νεωτέρους δειπνεῖν χρεών.

348 ἐκδότω δέ τις
καὶ ψηφολογεῖον ὧδε καὶ δίφρω δύο.

349 κοφίνους δὲ λίθων ἐκέλευες
ἡμᾶς ⟨ἱμᾶν⟩ ἐπὶ τὸν κέραμον.

350 †ἄλλαι ὑποπρεσβύτεραι γρᾶες Θασίου μέλανος με-
στὸν κεραμευομέναις κοτύλαις μεγάλαις ἔγχεον ἐς
σφέτερον δέμας οὐδένα κόσμον, ἔρωτι βιαζόμεναι
μέλανος οἴνου ἀκράτου†.

351 *illud antiquo poeta teste monstrabo, hunc morem loquendi
pervagatum fuisse ut Acheloum pro quavis aqua dicerent.
Aristophanes vetus comicus in comoedia Cocalo sic ait,
ἤμουν ἄγριον βάρος.* †ἤτειρεν γάρ τοί μ᾽† οἶνος οὐ
μείξας πόμα Ἀχελῴῳ. *gravabar, inquit, vino, cui aqua
non fuisset admixta, id est mero.*

ΚΩΚΑΛΟΣ] πρῶτος δὲ καὶ τῆς νέας κωμῳδίας τὸν τρόπον ἐπέδειξεν ἐν
τῷ Κωκάλῳ (Vit. Aristoph. 1. 8 (Dind.)). ἔγραψε Κώκαλον, ἐν ᾧ εἰσάγει
φθορὰν καὶ ἀναγνωρισμὸν καὶ τἄλλα πάντα ἃ ἐζήλωσε Μένανδρος Vita
Aristoph. 1. 69 (Dind.)). τελευταίαν δὲ διδάξας τὴν κωμῳδίαν ταύτην
(Plutum) ἐπὶ τῷ ἰδίῳ ὀνόματι, καὶ τὸν υἱὸν αὑτοῦ συστῆσαι Ἀραρότα δι᾽
αὐτῆς τοῖς θεαταῖς βουλόμενος, τὰ ὑπόλοιπα δύο δι᾽ ἐκείνου καθῆκε, Κώκαλον
καὶ Αἰολοσίκωνα (Arg. Plut. iv) 345 Erot. 133. 9, 134. 3 1 παρέσο]
πάρες ὦ Fritzsche : πατρὸς Dind. : fortasse πέρυσιν 2 χειμώναυλον
codd. : corr. Seidler 346 Harp. (πώμαλα) 1 ἦ add. Bergk
347 Ath. 156 b 2 γε Dind. : καὶ codd. 348 Phot. Suid.
(ὧδε) 2 ψηφολογεῖον Pors. : ψηφολόγιον Plut. : ψηφολόγον vel
ψοφολόγον Suid. 349 Poll. 7. 162 ἱμᾶν add. Bergk : ἱμᾶν
(om. ἡμᾶς) Kuehn 350 Ath. 478 d κεραμευόμεναι κοτύλας
μεγάλας Bergk δέμας] δέπας Blaydes οὐδὲν ἄκοσμον codd. :
corr. Toup 351 Macrob. Sat. 5. 18. 4, 5 ΗΓΕΙΡΕΝΤΑΡΟΙΝΟΣ
cod. Parisinus ἤτειρεν] ἔτειρε Cobet μείξας Kock : μείζας codd.:
μιγεὶς editores πόμα] πῶμ᾽ Eyssenhardt

352 χρυσὸς ὁ Κολοφώνιος

353 ἱπνός

354 κορινθιάζομαι

355 στραγγουρία

ΛΗΜΝΙΑΙ

356 Λήμνος κυάμους τρέφουσα τακερούς καὶ καλούς.

357 ἐνταῦθα ⟨δ'⟩ ἐτυράννευεν Ὑψιπύλης πατὴρ
Θόας, βραδύτατος ὢν ἐν ἀνθρώποις δραμεῖν.

358 τοὺς ἄνδρας ἀπεχρήσαντο τοὺς παιδοσπόρους.

359 ἀνδρῶν ἐπακτῶν πᾶσ' ἐγάργαιρ' ἑστία.

360 ἀλλ' ἀρτίως κατέλιπον αὐτὴν σμωμένην
ἐν τῇ πυέλῳ.

361 ἕως νεαλής ἐστιν αὐτὴν τὴν ἀκμήν.

362 ἢ καρδιώττεις; ἀλλὰ πῶς χρῆσται ποιεῖν;

363 οὐ κρανίον λάβρακος, οὐχὶ κάραβον πρίασθαι,

364 οὐκ ἔγχελυν Βοιωτίαν, οὐ γλαῦκον, οὐχὶ θύννου
ὑπογάστριον.

365 τὴν κρατίστην δαίμον' ἧς νῦν θερμός ἐσθ' ὁ βωμός.

352 Zen. 6. 47   353 Hesych. (s. v.): cf. Poll. 5. 91
354 Steph. Byz. (Κόρινθος)   355 Poll. 4. 187   ΛΗΜΝΙΑΙ]
356 Ath. 366 c, d   357 Amm. 138 Valck.   1 δ' add.
Bergk   2 ὢν Bergk : τῶν codd.   358 Bekk. An. 423. 32 :
Suid. (ἀπεχρήσαντο)   359 schol. Ach. 3 : Suid. (γάργαρα)
γάργαιρ' codd. : corr. Toup   360 Poll. 7. 166   361 Phot.
(νεαλής)   362 Suid. (χρή)   ἢ καρδιώττεις Dobr. : ἡ καρδία δὲ
τίς codd.   χρῆσται Herm. : χρῆσθαι codd.   363-364 in unum
coniunxit Dobr.   363 Ath. 311 c   364 Ath. 302 d. cf.
299 b   365 Suid. (ᾧ νῦν θερμοὶ βωμοί)

ΛΗΜΝΙΑΙ—ΝΕΦΕΛΑΙ ΠΡΟΤΕΡΑΙ

366 πεντελίθοισί θ' ὁμοῦ λεκάνης παραθραύμασι

367 αἱ ⟨δὲ⟩ γυναῖκες τὸν δορίαλλον φράγνυνται.

368 μεγάλην θεόν· 'Αριστοφάνης ἐν Λημνίαις· ἴσως †τέλβαιναι· †
Θρᾴκιος γάρ.

369 μόχλωσον τὴν θύραν

370 ἄρκτοι

371 μέταυλος

372 ναυφύλαξ

373 πρῷμος

374 συκίδας

375 φανόν.

ΝΕΦΕΛΑΙ ΠΡΟΤΕΡΑΙ

376 Εὐριπίδῃ δ' ὁ τὰς τραγῳδίας ποιῶν
τὰς περιλαλούσας οὗτός ἐστι τὰς σοφάς.

377 κείσεσθον ὥσπερ πηνίω βινουμένω.

378 δὶς παῖδες οἱ γέροντες.

379 ἐς τὴν Πάρνηθ' ὀργισθεῖσαι φροῦδαι κατὰ τὸν Λυκα-
βηττόν.

380 μηδὲ στέψω κοτυλίσκον.

366 Poll. 9. 126   367 E. M. 283. 45   δὲ add. Bentl.   Δόριλλος
Suid. (s. v.)   368 Phot. (s. v.)   τέλβαιναι] τὴν Βενδῖν Kock, coll.
Hesych.   μεγάλη θεός· 'Αριστοφάνης ἔφη τὴν Βενδῖν   369 Poll.
10. 25   370 Harp. (ἀρκτεῦσαι)   371 Harp. (s. v.)   372 Poll.
7. 139   373 Poll. 7. 152   πρῷος Bergk   374 Poll. 7. 152
375 schol. Lys. 308   ΝΕΦΕΛΑΙ ΠΡΟΤΕΡΑΙ] cf. Arg. Nub. v
376 Diog. Laert. 2. 18   377 Phot. Suid. (πηνίον)   πηνίωι
κινούμενοι Phot.   378 schol. Platon. 465 (Bekk.) cf. Nub. 1417
379 Phot. (Πάρνης)   ἐς τὴν Pors. : ἐστὶν codd.   κατὰ] καὶ Dind. :
κἀς Kock   380 Ath. 479 c

381 οὐ μετὸν αὐτῷ

382 Φορμίων . . . αὐτοῦ μέμνηται ὁ κωμικὸς ἐν Ἱππεῦσι καὶ Νεφέλαις καὶ Βαβυλωνίοις.

383 ζυμήσασθαι

384 ἠπίαλος

385 κόλασμα

386 μετεωρολέσχας

ΝΗΣΟΙ*

387 ὦ μῶρε μῶρε ταῦτα πάντ' ἐν τῇδ' ἔνι,
οἰκεῖν μὲν ἐν ἀγρῷ τοῦτον ἐν τῷ γηδίῳ
ἀπαλλαγέντα τῶν κατ' ἀγορὰν πραγμάτων,
κεκτημένον ζευγάριον οἰκεῖον βοοῖν,
ἔπειτ' ἀκούειν προβατίων βληχωμένων,   5
τρυγός τε φωνὴν εἰς λεκάνην ὠθουμένης,
ὄψῳ δὲ χρῆσθαι σπινιδίοις τε καὶ κίχλαις,
καὶ μὴ περιμένειν ἐξ ἀγορᾶς ἰχθύδια
τριταῖα πολυτίμητα βεβασανισμένα
ἐπ' ἰχθυοπώλου χειρὶ παρανομωτάτῃ.   10

388   Α. τί σὺ λέγεις; εἰσὶν δὲ ποῦ;
Β. αἱδὶ κατ' αὐτὴν ἣν βλέπεις τὴν εἴσοδον.

389   λέξεις ἄρα
ὥσπερ τὰ παιδί' ' ἔξεχ' ὦ φίλ' ἥλιε.'

381 Suid. (s. v.)   382 schol. Pac. 347   383 Bekk. An. 98. 1   ζημιώσασθαι Fritzsche : ζυμώσασθαι vel ζωμεύσασθαι Kock 384 schol. Vesp. 1038   385 Bekk. An. 105. 2   386 schol. Pac. 92   ΝΗΣΟΙ] cf. quae ad Δὶς ναυαγὸν adnotavimus   387 Stob. Flor. 55. 7   2 ἐν ἀγρῷ τοῦτον] ἀργὸν αὐτὸν Bergk   5 προβάτων codd. : corr. Grotius   6 τρυγός] αἰγός Trincavelli   ὠθουμένης] ἠθουμένης Herwerden   7 ὄψῳ . . . σπινιδίοις Salmas. : ὄψων . . . πηνιδίοις codd.   388 schol. Av. 296   2 κατ' αὐτὴν vulg. : κατὰ ταύτην V   ἣν] ᾗ Richards   389 Suid. (ἔξεχ' ὦ φίλ' ἥλιε)

390   ἀλλ' οὐ τυγχάνει
ἐπίδημος ὤν.
λέγεται δὲ περὶ τοῦ Ποσειδῶνος, ὅτι οὐκ ἐπιδημεῖ Ἰσθμοῖ.

391   θλαστὰς ποιεῖν ἐλάας.

392   οὐ ταὐτόν ἐστιν ἀλμάδες καὶ στέμφυλα.

393   θλαστὰς γὰρ εἶναι κρεῖττόν ἐστιν ἀλμάδος.

394   ἔοικε δὲ Παναίτιον κωμῳδεῖν, ὃν καὶ ἐν Νήσοις
                  ' καταλιπὼν Παναίτιον
πίθηκον.'
ἔνθα καὶ μαγείρου πατρὸς αὐτὸν λέγει.   πίθηκον δὲ αὐτὸν εἶπε
διὰ τὸ πανοῦργον.

395   ὡς ἐς τὴν γῆν κύψασα κάτω καὶ ξυννενοφυῖα βαδίζει.

396   θύρσου κυνῆ· Ἀριστοφάνης ἐν Νήσοις, οὐ τοῦ αὐλητοῦ
μνημονεύων, ἀλλ' ἀντὶ τοῦ φύλλα εἰπεῖν καὶ κλάδους.

397   ἀργύρια

398   ἔλυμος

399   θρᾶνοι, θρανία, θρανίδια

ΟΛΚΑΔΕΣ

400   βαβαί, Λάκων· ὡς ἀμφοτέρων ὑμῶν πρὶν ἦν
τὰ πράγματ' οἰσυπηρὰ καὶ βαρύσταθμα.

401   ἰὼ Λακεδαῖμον τί ἄρα πείσει τήμερον;

390 E. M. 338. 53 Lex. Sabbaiticum   391–393 Ath. 56 b :
cf. Poll. 6. 45   393 ἀλμάδος] ἀλμάδας Steph. Thes.   394 schol.
Av. 440   395 Phot. Suid. (ξυννένοφε)   396 Hesych.
Θύρσου γυνὴ Bergk   397 Poll. 9. 89, 7. 104   398 E. M.
333. 33   399 Poll. 10. 47   ΟΛΚΑΔΕΣ] οὐ τοῦτο δὲ μόνον
ὑπὲρ εἰρήνης Ἀριστοφάνης τὸ δρᾶμα τέθεικεν, ἀλλὰ καὶ . . . Ὀλκάδας
(Arg. Pac. i)   400 E. M. Milleri (Mélanges 224) ὑμῶν] ἡμῶν
Wilamowitz   πρὶν ἦν Dind. : πρινὴ cod. Flor.   401 schol.
Ald. Nub 699   τήμερον Blaydes : τήμερα Ald., cf. 296

ΟΛΚΑΔΕΣ

402 a   ἀλλ᾽ ἱμάντα μοι
δὸς καὶ ζμινύην· ἐγὼ γὰρ εἶμ᾽ ἐπὶ ξύλα.

402 b φαίης δ᾽ ἂν κατ᾽ Ἀριστοφάνην λέγοντα ἐν Ὁλκάσι καὶ
παττάλους ἐκκρούειν καὶ σκύταλον ὑποσίδηρον καὶ
σμινύδας.

403 ἐπεὶ δ᾽ ἐγενόμην οἶπερ ᾖ᾽ ἐπὶ ξύλα.

404 λόγχαι δ᾽ ἐκαυλίζοντο καὶ ξυστὴ κάμαξ.

405 τί δαὶ τὸν ὀρνίθειον οἰκίσκον φέρεις;

406 καὶ οἰκίσκον δὲ ὀρνίθειον καὶ οἰκίσκον περδικικὸν
Ἀριστοφάνης ἐν Ὁλκάσιν ἔφη.

407 παῖδες ἀγένειοι, Στράτων

408 πρώην ἐρανιστὰς ἑστιῶν ἤψησ᾽ ἔτνος.

409 – ‿ δαρδάπτοντα μιστύλλοντα διαλείχοντά μου
τὸν κάτω ‿ – σπατάγγην.

410 ἀδαχεῖ γὰρ αὐτοῦ τὸν ἄχορ᾽ ἐκλέγει τ᾽ ἀεὶ
ἐκ τοῦ γενείου τὰς πολιὰς †τοῦ Διός†.

411 ἔστι τις πονηρὸς ἡμῖν τοξότης συνήγορος
ὥσπερ Εὔαθλος παρ᾽ ὑμῖν τοῖς νέοις . . . . .

412 ἀράκους, πυρούς, πτισάνην, χόνδρον, ζειάς, αἴρας,
σεμίδαλιν.

402 a Aelius Dionysius apud Eustath. 217. 29 nullo fabulae
nomine : Ὁλκάσι tribuit Bergk   402 b Poll. 10. 173   ἐγκρούειν,
σκυτάλιον, σμινύας Bergk   403 Phot. (ᾖα)   404 Poll. 10. 144
405 Eust. 1423. 4   δαὶ Brunck : δὲ codd.   406 Poll. 10. 159
407 schol. Ach. 122   Στράτων⟩ Κλεισθένης τε καὶ Στράτων Fritzsche
408 Phot. (ἐρανίσας)   409 Ath. 91 c   1 δαρδάπτοντα] δάπτοντα
Pors.   2 τὰ κάτω Blaydes   410 Bekk. An. 474. 31 : v. 1
etiam Phot. Suid. (ἀδαχεῖ) Bekk. An. 340. 28   2 τοῦ Διός]
τουδί Dobr. : ⟨τὰς⟩ τοῦ Διός Bergk.   411 schol. Ach. 710, Suid.
⟨Εὐάθλους δέκα⟩   ⟨τοῖς παλαιοῖς⟩ ὥσπερ Elmsl.   412 Galen.
περὶ τροφῶν δυνάμεως 1. 27, vi. p. 541 (Kuehn)

413 καὶ κολλύραν τοῖσι περῶσιν διὰ τοὺν Μαραθῶνι τρο-
παῖον.

414 σκόμβροι, κολίαι, λεβίαι, μύλλοι, σαπέρδαι, θυννίδες

415 σπυρὶς οὐ μικρὰ καὶ κωρυκίς, ἣ καὶ τοὺς μάττοντας
ἐγείρει.

416 ὦ κακοδαίμων, ὅστις ἐν ἅλμῃ πρῶτον τριχίδων ἀπε-
βάφθη.

417 σκαφίδας, μάκτρας, Μοσσυνικὰ μαζονομεῖα.

418 ἀγκαλίδες ξύλων

419 ἀλμαίαν πιών

420 δρομάδες ὁλκάδες

421–2 v. 402 b

423 ὕρχας οἴνου

424 ἀπεσφακέλισεν

425 δραχμιαῖον

426 ἐπίγνον

427 νάνους

413 Ath. 111 a   τοῖσι περῶσιν] τοῖσι γέρουσιν Bergk : τοῖς πεινῶσι
Wilamowitz   414 Ath. 118 d   λέβιοι codd. : corr. Dind. ex
Poll. 6. 48   415 Eust. 1534. 47   416 Ath. 329 b   κακόδαιμον
codd. : corr. Brunck   417 Phot. (σκαφίδας)   418 Bekk. An.
13. 10   419 Bekk. An. 82. 23   420 Poll. 1. 83   423 Poll.
10. 73   424 Hesych. Suid. (s. v.), Bekk. An. 422. 25   425 Poll.
9. 60   426 Harp. (s. v.)   ἀπόγνιον cod. N   427 Gell. 19. 13
ubi legitur 'si memoria, inquit, mihi non labat, scriptum hoc est in
comoedia Aristophanis cui nomen est †ἀκαλές†': Ὁλκάδες corrigit
Hertz : Κώκαλος Brunck

428 τροχιλεία

429 Φασιανός

ΠΕΛΑΡΓΟΙ*

430 ὁ μὲν ᾖδεν Ἀδμήτου λόγον πρὸς μυρρίνην
ὁ δ' αὐτὸν ἠνάγκαζεν Ἁρμοδίου μέλος.

431 a τὸν Πατροκλέα κωμῳδεῖ ὡς Ἀθηναῖον μὲν καὶ πλούσιον,
σκνιπὸν δὲ καὶ φειδωλόν. ἦν δὲ τραγῳδίας ποιητής,
ἄλλως δὲ καὶ κακόβιος καὶ φιλοχρήματος, ὡς καὶ
ἐν Πελαργοῖς εἴρηται περὶ τούτου, ὅστις ἕνεκεν τῆς
φειδωλίας οὐδένα εἴα προσιέσθαι φυλακῆς ἕνεκα
τῶν χρημάτων καὶ γλίσχρου βίου.

431 b εἰς ἣν τῶν τὸν Λακωνικὸν βίον ζηλούντων, Ἀθηναῖος πλούσιος
μὲν σφόδρα, ἄλλως δὲ κακόβιός τις καὶ φιλοχρήματος
καὶ σκνιφὸς κωμῳδεῖται ὡς ἐν τοῖς Πελαργοῖς.

432 ἀπεσημηνάμην
τὰς τῶν κακούργων οἰκίας.

433 ἀτταγᾶς ἥδιστον ἔψειν ἐν ἐπινικίοις κρέας.

434 κεφαλὰς ἀρνῶν κωλᾶς τ' ἐρίφων

435 βαλανεὺς δ' ὠθεῖ ταῖς ἀρυταίναις.

436 χαλκώματα, προσκεφάλαια

437 ἢν γὰρ ἕν' ἄνδρ' ἄδικον σὺ διώκῃς, ἀντιμαρτυροῦσι
δώδεκα τοῖς ἑτέροις ἐπισίτιοι.

438 Μέλητος δὲ τραγῳδίας φαῦλος ποιητής, Θρᾷξ γένος, ὡς Ἀριστο-
φάνης Βατράχοις, Πελαργοῖς, Λαΐου υἱὸν αὐτὸν λέγων, ἐπεὶ
ᾧ ἔτει οἱ Πελαργοὶ ἐδιδάσκοντο καὶ ὁ Μέλητος Οἰδιπόδειαν
καθῆκεν, ὡς Ἀριστοτέλης Διδασκαλίαις.

428 schol. Lysistr. 722   429 Steph. Byz. (Φᾶσις)   ΠΕΛΑΡΓΟΙ]
430 schol. Vesp. 1239   2 μέλος] μέρος V   431 a schol. Ven.
Plut. 84   προσιέσθαι] προσικέσθαι Fritzsche   431 b schol. Rav.
Plut. 84   432 Herodian. 462 (Pierson)   433 Ath. 387 f
ἥδιστον om. A   434 Ath. 368 e   κεφαλάς ⟨τ'⟩ Bergk   435 Poll.
10. 63   436 Poll. 10. 174   437 Ath. 247 a   1 σὺ διώκῃς
Pors. : συνδιώκῃς codd.   2 ἐπίσιτοι Dind.   438 schol. Platon.
330 (Bekk.)

439 εἷς μέν γε Νεοκλείδης· . . . εἴρηται δὲ καὶ ἐν Πελαργοῖς περὶ
αὑτοῦ ὅτι ῥήτωρ καὶ συκοφάντης ἐστίν.

440 ὀβολίας ἄπτους

441 οἰκίσκος

ΠΛΟΥΤΟΣ ΠΡΟΤΕΡΟΣ

442 τῶν λαμπαδηφόρων τε πλεί-
στων αἰτίαν
τοῖς ὑστάτοις πλατειῶν

443 βλᾶκες φύγεργοι.   447 ἐμπαίζειν

444 [ἦν ἐγώ.]   448 ἐπικρούσασθαι

445 ἀναπηρίαν   449 ζυγοποιεῖν

446 γραΐζειν   450 ῥυφῆσαι

ΠΟΙΗΣΙΣ

451 γυναῖκα δὴ ζητοῦντες ἐνθάδ᾽ ἥκομεν,
ἥν φασιν εἶναι παρὰ σέ.

439 schol. Plut. 665   **440** Bekk. An. 111. 7   **441** Harp. Phot.
(s. v.)   ΠΛΟΥΤΟΣ ΠΡΟΤΕΡΟΣ] τὸ δ᾽ ἐν Κορίνθῳ . . . ὡς ἀεὶ ξενικόν
τι ἐχόντων Κορινθίων καὶ οὐχ ὡς ἔνιοι κατὰ τὸν χρόνον τοῦτον· δῆλον δὲ
ἐκ τοῦ ἐν τῷ δευτέρῳ φέρεσθαι, ὃς ἔσχατος ἐδιδάχθη ὑπ᾽ αὑτοῦ εἰκοστῷ
ἔτει ὕστερον· εἰ μὴ ὅπερ εἰκὸς ἐκ τοῦ δευτέρου Πλούτου μετενήνεκται.
ἐκεῖ γὰρ ὀρθῶς ἔχει.   ἤδη γὰρ ὁ Κορινθιακὸς πόλεμος συνέστη τρισὶν ἢ
τετράσιν ἔτεσι πρότερον τοῦ Ἀντιπάτρου, ἐφ᾽ οὗ ἐδιδάχθη, καὶ τὸ συμ-
μαχικὸν ἐπανήθροιστο ἐν Κορίνθῳ, τὸ δὲ Λακεδαιμόνιον ἐν Σικυῶνι. (schol.
Plut. 173)   **442** schol. Ran. 1093   1 πλείστων] πλεῖστον Θ
443 Bekk. An. 84. 4 : E. M. 198. 57 : Zon. 1. 390   πύγαργοι
Hemsterhuys   **444** Bekk. An. 1380 : sed cf. Plut. 29   **445** Bekk.
An. 78. 11 : Suid. (s. v.)   **446** Bekk. An. 88. 7   **447** Bekk.
An. 95. 29   **448** Poll. 9. 139   **449** Poll. 7. 115   **450** Bekk. An.
113. 11   ΠΟΙΗΣΙΣ] cf. ad Δὶς ναυαγόν   **451** Priscian. 18. 264
1 δὴ Μ : δὲ Ο   ἐνθάδ᾽ ἥκομεν | ἥν φασιν Haupt ex vestigiis cod.
Monacensis : EIKOMHN . HNΘAΣIN V R : ENEAΔE IKOMNNHNEAΣIN
M

301

ΠΟΛΥΙΔΟΣ

452 τὸ γὰρ φοβεῖσθαι τὸν θάνατον λῆρος πολύς·
πᾶσιν γὰρ ἡμῖν τοῦτ' ὀφείλεται παθεῖν.

453 ἰδοὺ δίδωμι τήνδ' ἐγὼ γυναῖκά σοι
Φαίδραν· ἐπὶ πῦρ δὲ πῦρ ἔοιχ' ἥκειν ἄγων.

454 διὰ τῆς ἀγορᾶς τρέχων, ἀναρίστητος ὤν.

455 ἐλλιμενίζεις ἢ δεκατεύεις.

456 ἔρημον ἐμβλέπειν

457 οὐκ ἀπήρκει.

458 Θησειότριψ

459 †θησομύζειν†   460 προσεμφερής

ΠΡΟΑΓΩΝ

461 ἐγευσάμην χορδῆς ὁ δύστηνος τέκνων·
πῶς ἐσίδω ῥύγχος περικεκαυμένον;

462 οἴμοι τάλας, τί μου στρέφει τὴν γαστέρα;
βάλλ' ἐς κόρακας. πόθεν ἂν λάσανα γένοιτό μοι;

463 κάμνοντα δ' αὐτὸν τοῦ θέρους ἰδών ποτε
ἔτρωγ', ἵνα κάμνοι, σῦκα τῆς μεσημβρίας.

464 ὥρα βαδίζειν μοῦστὶν ἐπὶ τὸν δεσπότην·
ἤδη γὰρ αὐτοὺς οἴμαι δεδειπνάναι.

ΠΟΛΥΙΔΟΣ] Πολύιδος ... διὰ τοῦ ι γράφεται ... οὕτω δὲ καὶ τὸ δρᾶμα
ἐπιγράφεται παρ' Ἀριστοφάνει. μαρτυρεῖ δὲ Φιλόξενος (Herodian. ii.
572. 12)   452 Stob. Flor. 118. 16   453 Stob. Flor. 68. 17
ἥκειν Herwerden : ἥξειν codd.   454 Suid. (ἀνάριστος)   455 Poll.
9. 31   456 Phot. Suid. (s. v.) : E. M. 373. 19 : Apostol. 7. 92
457 Moeris 205. 19   458 E. M. 451. 52 : Suid. (s. v.)
459 E. M. 451. 52 : Et. Gud. 85   θησειομύζειν anon. ap. Gaisford
460 Poll. 9. 130   ΠΡΟΑΓΩΝ] 461 Ath. 95 d   1 τέκνων A :
τέκνον V L : κύων Jacobs   2 πῶς] πῶς σ' Dobr. : πῶς σφ' Kock
περικεκαυμένος Kock   462 Poll. 10. 44   463 Ath. 80 a
464 Ath. 422 e   μοῦστὶν Bergk : μοι 'στὶ(ν) codd.   ἐπὶ] πρὸς L

465 ὁ δ' ἀλφίτων ⟨γε⟩ πριάμενος τρεῖς χοίνικας
κοτύλης δεούσας, εἴκοσ' ἀπολογίζεται.

466 τί οὐκ ἐκέλευσας παραφέρειν τὰ ποτήρια;

467 σταθερὰ δὲ κάλυξ νεαρᾶς ἥβης

468 ὁ Φρυνώνδας ἐπὶ πονηρίᾳ βοᾶται Εὐπολίδι ἐν 'Αστρα-
τεύτοις, Δήμοις, 'Αριστοφάνει δὲ Προαγῶνι.

469 ἐν πίθῳ τὴν κεραμείαν

470 ἀντλίον

ΣΚΗΝΑΣ ΚΑΤΑΛΑΜΒΑΝΟΥΣΑΙ

471 χρῶμαι γὰρ αὐτοῦ τοῦ στόματος τῷ στρογγύλῳ,
τοὺς νοῦς δ' ἀγοραίους ἧττον ἢ 'κεῖνος ποιῶ.

472   λήκυθον
τὴν ἑπτακότυλον, τὴν χυτρεᾶν, τὴν ἀγκύλην,
ἣν ἐφερόμην, ἵν' ἔχοιμι συνθεάτριαν.

473 καὶ μὴν ἄκουσον, ὦ γύναι, θυμοῦ δίχα
καὶ κρῖνον αὐτὴ μὴ μετ' ὀξυρεγμίας.

474   ὡσπερεὶ Καλλιππίδης
ἐπὶ τοῦ κορήματος καθέζομαι χαμαί.

475   ἀλλ' ἔχουσα γαστέρα
μεστὴν βοάκων ἀπεβάδιζον οἴκαδε.

465 Ath. 478 f   1 ἀλφιτώνης Nauck   γε add. Schweighäuser
2 δὲ οὔσης B : δεούσης Casaubon   εἴκοσ'] οἰκάδ' A   ἐκτέα λογί-
ζεται Dobr.   466 Ath. 380 d   467 Phot. Suid. (σταθερόν)
468 schol. Lucian. 140 (Jacobitz)   469 schol. Platon. 322
(Bekk.) : Zenob. 3. 65   470 Bekk. An. 411. 17   ΣΚΗΝΑΣ
ΚΑΤΑΛΑΜΒΑΝΟΥΣΑΙ] 471 schol. Platon. Clark. 330 (Bekk.) ; Plut.
Mor. 30 d   472 Poll. 10. 67   2 τὴν χυτραίαν τὴν καλήν codd. :
corr. Lobeck   473 Phot. (ὀξυρεγμεῖν)   474 Poll. 10. 29
ὡσπερεὶ Καλλιππίδης Toup : ὥσπερ ἐν Καλλιππίδῃ codd.   475 Ath.
287 a

476 καὶ τῶν πλατυλόγχων διβολίαν ἀκοντίων

477 καὶ τῶν πλατυλόγχων, ὡς ὁρᾷς, ἀκοντίων

478 τὴν πόρδαλιν καλοῦσι τὴν κασαλβάδα.

479 τὴν κακκάβην γὰρ κᾶε τοῦ διδασκάλου.

480 ὥσπερ κόσκινον αἱρόπινον τέτρηται.

481 τοῖχον μοχλίσκῳ σκαλεύειν

482 ἀλλὰ συσπάσαι δεῖ τὰς κοχώνας.

483 †οὐδ' ἴσως† ἀντέλεγες τούτῳ τῷ δειπνίῳ· οὐ γὰρ
   ἄκανθαι.

484 δήμαρχος· ὅτι δὲ ἠνεχυρίαζον οἱ δήμαρχοι δηλοῖ Ἀριστο-
   φάνης ἐν Σκηνὰς Καταλαμβανούσαις.

485 πεζίδα   486 πηρίδιον

487 τριτοστάτης

ΤΑΓΗΝΙΣΤΑΙ

488 καὶ μὴν πόθεν Πλούτων γ' ἂν ὠνομάζετο,
   εἰ μὴ τὰ βέλτιστ' ἔλαχεν; ἐν δέ σοι φράσω,
   ὅσῳ τὰ κάτω κρείττω 'στὶν ὧν ὁ Ζεὺς ἔχει·
   ὅταν γὰρ ἱστῇς, τοῦ ταλάντου τὸ ῥέπον
   κάτω βαδίζει, τὸ δὲ κενὸν πρὸς τὸν Δία.   5

.   .   .   .
†οῦ γὰρ ἄν ποτε οὕτως ἐστεφανωμένοι†

476 Poll. 7. 157   477 Poll. 10. 144   478 Poll. 7. 202
479 Ath. 169 c : Poll. 10. 106   κᾶε τοῦ Poll. : καστοῦ A Athenaei
480 Poll. 10. 114   κόσκινον ut glossema eicit Kock   481 Poll.
10. 147   μοχλισκίῳ Bergk   σκαλεύειν Kuehn : καλάνειν A :
καλάνειν C : κλαύειν B   482 schol. Eq. 424   συσπᾶσθαι praeter
Θ codd.   483 Hesych. (οὐ γὰρ ἄκανθαι)   οὐδ' ἂν ἴσως Dind. :
οὐ γὰρ σῶς Bergk   484 Harp. (δήμαρχος)   485 Phot. (s. v.)
486 Poll. 10. 172   487 Hesych. (s. v.)   τριτοστάτις Dind.
ΤΑΓΗΝΙΣΤΑΙ] 488 Stob. Flor. 121. 18   5 lacunam indicavit Bergk
6 οὐδ' ἄν ποθ' οὕτως ἐστεφανωμένοι ⟨νεκροὶ⟩ Bergk

προὐκείμεθ᾽, †οὐδ᾽ ἂν κατακεκριμένοι†
εἰ μὴ καταβάντας εὐθέως πίνειν ἔδει.
διὰ ταῦτα γάρ τοι καὶ καλοῦνται μακάριο·
πᾶς γὰρ λέγει τις, ‘ὁ μακαρίτης οἴχεται,   10
κατέδαρθεν· εὐδαίμων ὅτι οὐκ ἀνιάσεται.᾽
καὶ θύομεν ⟨γ᾽⟩ αὐτοῖσι τοῖς ἐναγίσμασιν
ὥσπερ θεοῖσι καὶ χοάς γε χεόμενοι
αἰτούμεθ᾽ αὐτοὺς δεῦρ᾽ ἀνεῖναι τἀγαθά.

489   ἀλλὰ στεφάνωσαι· καὶ γὰρ ἡλικίαν ἔχεις
ἀποχρῶσαν ἤδη.

490   τοῦτον τὸν ἄνδρ᾽ ἢ βιβλίον διέφθορεν
ἢ Πρόδικος ἢ τῶν ἀδολεσχῶν εἷς γέ τις.

491   τί οὖν ποιῶμεν; χλανίδ᾽ ἐχρῆν λευκὴν λαβεῖν·
εἶτ᾽ Ἰσθμιακὰ λαβόντες ὥσπερ οἱ χοροὶ
ᾄδωμεν ἐς τὸν δεσπότην ἐγκώμιον.

492   Α. τί πρὸς τὰ Λυδῶν δεῖπνα καὶ τὰ Θετταλῶν;
Β. τὰ Θετταλικὰ μὲν πολὺ καπανικώτερα.

493   ἐρείδετον, κἀγὼ κατόπιν σφῷν ἕψομαι.

494   οὐ μὴν ὅ γε σὸς ἀδελφὸς οὗ ἀπελάγχανεν.

495   ἀπασκαρίζειν ὡσπερεὶ πέρκην χαμαί

496   ὑποπεπώκαμεν ⟨γὰρ⟩ ὦνδρες καὶ καλῶς ἠρίσταμεν.

497   λαμβάνετε κόλλαβον ἕκαστος.

7 οὐδ᾽ ἂν κατακεχριμένοι ⟨μύροις⟩ Gesner et Dind.   12 γ᾽ add.
Grotius   13 χεόμενοι Seidler : χέομεν codd.   14 ἀνεῖναι
Fritzsche : ἀνιέναι codd.   489 Bekk. An. 439. 22 : Suid.
(ἀποχρώντως)   490 schol. Nub. 361 : Suid. (Πρόδικος)   . 1 τὸν
ἄνδρα τοῦτον codd. : corr. Herm.   491 Ath. 677 c   492 Ath.
418 d   1 δεῖπνα καὶ] δεῖπνά σοι Kock   2 τὰ Steph. Thes. : καὶ
τὰ codd.   493 Phot. (ἐρείδειν)   494 Harp. (ἀπολαχεῖν)
495 Suid. (ἀπασκαρίζειν)   496 Ath. 422 f   γὰρ add. Pors.
497 Ath. 110 f

ΤΑΓΗΝΙΣΤΑΙ

498 τὸ δ' ἔτνος τοὐν ταῖς κυλίχναις τουτὶ θερμὸν καὶ τοῦτο
παφλάζον.

499 †γενναῖα βοιώτιος ἐν 'Αγχομενοῦ†

500—1   .... χθονία θ' 'Εκάτη
σπείρας ὄφεων ἐλελιζομένη.
.. τί καλεῖς τὴν Ἔμπουσαν;

502 φέρε παῖ ταχέως κατὰ χειρὸς ὕδωρ,
παράπεμπε τὸ χειρόμακτρον.

503 ὡς οὐψώνης διατρίβειν
ἡμῶν τἄριστον ἔοικεν.

504 ὁ δὲ λύων κύστιν ὑείαν
κἀξαιρῶν τοὺς Δαρεικούς.

505 δεῦρο δ' ἂν οὐκ ἀπέδραμεν.

506 ἅλις ἀφύης μοι· παρατέταμαι γὰρ τὰ λιπαρὰ κἄπτων.
ἀλλὰ φέρετ' †ἀπόβασιν† ἡπάτιον ἢ καπριδίου νέου
κόλλοπά τιν'· εἰ δὲ μὴ πλευρὸν ἢ γλῶτταν ἢ
σπλῆνά γ' ἢ νῆστιν, ἢ δέλφακος ὀπωρινῆς
ἠτριαίαν φέρετε δεῦρο μετὰ κολλάβων   5
χλιαρῶν.

507 μηδὲ τὰ Φαληρικὰ τὰ μικρὰ τάδ' ἀφύδια

498 Poll. 10. 88   τοὐν Dind. : ἐν codd.   499 Herod. i. 180.
32, ii. 913. 23   γενναῖα· | Βοιωτὶς δ' ἦν, ἐξ 'Αγχομενοῦ· Lehrs
500–501 schol. Ran. 293   1–2 χθονίας 'Εκάτης πείρα σοφῶν
codd. : corr. Pors.   2 ἐλελιζομένη Seidler: ἐξελιζομένη codd.
3 ⟨οὗτος,⟩ τί καλεῖς Kock   502 Ath. 410 b   503 Ath. 171 b
504 Poll. 10. 151   505 Bekk. An. 1066 : Herod. ex schol. Ach.
465 (Pierson)   506 Ath. 96 c : cf. schol. Ach. 640   1 παρατέ-
ταγμαι Athenaeus   2 φέρετ' ἀπόβασιν] φέρεθ' Dind.   4 σπλῆνά
γ' Herm. : σπληνὸς codd.   507 Ath. 285 e   τὰ μικρὰ τὰ
Φαληρικὰ codd. : corr. Pors.

508 τί δεῖ πρὸς τούτοις ἔτι παρατίθεσθαι τὰ ἐκ Ταγηνιστῶν τοῦ
χαρίεντος Ἀριστοφάνους; πάντες γὰρ τῆς καταχήνης αὐτοῦ
πλήρεις ἐστέ.

509 Διὸς Κόρινθος   519 κύπασσις

510 λίθους πωρίνους   520 κωνῆσαι

511 μελιτηρὸν ἄγγος   521 μυρίδιον

512 ἀμφαρίστερον   522 νεβρίδα

513–4 βάθρα, βαθρίδια   523 πέρδιξ ὄρουσον

515 δόκος   524 παραλοῦται

516 ἐσχάρια   525 σπινός

517 καρπεύειν   526 τέλειον

518 κηρύκιον   527 φήληξ

ΤΕΛΕΜΗΣΣΗΣ

528 οὐ γὰρ τίθεμεν τὸν ἀγῶνα τόνδε τὸν τρόπον
ὥσπερ τέως ἦν, ἀλλὰ καινῶν πραγμάτων.

529 ἡ κωμῳδία γε τὸ λοιπόν ἐστιν, ἔλεγον δὲ ἀναφέρων εἰς τοὺς
Τελμισσέας τοῦ Ἀριστοφάνους ὡς ἐκεῖ λόγῳ τις ἠγωνίζετο,
ἔργῳ δὲ οὔ.

508 Ath. 269 e   καταχήνης Schweighaüser : κατ' ἀχαρνεῖς A
509 schol. Plat. 368 (Bekk.)   510 Poll. 10. 173   511 Poll.
10. 93   μελιτήριον codd. : corr. Cobet   512 Galen. Hipp.
aphor. xviii (2). 147. 8 (Kuehn)   513-514 Poll. 10. 47   βαθράδια
codd. : corr. Hemsterhuys   515 Cram. An. Ox. i. 223. 19 :
Herod. i. 148. 27   516 Poll. 10. 101   517 Poll. 7. 149
518 Poll. 10. 173   519 Harp. (s. v.)   520 E. M. 551. 23 :
Et. Gud. 358. 22 : Cramer An. Par. iv. 52. 17   521 Poll. 10. 119
522 Poll. 10. 173   523 Phot. Suid. Apostol. 13. 87 qui παραιξο-
ρουσον vel similia praebent : corr. Crusius ex cod. Pal. Gr. 129
(Philologus 1888 : N. F. i. 196, 207)   524 Poll. 7. 168
525 Phot. (s. v.)   526 schol. Plat. 383 (Bekk.)   527 schol.
Ven. Pac. 1165   ΤΕΛΕΜΗΣΣΗΣ] 528 schol. Plat. 335 (Bekk.)
529 Aristid. i. 277. 6 (Jebb)   versum fuisse λόγῳ γὰρ ἠγωνιζόμεσθ'
(fort. ἠγωνιζόμην) ἔργοισι δ' οὔ coni. Bergk

530   Α. τράπεζαν ἡμῖν ἔσφερε
τρεῖς πόδας ἔχουσαν, τέτταρας δὲ μὴ 'χέτω,
Β. καὶ πόθεν ἐγὼ τρίπουν τράπεζαν λήψομαι;

531   οἴνου τε Χίου στάμνον ἥκειν καὶ μύρον.

532   πινακίσκον ἄπυρον ἰχθυηρόν.

533   ἀλφιτόχρωτος κεφαλῆς.

534   ὡς ἂν τίς ἂν οὖν ἦ – ◡ ◡ – τί ποιήσας ὦ Τελεμησσῆς;

535   φέρε δὴ τοίνυν ταῦθ' ὅταν ἔλθῃ, τί ποιεῖν χρή μ' ὦ
Τελεμησσῆς;

536   μεταπέμπου νῦν ταῦτα σπουδῇ καὶ μύρον, εὕρημα
Μεγάλλου.

537   μελανοπτερύγων κορακίνων

538   Ἀρίστυλλος

539   ἐν Τελμισσεῦσιν εἰς συκοφάντην ἀποσκώπτει (τὸν Χαιρεφῶντα).

540   πύλαι   541 σιπύα

ΤΡΙΦΑΛΗΣ

542   λάβεσθε καὶ γάρ ἐσθ' ὁμοῦ.

543   ἔπειθ' ὅσοι παρῆσαν ἐπίσημοι ξένοι
ἐπηκολούθουν κἠντεβόλουν προσκείμενοι,

530 Ath. 49 c : Eust. 1398. 17 et alibi   1 ἔσφερε Pors. : φέρε codd.
531 Poll. 10. 72   532 Poll. 10. 82   533 Bekk. An. 386. 6 :
Eust. 1258. 57 et alibi   534–535 Steph. Byz. (Τελμησσός) : Herod.
ii. 227. 28 et alibi   536 Hesych. (Μετάλλειον μύρον) : Ath. 690 f :
Ε. Μ. 587. 7   Μεγάλλου] Μετάλλου Hesych.   537 Ath. 308 f
538 Ε. Μ. 142. 143   539 schol. Plat. 331 (Bekk.)   540 Hesych.
(s. v.)   541 Harp. (s. v.)   ΤΡΙΦΑΛΗΣ] 542 schol. Plat. 380
(Bekk.)   543 Ath. 525 a

ΤΡΙΦΑΛΗΣ

'ὅκως ἔχων τὸν παῖδα πωλήσει 's Χίον,'
ἕτερος δ' 'ὅκως ἐς Κλαζομενάς,' ἕτερος δ' 'ὅκως
εἰς Ἔφεσον' . . .   5
οἱ δ' 'εἰς Ἄβυδον' †ἦν δ' ἐκεῖνα πάνθ' ὁδῷ†

544   †τίς δ' εἰς ἐγγύτατα ὁ λοιπὸς τὰς ὀσφύας†
      ἐπὶ τῶν κοχωνῶν ἀργοναύτης οὑτοσί;

545   ἔπειτ' ἐπὶ τοὔψον ἧκε τὴν σπυρίδα λαβὼν
      καὶ θυλακίσκον καὶ τὸ μέγα βαλλάντιον.

546   καὶ τὴν κυνῆν ἔχειν με κυρβασίαν ἐρεῖς.

547   ἤτουν τι τὰς γυναῖκας ἀργυρίδιον.

548   ἀλαβαστροθήκας τρεῖς ἔχουσαν ἐκ μιᾶς.

549   ἐγὼ γὰρ ἀπὸ Θηραμένους δέδοικα τὰ τρία ταυτί.

550   μανθάνοντες τοὺς Ἴβηρας τοὺς Ἀριστάρχου πάλαι.

551   τοὺς Ἴβηρας, οὓς χορηγεῖς μοι βοηθῆσαι δρόμῳ.

552   κοὐδὲν †ἄνδρα εἰς ἄτοπον οὐδ' ἂν ἐπιῆλαι μέν.†

553   Ἑρμῆς †τρικέφαλος†

554   τὸν Ἀλκιβιάδην φησὶν ὁ Ἀρίσταρχος ἐπὶ Φαληνίου γεγενῆσθαι.
      σκώπτων παρὰ τὸν φάλητα· ἐπασχητία γάρ.

5 ἐς Ἔφεσον, ὁ δ' ἐς Ἄβυδον· ἦν δ' ἐκεῖνα πάνθ' ὁδῷ Mein. : ἦν
δὲ πάνθ' 'ὅκως' Blaydes   544 schol. Hippocr. Epidem. 5. 7
1 sub λοιπὸς latere λίσπος videt Schneidewin : ὁ λίσπος τὰς ὀσφύας
pro glossemate habet Kaibel   2 ἀργοναύτης Schneidewin :
ἀργὸς αὐτὸς codd.   545 Poll. 10. 151   546 Poll. 10.
162   547 Poll. 9. 90   548 Poll. 10. 121   549 Phot.
Suid. (τῶν τριῶν κακῶν ἕν)   550–551 Steph. Byz. (Ἰβηρίαι)
552 schol. Vesp. 1348   κοὐδὲν ἂν δρασείας ἄτοπον οὐδ' ἂν ἐπιῆλαιμεν
⟨ἂν⟩ Bergk   553 Hesych. (s. v.)   Ἑρμῆς τετραφάλης Goettling
554 Hesych. (ἐπὶ Φαληνίου)   Ἀρίσταρχος] Ἀριστοφάνης Pearson, sed
cf. frag. 550 et Thuc. 8. 98

555 Ἰλάων ἥρως· ἀφ' οὗ Ἀριστοφάνης ἐν Τριφάλητι ἰλάονας ἔφη
τοὺς φάλητας, ὡς ὑπερβάλλοντας τῷ μεγέθει.

556 τριῶν ὄντων τειχῶν ἐν τῇ Ἀττικῇ, ὡς καὶ Ἀριστοφάνης φησὶν
ἐν Τριφάλητι, τοῦ τε βορείου καὶ τοῦ νοτίου καὶ τοῦ Φαληρικοῦ,
διὰ μέσου τούτων ἐλέγετο τὸ νότιον.

557 *vide Frag.* 112.

ΦΟΙΝΙΣΣΑΙ

558 ἐς Οἰδίπου δὲ παῖδε, διπτύχω κόρω,
Ἄρης κατέσκηψ', ⟨ἔς⟩ τε μονομάχου πάλης
ἀγῶνα νῦν ἑστᾶσιν.

559   καὶ τὸν ἱμάντα μου
ἔχουσι καὶ τἀνάφορον.

560 εἰκὸς δή που πρῶτον ἁπάντων
ἴφυα φῦναι
καὶ τὰς κραναὰς ἀκαλήφας.

561 στίλβη θ' ἢ κατὰ νύκτα μοι
†φλογάνας ἠράζεις† ἐπὶ τῷ
λυχνείῳ.

562 θεατροπώλης.

563 μυάγρα.

ΩΡΑΙ

564–5 τοὐνθένδ' ἀπίχθυς βαρβάρους οἰκεῖν δοκῶ.

555 Hesych. (Ἰλάων)   **556** Harp. (διὰ μέσου τεῖχος)
ΦΟΙΝΙΣΣΑΙ] **558** Ath. 154 e   1 δὲ παῖδε Heringa: δετταιδε Ath.
2 ἔς add. Pors.   **559** Poll. 10. 17   **560** Ath. 90 a, 62 d :
Suid. (ἀκαλήφη): Bekk. An. 370. 20   **561** Poll. 10. 119
2 φλογάνας ἠράζεις vel φλόγα ἥξει codd. : φλόγ' ἀνασειράζεις excerpt.
Voss. : φλόγα στάζεις Pors.   **562** Poll. 7. 199   **563** Poll. 10.
155   ΩΡΑΙ] **564-565** Eust. 1720. 24 : Bekk. An. 425. 3 : Poll.
6. 41

310

566 τὸν Φρύγα, τὸν αὐλητῆρα, τὸν Σαβάζιον

567   ἐμοὶ
κράτιστόν ἐστιν ἐς τὸ Θησεῖον δραμεῖν,
ἐκεῖ δ' ἕως ἂν πρᾶσιν εὕρωμεν μένειν.

568 διέφθορας τὸν ὅρκον ἡμῶν.

569 Α. ὄψει δὲ χειμῶνος μέσου σικυούς, βότρυς, ὀπώραν,
στεφάνους ἴων ⟨ῥόδων, κρίνων⟩ κονιορτὸν ἐκτυφλοῦντα.
αὐτὸς δ' ἀνὴρ πωλεῖ κίχλας, ἀπίους, σχαδόνας, ἐλάας,
πυόν, χόρια, χελιδόνια, τέττιγας, ἐμβρύεια.
ὑρίχους δ' ἴδοις ἂν νειφομένους σύκων ὁμοῦ τε μύρτωι·
ἔπειτα κολοκύντας ὁμοῦ ταῖς γογγυλίσιν ἀροῦσιν.   6
ὥστ' οὐκ ἔτ' οὐδεὶς οἶδ' ὁπηνίκ' ἐστὶ τοὐνιαυτοῦ.
. . . μέγιστον ἀγαθόν, εἴπερ ἔστι δι' ἐνιαυτοῦ
ὅτου τις ἐπιθυμεῖ λαβεῖν. Β. κακὸν μὲν οὖν μέγιστον·
εἰ μὴ γὰρ ἦν, οὐκ ἂν ἐπεθύμουν οὐδ' ἂν ἐδαπανῶντο. 10
ἐγὼ δὲ τοῦτ' ὀλίγον χρόνον χρήσας ἀφειλόμην ἄν.
Α. κἄγωγε ταῖς ἄλλαις πόλεσι δρῶ ταῦτα πλὴν
Ἀθηνῶν·
τούτοις δ' ὑπάρχει ταῦτ', ἐπειδὴ τοὺς θεοὺς σέβουσιν.
Β. ἀπέλαυσαν ἄρα σέβοντες ὑμᾶς, ὡς σὺ φῇς.
Α. τιὴ τί;   14
Β. Αἴγυπτον αὐτῶν τὴν πόλιν πεποίηκας ἀντ' Ἀθηνῶν.

570 Ἀνδροκλέα δὲ Κρατῖνος Σερίφοις φησὶ δοῦλον καὶ πτωχόν,
ἐν δὲ Ὥραις ἡταιρηκότα †ἄρα† τὸν αὐτόν.

566 schol. Av. 874   567 Poll. 7. 13   1 ἐμοὶ Toup : εἴ μοι codd.
568 Ammonius 41 : Bachmann An. ii. 377. 11   569 Ath. 372 b
2 ῥόδων, κρίνων supplet Pors.   3 αὐτὸς Dind. : ωνετος vel ὡυτὸς codd.
4 χελιδόνα codd. : corr. Pors.   5 ὑρισοὺς A : corr. Pors.   6 ἀροῦ-
σιν] ἄγουσιν Kaibel   8 εἶπες post ἀγαθόν add. Pors. : ⟨τοῦτ'
οὐ⟩ μέγιστον . . . λαβεῖν; Kaibel   11 τοῦτ' Brunck : τοῦτον A
χρήσας Pors. : φήσας A   12 δρῶ Casaubon : δρῶν A   14 τιὴ
τί] τί δὴ σύ Kock : τί, εἴ τι Kaibel   570 schol. Vesp. 1187
ἄρα V : Ἀριστοφάνης Bergk

571 ὁ Θεογένης οὗτός ἐστιν ὁ Ἀχαρνεύς, ὃν καὶ ἐπὶ τῷ μεγάλα
ἀποπατεῖν κωμῳδοῦσιν, δῆλον δὲ ἐν ταῖς Ὥραις.

572 ὁ μὲν Καλλίας οὗτος . . . Ἱππονίκου υἱὸς ἦν, τὸν δῆμον Μελιτεύς,
ὡς Ἀριστοφάνης Ὥραις.

573 (Χαιρεφῶντα) . . . νυκτὸς παῖδα καλεῖ.

574 δικαστικόν· Ἀριστοφάνης ἐν Ὥραις τριώβολόν φησιν εἶναι.

575 ἱερὸν Ἀρᾶς

576 ζεῦγος τρίδουλον

577 ἀσκοπήρα

578 χοιροπῶλαι

ΑΔΗΛΩΝ ΔΡΑΜΑΤΩΝ

579 γίνεται δὲ ἐν Ἰκάρῳ, φησὶν Ἐπαρχίδης, ὁ Πράμνιος. ἔστι δὲ
οὗτος γένος τι οἴνου. καὶ ἔστιν οὗτος οὔτε γλυκὺς οὔτε παχύς,
ἀλλ᾽ αὐστηρὸς καὶ σκληρὸς καὶ δύναμιν ἔχων διαφέρουσαν, οἴῳ
Ἀριστοφάνης οὐχ ἥδεσθαι Ἀθηναίους φησί, λέγων τὸν
Ἀθηναίων δῆμον οὔτε ποιηταῖς ἥδεσθαι σκληροῖς καὶ
ἀστεμφέσιν οὔτε Πραμνίοις †σκληροῖσιν† οἴνοις συν-
άγουσι τὰς ὀφρῦς τε καὶ τὴν κοιλίαν, ἀλλ᾽ ἀνθοσμίᾳ
καὶ πέπονι νεκταροσταγεῖ.

580 Κηφισοφῶν ἄριστε καὶ μελάντατε,
σὺ δὲ ξυνέζης ἐς τὰ πόλλ᾽ Εὐριπίδῃ
καὶ συνεποίεις, ὥς φασι, τὴν τραγῳδίαν.

581 ὁ δ᾽ αὖ Σοφοκλέους τοῦ μέλιτι κεχριμένου
ὥσπερ καδίσκου περιέλειχε τὸ στόμα.

571 schol. Vesp. 1183   572 schol. Luciani p. 186 Jacobitz
573 schol. Plat. 331 (Bekk.)   574 Hesych. (δικαστικόν)
575 Hesych.(s.v.)   576 Hesych. (ζεῦγος τριπαρθένον)   577 Poll.
10. 160   578 Poll. 7. 187   ΑΔΗΛΩΝ ΔΡΑΜΑΤΩΝ] 579 Ath.
30 b   σκληροῖσι] Ἰκαρίοισι Kock ex Ath. 30 d : del. Herwerden
580 Vit. Eur. i. 72 (Dind.) : ad Gerytadem refert Bergk   1 κισοφῶν
cod. : corr. Rossignol   2 Εὐριπίδου cod. : corr. Ross.   3 φασι
Ross. : φησι καὶ cod.   581 Dio Chrysost. 2. 273 (Reisk.) : Vit.
Soph. 118 (Dind.) : Cram. An. Par. 1. 19   1 κεχριμένου] κεχρι-
σμένου vulg. : κεκραμμένου cod Par. 2720

ΑΔΗΛΩΝ ΔΡΑΜΑΤΩΝ

582 ἄλλαι δὲ κυαμίζουσιν αὐτῶν· εἰσὶ δὲ
ἤδη πρὸς ἄνδρας ἐκπετήσιμοι σχεδόν.

583 ἵνα ξυνῶσιν ᾧπερ ἤδεσθον βίῳ,
σκώληκας ἐσθίοντε καὶ μυλακρίδας.

584 οὐκ εἶ λαβὼν θύραζε τὰ ψηφίσματα
καὶ τὴν ἀνάγκην ἐς κόρακας ἐντευθενί;

585 ‘ἄκων κτενῶ σε τέκνον·’ ὁ δ’ ὑπεκρίνετο,
‘ἐπὶ Παλλαδίῳ τἄρ’ ὦ πάτερ δώσεις δίκην.’

586 οὐδὲν γὰρ ὄντως γλυκύτερον τῶν ἰσχάδων.

587 ἀλλ’ οὐδὲ τὸ μέλι γλυκύτερον τῶν ἰσχάδων.

588   τὴν γυναῖκα δὲ
αἰσχύνομαι τώ τ’ οὐ φρονοῦντε παιδίω.

589 οἴμοι,
τουτὶ τί ἦν; ἀδιάφορός μοι φαίνεται
ὁδί.

590   ἄγε νυν τὰς ἀμυγδαλᾶς λαβὼν
τασδὶ κάταξον τῇ κεφαλῇ σαυτοῦ λίθῳ.

591   τὴν χύτραν,
ἐν ᾗ τὰ κρεᾴδι’ ἧψες ἐζωμευμένα.

592   πλὴν εἴ τις πρίαιτο δεόμενος
βασκάνιον ἐπὶ κάμινον ἀνδρὸς χαλκέως

582 Poll. 2. 18   583 Poll. 2. 189   584 Poll. 8. 17   1 εἶ
Pors. : ἴη codd.   2 ἐντεῦθεν codd. : corr. Jungermann   585 Eust.
1419. 52   1 ἀπεκρίνατο Cobet   2 τἄρ’ ὦ Elmsl. : παρ’ ᾧ codd.
586 Ath. 652 f : Julian. Epp. 24   587 ex Julian. Epp. 24 effinxit
Cobet   588 Vit. Aristoph. 1. 88 (Dind.)   589 cod. Laurent.
plut. 57 apud Herwerden *Stud. Crit.* 93. 4   590 Ath. 53 a
2 τὴν κεφαλὴν vulg. : corr. Dobr.   λίθῳ secl. Kaibel   591 Poll.
7. 26   2 ἧψες Dobr. : ἔψεις codd.   592 Poll. 7. 108

313

ΑΔΗΛΩΝ ΔΡΑΜΑΤΩΝ

593 τί δῆτά σοι δράσω, κακόδαιμον, ἀμφορεὺς
ἐξοστρακισθείς;

594a   καὶ κύων ἀκράχολος
Ἑκάτης ἄγαλμα φωσφόρου γενήσομαι.

594b ἦτουν δὲ οὐδέν . . . καὶ τὸ τοῦ Ἀριστοφάνους λόγος ἦν οὐκ ἐῶν
κακὸν τὸν τοιοῦτον δοκεῖν.

595 λάβραξ ὁ πάντων ἰχθύων σοφώτατος.

596 ἡδύς γε πίνειν οἶνος, Ἀφροδίτης γάλα.

597 πικρότατον οἶνον τήμερον πίει τάχα.

598 τὸ δ' αἷμα λέλαφας τοὐμόν, ὦναξ δέσποτα.

599 ἐκφέρετε πεύκας κατ' Ἀγάθωνα φωσφόρους.

600 αἰσχρὸν νέᾳ γυναικὶ πρεσβύτης ἀνήρ.

601 πυθοῦ χελιδὼν πηνίκ' ἄττα φαίνεται.

602 ὁπηνίκ' ἄτθ' ὑμεῖς κοπιᾶτ' ὀρχούμενοι.

603 λούσησθε καὶ κτενίσησθε πρὸς τὸν ἥλιον.

604 ἵνα μὴ καταγῇς τὸ σκάφιον πληγεὶς ξύλῳ.

605 φθέγξαι σὺ τὴν φωνὴν †ἀναστοιχήσας† ἄνω.

606 φθέγμα κεκράτηκε.

607 τί τὸ κακόν; ἀλλ' ἦ κοκκύμηλ' ἠκρατίσω;

593 Plutarchus Mor. 853 b   δῆτά Dübner : δέ codd.   594 a Eust.
1467. 35 : cf. Eur. Frag. 959 (Nauck)   594 b Liban. i. 83. 15 (R)
595 Ath. 310 f   596 Ath. 444 d : Eust. 1624. 17   γε Pors.: τε
codd.   597 Ath. 416 e : Eust. 1253. 50 : Cram. An. Par. iv. 246. 7
598 Ath. 485 a   599 Ath. 701 b et fort. apud *Oxyrhynch. Pap.* ii.
ccxii. p. 20 cf. fr. 969   600 Clem. Alex. Strom. 6. 745 : cf. Eur. fr.
319, 804 (Nauck)   601-602 schol. Plat. 372 (Bekk.): E. M. 167. 14:
Harp. (s. v.) : Eust. 148. 40   603 Poll. 2. 34   604 Poll. 2. 39
605-606 Poll. 4. 114 ἀναστοιχήσας] ἀναστήσας Bergk   607 Poll.
6. 24

ΑΔΗΛΩΝ ΔΡΑΜΑΤΩΝ

608 τὸν Πειραιᾶ ⟨δὲ⟩ μὴ κεναγγίαν ἄγειν.

609 ἥτις κυοῦσ᾽ ἐφάνη κύος τοσουτονί.

610 ὀξυγλύκειάν τἄρα κοκκιεῖς ῥόαν.

611 τὸ παραπέτασμα, τὸ Κύπριον, τὸ ποικίλον.

612 ἐνταῦθα δὴ παιδάριον ἐξαναίνεται.

613   ὥστ᾽ ἔγωγ᾽ ἡυαινόμην
θεώμενος.

614 τὴν φάρυγα μηλῶν δύο δραχμὰς ἕξει μόνας.

615 τὸ πρᾶγμα τοῦτο συλλαβεῖν ὑπίσχομαι.

616 ἔφευγε κἀγὼ τῆς ὑπαντὰξ εἰχόμην.

617 οὔκουν μ᾽ ἐάσεις ἀναμετρήσασθαι τάδε;

618 ὑπὸ ⟨τοῦ⟩ γέλωτος εἰς Γέλαν ἀφίξομαι.

619 χωρεῖ ᾽πι γραμμὴν λορδὸς ὡς ⟨εἰς⟩ ἐμβολήν.

620 οὐχ ὅ τι ἐκεῖνος ἔλαχεν. οἰμώζων κάθου.

621 σὺ δ᾽ οὐκ ἀνεῖχες σαυτὸν ὥσπερ εἰκὸς ἦν.

622 οὕτως τι τἀπόρρητα δρᾶν †ἔστι μέλει†

608 Poll. 6. 31   δὲ add. Mein.   609 Poll. 2. 6   610 Poll.
6. 80   611 Poll. 10. 32   612–613 Suid. (αὐαίνεται)
614 Phot. et Suid. (μηλῶσαι)   μηλῶν Pors.: μηλῶσαι codd.
615 Phot. et Suid. (πρόσισχε)   616 Eust. 1442. 3   617 Bekk.
An. 57. 14   618 Plutarchus Mor. 853b   τοῦ add. Elmsl.   Γέλαν
Xylander: τὸ γελᾶν ͘codd.   619 Galen. xviii (2). p. 347 (Chartier)
εἰς ἐμβολήν Dind.: ἐμβολῇ codd.   620 Zon. ii. 1168   ἔλαχον
Bergk   621 Bekk. An. 400. 9: Lex. Vindobonense: Varin.
Horti Adonidis 16a   622 Bekk. An. 434. 5: Suid. (ἀπόρρητα)
ἔστι μέλει] ἔτι μέλλει Suid.: ἐστιν μέλι C. F. Hermann: ἐτημέλει
Bergk

ΑΔΗΛΩΝ ΔΡΑΜΑΤΩΝ

623 γίγνωσκε τὸν ἄλεισόν ⟨τε⟩ καὶ τὰ γράμματα.

624 ὁρῶ γὰρ ὡς στόμφακα διασαυλούμενον.

625 καταντιβολεῖτον αὐτὸν ὑποπεπτωκότες.

626 ἐκμαίνετον τὸν πάτερα τοῖς ὀρχήμασι.

627 καὶ τῶν πρὸς εἴλην ἰχθύων ὠπτημένων.

628 ἰκτῖνα παντόφθαλμον ἁρπαγαῖς τρέφων.

629 †μέλαινα δεινὴ γλῶσσα† Βρεττία παρῆν.

630 ἐπὶ τῷ ταρίχει τὸν γέλωτα κατέδομαι;

631 ἡ μᾶζα γὰρ σᾶ καὶ τὰ κρέα χὠ κάραβος.

632 ἐνδὺς τὸ γυναικεῖον τοδὶ χιτώνιον.

633 ἑστῶτας ὥσπερ τοὺς ὀρεωκόμους ἄθρους

634 πόθεν δ' ἐγώ σοι συγγενὴς ὦ φαρμακέ;

635 λίθος τις ὤζησεν τεθυμιαμένος.

636 ὤμην δ' ἔγωγε τὸν Κυκλοβόρον κατιέναι.

637 ἐβάδιζέ μοι τὸ μειράκιον ἐξ ἀποτρόχων.

623 E. M. 61. 17   τε add. Pors.   624 E. M. 270. 45: Cram.
An. Par. iv. 198. 26: Zon. i. 539   ὄμφακα codd.: corr. Gaisf.
.625-626 E. M. 280. 28   625 κᾆτ' ἀντιβολεῖτον Kock   626 ἐκμαί-
νετον D M: ἐκβαίνετον vulg.: εὐφραίνετον Kock   627 E. M. 298. 54
628 E. M. 470. 99: Choeroboscus 278. 24, 279. 3   ἅρπαγα στρέφων
vel ἅρπαγας τρέφων codd.: corr. Nauck   629 Steph. Byz.
(Βρέττος)   δεινὴ pro adscripto habet Kaibel, coll. Hesych. μέλαιναι
φρένες· αἱ δειναί   γλῶσσα] πίττα Bochart   630 Eust. 73 (extr.):
Herod. i. 226. 14   631 Eust. 959. 44: Cram. An. Ox. i. 399. 18
632 Eust. 1166. 52   633 Eust. 1387. 4   634 Eust. 1415. 62
635 Bekk. An. 1403: Cram. An. Ox. ii. 142. 20: Herod. i. 444. 3
ὄζησεν codd.: corr. Dind.   636 schol. Eq. 137   ἔγωγε Brunck:
ἐγὼ codd.   637 schol. Eur. Med. 46   ἐβάδιζε Elmsl.: βαδίζει
codd.

ΑΔΗΛΩΝ ΔΡΑΜΑΤΩΝ

638 καὶ στρεψίμαλλος τὴν τέχνην Εὐριπίδης

639 καὶ πρός γε τούτοις ἥκετον πρέσβη δύο.

640 ἐκτεὺς δέ ⟨γ᾽⟩ ἐστὶν ἐξαχοίνικον μέτρον.

641 Ἀριστοφάνης ὁ κωμικὸς μνημονεύει τοῦ Φιλοξένου καί φησιν,
ὅτι εἰς τοὺς κυκλίους χοροὺς μέλη εἰσηνέγκατο.

642 θύειν με μέλλει καὶ κελεύει βῆ λέγειν.

643 φησὶν Ἀριστοφάνης περὶ Αἰσχύλου σκότον εἶναι τεθνη-
κότος.

644 a φωνάριον ⟨εἶχεν⟩ ᾠδικὸν καὶ καμπτικόν.

644 b †ὅταν φίλοι παρῆσαν† ἐπὶ τὴν ἐκφοράν

645 a εἰ μὴ Προμηθεὺς εἰμί· τἄλλα ψεύδομαι.

645 b εἷς ἐστι δοῦλος οἰκίας ὁ δεσπότης.

646   οἶμαι γὰρ αὐτὸν κόλλοπι
ἐοικέναι.

647   ἀλλὰ τὸ στρόφιον λυθὲν
τὰ κάρυά μοὐξέπιπτεν.

648   οὔτε νύκτωρ παύεται
οὔθ᾽ ἡμέραν.

638 schol. Ran. 775 : Eust. 1561. 36 : Hesych. Phot. (στρεψίμαλλος)
639 Ioannes Alex. 14. 24 : Bekk. An. 1247 : Herod. ii. 324. 7, i. 420.
14   640 Erot. 76. 1. 4 (Klein)   641 Plut. Mor. 1142 a
642 Bekk. An. 86. 3   θύειν με Mein. : θύτην codd.   643 Aristides
1. 87. 19   644 a Poll. 4. 64   εἶχεν add. Kock   644 b schol.
Oribas. 3. 680   ὄτων Nauck   παρῶσιν Daremberg   645 a schol.
Bachm. Lycophr. p. 347   645 b Aristides 2. 204   646 E. M.
526. 20 : Cram. An. Par. iv. 75. 4   647 Poll. 7. 67   648 Prisc.
18. 240

ΑΔΗΛΩΝ ΔΡΑΜΑΤΩΝ

649 ἀγρὸν γὰρ ἔλαβεν
ἀργὸν παρ' αὐτοῦ.

650 μεσέγγυον τὴν μείρακα
◡ – καταθέσθαι

651 ἀνήσω κροκύδα μαστιγουμένη.

652 ἐγὼ δ' ὑπερῶ τὸν ὅρκον.

653 φαύλως φέρει νῦν τὸ κακόν.

654 τὴν θύραν ἀναζυγώσας.

655 σὺ δ' ὁμέστιος θεοῖς; πόθεν;

656 Α. ποῖ κῆχος; Β. εὐθὺ Σικελίας.

657 εἴ τις †κολακεύει παρὼν† καὶ τὰς κροκύδας ἀφαιρῶν.

658 οὕτω γὰρ ἡμῖν ἡ πόλις μάλιστα σῶς ἂν εἴη.

659 οὐχ οἷα πρῶτον ᾖδον ἑπτάχορδα πάνθ' ὁμοῖα.

660 πόσος ἔσθ' ὁ καῦνος;

661 ἀλοᾶν χρὴ τὰς γνάθους.

662 κοπρολογεῖ κόφινον λαβών.

663 ἀωρὶ θανάτῳ ἀπέθανεν.

664 γαλῆν καταπέπωκεν.

649 Aristot. Rhet. p. 1410. 23   **650** Poll. 8. 28   **651** Poll.
7. 64   ἀνήσεις cod. Falck.   μαστιγουμένην codd. : corr. Schneider
652 Ammonius 140 : Thom. Mag. 368. 16   ὑπερῶ Valckenaer :
ὑπαίρω codd.   **653** Eust. 1357. 1   **654** Varin. Horti
Adonidis p. 15 b   **655** Moschop. ap. Thom. Mag. 274. 16
656 Ε. Μ. 682. 52 : Herod. i. 512. 20, 513. 1, ii. 295. 14   εὐθὺ
Valck. : εὐθὺς codd.   **657** Bekk. An. 468. 19 : Suid. (ἀφαιρεῖν
κροκύδας)   παρὼν] περιιὼν Bergk   **658** Eust. 959. 42   γὰρ
Dobr. : παρ' codd.   **659** Et. Florent. Milleri (*Mélanges* p. 124)
ᾖδον Kock : ᾖδ' cod.   **660** schol. Pac. 1081   **661** Bekk. An.
384. 3   **662** Poll. 7. 134   **663** Bekk. An. 476. 10   ἀωροθάνατος
Dind.   **664** Bekk. An. 31. 27   καταπέπτωκεν cod. : corr. Bekk.

665 νεῖν ἐξ ὑπτίας   668 λαλίστερόν σ' ηὕρηκα

666 αἱ τῶν γυναικῶν παγῖδες 669 ἄχθομ' αὐτοῦ τῷ ῥύπῳ

667 ἀπεριλάλητος Αἰσχύλος 670 ἔχε δὴ καὶ σκόπει

671   (Ἐξηκεστίδης) ἔχων λύραν,
ἔργον Εὐδόξου, τιταίνει ψίθυρον εὐήθη νόμον.

672 ὃς τὰ ⟨μὲν⟩ ἀφανῆ μεριμνᾷ, τὰ δὲ χαμᾶθεν ἐσθίει.

673 φράζε τοίνυν, ὡς ἐγώ σοι πᾶς ἀνέρριμμαι κύβος.

674 σφοδελὸν ἐν χύτραισι μεγάλαις ἑψόμενον

675 ἑπτάπους γοῦν ἡ σκιά 'στιν·
†ἡ 'πὶ τὸ δεῖπνον ὡς ἤδη καλεῖ μ'†
ὁ χορὸς ὁ φιλοτήσιος.

676a μὰ τοὺς πρόσωθεν

676b ὁ δ' Ἀναξαγόρου τρόφιμος χαιοῦ στριφνὸς μὲν ἔμοιγε
προσειπεῖν
καὶ μισόγελως καὶ τωθάζειν οὐδὲ παρ' οἶνον μεμαθηκώς,
ἀλλ' ὅ τι γράψαι, ταῦτ' ἂν μέλιτος καὶ Σειρήνων
ἐτετεύχει.

677   τοῖσι χοροῖς αὐτὸς τὰ σχήματ' ἐποίουν.

678   τοὺς Φρύγας οἶδα θεωρῶν,

665 Poll. 7. 138   666 Bekk. An. 18. 23   667 Poll. 2. 125
668 E. M. 31. 14   εὕρηκά σε codd. : corr. Dind.   669 Suid.
(ἄχθομαι)   670 cod. Laurent. plut. 57 apud Herwerden *Stud.
Crit.* 93   ἔχε Herwerd. : ἔχει cod.   671 schol. Av. 11
Ἐξηκεστίδης add. Bergk   672 Achill. Tat. Isagoge p. 121   τὰ
μὲν ἀφανῆ Bergk : τὰ φανῆ codd.   673 Bekk. An. 398. 26
674 Cram. An. Ox. i. 264 : Herod. i. 108. 30   675 Ath. 502b
2 ὡς καλεῖ μ' ἤδη 'πὶ δεῖπνον Herm.   3 χορὸς Casaubon : χρόνος
Ath. : καιρὸς Nauck   676a schol. M. Eurip. Hippol. 102
676b Aul. Gellius 15. 20. 8 qui Alexandro Aetolo tribuit . Aristophani
vindicavit Nauck coll. Euripidis Vit. ii. 92 et 116 (Dind.)   1 χαιοῦ
Valckenaer : ἀρχαίου codd.   3 ἐπεπνεύκει Nauck   677–678 Ath. 21 f

ΑΔΗΛΩΝ ΔΡΑΜΑΤΩΝ

ὅτε τῷ Πριάμῳ συλλυσόμενοι τὸν παῖδ' ἦλθον τεθνεῶτα,
πολλὰ τοιαυτὶ καὶ τοιαυτὶ καὶ δεῦρο σχηματίσαντας.

679 ὥστ' ἀνακύπτων καὶ κατακύπτων τοῦ σχήματος εἵνεκα
τοῦδε
κηλωνείου τοῖς κηπούροις

680 ἐν τοῖς ὄρεσιν ⟨δ'⟩ αὐτομάτοισιν τὰ μιμαίκυλ' ἐφύετο
πολλά.

681 πολφοὺς δ' οὐχ ἧψον ὁμοῦ βολβοῖς.

. . . .

682 ἵν' ἐπαγλαΐσῃ τὸ παλημάτιον καὶ μὴ βήττων καταπίνῃ

683 κιρνάντες γὰρ τὴν πόλιν ἡμῶν κοτυλίζετε τοῖσι πένησιν.

684 ἀλλ' ὦ Δέλφων πλείστας ἀκονῶν
Φοῖβε μαχαίρας
καὶ προδιδάσκων τοὺς σοὺς προπόλους

685 διάλεκτον ἔχοντα μέσην πόλεως
οὔτ' ἀστείαν ὑποθηλυτέραν
οὔτ' ἀνελεύθερον ὑπαγροικοτέραν

686 τὸν σαπέρδην ἀποτῖλαι χρὴ
κᾆτ' ἐκπλῦναι καὶ διαπλῦναι

687 χορδαὶ φῦσκαι πασταὶ ζωμὸς
χόλικες

688 ἐν δὲ Κλεωναῖς ὀξίδες εἰσίν.

689 εἰκοβολοῦντες καὶ πλάττοντες

3 πολλὰ τοιαυτὶ τηδὶ κἀκεῖ καὶ δεῦρο σχ. Kaibel   679 Poll. 7.
143   680 Ath. 50 e   δ' add. Dobr.   αὐτόματ' αὐτοῖς Mein.
μιμαίκυλα φύεται Ath.: corr. Dind.   681-682 Poll. 6. 62
683 Poll. 7. 195   τοῖς σιτοπένησιν A   684 Ath. 173 d   685 Sext.
Emp. adv. gramm. 1. 10, p. 264   686 Poll. 6. 49   687 Poll.
6. 56   688 Ath. 67 d   ὀξίτιδες E : ὀξύτιδες C : corr. Casaubon
689 Poll. 9. 154

ΑΔΗΛΩΝ ΔΡΑΜΑΤΩΝ

690 ὁ δ' ἔχων θέρμαν καὶ πῦρ ἧκεν.

691 δύναται γὰρ ἴσον τῷ δρᾶν τὸ νοεῖν.

692 a ἀλλ' εἰς ἥρων τι παρήμαρτον.

692 b διὰ τῆς τρήμης παρακύπτων.

693 οὐκ ἔσθω κενέβρειον· ὅταν θύῃς τι, κάλει με

694 μή μοι Ἀθηναίους αἰνεῖθ', οἳ μολγοὶ ἔσονται.

695 ὅστις ἐν ἡδυόσμοις
στρώμασι παννυχίζων
τὴν δέσποιναν ἐρείδεις.

696 καὶ σὺ κυρηβιοπῶλα
Εὔκρατες στύππαξ.

697 τί γὰρ ἐπὶ κακότροπον ἐμόλετον βίον
ἀδικομηχάνῳ τέχνῃ;

698 τίς ὄρεα βαθύκομα τάδ' ἐπέσυτο βροτῶν;

699 ῥήματά τε κομψὰ καὶ παίγνι' ἐπιδεικνύναι
πάντ' ἀπ' ἀκροφυσίων κἀπὸ καναβευμάτων.

700 a Ἰσοκράτης ... εἰς τοὺς αὐλοὺς κεκωμῴδηται ὑπ' Ἀριστο-
φάνους.

700 b [Ἀριστοφάνης] τοὺς ταμίας ἐβάπτισεν οὐχὶ ταμίας ἀλλὰ Λαμίας
ὄντας.

690 Poll. 4. 186   691 Clem. Alex. Strom. 6. 749   692 a schol.
Hom. Il. 13. 428   692 b Etym. Florent. Milleri (στελειῆς)
(*Mélanges* 271) : E. M. 726. 53   693 Erot. 82. 8 (Klein) : schol.
Av. 538   ἔσθω Heringa : ἔσθ' ὃ vel ἔσθ' ᾧ codd.   κενέβρει'
ὁπόταν Blaydes   θύσῃς Bergk   694 Poll. 10. 187   695 Ath.
48 c : Eust. 1570. 5   696 schol. Eq. 254   στύπαξ codd. : corr.
Bergk   697 Bekk. An. 343. 21   ἐμόλετε cod. : corr. Bekk.
698 Hephaest. 8. 11   699 Bekk. An. 415. 29 : Suid. (ἀπ'
ἀκροφυσίων)   κἀπὸ καναβευμάτων Kock : καὶ τῶν ἀποκινναβευμάτων
codd.   700 a Plutarch. Mor. 836 e   700 b Plutarch. Mor.
853 b

ΑΔΗΛΩΝ ΔΡΑΜΑΤΩΝ

701 κρήνη δ' ἐν Βοιωτίᾳ ἡ Τιλφῶσσα· ἀφ' ἧς 'Αριστοφάνης φησὶ
Τειρεσίαν πιόντα . . . ἀποθανεῖν.

702 'Αφρόδιτος   703 'Ιπποκλείδης

704 Κλύμενος· ἰατρὸς ἀφυής, ὃν 'Αριστοφάνης φησὶν ἀναμεμῖχθαι
τῷ Μορσίμῳ διὰ τὸ καὶ τὸν Μόρσιμον ἰατρὸν εἶναι ἀφυῆ· ἦν δὲ
καὶ τραγῳδοποιὸς ἀφυῆς ὁ Μόρσιμος.

705 Σέριφος· 'Αριστοφάνης τὴν Λακεδαίμονα Σέριφον.

706 παῖ Τελαμῶνος αἰχμητά.

707 a τὸν χορταῖον τοὺς προπώλας φορεῖν ὡς ἀγοραῖον 'Αριστοφάνης
ἔφη.

707 b 'Αριστοφάνης φησὶ ταὐτὸν κώνωπας καὶ ἐμπίδας.

708 ἀκύμων θάλασσα

709 ἀλφίτων μελάνων ἄδδιχα

710 ἀμεταχειρίστων τῶν κοινῶν

711 ἄνδρα σάρκινον

712 ἀπόμακτρ' ἀπεσκοτωμένα

713 αὐτὸς λέγει

714 ἀφαιρεῖ τρίχας

715 γερόντειαι παλαῖστραι

716 Δαυλίαν κορώνην

717 ἔξαινε τῶν ἐρίων

701 Ath. 41 e sed rectius Aristophani Boeoto vindicat Kaibel
702 Macrob. Sat. 3. 8: cf. Serv. Aen. 2. 632   703 Hesych.
(s. v.) τὸ τῆς γυναικὸς μόριον vult dicere   704 Hesych. (s. v.)
705 Hesych. (s. v.)   706 schol. Lysistr. 1237   707 a Poll.
7. 60 cf. 7. 12   707 b Bachm. An. 2. 320. 30   708 Bekk.
An. 6. 1   709 Eust. 1854. 12   710 Poll. 2. 150: apud
Bekk. An. 23. 27 ἀμεταχείριστα· τὰ καινά legitur   711 Poll.
2. 233   712 Suid. (ἀπόμακτρα et ἀπεσκοτωμένα): Bekk. An.
431. 26   713 Bekk. An. 78. 29   714 Bekk. An. 4. 30
715 Poll. 2. 13   716 E. M. 250. 8   717 Poll. 7. 30

ΑΔΗΛΩΝ ΔΡΑΜΑΤΩΝ

718 ἰξοί, ῥυποκόνδυλοι

719 καλαμίνην σύριγγα

720 κάμινον βαλανείου

721 ἐπιπακτοῦν τὰς θύρας

722. κνημιοπαχὲς ξύλον

723 λεπρᾶν κεράμιον ὀξηρόν.

724 μέλλει δὲ πέμπειν τοὺς εἰς ἀφορμήν.

725 μεσαύχενας νέκυας	734 ἄγλωττον
726 ὁ πίττομαι	735 ἄγυνον
727 πάγκυφος ἐλαία	736 ἀδηφάγοι
728 στήμονα δὲ ἐξεσμένον	737 Ἀδώνιον
729 συστάδας ἀμπέλους	738 ἀείταν
730 τρήμας ἔχει	739 a ἀθλοθετία
731 ὑποζυγιῶδες πρᾶγμα	739 b ἀκάτια
732 φιλοκηδῆ λόγον	740 ἀλειφόβιον
733 Ἀβυδοκόμην	741 ἀλουργιαῖον

718 Bekk. An. 43. 33   719 Poll. 4. 67   720 Poll. 7. 166
721 Poll. 10. 27   722 Phot. (κνημία)   723 Poll. 7. 161, 162
724 Hesych. (ἀφορμή)   725 Hesych. (s. v.) ubi μ. νέκυας ἀσώτους·
διὰ τοῦ μ̄ γραπτέον μεσαύχενας legitur: μ. νέκυας οὕτως διὰ κ.τ.λ.
M. Schmidt   ἀσώτους] ἀσκούς Bergk ex Poll. 2. 135   726 ὁπλίτ-
τομαι Phot. οὐ πείθομαι interpretatus: corr. Bergk   727 Poll. 6. 163
728 Poll. 7. 32   729 Poll. 6. 159   730 E. M. 726. 53
731 E. M. 782. 22   732 Poll. 6. 167   733 Zenob. 1. 1 ubi
Ἀβυδηνοκώμην vel -κόμον legitur: corr. Dind. ex Bekk. An. 215. 6
734 Poll. 2. 108   735 Poll. 3. 48   736 Phot. (s. v.)
737 Bekk. An. 346. 1   738 Bekk. An. 348. 2.   ἀίταν Dind.
739 a Poll. 3. 140   739 b Poll. 7. 93   740 Bekk. An. 382. 17
741 Bekk. An. 380. 14.

ΑΔΗΛΩΝ ΔΡΑΜΑΤΩΝ

742 ἀναβιῶν

743 ἀνασηκῶσαι

744 ἀνδρίζεσθαι

745 ἀνεψιαδαῖ

746 ἀνοητία

747 ἀπαιροντες

748 ἀρτοστροφεῖν

749 ὁ ἀσπάλαθος

750 a αὑόμενος

750 b αὐτοχειρία

751 ἀψευδοῦντες

752 βαρβιτίζειν

753 βαρύφωνος

754 ὁ βάτος, ὁ νάρκισσος

755 βελέκκων

756 βιβλιδάριον

757 βλέπησιν

758 βοηλατεῖν

759 βοῦκλεψ

760 βοῦς (i. e. βόες)

761 βωλοκοπεῖν

762 γεῖσα

763 γέρρα

764 δαφνοπώλην

765 διαβάτην

766 διετησίως

767 δράκαιναν

768 δράψ

769 δυάκις καὶ τριάκις

770–1 ἐγχειρητής, ἐγχείρησις

742 Harp. (s. v.)   743 Suid. (s. v.)   744 Poll. 2. 20
745 Bekk. An. 401. 18   746 Poll. 2. 228 : Bekk. An. 406. 16
747 Zonar. 1. 258 : Bekk. An. 6. 16   748 Poll. 7. 22
749 Bekk. An. 10. 9   750 a Bekk. An. 13. 19   750 b Lex.
Sabbaiticum   751 Bekk. An. 13. 28   752 Poll. 4. 63
753 Poll. 4. 64   754 schol. Theocr. 1. 132 ubi ὁ νάρκισσος legitur
in cod. Ambr. Ziegleri   755 E. M. 194. 31   756 Poll. 7. 210
757 Poll. 2. 56   758 Poll. 7. 187   759 Cram. An. Ox. 1.
269. 9 : Herod. i. 246. 23   760 Thom. Mag. 55. 11   761 Poll.
7. 141 cf. schol. Pac. 566, 1148   762 E. M. 229. 4 : Bekk.
An. 231. 2   763 schol. Lucian. 220 (Jacobitz) : Bachm. An. 2.
339. 29 : Osann Auct. Lex. Gr. 47   764 Hesych. (s. v.)
765 Poll. 2. 200   766 Bekk. An. 35. 30   767 Hesych.
(s. v.)   768 Gramm. Herm. p. 436 : Cram. An. Ox. 3. 286. 15 :
Herod. i. 404. 13   769 Bekk. An. 942. 22   770–771 Poll.
2. 154

ΑΔΗΛΩΝ ΔΡΑΜΑΤΩΝ

772 ἐμπεδορκεῖν

773 ἐπιπταίσματα

774 ἐπιφορήματα

775 ἐπροξένει

776 ἑστιοῦχον

777 ἐσχαρίδα

778 ἐτερεγκεφαλᾶν

779 ἐτνήρυσις

780 εὔειλος

781 εὐζωρότερον

782 εὐθετῆσαι

783 εὐκόπως

784 ἡμιφωσώνιον

785 ἢ ποθέν

786—7 θεοποιούς, θεοπλάστας

788 θερίστριαν

789 θυλακοφορεῖν

790 θυμάγροικος

791 κάνδυτος

792 καρηβαριᾶν

793 καταχυτρίσαι

794 καχύποπτος

795 κελέοντες

796 κλέος

797 κοινοθυλακεῖν

798 κρᾶστις

799 κρεοστάθμης

800 κυνοσουρίδες

801 κωλήν

802 Κωπαῖοι

772 Hesych. (s. v.) 773 Poll. 2. 199 774 Poll. 6. 79
775 Cram. An. Par. 4. 114. 12 776 Poll. 6. 11 : (?) Aves 866
777 Poll. 10. 101 778 Poll. 2. 42 779 Hesych. (s. v.)
780 Phot. (s. v.) εὔηλος codd. : corr. Kock 781 Phrynich.
Ecl. 145 782 Suid. (s. v.) 783 Poll. 9. 162 784 Poll.
6. 161 785 Phot. (s. v.) Aristophani Byz. tribuit Nauck
786–787 Poll. 1. 12 738 Poll. 7. 150 789 Poll. 7. 100
790 Poll. 6. 125 791 Phot. (s. v.) 792 Poll. 2. 41 793 schol
Ald. Vesp. 289 : schol. Plat. 336 (Bekk.) 794 Poll. 2. 57
795 Harp. (s. v.) 796 Phot. (s. v.) 797 Bekk. An. 47. 7
798 Harp. (s. v.) 799 Poll. 6. 91 800 Cram. An. Ox.
2. 452. 19 801 Phot. (s. v.) 802 Phot. (s. v.) ' σφῆκες '
interpretatus

325

803 τὸ καταλαλεῖν, λάλησις

804 λεγωνῆσαι

805 λεκανίσκην, λεκανίδα

806 λεπτόφωνος

807 λιβανωτοπωλεῖν

808 λιποναῦται, λιποταξίου

809 λίστρον

810 λογάρια

811 λογγάζειν

812 λοφοπωλεῖν

813 μαγίδες

814 μάθος

815 μαλθακόν

816 μάμμην

817 μελαναίων

818 μελῳδός

819 μικροπολιτικόν

820 μύξαν (i. e. τὸν μυκτῆρα)

821–4 μυροπωλεῖν, μυροπώ-
λιον, μύρου ἀλάβα-
στρον, μυρίδα

825 ναύτριαι

826 νεαλές

827 νεανιεύεσθαι

828 νεόφυτον

829 Νωνακριεύς

830 νωτοπλῆγα

831 ξειρίς

832 Ὀλυμπίειον

833 ὀνηλατεῖν

834 ὀνυχίζεται

803 Poll. 2. 125   804 Phot. (s. v)   λαγονίσαι L. Dind.
805 Poll. 6. 86 : Phot. 213. 4   806 Poll. 4. 64   807 Poll.
7. 196   808 Cram. An. Ox. 2. 239. 11   809 Phrynich.
Epit. 321 : formam λίστριον ex Bekk. An. 51 9 adfert Dind.
810 Suid. (s. v.)   811 Bekk. An. 50. 33 et 51. 1   812 Poll.
7. 157   813 Phot. (s. v.)   814 Phot. (s. v.)   815 Phot. (s. v.)
816 Phot. (s. v.)   μάνην Phot. : corr. Nauck   817 Phot.
(s. v.)   μελανεών Bergk   818 Poll. 4. 64   819 Poll.
9. 25   820 Phot. (s. v.)   821–824 Poll. 7. 177   825 Poll.
7. 139   826 Bekk. An. 52. 22   827 Poll. 2. 20   828 Poll.
1. 231   829 Steph. Byz. (Νώνακρις) : formam Νωνακρεύς dant
Hesych. Phot.   830 Poll. 2. 180   831 Phot. (ξείρης) : corr.
ex Hesych.   832 Phot. (s. v.)   833 Poll. 7. 187   834 Phot.
Suid. (s. v.)

ΑΔΗΛΩΝ ΔΡΑΜΑΤΩΝ

835 οὐδαμᾷ

836 Παμβωτάδαι

837 πέδων

838 περίζυξ

839 πέτευρον

840 πλεισταχόθεν

841 πλυντρίδες

842 προσχίσματα

843 πρόσχορον

844 προσῳδός

845–6 πυξίον, πυξίδιον

847 πυτίνη

848 σαγήν

849 σαικωνίσαι

850 σεῖν

851 σκελετεύεσθαι

852 σκευοφόριον

853 σκιμβάζειν

854 σκοπᾶν

855 σμινύδιον

856 σπογγίας

857 σπυρθίζειν

858 σταδιοδρόμης

859 στάσις

860 Στρεψαῖος ('Ερμῆς)

861 στρογγυλοναύτας

862 συγκοίτας

863 συγχορεύτριαν

864 συλλήπτριαν

865 σύμποδα

866 συρβάβυττα

867 ταμιεῖον

835 Phot. (s. v.)   836 Steph. Byz.   837 Eust. 1542. 48
838 Bekk. An. 58 10   839 Phot. Poll. 10. 156   840 Poll.
4. 163   841 Phot. (λουτρίδες)   842 Phot. (s. v.)   843 Poll.
4. 106   844 Poll. 4. 64   845–846 Poll. 4. 18 et 10. 59, 60
847 Phot. (s. v.)   848 Poll. 7. 157   849 Bachm. An. 1. 360. 26 :
Phot. (s. v.)   850 Phot. (s.v.) Bachm. An. 1. 362. 31   851 Phot.
(s. v.)   852 Poll. 10. 17   853 Phot. Bachm. An. 1. 366. 9
854 Phot. (σκοπήν)   855 Poll. 7. 148   856 schol. Aeschin.
3. 112   857 Phot. (s. v.)   858 Poll. 3. 146   859 Phot. (s. v.)
860 Cram. An. Ox. 2. 53. 14 : Herod. 1. 133. 26   861 Poll. 7. 190
862 Poll. 6. 159   863 Poll. 4. 106   864 Poll. 6. 158
865 Poll. 6, 159   866 Phot. σύρβα τύρβα Nauck Aristoph.
Byz. 242   867 Herod. 1. 375. 26 : Steph. Byz.

ΑΔΗΛΩΝ ΔΡΑΜΑΤΩΝ—ΑΜΦΙΣΒΗΤΗΣΙΜΑ

868 τάρρωμα	881 ὑπόξυλος
869 τάχας	882 φαυλουργούς
870 τετραχίζειν	883 φαύστιγγες
871 τίζειν	884 Φλεήσιον
872 τικτικόν	885 φνεί
873 τραγωδεῖν	886 φορτηγούς
874 τράπεζαν	887 φρυγανίστριαν
875 τρίκλυστος	888 χείμαστρον
876 τροχίμαλλον	889 χιδρίαν
877 τύρβη	890 ψευδίστατον
878 τὸν ᵌΥην	891 ψίλαξ
879 ὕλην	892–3 ψό
880 ὑπογεγραμμένη	894 ὠξυθυμήθη

ΑΜΦΙΣΒΗΤΗΣΙΜΑ ΚΑΙ ΨΕΥΔΕΠΙΓΡΑΦΑ

898   ἐγὼ διὰ ταῦτα μὴ γέλων ὀφλὼν λάθω
περὶ τὴν κεφαλὴν †ἐξῆμμαι† πηνίκην τινά.

868 E. M. 747. 3   869 Phot. (s. v.) Bachm. An. 1. 382. 20
870 E. M. 754. 34 : Phot. (s. v.)   871 Phot. (s. v.)   872 Phot.
(s. v.)   873 Phot. (s. v.)   874 Poll. 7. 11   875 Poll. 6. 165
876 Phot. (s. v.)   877 Phot. (συρβάβυττα)   878 E. M. 775. 5 :
Phot. 616. 14   879 Phot. (s. v.)   880 Phot. E. M. 782. 10
881 E. M. 783. 17   882 Poll. 7. 7   883 E. M. 789. 52
884 Phot. E. M. 796. 5   885 E. M. 796. 46   φλίει Phot.
Suid. (s. v.) : φνη Cram. An. Ox. 2. 155. 23   886 Bekk. An. 71. 13
887 Poll. 7. 150   888 Poll. 10. 123 et 7. 61   889 Poll.
6. 62   890 E. M. 31. 13   891 Moeris 214 : Thom. Mag.
403. 8   892–893 Phot. (s. v.) etiam quae sequuntur ' πλέω ψοθοίου
καὶ γράσου' et ' ῥύπου τε καὶ ψόθου' Aristophani vindicat Nauck
894 Poll. 2. 231   895, 896, 897 sub his numeris 346, 367, 435
inter incerta iterat Kock   ΑΜΦΙΣΒΗΤΗΣΙΜΑ ΚΑΙ ΨΕΥΔΕΠΙΓΡΑΦΑ]
898 Gramm. Herm. Opusc. 3. 40, Aristophani tribuit Bergk coll.
Plut. Symp. 3. 2

ΑΜΦΙΣΒΗΤΗΣΙΜΑ ΚΑΙ ΨΕΥΔΕΠΙΓΡΑΦΑ

899 a βέβαιον ἕξεις τὸν βίον δίκαιος ὤν,
χωρίς τε θορύβου καὶ φόβου ζήσεις καλῶς.

899 b ἀγὼν γὰρ οὐ μέλλοντος ἀθλητοῦ μένει
ἀλκήν.

900 a καὶ γὰρ πρότερον δὶς ἀνθρακίδων ἅλμην πιών.

900 b κατ' οἶκον ἐστρωφᾶτο μισητὸς βάβαξ.

901 b ἄγροικός εἰμι· τὴν σκάφην σκάφην λέγω.

902 a οὐ παντὸς ἀνδρὸς ἐς Κόρινθόν ἐσθ' ὁ πλοῦς.

902 b σὺ δ' ἐκ ποίου τελεῖς τοῦ δαπέδου;

903 Ἀκεσίας τὸν πρωκτὸν ἰάσατο.

904 ἔμπορός εἰμι σκηπτόμενος.

905 Καπαῖον [ἤτοι Φάλτον] Δία.

906   αἱματοσταγῆ
κηλῖδα τέγγῃ

907 Κυσολάκων ὁ Κλεινίου

908 λάχανα κνήστ' ἢ στέμφυλα

909 οὐδὲ πάτταλον δίδωσι

910 [τίν' οἱ δατηταί;]

899 a Clem. Alex. Strom. 6. 751   **899 b** Macar. 1. 16 inter
tragicorum adespota numerat Nauck   **900 a** Ath. 329 b   fort. ad
Vesp. 1127 referendum   **900 b** E. M. 184. 50 : Etym. Florent.
Milleri (*Mélanges* 60)   **901 a** versus a Kockio citatus Euripidis
est 871 (Nauck)   **901 b** Tzetzes Chil. 8. 567   **902 a** Hesych.
(s. v.)   **902 b** Thom. Mag. 289 R, adn. 13   **903** Zenob.
1. 52 : Aristoph. Byz. tribuit Dobree   **904** Suid. (s. v.) ex Plut.
904 vel Eccl. 1027 fort. conflatum   **905** Cram. An. Ox. 3. 83. 14 :
Eust. 722. 2 : Antiphani trib. Mein.   **906** Bekk. An. 362. 9 : cf.
Ran. 471   **907** Phot. (s. v.)   Κλεινίου Ruhnken : Κλεινίας codd.
908 Ath. 373 a : Eust. 872. 9   κνιστά Ath.   Antiphani trib. Mein.
909 Bekk. An. 55. 1 : cf. Eccl. 284   **910** E. M. 249. 43 : ubi recte
Aristoteli tribuitur

ΑΜΦΙΣΒΗΤΗΣΙΜΑ ΚΑΙ ΨΕΥΔΕΠΙΓΡΑΦΑ

911 a οὐδὲ ἐθελήσει μαθεῖν

911 b †πέδει τὰς πλευρὰς καὶ ἐκάθηρεν†

912 αὐτὸς δείξας ἕν θ' ἁρμονίαις χιάζων ἢ σιφνιάζων

913 εὔξασθαι κατὰ χρυσόκερω λιβανωτοῦ.

914 δεξιὸν εἰς ὑπόδημα, ἀριστερὸν εἰς ποδάνιπτρα.

915 Ἐνδυμίωνα Κᾶρά φησι διὰ τὸ περὶ τὸν Λάτμον δοκεῖν αὐτὸν τεθάφθαι.

916 ὅτι πάντας τοὺς Ἕλληνας Ἰάονας ἐκάλουν οἱ βάρβαροι, προείρηται.

917 Γρίσσων

918 Οἴαγρος (τραγικὸς ὑποκριτής)

919 ἄγαμαι τούτου, ἄγαμαι κεραμεῖ.

920 ἀκρατιοῦμαι μικρόν   924 Κυδώνια μῆλα

921 ἀμφήκης γνάθος   925 λύσιοι τελεταί

922 γραῦς βακχεύουσα   926 ἄανθα

923 κόπρου ἀγωγάς   927 ἀγῶνα

911 a Cram. An. Par. 4. 198. 27 : cf. Pac. 852   911 b schol.
Theocrit. 5. 118   verbum σποδεῖν latere iudicat Jacobs : cf. Ran. 622,
Nub. 1379   912 Suid. (χιάζειν)   post Nubes 969 intulit Brunck
913 Aristid. 1. 321 ποιητὴς ἤδη τις εἶπε σκώψας : Aristophani trib. Cobet
914 Suid. (δεξιόν) : Aristoph. Byz. trib. Dind.   915 Hesych.
916 schol. Ach. 106 : haec ad nostrum refert Bergk sed quomodo vix
liquet   917 Zon. 1. 451 : Aristoteli tribuit Kuster, Aristophani
Byz. Alberti   Κρίσων edd.   918 schol. Vesp. 579 : ad Vesp. 566
refert Dind.   919 Bekk. An. 335. 32   920 Bekk An. 23.
16 : Aristomeni tribuit Ath. 11 d   921 schol. Soph. Ai. 277
922 Diogenian. 3. 74   923 Poll. 7 134   κοπραγωγεῖν Dind. quod
ad Lys. 1174 invenitur   924 Poll. 6. 47 ad Ach. 1199 refert
Brunck   925 Phot. (s. v.) : inter frag. Aristoph. Byz. recipit
Nauck   926 Hesych. qui Ἀλκμᾶνι ἢ Ἀριστοφάνει tribuit : Cram.
An. Par. 4. 81. 18   927 Phot. (s. v.) : cf. Ach. 504

ΑΜΦΙΣΒΗΤΗΣΙΜΑ ΚΑΙ ΨΕΥΔΕΠΙΓΡΑΦΑ

928	ἀκατάπληκτον	939	ἰσχνός
929	ἀλέοιμι	940	κροαίνω
930	ἀνδρεράστριαν	941	νοβακκίζειν
931	ἀνθρήνη	942	ὀρογυίας
932	ἀπέκλισεν	943	περιγίγνεται
933	Ἀχραδοῦς	944	πτωχίστερον
934	βρόταχος	945	ῥήτορα
935	γραβίων	946	σίλουρος
936	διδοῦσιν	947	στρουθίζων
937	δοκήσει	948	συνθήκην
938	ἡμερίδα	949	τύλη

950 μάτην ἄρα τὴν ὁδὸν ἀνύτομεν

951–962 _v. infra_

928 Cram. An. Par. 4. 124. 26: fortasse ex ἀκατάβλητον Nub.
1229 corruptum   929 Bekk. An. 376. 1: cf. Eccl. 540 ἵν'
ἀλεαίνοιμι   930 Poll. 3. 70: cf. Thesm. 392   931 Hesych.
qui Aristarcho tribuit: Aristophani trib. Mein. cf. Vesp. 1080, Nub.
947   932 Cram. An. Par. 4. 198   ἀπέβλισε Kock: cf. Av. 498
933 Herod. 1. 242. 28: cf. Eccl. 362   934 E. M. 214. 44:
Archilocho trib. Mein.   935 Ath. 699 f '. . . ἐν Φοινίσσαις'
lacunae 'Στράττις' solum aptum (Kaibel)   936 Bekk. An. 88.
24: Antiphani trib. Mein.   937 Bekk. An. 89. 18: cf. Ran. 737
et 1485   938 Phot. (s. v.): cf. Ach. 997   939 Phot. (s. v.):
cf. Plut. 561   940 E. M. 539. 38: Et. Gud. 348. 7: Aristoph.
Byz. tribuit Dind.   941 Phot. (s. v.) ad nostri Niobum refert Kock
942 Phot. (s. v.): cf. Av. 1131   943 Phot. (s. v.): cf. Plut. 554
944 E. M. 31 (cod. D): cf. Ach. 425   945 Phot. (s. v.): cf.
Thesm. 292   946 Cram. An. Par. 4. 190. 12   947 Eust. 228 et
1411. 15 ὅ φησιν ὁ κωμικός, sed neutiquam liquet hunc Aristophanem
esse   948 Poll. 6. 159: cf. Pac. 1065, Lys. 1267   949 Phot.
(s. v.): cf. Ach. 860, 954   950 Greg. Cor. 69: cf. Av. 3, 4
951–962 quae sub his numeris adfert Kockius aut manifesto Aristo-
phanis non sunt aut in superstitibus fabulis adhuc exstant

ΑΜΦΙΣΒΗΤΗΣΙΜΑ ΚΑΙ ΨΕΥΔΕΠΙΓΡΑΦΑ

963   τὸ φημὶ παρὰ Ἀριστοφάνει, οἷον παίφημι

964   ἀναχαίνεω   965 λείψας   966 λίξαι

967   σποδοῦν   968 τάλιδος

969   ὑβριζόμεναι. Β. μὰ Δί' ἀλλ' ἐγὼ . . .
    ἦν νοῦν ἔχωμεν, σκεψ⟨όμεθα . . .⟩
    μηδὲν πλέον τούτου σθ⟨ένωσιν . . .⟩
    Α. τί οὖν γένοιτ' ἄν; Β. ἔχ' ἀ⟨πόκριναί μοι τάδε·⟩
    τί ἐστι τοῦθ' ὃ λέγουσι τὰς ⟨Μιλησίας⟩   5
    παίζειν ἐχούσας, ἀντιβολῶ, ⟨τὸ σκύτινον;⟩
    Α. φλυαρία καὶ λῆρος ὕβρεως ⟨ἔμπλεως⟩
    κἄλλως ὄνειδος καὶ κατ⟨άγελως ἄντικρυς·⟩
    τούτῳ γὰρ ὥσπερ τοῖσιν ⟨ᾠοῖς χρηστέον⟩
    τοῖς ἀνεμιαίοις ὅτι νεοτ⟨τοὺς οὐ ποιεῖ.⟩   10
    εὐ⟨χὴ⟩ δὲ καὶ τοῦτ' ἔστιν· ευ . . .
    ἐς τοῦτο χρήσει· καὶ πονο . . .
    Β. καὶ μὴν λέγεταί γ' ὥς ἐσθ' ⟨ὅμοιον . . .⟩
    ἀληθινῷ καὶ τοῦτο. Α. νὴ Δί' . . .
    ὥσπερ σελήνη γ' ἡλίῳ· τὴν μὲν ⟨χρόαν⟩   15
    ἰδεῖν ὅμοιόν ἐστι, θάλπει δ' οὐ⟨δαμῶς.⟩
    Β. οὐκ ἄξιον γάρ ἐστι; Α. διὰ τούτὸν . . .
    Β. φέρ', εἰ δὲ τοῖς θεράπουσι κοινω⟨σαίμεθα⟩
    τὸ πρᾶγμα, τί ἂν εἴη; λάθρᾳ . . .
    ἐγὼ μὲν οὔτε πιότερον αὐτῆς . . .   20

963 Cram. An. Par. 4. 217. 19: ad Ran. 37 refert Kock   964 Poll.
2. 97 sed forma verbi non est Attica   965 Bekk. An. 106. 24:
Antiphani tribuit Mein.   966 Phot. (s.v.): cf. Eq. 103   967 Phot.
(s. v.)   968 Phot. (s. v.): Sophocli tribuit Mein. (Antig. 629)
969 Grenfell and Hunt *Oxyrhynchus Papyri* ii. ccxii. pp. 20–23
In laciniis quae huc pertinent occurrunt verba mutila ταγάθω quae
eadem atque fr. 599 promittere videntur   1 ἐγὼ ⟨οὐκ ἀνέξομαι⟩
Platt   2 σκεψ⟨όμεθα . . . ὅπως⟩ Blass : σκεψόμεθα ⟨τοὺς ἄνδρας,
ὡς⟩ Platt   4 restituit Blass   5–6 rest. Platt   7 ⟨ἔμπλεως⟩
Postgate   8 ⟨κατάγελως⟩ Blass   ⟨ἄντικρυς⟩Postgate   9 rest. Blass
10 rest. Platt   11 εὐ⟨χὴ⟩ Blass, sed vestigia admodum incerta
sunt   13–18 rest. Blass   13 fort. ⟨ὅμοιον παττάλῳ⟩

APPENDIX

TOM. I

Pax.—70 ἀνηρριχᾶτ' habet Photius (cod. Berol.)   415 ἁμαρτω-
λίας Phot.

TOM. II

Lysistrata.—740 τοῦτο σύ Γ : τούτου σὺ R : τουτουί van Leeuwen
1062 ὡς τὰ κρέ] ὥστε τὰ κρέα R   1246 γ' υ (deleto υ) ὁρῶν
ὑμᾶς R

Thesmophoriazusae.—306 καὶ post δρῶσαν add. R²   1019
προσαιδοῦσσαι R²   1174 κἀνακάλπασον iampridem Hermannus quo-
cum facit Photius, cod. Berol. (ἀνακαλπά(ει)   1226 τρέχε alterum
add. Meinekius   1227 πέπαικται schol. in marg. R

Ranae.—ὑπόθεσις I 5 ὁρμᾶται] ὅρμα RV   234 qui sequuntur
versus extant valde mutili in papyro Berolinensi 231 (saec. v P.C.);
234 ἔνυδρον . . . 245 μέλεσιν : 249 πομφο- . . . 263 πάντως : 273
τί ἔστι . . . 286 ἴθι :   288 καὶ μὴν . . . 300 θατέρου : 405 σὺ γὰρ . . .
412 εὐπροσώπου : 607 οὐκ ἐς κόρακας . . . 611 ὑπερφυᾶ   245 πολυ-
κολύμβοις vel πολυκολύμβοισι Pap. Berol.   271 ἢ ποῦ ξανθίας R
286 Δι. ποῦ ποὖστιν ; Ξα. ἐξόπισθεν· Δι. ἐξόπισθεν ἴθι R   fortasse
idem habuit Pap. Berol. unde tantum πον πον· σ . . . νιθι superest.
sed dubitari licet ; nam et vulgata lectione Δι. ποῦ ποῦ 'στιν ; Ξα. ὄπι-
σθεν· Δι. ἐξόπισθέ νυν ἴθι lacunam facile expleveris   369 unum
tantum punctum supra απ (in ἀπαυδῶ) habet R, fortuitum potius
quam cogitatum   410 συμπρόπεμπέ μοι Pap. Berol. perperam
699 αἰτουμένοις R²   1011 τ' post μοχθηροτέρους add. V
1330 τρόπον V γρ.   1505 τούτοισι (non τούτοις) V γρ.

Ecclesiazusae.—1166 lacunam indicat Mein.

Plutus.—ὑπόθεσις II 9 ἐπεισρεόντων ἐν diserte habet V   56 πρό-
τερον diserte V   271 ἔπειτ'] ἡμᾶς ἔπειτ' V   316 ἀλλ' om. R
1017 quae huic v. adscribuntur in Veneto nunc palam est legi debere
ἐν τῆι οἰκία τ(ης) γρ(αος) δηλ(ον)οτ(ι)   1041 δᾷδ'] δαῖδασ R
1131 περὶ] προσ R   ἔοικέ] ὡσ ἔοικε V

333

FRAGMENTA

ΑΙΟΛΟΣΙΚΩΝ 2 Phot. (ἀγοράσω).

ΑΜΦΙΑΡΕΩΣ

*40 b ἀνθρωπικὸς μῦθος

ὁ περὶ ἀνθρωπείων πραγμάτων ἔχων τὴν ὑπόθεσιν Phot.
(s. v.) ; cf. Vesp. 1179, et Bekk. Anec. 21.

ΑΝΑΓΥΡΟΣ

*63 c τήνδε ἔωλον ἀναβεβρασμένην

Phot. (ἀναβεβρασμένη).

*63 d χαίρειν μὲν Ἆλον τὸν Φθιώτην,
χαίρειν δ᾽ ἀτεχνῶς Ἀναγυρασίους.

Phot. (ἀναγυράσιον).

ΓΕΩΡΓΟΙ

*124b καὶ τὰς δίκας οὖν ἔλεγον ᾄδοντες τότε
νὴ Δία· φράσω δ᾽ ἐγὼ μέγα σοι [καὶ] τεκμήριον·
ἔτι γὰρ λέγουσι [οἱ] πρεσβύτεροι καθήμενοι,
ὅταν κακῶς ⟨τις⟩ ἀπολογῆται τὴν δίκην,
ᾄδεις.

Phot. (ᾄδειν ὅμοιον).

ΓΗΡΑΣ

132 ἔδει δέ γέ σε βληθεῖσαν εἰς Ἁλμυρίδας
μὴ τῇ θυγατρὶ δεῖ παρέχειν σε πράγματα.

Phot. (ἀλμυρίδες). quod etiam Photius Aristophanis
Τηρεῖ tribuit. τῇ θυγατρὶ δειλῇ μὴ παρέχειν σε πρά-
γματα E. Schwartz ; quod vix graecissat, nedum
atticissat. latet fortasse θυγατριδῇ.

*148c ⟨ἀ⟩θάρης ἀνακαλύψασα μεστὸν τρύβλιον

Phot. (ἀθάρην).

ΔΑΙΤΑΛΗΣ 211 Phot. (Αἰγέα).

*244 b ἀνὴρ δὲ φεύγων οὐ μένει λύρας κτύπον.

Phot. (ἀνήρ).

ΘΕΣΜΟΦΟΡΙΑΖΟΥΣΑΙ ΔΕΥΤΕΡΑΙ 324 Phot. (ἀλφάνει).   326 Phot.
(ἀντίθετον).

334

ΚΩΚΑΛΟΣ
*355b ἀνταναιρεῖ⟨ν⟩
οἷον οἱ πολλοὶ ἀνθυφελεῖν λέγουσιν Phot. (s. v.).

ΝΗΣΟΙ
*399b ὁ μέν τις ἀμπέλους τρυγῶν ἄν, ὁ δ' ἀμέργων
ἐλάας.
Phot. (ἀμέργειν).

ΠΕΛΑΡΓΟΙ
*441b οὐ γὰρ σὺ παρέχεις ἀμφιέσασθαι τῷ πατρί.
Phot. (ἀμφιέσασθαι).

*441c ἀμφί⟨σ⟩βαινα
Phot. (s. v.).

ΠΟΛΥΙΔΟΣ 454 Phot. (ἀνάριστος).

ΠΡΟΑΓΩΝ 470 huc respicit Phot. (ἀντλιαντλητῆρας).

ΤΑΓΗΝΙΣΤΑΙ
506 ἄλις ἀφύης μοι, παρατέταμαι γὰρ ἐσθίων.
rnot. (ἅλις) : idem praebet schol. Ach. 640.

ΤΕΛΕΜΗΣΣΗΣ 533 Phot. (ἀλφιτόχρωτος).

ΦΟΙΝΙΣΣΑΙ 560 Phot. (ἀκαλήφη) ubi legitur perperam ἀναφῦναι pro
ἴφυα φῦναι.

ΑΔΗΛΩΝ ΔΡΑΜΑΤΩΝ 594 eodem respicit Phot. (ἄγαλμα Ἑκάτης).
709 cf. Phot. (ἄδδιξ).

742 ἀναβιούς
Phot. (ἀναβιῴην).

*970 ἀγαθός τε δαίμων καὶ ἀγαθὴ σωτηρία
Phot. (ἀγαθοῦ δαίμονος).

*971 ἀκολαστότατον
Phot. (ἀκολασία).

*972 ἀκόλουθον·
οὐδετέρως μὲν 'Αριστοφάνης, θηλυκῶς δὲ Πλάτων
Phot. (s. v.).

*973 ἡ μὲν πόλις ἐστὶν 'Αμαλθείας κέρας· σὺ μόνον
εὖξαι καὶ πάντα παρέσται.
Phot. ('Αμαλθείας κέρας): cf. Cratin. 244 δωροδο-
κούντων αἴξ οὐρανία.

*974 σαυτὸν δ' ἀμαυροῖς ὥστε λήσει⟨ς⟩ τῷ χρόνῳ.
Phot. (ἀμαυροῖς).

*975 κατέσκεδασέ μου τὴν ἀμίδα κεχηνότος
    Phot. (ἀμίδα· δασέως).

*976 ἀμιλλοφόρος
    Phot. (ἄμιλλον).

*977 ἀμπελουργεῖν
    Phot. (ἀμπελουργός).

*978 ἀμυκλᾷδες
    Phot. (s. v.).

*979 ἀμφορεαφόρους
    Phot. (s. v.).

*980 ἐκ τῶν ἀναβασμῶν ἀπίασιν
    Phot. (ἀναβασμοί).

*981 ἀνακαλπάζει
    Phot. (s. v.) quod tamen spectare ad Thesm.
    1174 videtur.

*982 ἀνασπᾶν βούλευμα
    Phot. (s. v.).

*983 ἀνασπᾶν γνωμίδιον
    Phot. (s. v.).

*984 ἀνηλεήτως
    Phot. (s. v.).

*985 ἄνθρωπος οὐ σεμνος
    Phot. (s. v.).

*986 ἀνδρόπαις
    Phot. (ἀντίπαις).

*987 ἀπαλοσώματος
    Phot. (s. v.).

*988 ⟨ἀ⟩παλύνειν
    Phot. (ἀπαλοσώματος).

*989 ἀνεπιεικές
    Phot. (s. v.).

336

INDEX NOMINVM

INDEX NOMINVM

Λαυρειωτικαί Ο 1106. στατῆρες
Π 816 ; cf. ΕΚ 822. ξένοι
Α 503-5 ; Ι 326 ; ΕΙ 297, 644 ;
Λ 580 ; Β 730 ; cf. Ο 30. ξυνω-
μοσία Ι 476. -όται Ι 257, 628,
862 ; Σ 315, 483, 507, 953.
πένητες Σ 464 ; ΕΚ 197 ; Π 568.
πλούσιοι Ι 224, 265 ; ΕΙ 639
(σύμμαχοι) ΕΚ 198. πολῖται
Ι 264 ; Β 1427. ἐξισῶσι Β 688.
ἐπίτιμοι Β 702. εὐγενεῖς Β 727.
καλοὶ κἀγαθοί Ι 227 ; Β 719.
μοχθηρός Ι 1304. πλεῖον ἢ τρισ-
μυρίων ΕΚ 1132. χρηστοί
Α 595 ; ΕΙ 909. πολιτεία Ι 219.
οἱ πολλοὶ τοὐβολοῦ Ι 945. πρέσ-
βεις Α 192 ; Λ 1072. αὐτοκράτορες
Λ 1010. προεδρία Ι 575, 702 ;
Θ 834. πρόξενοι Ο 1021. προ-
στάτης Ι 1128 ; ΕΙ 684 ; Β 569 ;
Π 920. ῥαβδοῦχοι ΕΙ 734.
ῥήτορες Α 38, 680 (νεανίσκοι) ;
Ι 60, 325, 358, 880, 1350 ;
Θ 382 ; Β 367 ; Π 30, 379, 567.
τὸ ῥυππαπαῖ Σ 909. σῖτος
Σ 716. σύμμαχοι Α 193, 506 ;
Ι 802, 839 ; Σ 673 ; ΕΙ 639 936.
νῆσοι Ι 1034 ; Ο 1422. σχοι-
νίον μεμιλτωμένον Α 22 ; cf.
ΕΚ 379. τριήρεις μισθοφόροι
Ι 555 ; Ι 1300, 1353 ; Σ 1093 ;
ΕΙ 626. τριήραρχος, -εῖν Ι 912 ;
Θ 837 ; Β 1065. τέλη Ι 305 ;
Σ 658 ; Α 896. ἀγορᾶς τέλος
Α 896. πρυτανεία Ν 1136, 1180,
1197, 1199, 1255 ; Σ 659. εἰκο-
στολόγος Β 363. ἐσφορά Ι 924 ;
Λ 654. τετταρακοστή ΕΚ 825.
φόρος Α 643 ; Σ 657, 1115. εἰσίν
γε πόλεις χίλιαι αἳ νῦν τὸν φ.
ἡμῖν ἀπάγουσι Σ 707. φράτορες
Ο 765, 1669 ; Β 422. φ. τριω-
βόλου Ι 255. φυλή, Κεκροπίς
Ο 1407. χορηγός Α 1155 ;
ΕΙ 1022. ἐν ταῖσι χύτραις Λ 557.

(2) *Senatus et Comitia.* βῆμα
ΕΚ 677 ; Π 382. βουλή Α 124 ;
Ι 629, 642 653, 657, 663 ;
Σ 590 ; ΕΙ 893 ; cf. Θ 373. βου-
λευτήριον Α 379 ; Ι 395. 485.
τὸ βουλευτικόν Ο 794. ἐκκλη-

σία, κυρία Α 19. πρυτάνεις λύουσι
Α 173 ; cf. Α 56, 169 ; Ι 305, 746,
936 ; Ο 1030 ; Θ 300, 376 ;
Λ 390 ; ΕΚ 20, 161, 183, 270,
289, 352, 490, 740 ; Π 171, 950.
ἐπιστατεῖν Θ 374. πρυτανεῖον
Α 125 ; Ι 167. 281, 535, 1404 ;
ΕΙ 1084 ; Β 764. δειπνεῖν ἐν πρ.
Ι 766. πρυτάνεις Α 23, 40, 54,
56, 167 ; Ι 300, 665, 674 ;
ΕΙ 887, 906 ; Λ 981 ; Θ 654,
764, 854, 923, 936, 1083 ;
Β 1287 ; ΕΚ 87, 396. λύουσι τὴν
ἐκκλησίαν Α 173. πρυτανεύειν
Α 60. ψήφισμα Α 536 ; Ι 1383 ;
Ν 1019, 1429 ; Σ 378 ; Ο 1041,
1289 ; Λ 703, 704 ; Θ 361 ;
ΕΚ 649, 813, 1013. Καννωνοῦ ψ.
ΕΚ 1089. Μεγαρικὸν ψ. ΕΙ 609.
ψηφισματοπώλης Ο 1038. χει-
ροτονεῖν Α 598, 607 ; Ο 1571 ;
ΕΚ 266, 298, 517, 797.

(3) *Magistratus et Curatores.*
ἀγορανόμοι Α 723, 824, 968 ;
Σ 1407. ἀρχηγέται f. 126.
ἄρχων Α 67 ; Σ 692 ; Ο 1123 ;
Β 1072. βασιλεύς Α 1224. καλεῖ
τὴν δίκην Σ 1441. καταδωροδοκεῖ-
ται Β 361. καθίζει τὸ δικαστήριον
Σ 304. πολέμαρχος Σ 1042. θεσ-
μοθέται Σ 775, 935 ; ΕΚ 290.
γραμματεύς Ν 770. ὑπογραμμα-
τεύς Β 1084. δήμαρχος Ν 37.
ἐπίσκοπος Ο 1023, 1031. ἐπ. τῷ
κνάμῳ λαχών Ο 1022. εὐθύνη
Ι 825 ; Σ 571. ἵππαρχος Ο 799.
κήρυξ ΕΚ 30, 684. γλῶττα τῷ
κ. τέμνεται Π 1110. κ. φησι
‘τίς ἀψήφιστος ;’ Σ 752. κωλα-
κρέτης Σ 695, 724 ; Ο 1541.
στρατηγός Α 593, 1073, 1078 ;
Ι 166, 573, 1313 ; Ν 582 ; Ο 397 ;
Λ 833 ; ΕΚ 246, 491, 500, 727.
τοὺς ἐν Πύλῳ Ι 355, 742. τῶν
ἐν Σάμῳ Λ 313. στρατηγεῖν
Ι 288 ; Ν 586 ; ΕΙ 450. ταμίας
Ν 566 ; Σ 613 ; cf. Ι 948. 959.
ταξίαρχος Α 569 ; ΕΙ 1172 ;
Ο 353 ; Θ 833 ; cf. ΕΙ 444.

(4) *Iudicia.* παρὰ τοὺς ἕνδεκα
Σ 1108. Ἡλιαία Ι 897. τὸ

INDEX NOMINVM

340

INDEX NOMINVM

Ἅρπυιαι ΕΙ 810.
Ἀρταμίτιον Λ 1251.
Ἀρταμουξία s. v. Ἀρτεμισία.
Ἄρτεμις, ἀγροτέρα Θ 116; Λ 1262.
  Ἀκαλανθίς Ο 872.   ἄνασσα
  Θ 970.   ἀπειρολεχής Θ 119.
  Δίκτυννα (s. v.) καλά Β 1359.
  Κολαινίς Ο 873.   κόρα Θ 115.
  παρσένος Λ 1263, 1270.   πολυ-
  ώνυμος Θ 320.   Ταυροπόλος
  Λ 447.
Ἀρτεμισία meretrix Θ 1200. Ἀρτα-
  μουξία Θ 1201 sq.
Ἀρτεμισία filia Lygdamidis Λ 675.
Ἀρτέμων Α 850.
Ἀρχέδημος Β 421, 588.
Ἀρχένομος Β 1507.
Ἀρχεπτόλεμος Ι 794 (cf. 327).
[Ἀρχίλοχος] Α 120; ΕΙ 603, 1298;
  Β 764.
Ἀσιάς Θ 120.
Ἀσκληπιὸς ἄναξ δέσποτα Π 748.
  εὔπαις Π 639 sq.   Παιών Π 636.
Ἀσκώνδας Σ 1191, 1383.
Ἀσπασία Α 527.
Ἀσαλαμίνιος Β 204.
Ἀτρεύς Β 1270.
Ἀττική Ι 582; Ο 1704.   οὖθαρ
  ἀγαθῆς χθονός f. 110. Nomina
  Demorum quae apud nostrum
  inveniuntur: — Acharnai, Acher-
  dus (s. v. Ἀχραδοῦς), Aixone,
  Anagyrus, Anaphlystos, Ath-
  monon, Cholargos, Cholleidai,
  Gargettos, Halimus, Kephale,
  Kerameikos, Kikynna, Kolonos,
  Konthyle, Kopros, Kothokidai,
  Krioa, Kropidai (s.v. Κλωπίδαι),
  Kydathenaion, Lamptrai, Mara-
  thon, Melite, Paionidai, Pam-
  botadai, Peiraieus, Pergase,
  Phlya, Phyle, Skambonidai,
  Sphettos, Sunion, Teithrasioi,
  Thymoitadai (s. v. Θυμαιτίς),
  Trikorythos.
Ἀττικός, -οὶ αὐτόχθονες Σ 1076.
  βλέπος Ν 1176.   μέλι Θ 1192.
Αὐαίνου λίθος Β 194.
Αὐτομένης Σ 1275 sq.
Ἀφροδίτη, -ης γάλα f. 596. Γενε-
  τυλλίς Λ 2.   Κύπρις (s.v.) Κυπρο-

γένεια Λ 551.   Κωλιάς Ν 52;
  Λ 2.   Παφία Λ 556.   πότνια
  Λ 833.
Ἀφροδίτης ὄργια Λ 832, 898.   χοῖ-
  ρος Ἀφρ. Α 792.
Ἀφρόδιτος f. 702.
Ἀχαία Α 709.
† Ἀχαιός † Θ 162.
Ἀχαιός Β 1270, 1285.
Ἀχαρνεύς Α 177 sq.; Λ 62.
Ἀχαρνικός   Α 180, 329, 665;
  Θ 563.
Ἀχελῷος Λ 381.   -ου πόμα f. 351.
Ἀχερόντιος Β 471.
Ἀχιλλεύς Β 912, 992, 1264, 1400.
Ἀχίλλειος Ι 819.
Ἀχραδοῦς f. 933.
Ἀχραδούσιος ΕΚ 362.

Βαβυλών Ο 552.
[Βαβυλώνιοι] Α 378.
Βάκις   Ι 123, 124, 1003 sq.;
  ΕΙ 1070 sq., 1119; Ο 962, 970.
Βάκχαι Ν 605; Λ 1312.
Βακχέβακχον ᾆσαι Ι 408.
Βακχεῖον Β 357; Λ 1.
Βακχεῖος Β 1259; Θ 988.
Βάκχιος Α 263; Λ 1284; ΕΚ 14.
Βαλληνάδε Α 234.
Βασίλεια Ο 1537, 1634, 1687, 1754.
Βάττος Π 925.
Βδελυκλέων Σ 134 sq.
Βελλεροφόντης Α 427; Β 1051.
Βερέσχεθοι Ι 635.
Βλέπυρος ΕΚ 327 sq.
Βλεψίδημος Π 332, 344.
Βοιωτία Α 160; Λ 86 sq.
Βοιώτιος   Α 14, 624, 721, 872,
  1023, 1077; Λ 35; f. 364.
Βοιωτίς f. 499.
Βοιωτός Α 873, 900; Ι 479 sq.;
  ΕΙ 466, 1003; Λ 40, 75, 702.
Βούπαλος Λ 361.
Βουφόνια Ν 985.
Βρασίδας ΕΙ 640 (cf. 281-3);
  Σ 475.
Βραυρωνάδε ΕΙ 874.
Βραυρώνια Λ 645.
Βρέττιος f. 629.
Βρόμιος Ν 311; Θ 991.

341

INDEX NOMINVM

Βυζάντιον Ν 249 ; Σ 236.
Βύρσα f. 292.
Βυρσίνη I 449.

Γανυμήδης ΕΙ 724.
Γαργηττόθεν Θ 898.
Γέλα Α 606 ; f. 618.
Γενετυλλίς Ν 52 ; Λ 2.   -ίδες
    Θ 130.
Γεραίστιος I 561.
Γέρης ΕΚ 932.   Γερητοθεοδώρους
    Α 605.
Γέρων ΕΚ 848.
Γευσιστράτη ΕΚ 49.
Γεωργία f. 294.
Γῆ Ν 364, 366 ; ΕΙ 188, 1117 ;
    Ο 586 ; Θ 300.
Γηγενεῖς Ο 824.
Γηρυόνης Α 1082.
Γλάνις Ι 1004, 1035, 1097.
Γλαυκέτης ΕΙ 1008 ; Θ 1033.
Γλύκη Β 1344, 1363 ; ΕΚ 43.
Γόργασος Α 1131.
Γοργίας Σ 421.   -ίαι Ο 1701.
Γοργολόφα Ι 1181.
Γοργώ, -όνα Α 574, 964, 1095, 1181 ;
    Λ 560.   -όνος Θ 1101, 1102,
    1103.   -όνες ΕΙ 810 ; Β 477.
    -όνας ΕΙ 561.   Γόργο Θ 1104.
Γρίσσων f. 917.
Γρύττος Ι 877.

Δαιδάλεια f. 194.
Δανάωτατος f. 259.
Δαρδανίς Σ 1371.
Δαρεικοί ΕΚ 602 ; f. 504.
Δαρεῖος Β 1028 ; Ο 484.
Δᾶτις ΕΙ 289.
Δαυλία κορώνη f. 716.
Δελφίς Ν 605.
Δελφοί urbs Σ 159 ; Ο 618, 716 ;
    incolae Σ 1446 ; f. 684.
Δεξίθεος Α 14.
Δεξίνικος Π 800.
Δερκέτης Α 1028.
Δερκύλος Σ 78.
Δεύς Α 911.
Δήλιος Θ 333, 334.
Δῆλος Β 659 ; Θ 316.
Δημήτηρ ἄνασσα Β 384 sq.   Ἀχαία

Α 709.   βασίλεια Β 382.   δέ-
σποινα Θ 286.   Δηώ (s. v.) Θε-
σμοφόρος Θ 83, 89, 282, 297,
1156, 1228 ; ΕΚ 443.   καρπο-
φόρος Β 384.   μήτηρ Ο 746.
πολυτίμητος Θ 594.   σώτειρα
Β 379.
Δημητρία Ν 684.
Δημακίδιον Ι 823.
Δημολογοκλέων Σ 342.
Δῆμος Ι 42, 727 sq.   υἱὸς Πυριλάμ-
πους Σ 98.
Δημόστρατος Λ 391 sq.
Δηώ Π 515.
Διαγόρας Ο 1073 ; Β 320.
Διάκριοι Σ 1223.
Διαλλαγή Α 989 ; Λ 1114.
Διάσια Ν 408, 864.
Διειτρέφης Ο 798, 1442 ; f. 307.
Διιπόλεια ΕΙ 420.
Διιπολιώδης Ν 984.
Δικαιόπολις Α 406 sq.
Δίκη Ο 1240.
Δίκτυννα Σ 368 ; Β 1359.
Δῖνος Ν 381, 828, 1471.
Διοκλῆς Α 774.
Διόμεια Β 651.
Διομειαλαζόνες Α 605.
Διομήδεια ἀνάγκη ΕΚ 1029.
Διονύσια Α 195, 202, 250 ; ΕΙ 530 ;
    Θ 747.
Διονύσιον f. 131, 161.
Διονύσιος tyrannus Π 550.
Διόνυσος, ἄναξ ΕΙ 442.   Βάκχιος
Α 263. Βρόμιος Θ 990. δεσπό-
της Α 247 ;   Θ 988.   εὔιος
Θ 990, 993 sq.   Ἴακχος (s. v.)
καθαπτὸς θύρσοισι Β 1211. κω-
μαστής Ν 605 sq.   κισσοφόρος
Θ 987. Νυσήιος Β 215. Νύσιος
Λ 1283. Πράμνιος Ι 107. Σε-
μέλας παῖ Θ 991.   Ῠης (!)
f. 878.   υἱὸς Σταμνίου Β 22.
Διονύσου ἱερεύς Α 1087.   τελε-
ταί Β 368.
Διοπείθης Ι 1085 ; Σ 380 ; Ο 988.
Διὸς Κόρινθος (s. v. Κόρινθος).
Διοσκόρω ΕΙ 285 ;   ΕΚ 1069 ;
    f. 310.   ναὶ τὼ σιώ Α 905 ;
ΕΙ 214 ; Λ 81, 86, 90, 142, 983,
1095, 1105, 1171, 1174, 1180.

INDEX NOMINVM

Διτύλας Β 608.
Δοθιήν Σ 1172.
Δόριλλος cf. *f*. 367.
Δράκης Λ 254 ; ΕΚ 294.
Δρακοντίδης (1) Σ 157 ; (2) Σ 438.
Δράκυλλος Α 612.
Δωδώνη Ο 716.
Δωροδοκιστί Ι 996. Δωριστί Ι 989.
Δωρώ Ι 529.

Ἔβρος Ο 774.
Εἰλείθυια Λ 742 ; ΕΚ 369.
Εἰρήνη ΕΙ 975, 1019, 1055, 1108 ;
f. 109, 294.
Ἑκάταιον Σ 804 ; Β 366 ; Λ 64.
Ἑκάτη Π 594 ; Λ 700. ἀνέχουσα
λαμπάδας Β 1361. φωσφόρος
Θ 858 ; *f*. 594 a. χθονία *f*. 500.
Ἐκβάτανα Α 64, 613 ; Ι 1089 ;
Σ 1143 *sq*.
Ἐλάφιον Θ 1172.
Ἑλένη Θ 850. Ἑλένας τὰ μᾶλα
Λ 155.
Ἑλλάνιος Ι 1253.
Ἑλλάς Α 8, 531 ; Ι 1330 ; Σ 520,
577 ; ΕΙ 59, 108, 270, 408,
646, 1082 ; Ο 409, 998 ; Β 1285 ;
Λ 29, 41, 343, 525, 1006 ;
Π 463.
Ἕλλη Σ 308.
Ἕλλην Α 529, 773 ; Ι 797, 838,
1333 ; Ν 413, 430 ; ΕΙ 93, 105,
204, 292, 436, 611, 866, 996,
1321 ; Ο 499, 500, 509 : Λ 554,
1110, 1134 ; Β 724, 1004 ;
Π 584, 878 ; *f*.298.
Ἑλληνικός Α 115 ; Ο 148.
Ἐλύμνιον ΕΙ 1126.
Ἔμπουσα Β 293, 305 ; ΕΚ 1056 ;
f. 501.
Ἐνυάλιος ΕΙ 457.
Ἐνδυμίων *f*. 915.
Ἐξηκεστίδης Ο 11, 764, 1527 ;
f. 671.
Ἐπιγένης ΕΚ 931.
Ἐπίγονος ΕΚ 167.
Ἐπίδαυρος Β 364.
Ἐπίκουρος ΕΚ 644.
Ἐπικράτης ΕΚ 71.
Ἐπικεχοδώς Ο 68.

Ἕπτ' ἐπὶ Θήβας Β 1021.
Ἐρασινίδης Β 1196.
Ἐργασίων Σ 1201.
Ἔρεβος Ο 691, 693.
Ἐρεχθεΐδης Ι 1015, 1030.
Ἐρεχθεύς Ι 1022 ; *f*. 211.
Ἐρινύς Λ 811 ; Π 423 ; cf. Ι 1312 ;
Β 472 ; Θ 224.
Ἑρμᾔδιον ΕΙ 382, 924.
Ἑρμῆς ἀγοραῖος Ι 297. ἀλεξίκα-
κος ΕΙ 422. δεσπότης ΕΙ 385,
399. δόλιος Θ 1202 ; Π 1157.
ἐμπολαῖος Α 816 ; Π 1155. ἐν-
αγώνιος Π 1161. ἐριούνιος
Β 1144. ἡγεμόνιος Π 1159.
νόμιος Θ 977. παλιγκάπηλος
Π 1156. σοφώτατος θεῶν
ΕΙ 428. τρικέφαλος *f*. 553.
φιλανθρωπότατος ΕΙ 393. χθό-
νιος Β 1126, 1138, 1145.
Ἕρμιππος Ν 557.
Ἑρμίων *f*. 87.
Ἑρμοκοπίδαι Λ 1094.
Ἐρυθρὰ θάλαττα Ο 145.
Ἔρυξις Β 934.
Ἔρως ἀμφιθαλής Ο 1737. γλυκύ-
θυμος Λ 551. ποθεινός Ο 696.
πτερύγοιν χρυσαῖν πέτεται Ο 574;
cf. Α 991 ; Ο 700 ; ΕΚ 957,
967.
Ἑστία ὀρνίθειος Ο 865 ; cf. Σ 844 ;
Π 395.
Εὔαθλος Α 710 , Σ 592 ; *f*. 411.
Εὐαίων ΕΚ 408.
Εὔβοια Ν 211 ; Σ 715.
Εὐβούλη Θ 808.
Εὔδαμος Π 884.
Εὔδοξος *f*. 671.
Εὐελπίδης Κρίωθεν Ο 645.
Εὐεργίδης Σ 234.
Εὐθυμένης Α 67.
Εὐκράτης Ι 254 : Λ 103 ; *f*. 696 ;
cf. *f*. 143, 696.
Εὔπολις Ν 553.
Εὐριπίδης, ἀδικεῖ τὰς γυναῖκας
Θ 336, 375, 385 *sq*.. 426, 466,
518, 545. *Athennensium cor-
ruptor* Β 967, 1011, 1015, 1069;
cf. Ι 18. *bibliotheca eius* Β 943,
1409. γάμους ἀνοσίους ἐσφέρων
Β 850 ; cf. Β 1043 *sq*., 1079-81.

343

344

INDEX NOMINVM

INDEX NOMINVM

INDEX NOMINVM

Λ 91 ; Θ 404, 648 ; ΕΚ 199 ;
Π 149. κορινθιάζεσθαι f. 354.
Κόρινθος, Διός Β 443 ; ΕΚ 828 ;
f. 509.
Κόρινθος Ι 604 ; Ο 968 ; Π 173,
303 ; f. 902 a.
Κορύβαντες Λ 558 ; ΕΚ. 1069.
κορυβαντίζειν Σ 119.
Κορκυραία Ο 1463.
Κουροτρόφος Θ 297.
Κραναός Α 75 ; Ο 123 ; Λ 481.
Κράτης Ι 537 ; f. 333.
Κρατῖνος Α 849, 1173 ; Ι 400, 526 ;
Β 357.
Κρής Β 1356.
Κρητικός Β 849 ; Θ 730; ΕΚ 1165.
Κρῖος ὡς ἐπέχθη Ν 1356.
Κρίτυλλα Θ 898 ; Λ 323.
Κριῶθεν Ο 645.
Κρόνια Ν 398.
Κρονίδης Σ 652.
Κρονικός Π 581.
Κρόνιππος Ν 1070.
Κρόνος Ι 561 ; Ν 929 ; Σ 1480 ;
Ο 469, 586.
Κρώβυλος Σ 1267.
Κτησίας Α 839.
Κτησιφῶν Α 1002.
Κυβέλη Ο 877.
Κυδαθηναιεύς Σ 895, 902.
Κυδοιμός ΕΙ 254 sq.
Κυδώνια f. 924 ; cf. Α 1199.
Κυζικηνικός ΕΙ 1176.
Κύθηρα Λ 833.
Κυκλοβόρος Ι 137 ; f. 283, 636.
-βορεῖν Α 381.
Κύκλωψ Π 290, 296.
Κύκνος Β 963.
Κυλλήνη Ι 1081 sq.
Κύλλου πήρα f. 273.
Κυναλώπηξ Λ 957.
Κύνθιος Ν 596.
Κύννα Ι 765 ; Σ 1032 ; ΕΙ 755.
Κύπριος f. 611.
Κύπρις Α 989 ; Λ 1290 ; Θ 205 ;
ΕΚ 722, 966, 972.
Κυπρογένεια Α 551.
Κύπρος Λ 833 ; Θ 446.
Κυρήνη Θ 98 ; Β 1328.
Κυσολάκων f. 907.
Κωκυτός Β 472.

Κωλιάς Ν 52 ; Λ 2.
Κωμαρχίδης ΕΙ 1142.
Κωμίας Σ 230.
Κωπαῖος f. 802.
Κωπαΐς Α 880, 883, 962 ; ΕΙ 1005.

Λάβης Σ 836, 895, 899, 903, 937,
968, 994.
Λαῖος f. 438.
Λαΐς Π 179.
Λαισποδίας Ο 1569.
Λάκαινα Λ 78, 140, 1298 ; f. 216.
Λακεδαιμόνιος Α 52, 131, 338, 356,
369, 482, 509, 536, 541, 647,
652 ; Ι 467, 1008, 1053 ; ΕΙ 282.
perfidiosi Α 308 ; Λ 629.   λακε-
δαιμονιάζω f. 95.
Λακεδαίμων Α 175 ; Ι 668 ; Ν 214 ;
ΕΙ 274 ; Λ 994, 995, 1144, 1231 ;
f. 296, 401.   ξενηλασία Ο 1013.
Λακρατείδης Α 220.
Λάκων   Α 303, 305, 309, 514 ;
Ι 743 ; ΕΙ 216, 478, 622, 701 ;
Λ 620, 1074, 1097, 1100, 1122,
1137, 1139, 1150, 1223, 1274,
1297 ; f. 400. αἰσχροκερδεῖς καὶ
διειρωνόξενοι ΕΙ 623.   λακωνί-
ζειν f. 338.   λακωνομανεῖν
Ο 1281 ; cf. Λ 276, 1072.
Λακωνικός Ι 55 ; Ν 186 ; Σ 1158,
1162 ; ΕΙ 212, 245 ; Λ 276, 628,
991, 992, 1115, 1226 ; Θ 142,
423 ; ΕΚ 74, 269, 345, 356,
405, 508, 542 ; f. 108.
Λάμαχος Α 566, 568, 575, 576,
579, 590, 614, 619, 625, 722,
960, 1115, 1131, 1174 ; ΕΙ 473,
1290 ; Θ 841 ; Β 1039.   Λάμα-
χοι Α 270, 1071 ; f. 106 (coni.).
μισολάμαχος ΕΙ 304.
Λάμια Σ 1035, 1177 ; ΕΙ 758 ;
f. 700 b.
Λάμιος ΕΚ 77.
Λαμπιτώ Λ 77 sq.
Λαμπτρεύς f. 27 a.
Λάμπων Ο 521, 988.
Λάρτιος Π 312.
Λᾶσος Σ 1410, 1411.
Λατώ Θ 117, 118, 120, 123, 129,
321. Ὀρτυγομήτρα Ο 870.

347

INDEX NOMINVM

INDEX NOMINVM

INDEX NOMINVM

351

INDEX NOMINVM

CONSPECTVS NVMERORVM HVIVS EDITIONIS
ET DINDORFIANAE QVINTAE

ED. DIND.	ED. NOSTRA	ED. DIND.	ED. NOSTRA	ED. DIND.	ED. NOSTRA	ED. DIND.	ED. NOSTRA
Δαιταλῆς		37	243	71	89	*Πλοῦτος α*	
1	222	38	244	72	98	105	442
2	223	39	237	73	86	106	445
3	216	40	235			107	450
4	221	41	232	*Προαγών*		108ᵃ	446
5ᵃ	224	42ᵃ	229			108ᵇ	447
5ᵇ	199	42ᵇ	231	74	467	108ᶜ	443
6	202			76	461		
7	206	*Βαβυλώνιοι*		77	463		
8	205	43	64	78	464	*Αἰολοσίκων*	
9	209	44	88	79	465	109	4
10	203	45	79	80	462	110	2
11	212	46	97	81	469	111	3
12	214	47	66	82	470	112	7
13	213	48	70			113	6
14	207	49	68	*Ἀμφιάρεως*		114	8
15	220	50	81	83	21	115	14
16	225	51	80	84	19	116	10
17	201	52	82	85	24	117	11
18	210	53	71	86	18	118	13
19	217	54	72, 73	87	23	119	15
20	219	55	74	88	22	120	16
21	200	56	69	89	34	121	12
22	211	57	67	90	25	122	5
23	204	58	75	91	20	123	9
24	208	59	76	92	26ᵃ		
25	218	60	83	93	27ᵃ	*Κώκαλος*	
26	215	61	85	94	29	124	345
27	228	62	77	95	28	125	347
28	227	63	87	96	30	126	346
29	226	64	90	97	31	127	348
30	233	65	91	98	32	128	350
31	236	66ᵃ	92	99	36	129	349
32	238	66ᵇ	93	100	37	130	351
33	239	67	94	101	38	131	352
34	240	68	95	102	35	132	353
35	241	69	78	103	39	133ᵃ	354
36	242	70	96	104	33	133ᵇ	355

CONSPECTVS

Ed. Dind.	Ed. nostra
'Ανάγυρος	
135	41
136	43
137	60
138	62
139	58
140	45
141	50
142	46
143	47
144	48
145	44
146	51
147	52
148	53
149	54
150	55
151	59
152	56
153	57
154	49
155	61
Γεωργοί	
156	100
157	101
158	103
159	104
160	102
161	105
162	110
163	109
164	108
165	118
166	117
167	119
168	120
169	107
170	115
171	116
172	121
173	122
174	123
175	124
176	114
177^{a}	113
177^{b}	106
177^{c}	112
Γῆρας	
178	125

Ed. Dind.	Ed. nostra
179	137
180	130
181	129
182	133
183	136
184	138
185^{a}	135
185^{b}	132
186	126
187	131
188	134
189	139
190	141
191	140
192	142
193	143
194	146
195	147
196	148^{a}
197	145
Γηρυτάδης	
198	149
199^{a}	155
199^{b}	162
200	158
201	159
202	154
203	156
204	153
205	151
206	157
207	152
208	160
209	165
210	163
211	164
212	166
213	167
214	171
215	168
216	161
217	174
218	175
219	176
220	177
221	178
222	179
223	180
224	181

Ed. Dind.	Ed. nostra
225	182
226	183
227	172
228	173
229	169
230	170
231^{a}	581
231^{b}	580
Δαίδαλος	
232	194
233	184
234	188
235	189–191
236	187
237	185
238	192
239	196
240	193
241	195
Δαναΐδες	
242	247
243	249
244	248
245	245
246	246
247	250
248	252
249	253
250	254
251	255
252	256
253	257
254	258
255	262
256	264
257	261
258	260
259^{a}	251
259^{b}	259
Δράματα ἢ Κένταυρος	
260	267
261	268
262	269
263	270
264	276
265	274
266	272

Ed. Dind.	Ed. nostra
267	271
268	273
269	275
270	277
Δράματα ἢ Νίοβος	
272	284
273	282
274	279, 280
275	283
276	285
Δράματα	
277	286
278	287
279	288
280	292
281	293
282	291
Ἥρωες	
283	304
284	298
285	299
286	301
287	302
288	303
289	308
290	306
291	305
292	307
293	300
294	311
295	312
296	314
297	315
298	316
299	309
Θεσμοφ. β	
300^{a}	335
300^{b}	326
301	317
302	318
303	319
304	327
305	328
306	322
307	323

NVMERORVM

CONSPECTVS

NVMERORVM

ED. DIND.	ED. NOSTRA	ED. DIND.	ED. NOSTRA	ED. DIND.	ED. NOSTRA	ED. DIND.	ED. NOSTRA
678	853	694	876	718	593, 618	736	668
679	854	695	880	719	629	737	775
680	763	696	731	720	65	738	800
681	857	697	879	723	655	739	653
682	858	698	882	724	648	740	781
683	859	699	883	725	742		
684	728	700	732	726	765		
685	861	701	884	727	716	FRAG. DUBIA.	
686	868	702	885	728	808	I	677 8
687	869	703	886	729	768	III	950
688	870	704	707	730	620	IV	726
689	871	705	891	731	640	V	881
690	872	706	892	732	641	VI	940
691	873	707	790	733	674	VII	902
692	730	708	888	734	704	VIII	934
693	875	717	947	735	649	IX	817